Wissen, Kommunikation und Gesellschaft

Schriften zur Wissenssoziologie

AF147956

Herausgegeben von
H.-G. Soeffner, Konstanz, Deutschland
R. Hitzler, Dortmund, Deutschland
H. Knoblauch, Berlin, Deutschland
J. Reichertz, Essen, Deutschland

Wissenssoziologinnen und Wissenssoziologen haben sich schon immer mit der Beziehung zwischen Gesellschaft(en), dem in diesen verwendeten Wissen, seiner Verteilung und der Kommunikation (über) dieses Wissen(s) befasst. Damit ist auch die kommunikative Konstruktion von wissenschaftlichem Wissen Gegenstand wissenssoziologischer Reflexion. Das Projekt der Wissenssoziologie besteht in der Abklärung des Wissens durch exemplarische Re- und Dekonstruktionen gesellschaftlicher Wirklichkeitskonstruktionen. Die daraus resultierende Programmatik fungiert als Rahmen-Idee der Reihe. In dieser sollen die verschiedenen Strömungen wissenssoziologischer Reflexion zu Wort kommen: Konzeptionelle Überlegungen stehen neben exemplarischen Fallstudien und historische Rekonstruktionen stehen neben zeitdiagnostischen Analysen.

Andreas Ziemann (Hrsg.)

Offene Ordnung?

Philosophie und Soziologie der Situation

Springer VS

Herausgeber
Prof. Dr. Andreas Ziemann
Bauhaus-Universität Weimar
Deutschland

ISBN 978-3-658-01527-5   ISBN 978-3-658-01528-2 (eBook)
DOI 10.1007/978-3-658-01528-2

Die Deutsche Nationalbibliothek verzeichnet diese Publikation in der Deutschen Natio-
nalbibliografie; detaillierte bibliografische Daten sind im Internet über http://dnb.d-nb.de
abrufbar.

Springer VS
© Springer Fachmedien Wiesbaden 2013

Lektorat: Dr. Andreas Beierwaltes, Katharina Gonsior
Satz: text plus form, Dresden

Gedruckt auf säurefreiem und chlorfrei gebleichtem Papier

Springer VS ist eine Marke von Springer DE. Springer DE ist Teil der Fachverlagsgruppe
Springer Science+Business Media.
www.springer-vs.de

Inhalt

Zur Philosophie und Soziologie der Situation – eine Einführung

Andreas Ziemann

I

Menschen sind in der Lage, etwas zu tun; und Menschen befinden sich in einer jeweiligen Lage zur Welt. Im einen Fall bezeichnen wir damit anthropologische Fähigkeiten und Auszeichnungen; im anderen Fall bezeichnen wir das menschliche (Geworden-)Sein in Raum und Zeit, sein relationales *hic et nunc*. Diese raumzeitliche Verfasstheit menschlichen Zur-Welt- und In-der-Welt-Seins sind verschiedene wesenhafte Seinsverfassungen des existenzialen Daseins. Aus der Lage geraten wir in eine Situation, wenn die Welt widerständig, problematisch, herausfordernd wird.[1] In der Situation treten praktische Lebensdimensionen in der Vordergrund – nicht selten das In-der-Welt-Sein dezentrierend: wenn beispielsweise die unsichere Selbstanfrage erfolgt, in welcher Lage sich jemand befindet und was gerade (ihm) passiert.

Situationen sind demnach typisch menschliche Angelegenheiten. Aber grundsätzlich gilt auch: Mensch-Sein selbst ist überhaupt nur in Situation möglich. Sartre hat den zweiten Satz auf den Punkt gebracht, wenn er schreibt, »daß das In-Situation-sein die menschliche-Realität definiert« (1994: 943 f.).[2] Und Jaspers hat dies dahingehend weiter gewendet, dass es kein menschliches Sein außerhalb von Situationen gäbe, dass es keiner vermag, sein generelles In-Situation-Sein aufzuheben: »Weil Dasein ein Sein in Situationen ist, so kann ich niemals aus der Si-

---

1   Für Bollnow liegt in dieser praktischen und widerständigen Dimension, die dem menschlichen Leben jederzeit und überall zukommt, der ganze Unterschied zwischen (dem existenzphilosophischen Begriff der) ›Situation‹ und (dem lebensphilosophischen Begriff der) ›Lage‹. Er präzisiert deshalb: »Zur Situation wird die Lage, indem sie den Menschen vor bestimmte Schwierigkeiten stellt, die von ihm eine Bewältigung verlangen« (Bollnow 1947: 49).

2   Die existenzphilosophische Wucht dieses Satzes zeigt sich im menschlichen Umschlagpunkt zum Tod hin: »der Leichnam *ist nicht mehr in Situation.*« (Sartre 1994: 614)

tuation heraus, ohne *in eine andere einzutreten.*« (Jaspers 1994: 203) Der Mensch ist also *situativ, situiert* und *situierend* – zur Welt und mit der Welt und zu Anderen und mit Anderen. Mensch-Sein, Handeln und Situation verweisen in konstitutiver Weise (wechselwirkend) aufeinander.[3] Daraus leiten sich auch die soziologischen wie sozial- und lebensphilosophischen Gewissheiten ab, dass Erleben und Handeln in Situationen stattfinden und von dorther ihren (sozialen) Sinn gewinnen. Handlungsanlass ist ein (mal mehr, mal weniger manifestes und reflektiertes) Problem, eine Aufgabe, eine Krise; und wenn das zur Debatte stehende Problem und das vorgegebene oder selbst anvisierte Handlungsziel erreicht ist, dann findet die Situation ihr Ende. Eine solche Betrachtung schärft nicht nur den Blick für die empirischen Interdependenzen zwischen Handlung und Situation, sondern sie lenkt auch die Theoriearbeit auf die Fundierung einer allgemeinen Handlungstheorie durch die Situationstheorie.

Aus soziologischer Perspektive stehen der Freiheit der Handlungswahl und Zielverfolgung sowohl verbindliche (limitierende) Strukturen und Werte als auch konkrete wie anonyme Andere teils zur Seite, teils auch entgegen.[4] In Situationen ist der Mensch deshalb nie Für-sich, das Individuum weder autark noch ganz autonom, noch je allein. Geschichte und Gegenwart, gesellschaftliche Verfasstheit und Kultur bestimmen stattdessen wesentlich die Handlungsmöglichkeiten, Absichten und Erfahrungen des Individuums mit. Es gilt dann zu erforschen und zu erklären, welche »Definition der Situation« (vgl. Thomas/Thomas 1928: 572; Goffman 1977: 9 f.) entweder durch gesellschaftliche Strukturen und ihre Narrative vorgegeben ist oder vom einzelnen Akteur entworfen wird. Was planen und erwarten wir, und wie handeln wir deshalb? Oder was sollen wir tun, wie wissen wir das und wie folgen wir dem handelnd? Komplexer wird dieser Sachverhalt, wenn verschiedene und antagonistische Ziele, Pläne und Definitionen in einer sozialen Situation wirken. Mindestens zu unterscheiden wären in analytischer Hinsicht egoistisches, altruistisches oder normenfolgsames Handeln – und dies auf

---

3   Exemplarisch schreibt dazu Nicolai Hartmann: »Alle Initiative des Menschen ist situationsbedingt, zugleich aber auch situationsgestaltend. Sie ist hervorgerufen von der Lebenslage, gleichsam herausgefordert von ihr, stößt aber selbst wiederum formend in sie vor.« (1965: 191)

4   An Jaspers kann man sehen, dass dies auch aus philosophischer Perspektive berücksichtigt (gleichwohl aber nicht systematisch entfaltet) wird, wenn er die Situation definiert als raumtopografische Anordnung von und für an ihrer Daseinswirklichkeit interessierte(n) Subjekte(n), in der auch »andere Subjekte und deren Interessen, soziologische Machtverhältnisse, augenblickliche Kombinationen oder Gelegenheiten […] zur Geltung« kommen. Situation ist und heißt deshalb »eine nicht nur naturgesetzliche, vielmehr eine *sinnbezogene Wirklichkeit,* die weder psychisch noch physisch, sondern beides zugleich als die konkrete Wirklichkeit ist, die für mein Dasein Vorteil oder Schaden, Chance oder Schranke bedeutet.« (1994: 202)

Seiten Egos wie Alters – und die spezifisch vorab wirksamen oder späterhin aus-
gehandelten Regeln und Organisationsprinzipien der Situation.

Dieser soziologische wie philosophische Fokus mitsamt seinen (zu klärenden)
Bezügen zur Handlungs-, Gesellschafts- und Situationstheorie gab den Rahmen
ab für eine interdisziplinär angelegte Tagung im Februar 2012 an der Bauhaus-
Universität Weimar und motivierte zur gleich verteilten Einladung von Philosophen und Soziologen. Von Anfang an stand dem – neben einer dezidierten,
tiefenscharfen Abhandlung und Diskussion klassischer wie neuer Situationstheorien – die programmatische Anfrage an das Auftauchen und Eindringen, an die
Entstehung und Durchsetzung des Unwahrscheinlichen, Unerwarteten, Abwegi-
gen, Komischen, Neuen, Innovativen zur Seite, wie sie im Titel des Bandes »Offene Ordnung?« zum Ausdruck kommt.

II

Differenziert betrachtet, waren es fünf Motive, die Anlass zur Tagung gegeben und
zur Herausgabe des vorliegenden Sammelbandes geführt haben. (1) In der soziologischen wie auch philosophischen Theorienlandschaft lässt sich einerseits eine
Konjunktur neuer Erklärungsansätze und zahlreicher ›Turns‹ feststellen und ineins damit das Nivellieren und Vergessen einst fest etablierter und erfolgreicher
Theorien. Neben etwa der marxistischen (Gesellschafts-)Theorie oder der Rol-
lentheorie ist das Schicksal der Verdrängung auch dem Begriff und der Theorie
der Situation zugekommen. Thomas, Parsons, Goffman oder von Wiese, Bahrdt,
Dreitzel sind heutzutage in den soziologischen Debatten eher selten präsent; und
bis auf Hartmut Essers Arbeiten zur Theorie der subjektiven Werterwartung und
rationalen Wahl oder etwa Boltanskis und Thévenots Programm der »Soziologie
der Konvention« gibt es nur sehr wenige, die an einer Theorie und empirischen
Erklärung der Situation noch festhalten und weiter gearbeitet haben. Auch die
Strahlkraft der Arbeits-, Betriebs- und Industriesoziologie hat in dieser Hinsicht
nachgelassen. Weder werden dort intensiv und nachhaltig entsprechend empirische Situationsanalysen fortbetrieben und weiter geschrieben noch werden von
dorther neuerliche Impulse für die philosophische wie soziologische Situationstheorie gesetzt. Soziologiegeschichtlich und wissenssoziologisch betrachtet, war
das einstmals anders. Mit Blick auf die maßgeblichen Initiativen von Seiten Popitz'
und Bahrdts und die »Göttinger Schule« im Generellen war die Situation erstens
eine phänomenologische Kategorie, die das Arbeitsverhalten aus der Innenper-
spektive nachzuvollziehen erlaubte, aber auch das Allgemeine unterschiedlicher
Situationstypen und -formungen zu beschreiben und erklären ermöglichte. Zweitens lieferte (zumindest der theoretischen Programmatik und Idee nach) jede ein-

zelne Arbeitssituationsanalyse zugleich auch ein Bild und eine Diagnose allgemeiner gesellschaftlicher Verhältnisse. Denn das Leben in Arbeitsprozessen und das Sein in Arbeitssituationen spiegele auf besondere Weise die aktuellen Werte, Faktoren und Strukturen der Kultur und Gesellschaft wie auch der Subjektwerdung und Persönlichkeitsentfaltung wider. Drittens herrschte in der Göttinger Soziologie breites Einverständnis, dass soziologische Theorie und empirische Sozialforschung wechselseitig aufeinander angewiesen seien und die Situationsanalyse das adäquate Bindeglied wäre.

In der Philosophie wiederum hängen Stagnation und Nivellierung des Situationsbegriffs (und damit verbundener Themen und Fragestellungen) eng am Bedeutungsverlust der Philosophischen Anthropologie und Existenzphilosophie. Die 1950er Jahre zeichnen da noch ein ganz anderes Bild, wenn man den Bremer Philosophiekongress betrachtet. Ein eigenständiges Symposion ist dem Thema »Situation und Entscheidung« gewidmet (vgl. Plessner 1952: 273–322). Unter der Leitung von Theodor Litt werden vor allem tiefenscharf *Umgebung* (in Relation zu Dingen), *Lage* (in Relation zu Lebewesen) und *Situation* (in Relation zur willentlichen Entscheidung eines Menschen) voneinander begrifflich geschieden, das Problem der (historischen versus augenblicklichen) Zeit und der (kollektiven) Entscheidung in geschichtlichen Situationen oder etwa das Problem der situativen (Wahl-)Freiheit diskutiert. Solcher Art berührt das Symposion maßgebliche Fragen der Sozial- wie Individualethik. Michael Großheim (2002) hat diesbezüglich die philosophische Begriffs- und Theoriegeschichte rekonstruiert; und er sieht vor allem einen kategorialen Umschlag am Werk: von der Einbettung der Situation in die theoretische Philosophie (als Gegenstand adäquater Erkenntnis) hin zur Integration in die praktische Philosophie[5] (als Gegenstand der richtigen Entscheidung).[6] Als Fluchtpunkt einer neuerlichen Arbeit an Situationsbegriff und Situationstheorie identifiziert Großheim sodann die Neue Phänomenologie (à la Hermann Schmitz) und psychiatrische Forschungen zur Situagenie (vgl. 2005: 141 ff.). Von tiefergehendem Interesse sind nun im vorliegenden Sammelband einerseits die verschiedenen Gründe des Verblassens und Vergessens der Situationstheorie. In zweiter Hinsicht macht sich aber noch das viel stärkere Motiv geltend, gegenüber dem allgemeinen Vergessen der Situationstheorie, aber auch

---

5   So beispielsweise der Fokus Emges, wonach das entscheidende Problem der praktischen Philosophie im Allgemeinen und der Rechtsphilosophie im Besonderen darin bestehe, »*wie man eine Situation richtig zu gestalten habe*, daß dieses aber zusammenfalle mit dem Problem, wie man überhaupt sein solle, um richtig zu sein.« (1944: 3)

6   Eine profunde Verbindung beider philosophischer Richtungen in der Anwendung auf konkrete, wirkliche (und nicht typische, abstrakte) Situationen stellt Lipps (1938) im Rahmen seiner *hermeneutischen Logik* her; etwa in der Erörterung der »Transzendenz der Rede«, der »Verhältnismäßigkeit der Rede« oder der »Relation der Urteile«.

teilweise gegen die neueren Studien und Anwendungen zur Situation eine Revitalisierung anzustoßen und diese dadurch umso lebendiger auszurichten wie auch erfolgreicher zu gestalten, dass Philosophie *und* Soziologie mit ihrer je eigenen Begriffs- und Beobachtungsschärfe zur gemeinsamen Debatte gebeten werden.

(2) Das zweite Motiv ist medialer und integrativer Art gegenüber strikten Dichotomien von Mensch/Welt, Dasein/Umgebung, Individuum/Gesellschaft oder Handeln/Struktur. Theoriegeschichtlich und systematisch betrachtet, hat die Situationstheorie genau darin ihren Angelpunkt und ihr besonderes Argumentationsmerkmal, jene Dichotomien aufzulösen und der Diskrepanz zwischen empirischer Welt- und Sozialerfahrung einerseits und Theoriebeschreibung bzw. Theoriearchitektur andererseits entgegenzuwirken (vgl. auch Großheim 2002: 279 f.). Nachgerade in der Soziologie wurde der Situationsbegriff zur Geltung gebracht – und er sollte es noch immer und weiter –, um sowohl *empirisch* zwischen der Mikro- und der Makrologik des Sozialen zu vermitteln als auch *theoretisch* zwischen Handlungs- oder Interaktionstheorie und Gesellschaftstheorie als auch schließlich *begrifflich* zwischen Sozialstruktur, Rolle, Kultur einerseits und Haltung, Persönlichkeit andererseits. Auf diese (mediale) Idee der Situation, die einerseits das Spannungsverhältnis zwischen Menschsein und objektiven wie gesellschaftlichen Gegebenheiten aufruft und die andererseits die Einheit von Selbst und Welt in Aktualität und damit auch das Menschsein überhaupt erst ermöglicht, haben Wolfgang Finke (1955) und Konrad Thomas (1964, 1969) dezidiert hingewiesen. Während ihr Fluchtpunkt aber eher eine »Anthropologie der Situation« war, gilt es nunmehr und neuerlich an einer stärker sozialphilosophischen und gesellschaftswissenschaftlichen Ausrichtung und Reflexion zu arbeiten.

Thetisch formuliert, ist die Situation der »Ort«, an dem Gesellschaft und Individuum zusammenkommen und Handlungen bzw. Kommunikationen mit Anderen unter mal mehr, mal weniger expliziter Abstimmung und Aushandlung realisiert werden. In diesem Sinne nehme ich eine ergänzende Umdeutung der Modellierung Leopold von Wieses vor (vgl. 1971: 140). Während dieser den *sozialen Prozess* als Ergebnis aus *Haltung* und *Situation* deklariert, setzt meine Beschreibung die Situation als Bedingung wie Resultat der Wechselwirkung zwischen Haltung und soziokultureller Umwelt. Anders gesagt: Persönliche Haltung und Gesellschaft sind die Außenpole der Situation; und innerhalb der Situation wirken problemorientierte, themengebundene soziale/kommunikative Prozesse. Eine gegenüber von Wieses und meiner Modellierung deutlich komplexere hat Jürgen Friedrichs vorgelegt.

Friedrichs relationiert die Mikro- und die Makroebene des Sozialen und legt die Situation als empirische Erhebungseinheit der Sozialforschung mit konstitutiven wie regulativen Charakteristika aus. Raum, Zeit und die Elemente der Verhaltenseinheit sind auf eine Handlungs- bzw. Interaktionstheorie gestützt. Die maß-

Abbildung 1   Friedrichs Strukturmodell der Situation (1974: 52)

Übersicht zur Beziehung zwischen gesellschaftlicher Organisation, Situation und Stichprobe

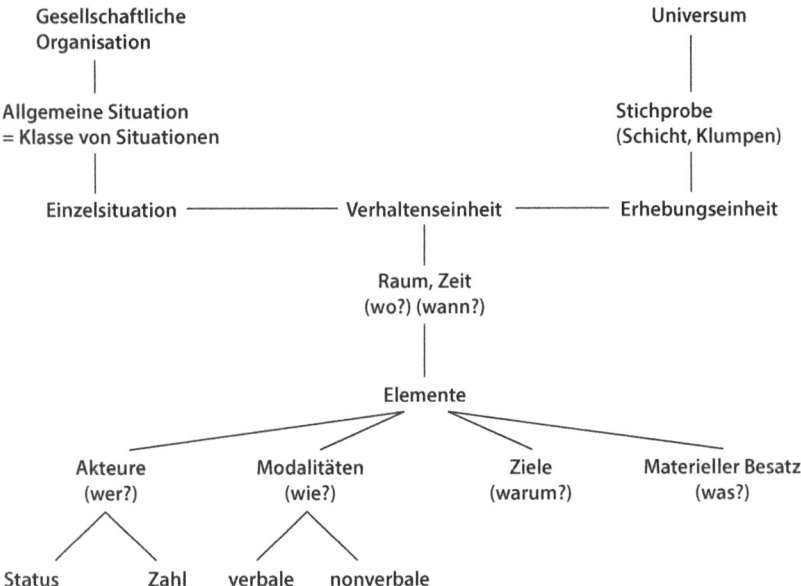

gebliche Verortung einer jeden Situation innerhalb spezifischer Strukturen der Gesellschaft und Kultur wird allerdings nur bestätigt und sehr allgemein gehalten: »Situation sei die kleinste Einheit, in der sich eine soziale Struktur abbildet [...]: man schließt dann entweder aus der Struktur mithilfe der Situation auf den Akteur oder aber aus der Situation auf die Struktur.« (Friedrichs 1974: 47) Eine (tiefenscharfe) Erklärung der Abstimmung zwischen Individualziel und Möglichkeiten wie Zwängen durch externe Strukturbedingungen wird allerdings weder diskutiert noch konkretisiert. Das primäre Forschungsziel, so Friedrichs (vgl. 1974: 49), sei eine empirische Katalogisierung von Situationen (beispielsweise in der Familie, zwischen Freunden, am Arbeitsplatz, in der Öffentlichkeit oder in totalen Institutionen); nachrangig gestellt wird die theoretische Ableitung von Situationen aus den Strukturen der modernen Gesellschaft. Mit dem vorliegenden Sammelband wird genau jene Leerstelle der (sozial- und kultur-)theoretischen Reflexion und Diskussion anvisiert – nicht ohne auf empirische Fundierungen zu verzichten.

(3) Mit der Betonung des Persönlichen *und* Gesellschaftlichen, die in der Situation zusammen wirken, ist mir an einer Gegenposition zu jenen Situationstheorien gelegen, die jedem Akteur bereits vorab Handlungsziel, Handlungsplan und adäquat reflektiertes wie auch kompetent beherrschtes Situationswissen zuschreiben und dann dessen »Definition der Situation« zum Kriterium für soziale Ordnung wie auch zum Angelpunkt der Erklärung machen. Wenn die Situation eine (seriöse) soziologische Kategorie sein soll, dann muss ihre Definition mehr bedeuten als subjektive Erwartung und Orientierung. Mindestens das soziale Problem und Thema, konkrete Wertbindungen und affektive Besetzungen – alle sowohl im Dissens als auch im Konsens gegeben – müssen als Charakteristika hinzugenommen werden. Interessant ist dann, wie die In-Situation-Seienden ihre Einstellungen und Erwartungen, ihre Pläne und Ziele sowie ihre Objekthandhabungen aushandeln und finalisieren. Am Situationsbegriff sind also sowohl individuelle Wahrnehmung und Ziele (Wollen) als auch soziale Erwartungen und Regeln (Sollen) festzumachen und damit die Situationsordnung als (alltagsweltliches) doppeltes Problem zu untersuchen von einerseits kognitiver Orientierung und andererseits praktischer Handlungs- und Entscheidungskoordination (vgl. dazu auch Sofsky 1983).

(4) Daran schließt sich das Interesse für das Offene, das Unerwartete, das Ungewisse oder das Anomische, das in Situationen eindringt respektive in ihnen und aus ihnen entsteht. Theoretisch wie empirisch geht es um die Diskussion und um Erklärungsansätze, wie Ordnung in der Situation selbst hergestellt wird, wie sie ausgehebelt und wieder neu arrangiert werden kann – und welche Auswirkungen all dies auch (a) auf den Struktur- und Wertehaushalt der modernen Gesellschaft und (b) auf den Affekthaushalt des Akteurs respektive auf Beobachter hat.[7] Eingeklammert sind demzufolge erstens eine omnipräsente Souveränität aller sozialisierten Akteure, zweitens eine eindeutige, dauerhafte Sinnsetzung und Zielbestimmung jeder Situation und drittens stabile bis starre Gesellschaftsstrukturen, Wertbindungen und Handlungsroutinen. Gerade die Situation könnte die Kategorie sein, welche gleichermaßen *Produktivkraft* wie *Symbolfeld* für kulturelle Evolution und gesellschaftliche Veränderung ist.

(Sprach-)Philosophisch lassen sich dem Interesse für die Überraschung, das Unerwartete und das Unvorhersehbare (in) der Situation jene Überlegungen Derridas (vgl. 2003) zur Seite stellen, die er zum Ereignis, genauer: zur logischen Unmöglichkeit, über das Ereignis zu sprechen, angestellt hat. Im (situativen) Ereignis, so Derrida, treffen performative und konstative Sprechakte zusammen. Im und mit dem Sprechen konstituieren wir einerseits eine soziale Tatsache, stellen

---

7   Siehe explizit zu Diagnosen und Diskussionen »offener Situationen« im Diskurskontext der Theorie reflexiver Modernisierung: Böhle/Weihrich (2009).

einen bestimmten Situationssinn her und beschreiben andererseits, was geschehen und fortan zu wissen ist. Während Sprache aber an Wiederholbarkeit und Generalisierung gebunden ist, zeichnet sich das Ereignis gerade durch seine Einmaligkeit und Spezifität aus. Die Folge ist ein fundamentaler Widerspruch zwischen Ereignischarakter und seiner (sowohl *vor*aussagenden als auch *nach*träglichen) Versprachlichung; eben darin liegt für Derrida die Verfehlung des Ereignisses durch die Sprache.[8] Aber lässt sich nicht, so wiederum die sozialwissenschaftliche Perspektivierung, das Neue und Überraschende an situativen Reaktionen und Handlungsanschlüssen ebenso festmachen wie auch post festum an seiner (schrift-)sprachlichen Fixierung? Die Differenz in der Sache und in der Zeit verschafft sich Geltung und macht das Ereignis bemerkbar wie sichtbar. Es bedeutet dies – gegen Derrida – nicht zuletzt und nicht weniger als die Möglichkeit des Nachrichtenwesens, der Geschichtsschreibung und anderer Professionen im Umgang mit dem Neuen und Singulären. Sie vermitteln und interpretieren allesamt Ereignisse, die prinzipiell unvorhersehbar gewesen sein mögen, faktisch aber ihre Gegenwart unter Handlungsdruck gesetzt haben und dann geschichtlich wurden.

(5) Und das letzte Motiv dieses Sammelbandes – inhaltlicher wie didaktischer Art – besteht in nichts Geringerem als: alte Theoriekontexte neu kennenzulernen und zu diskutieren, sich wechselseitig für Problemstellungen zu sensibilisieren, sich mit unterschiedlichen Sprachstilen zu konfrontieren und dabei dann sehr viel aus verschiedenen Diskursen, Theorietraditionen und Fallanalysen voneinander zu lernen. Im besten Falle stiften eine › Philosophie der Situation ‹, eine › Soziologie der Situation ‹ und ihre (heterogenen) Operationalisierungen produktive Angleichungen und Abweichungen und zeigen die erhoffte Lebendigkeit der Situationstheorie. Das Resultat könnte (mit Luhmann formuliert) eine Variante der Steigerung des Auflöse- *und* Rekombinationsvermögens sein.

III

Zur stärkeren Vereinheitlichung und besseren Vergleichbarkeit der verschiedenen Beiträge haben sich alle Autorinnen und Autoren darauf verständigt, vier formale Aspekte zu berücksichtigen und zu bedienen: (a) Explikation einer Definitions-

---

8   »Zu den Merkmalen des Ereignisses gehört ja nicht nur die Unvorhersehbarkeit und damit die Tatsache, dass es den gewöhnlichen Gang der Geschichte unterbricht, sondern auch seine absolute Singularität. Also kann man sagen, dass das Sprechen vom Ereignis, die Mitteilung von Wissen *über* das Ereignis, die Singularität des Ereignisses in gewisser Weise *a priori* und immer schon verfehlt – durch die einfache Tatsache, dass das Sprechen zu spät kommt und die Singularität in der Generalität verliert« (Derrida 2003: 21; vgl. auch 33 und 36).

bestimmung der Situation, (b) Erläuterung des Problems, auf das der Situationsbegriff innerhalb des jeweiligen Theoriekontextes reagiert, und Diskussion seiner dortigen Reichweite, (c) dezidierte Bezugnahme auf das Unwahrscheinliche,
Unerwartete, Außerordentliche, kurz: auf die »offene Ordnung« der Situation,
(d) Analyse eines paradigmatischen Fallbeispiels, in dem empirische und theoretische Fragen zusammenkommen und das einen (wechselseitigen) Unterschied zu
den anderen Beiträgen markiert. Alle arbeiten damit an der Frage: Was zeigt sich
und was lässt sich (nicht) zeigen, wenn wir von »Situation« sprechen?

Zu Beginn fokussiert ANNA ECHTERHÖLTER in einem ersten Schritt auf das
Konzept, den Kontext und die Rezeptionsgeschichte des »Thomas-Theorems«.
In einem zweiten Schritt rekonstruiert sie dann unter dem Deckmantel des Situationsbegriffs (genauer: der »situational procedure«) die Gründungsszenen
und Forschungsziele der Chicago School of Sociology und zeigt detailliert deren
nachhaltige Wendung in Richtung einer (von Ernst Haeckel beeinflussten) Humanökologie. JENS BONNEMANN stellt die Situationstheorie Sartres vor, wie sie
zuerst in Verbindung mit dem Freiheitsbegriff in »Das Sein und das Nichts« entwickelt und dann mit Blick auf die Gruppe und das Praktisch-Inerte in der »Kritik der dialektischen Vernunft« modifiziert wird. Grundsätzlich bleibt die Situation bei Sartre zweideutig: einerseits vom Menschen konstituiert, erwirkt und
gestaltet, andererseits ihn machend, konditionierend und entfremdend. JOACHIM
FISCHER leistet sodann eine genaue, nicht zuletzt theoriegeschichtliche Aufschlüs-
selung des Stellenwerts des Situationsbegriffs innerhalb der Philosophischen Anthropologie und seiner dort angelegten operativen Anwendungen im Bereich
der (Industrie-)Arbeit (Bahrdt und Popitz), der Krisen- und Grenzerfahrungen
(Plessner) und der Macht (Popitz). KARL MERTENS erfragt die konstitutiven Bedingungen und Mechanismen für kooperatives Handeln, die in Situationen (des
Miteinanders) gelten, und diskutiert dabei – vorrangig orientiert an Hollis – vier
methodische Analysevarianten zwischen Individualismus/Holismus und Erklä-
ren/Verstehen. Abschließend greift er Baltzers Konzept des Anschlusshandelns
auf, um diese verschiedenen Varianten zu integrieren und insbesondere den Phänomenen innovativer oder kreativer Kooperationshandlungen gerecht zu werden.

ANDREAS ZIEMANN setzt sich kritisch mit subjektivistischen Situationstheorien auseinander, unternimmt dann eine systematische Zusammenführung zentraler Einflussgrößen einer jeden sozialen Situation und problematisiert schließlich das situative Ordnungsgefüge unter Einbruch des Unvorhergesehenen und
Unerwarteten. Exemplarisch werden dazu aggressiv-affektive Motive und Verhaltensweisen in politischen Rahmungen analysiert. GREGOR BONGAERTS leistet
eine systematische Rekonstruktion von Boltanskis und Thévenots »Soziologie der
Konventionen« mit ihrer Abkunft aus einer »Soziologie der Kritik«, erläutert ausführlich deren Theorie sozialer Welten und diskutiert die Reichweite und analyti-

sche Schärfe des dort etablierten Situationsbegriffs – mit entsprechenden Konsequenzen für eine allgemeine soziologische (Gesellschafts-)Theorie. Jo REICHERTZ führt entschieden den Kommunikations- mit dem Situationsbegriff zusammen und betont die immense Relevanz der sozialen Deutung(en) einer jeden Situation. Man verständigt sich nicht nur kommunikativ *über* Situationen, sondern bringt diese *durch* Kommunikationen immer auch mit hervor – ein Umstand, der nicht zuletzt die qualitative Sozialforschung und sozialwissenschaftliche Situationsanalyse selbst betrifft und methodologische Konsequenzen zeitigt. WIL MARTENS wiederum verfasst ein Plädoyer für eine ›kollektivistische Soziologie‹ und konzentriert sich – in kritischer Frontstellung gegenüber zahlreichen soziologischen Theoriepositionen – auf den (kategorialen wie funktionalen) Stellenwert kollektiver Intentionen für individuelle Handlungsprozesse, für deren soziale Abstimmung und Kooperation und für die gemeinsame Situationsdefinition. Letztlich sind diese allesamt durch kollektive Intentionen fundiert und gewinnen von dorther ihren sozialen Sinn.

STEFAN MEISSNER wendet sich den prominenten Arbeitssituationsanalysen der 1950er und 1960er Jahre zu, beschreibt dann kritisch die Aktualisierung jener Forschung, um vor diesem Hintergrund schließlich die Mechanismen des dauerhaften Abweichens von der Norm in offenen Arbeits- und Entscheidungssituationen, kurz: den kognitiven (Management-)Erwartungsstil kontinuierlicher Neuheit(sproduktion), zu diskutieren. CHRISTIANE VOSS ergründet mit Freud, Bergson und Iser zentrale Strukturmerkmale der komischen Situation – in gattungsspezifischer Abgrenzung zu tragischen oder erhabenen Situationen. Erläutert und diskutiert wird dies an Howard Hawks' Kinofilm »Leoparden küßt man nicht« (1938). LORENZ ENGELL begegnet anschließend dem in der Filmtheorie unterbestimmten Situationsbegriff mit einer eigenständigen, an Deleuze und Cavell orientierten Systematisierung. Filmphilosophisch tiefenscharf ausgelegt wird der Komplex von Situation, Aktion und Dingen an und mit Roberto Rossellinis »Stromboli« (1949). Außer der Reihe kommt zuletzt ein Aufsatz von HANS-GEORG SOEFFNER (in leicht veränderter Fassung) zum Wiederabdruck, der den Debatten zur Sprach- bzw. Universalpragmatik entsprungen ist. Im Rekurs auf Schütz, Mead und Peirce interessiert sich Soeffner für die Bedingungen sozialen Handelns und sozialer Verständigung und stellt diese systematisch ins Verhältnis zur Situation. Nachdrücklich kommt darin eine interaktionistische Ausrichtung zum Vorschein, welche die Perspektive der Handelnden einnimmt, aber auch auf die aktuelle Aushandlung und gemeinsame Gestaltung von Situationen eingeht. Der Beitrag ist einerseits historisch zu lesen, erinnert er doch an den Argumentationsstil der 1970er Jahre und die Kontroversen zwischen Handlungstheorie und Sprachphilosophie. Er ist andererseits als (immer noch) relevanter kritischer Beitrag zur Situationsanalyse und -theorie zu lesen, der auf die Bedingungen der Situationsdefinition ebenso aufmerksam macht und eingeht wie auf die Adäquatheit sozialer Handlungen und den Erfolg situativer Handlungspraxis.

Abschließend gilt mein großer und herzlicher Dank für die engagierte, nachhaltige Unterstützung des gesamten Forschungsprojekts: allen AutorInnen dieses Sammelbandes, meinen Mitarbeitern Erika Thomalla, Stefan Meißner und Sebastian van Vugt, der Fakultät Medien der Bauhaus-Universität, Christian Werner sowie Springer VS, namentlich Andreas Beierwaltes.

Literatur

Böhle, Fritz/Weihrich, Margit (Hg.) (2009): Handeln unter Unsicherheit. Wiesbaden: VS Verlag für Sozialwissenschaften.

Bollnow, Otto Friedrich (1947): Existenzphilosophie. Stuttgart: Kohlhammer.

Derrida, Jacques (2003): Eine gewisse unmögliche Möglichkeit, vom Ereignis zu sprechen. Berlin: Merve.

Emge, Carl August (1944): Über die Problematik im Begriffe der Situation. In: Abhandlungen der Preußischen Akademie der Wissenschaften. Jahrgang 1943, Philosophisch-historische Klasse, Nr. 15. Berlin: de Gruyter.

Finke, Wolfgang (1955): Untersuchungen über den Begriff der Situation. (Diss.) Göttingen.

Friedrichs, Jürgen (1974): Situation als soziologische Erhebungseinheit. In: Zeitschrift für Soziologie, Jg. 3/H 1, S. 44–53.

Goffman, Erving (1977): Rahmen-Analyse. Ein Versuch über die Organisation von Alltagserfahrungen. Frankfurt a. M.: Suhrkamp.

Großheim, Michael (2002): Erkennen oder Entscheiden. Der Begriff der »Situation« zwischen theoretischer und praktischer Philosophie. In: Internationales Jahrbuch für Hermeneutik, Bd. 1. Tübingen: Mohr Siebeck, S. 279–300.

Großheim, Michael (2005): Der Situationsbegriff in der Philosophie. Mit einem Ausblick auf seine Anwendung in der Psychiatrie. In: Schmoll, Dirk/Kuhlmann, Andreas (Hg.): Symptom und Phänomen. Phänomenologische Zugänge zum kranken Menschen. Freiburg; München: Alber, S. 114–149.

Hartmann, Nicolai (1965): Zur Grundlegung der Ontologie. Berlin: de Gruyter.

Jaspers, Karl (1994): Philosophie II. Existenzerhellung. München; Zürich: Piper.

Lipps, Hans (1938): Untersuchungen zu einer hermeneutischen Logik. Frankfurt a. M.: Klostermann.

Plessner, Helmuth (Hg.) (1952): Symphilosophein. Bericht über den Dritten Deutschen Kongreß für Philosophie Bremen 1950. München: Lehnen.

Sartre, Jean-Paul (1994): Das Sein und das Nichts. Versuch einer phänomenologischen Ontologie. Reinbek: Rowohlt.

Sofsky, Wolfgang (1983): Die Ordnung sozialer Situationen. Theoretische Studien über die Methoden und Strukturen sozialer Erfahrung und Interaktion. Opladen: Westdeutscher Verlag.

Thomas, Konrad (1964): Die betriebliche Situation der Arbeiter. Stuttgart: Enke.

Thomas, Konrad (1969): Analyse der Arbeit. Möglichkeiten einer interdisziplinären Erforschung industrialisierter Arbeitsvollzüge. Stuttgart: Enke.

Thomas, William I./Thomas, Dorothy Swaine (1928): The Child in America. Behavior Problems and Programs. New York: Knopf.

Wiese, Leopold von (1971): Geschichte der Soziologie. Berlin: de Gruyter.

Die Umgebung der Theorie

Urbane Situation und Ökologie
in der Chicago School of Sociology

Anna Echterhölter

I Einleitung

Als *dérive* bezeichnet Guy Debord ein kollektives Bewegungs- und Rezeptions-
experiment, das die Situation zur Basis einer Spielanordnung macht. Diese zentrale Praktik des Situationismus ist darauf angelegt, durch die bewusste Interaktion mit der städtischen Umgebung neue Verhaltensweisen hervorzubringen.
Basiseinheit der Definition des Umherschweifens ist nicht nur die Situation. Bemerkenswert ist Debords Berufung auf die Kategorie der Ökologie, beispielsweise
auf die »von der Ökologie vorgelegten Daten« (Debord 1995: 64). Er zielt an dieser Stelle weder auf umweltpolitische Rücksichten noch auf agrarische Lebenskon-
texte oder globale Probleme der Ressourcenvernutzung ab. Ihm geht es mit diesem Umweltkonzept vielmehr um »die ökologische Analyse [...] der Einschnitte
in das städtische Gewebe, d[ie] Rolle des Mikroklimas [und] der Elementareinhei-
ten« (Debord 1995: 64).

Als deutlicher Hinweis auf die Provenienz der Debord'schen Ökologievorstel-
lung muss das in der »Théorie de la dérive« erwähnte Schema der sieben Stadtzonen gelten, das in einer der Hauptpublikationen der Chicago School of Sociology enthalten ist: dem von Robert Ezra Park, Ernest W. Burgess und Roderick D.
McKenzie gemeinsam verfassten Band »The City« (1925). Nicht ganz ohne Kritik an den sich dort abzeichnenden Schließungen – der »grundsätzliche[n] Beschränktheit des gesellschaftlichen Raums« (Debord 1995: 64) – wird das humanökologische Schema der Stadtzonen von Debord in den Status »moderner Poesie«
erhoben (1995: 65), gemeinsam mit Paul-Henry Chombart de Lauwes soziologischer Diagrammatik. Die Schönheit dieser Visualisierungen liegt für den Situationismus in der Abbildung sozialer Prozesse und Kräfte, der Aufzeichnung eines
modifzierbaren Umfeldes interagierender Gruppen. Debord verweist in diesem

Zusammenhang auf die Erstkonfiguration des Situationsbegriffes in großer Nähe zur Ökologie, die in der Chicagoer Schule der Stadtsoziologie vorgenommen wurde. Während Debords gesellschaftspraktisch installierte Situation als exemplarischer Fall einer in jeder Hinsicht *offenen Struktur* gelten kann – als Direktive zur Wahrnehmung des Neuen, als Konstruktion eines alterierenden Verhaltens und Empfindens und als Projekt der gesellschaftlichen Veränderung –, weisen die im Folgenden diskutierten theoretischen Raumkonzepte vielfache Tendenzen zu Schließung, Ausblendung und Bewahrung auf.

Die Untersuchung konzentriert sich zunächst auf William I. Thomas, der die Regeln der »Definition der Situation« in der Gründungsphase der US-amerikanischen Soziologie in den 1920er und 1930er Jahren entwickelte. Sodann beschäftigt mich die Frage, was sich am Denken der Materialität und Außeneinflüsse ändert, als sich verstärkt humanökologische Vorstellungen, wie bei Park, Burgess und McKenzie, in der Chicago School of Sociology durchsetzen. Beide theoretischen Konzepte implizieren je eigene Öffnungen und Schließungen von Perspektiven auf die Gesellschaft, präfigurieren die Aufnahme materieller sowie immaterieller Einflussfaktoren auf das Verhalten und definieren als heuristische Instrumente die Wahl der Methode und die späteren Repräsentationsformen des erzeugten Wissens. Situation und Ökologie sind dabei nur zwei prominente Beispiele für eine Gruppe räumlicher Heuristiken, die je unterschiedliche Gesellschaftsbilder prozessieren, wie die neoklassische Feldforschung, die biopolitischen Milieukonzepte, die biologistische Nische oder die militärische Lage (vgl. Meyer/Schareika 2009; Muhle 2008).

Verfolgt man die Funktion des Situationskonzeptes in der frühen Chicago School of Sociology, so ergibt sich das Bild einer versuchten Neuverankerung der theoretischen Perspektive im Interaktionsraum zwischen Subjekten, Subjekt-Objekten und Objekten, da die theoretische Aufmerksamkeit zunächst auf die »situational procedure« gelenkt wurde. Nach kurzer Zeit jedoch wird diese genuin soziologische Sphäre erneut verdeckt durch das mit wesentlich mehr Erklärungskraft und innerer Logik ausgestattete Konzept der Ökologie, das in dieser Zeit zwar eine klare Nähe zum offenen Situationsbegriff bei Thomas aufweist, zunehmend aber ökonomischen Logiken der Repräsentation verfällt.

Die Situation wird im Folgenden als ein Begriff analysiert, der Entscheidendes zur Konstitution der Soziologie in den Vereinigten Staaten beiträgt, die im Chicago der 1920er und 1930er Jahre maßgeblich geprägt wird (vgl. Lindner 2007; Salerno 2007). Im Sinne einer wissenschaftshistorischen Konzeptgeschichte liegt der Akzent auf der Frage, wie Umwelt in Theorie überführt wird, welche Auffassung der Objektwelt sich auf Modellebene hierdurch spiegelt und welche Rückwirkungen diese notwendige theoretische Filterung und Abstraktion für die Repräsentation der Intersubjektivität, der Koexistenz, der Gesellschaft hat. Diese

Vorgeschichte der Situation und der Ökologie in der Chicago School of Sociology gewinnt auch durch das bereits länger währende Interesse an methodischen
Ökologieelementen oder der politischen Ökologie an Interesse. Hinzu kommen
Ökologievorstellungen der kritischen Geographie (vgl. Thrift 1999) oder die kürzlich vieldiskutierten »indianischen Ontologien«, in denen alterierende Grenzver-
läufe zwischen Subjekt und Objekt, zwischen Gesellschaft und bewohnter Landschaft konstatiert werden (vgl. Ingold 2000; Descola 1999, 2006). Ausgehend von
der epistemologischen Tradition der Wissenschaftsgeschichte, wird die folgende
Konzeptgeschichte mit einem Wissensmodell operieren, das Yehuda Elkana 1981
zur europäischen Ethnologie unterschiedlicher Theoriedynamiken vorgeschlagen hat. Die beiden analysierten theoretischen Raumkonzepte sind in sich nicht
unproblematisch, zumal keiner der Autoren als ausgewiesener Theoretiker zu
bezeichnen wäre. Sie werden nicht im Interesse direkter Aktualisierung vorgeschlagen. Sie dienen vielmehr einer Vermessung theoretischer Landschaften und
tragen zu einer Geographie des Methodischen im Spannungsfeld von exakter Methode, Umweltrepräsentation und ihrer Öffnung bzw. Schließung für die kulturellen Phänomene gesellschaftlicher Interaktion bei.

II Experimentelle Situation und urbane Umwelt bei William I. Thomas

In seiner 1927 gehaltenen Präsidentschaftsansprache führt William I. Thomas der
versammelten *American Sociological Society* Spielräume vor Augen, die sich durch
einen methodisch gewendeten Situationsbegriff eröffnen. Dabei wird die Situation zum Forschungsprogramm erhoben, und zwar als ein Perspektiv für kollektive Verhaltensweisen – ein Verfahren, das nicht bei der existenziellen Situation
eines Einzelnen oder der internalistischen Betrachtung von Motivationen ansetzt. Vielmehr geht Thomas von Gruppierungen aus, die ihrer urbanen Umwelt
als einem komplexen Geflecht unterschiedlicher Machtfaktoren ausgesetzt sind.
Dies geschieht in Abgrenzung von der biologisch-reduktionistischen Umweltdetermination im Behaviorismus dieser Zeit sowie von den rein individualistisch
gedachten Instinktmodellen der sich damals stark entwickelnden experimentellen Psychologie. Im Gegensatz zu den in diesen ›exakten‹ Humanwissenschaften
angenommenen, sehr schematischen Umweltbegriffen weist Thomas eine genuin
soziologische Einflusssphäre aus, was über eine Verräumlichung seiner eigenen
langjährigen Überlegungen zur »Definition der Situation« erreicht wird. Sein
Umweltkonzept schließt er anlässlich seines Situations-Vortrages zudem klar an
die ökologischen Konzepte an, die die Kollegen in der Chicagoer Schule der Stadtsoziologie favorisieren, also an die »regional and ecological behavior surveys with

which Park, Burgess, Thrasher, Shaw, Zorbaugh, and others are identified [...]
who measure the totality of influence in a community« (Thomas 1928: 7).

In seiner Ansprache geht Thomas eingangs auf physiologische Forschungen
ein, in denen der Einfluss des Lichts, der Elektrizität, der Hitze oder Schwerkraft
auf Mikroorganismen untersucht wird. Die Reaktionen der Kleinstlebewesen auf
diese Ereignisse, diese biologischen Grundgesten lebender Organismen, werden
als »Tropismen« bezeichnet und im Behaviorismus stark rezipiert. Diese Erwäh-
nung der Tropismen bei Thomas steht erratisch in dem sonst auf Egodokumente
und Verhaltensmuster von marginalisierten und migrantischen Bevölkerungsgruppen ausgerichteten Stadtsoziologie. Mit dem Licht, der Schwerkraft und den
Temperaturverhältnissen wird schiere Physik als Einflussfaktor des Verhaltens an-
gedacht. Das Interesse für Lichteinwirkungen bei Thomas zeugt beispielhaft von
dem Verfahren, ein gefächertes Raster aller möglichen Einflüsse zu entwickeln.

Es ist zugleich das Resultat einer argumentativen Strategie der additiven Re-
lativierung. Thomas lässt die Umweltdetermination des Behaviorismus als Teil-
einfluss gelten, unterläuft aber zugleich die Exklusivität des Reduktionismus, der
durch Reiz-Reaktions-Schemata jegliche Form mentalistischer Innenperspektiven
aus dem Feld zu räumen bestrebt war. Den zentralen Begriff der »behavior« allerdings versucht Thomas seinerseits zu überschreiben und für eine Sichtweise rück-
zugewinnen, die unter Rekurs auf naturwissenschaftliche Erkenntnisse dennoch
theoretischen Raum für die sozialen Faktoren des Zusammenlebens schafft.

Einer parallelen Bewegung folgt seine Integration der für die Neurophysiolo-
gie grundlegenden Arbeiten Charles Scott Sherringtons: »[His] work on the ner-
vous system, for example, will hardly be without value to the behaviorist, since
the total situation contains the physiological and neurological« (Thomas/Thomas
1928: 558). Die ausschließliche Steuerung durch die schematische Natur der In-
stinkte wird allerdings ebenfalls auf ein Minimum reduziert »While we do not
wish to emphasize the importance of the ›internal environment‹ for behavior
studies – we wish, in fact, to minimize it – it is methodologically important to ap-
preciate the role of these drives and instincts in their relation to the socially more
important field of learned behavior« (Thomas/Thomas 1928: 554 f.). Dass Thomas'
Versuch einer Begründung der Soziologie über die an naturwissenschaftliche Verfahren angelehnten Humanwissenschaften eine Gratwanderung darstellt, zeigt
sich aller Orten. So sind die Beispiele vorwiegend aus dem Bereich fragwürdiger
Tier- und Kinderexperimente entnommen, und seine Abwehr des Vererbungsge-
dankens fällt schwach aus: Er definiert ihn als überlagert von gelerntem Verhalten, als »phylogenetic memory of experience – memory organically incorporated«
(Thomas 1928: 1).

Diese additive Strategie der Abwehr ausschließlich naturwissenschaftlicher
Konzeptualisierungen ist lediglich der forschungsstrategische Aspekt dessen, was

Thomas »situational procedure« nennt. In seiner tatsächlichen Wirksamkeit als methodisches Werkzeug, in seiner heuristischen Wendung also, leistet das Konzept der Situation weit mehr als die integrative Rückgewinnung sozialer Interaktionsräume angesichts reduktionistischer Tendenzen in den aufkommenden ›exakten‹ Humanwissenschaften. Das Konzept zeichnet sich dadurch aus, dass es in der konkreten Materialanalyse eine Öffnung auf mögliche unentdeckte Determinanten festschreibt und insofern mit dem Unbekannten rechnet. Situationen werden durch Thomas' methodischen Zugriff kartierbar und neu auffindbar. So heißt es über die Studien der Stadtsoziologie: »[T]hey tend to bring out causative factors previously neglected and to change the character of the problem« (Thomas 1928: 7).

Diese Rücksicht auf unbekannte Faktoren kündigt bereits an, dass der Fokus auf dem zu lösenden Problem, nicht der konsequenten Durchführung einer bereits festgelegten Methode beruht. Die Offenheit der Situation als theoretischem Instrument lässt sich in eine generellere Offenheit methodischen Elementen gegenüber verlängern. So fordert Thomas zur Pluralisierung der Hypothesen auf, die als »heuristic devices« dienen und gegebenenfalls auch wieder fallengelassen werden müssen (Thomas/Thomas 1928: 558). Zudem projektiert er umfassende Situationsanalysen: »A survey of this kind would involve a study of all the institutions – family, gang, social agencies, recreations, juvenile courts, the daily press, commercialized pleasure, etc. – by all the available techniques […] for the purpose of tracing the effects of the behavior-forming situations on the particular personalities« (Thomas 1928: 12).

Gerade die frühe Chicago School zeichnet sich durch einen heterodoxen Methodenpluralismus aus, der sich naturwissenschaftlich exakter Verfahren ebenso bedient wie literarischer Techniken. Es überlagern sich Feldforschung und teilnehmende Beobachtung (Franz Boas, George Herbert Mead) mit den investigativen Energien der journalistischen Reportage; es werden Kriminalitätsstatistiken mit Briefen und Egodokumenten wie Gerichtsprotokollen gegengelesen; und es wird das Gespräch mit Ärzten und Bewährungshelfern gesucht, die nahe am »Milieu« arbeiteten. Als Extremfall gelten die Studien über die Hobos – die arbeitsscheuen nomadischen Wanderarbeiter der damaligen Zeit. Sie gehen bei Nels Anderson auf mehrmonatige Phasen der Obdachlosigkeit in grenzgängerischer, partizipativer Soziologie zurück. Die Situation leistet in diesem Kontext auch die verbindliche Koppelung an mesosoziologische Analysen, die in Chicago zudem auf das Lokalkolorit ausgerichtet sind.

Was sich an dieser Stelle abzeichnet, ist die Einschreibung des Untersuchungsgegenstands selbst in die Formation der Disziplin, die nicht ausschließlich über eine Methode, sondern ihr Thema vor sich ging. Denn die Chicago School formierte sich in einer Metropole, deren explosionsartiges Wachstum, deren Grad an

organisiertem Verbrechen, deren Zersplitterung in verschiedene Zuwanderungsgemeinschaften bei gleichzeitiger Technisierung und Medialisierung des Alltags
zu Beginn des letzten Jahrhunderts immer wieder als beispiellos hervorgehoben
wurde. In Widmungen deklarierte man renommierte Kollegen als »students of
the city« (Anderson/Lindemann 1935). Die Zustände in den Parallelgesellschaften der diversifizierten Stadtviertel provozierten einen Beschreibungsduktus, den
Roger Salerno treffend mit »sociology noir« umrissen hat; und dieser korrespondierte mit einem exklusiven Habitus der Stadtsoziologen – weit eher Connaisseur
der sensationellen Lebensformen des Untergrundes als akademischer Fachwissenschaftler (vgl. Lindner 2007: 159). Diese Soziologie, die ihre Nähe zum Boulevard nicht verleugnen wollte, sondern vielmehr zum Qualitätsmerkmal erklärte
(zumal mit Park einer ihrer führenden Köpfe auf eine lange Tätigkeit als Reporter zurückblickte), berichtete dennoch zugleich nicht borniert. Sie operierte vom
Standpunkt nicht hintergehbarer Fremdheitserfahrungen in einem von Migration
geprägten Ballungsraum, in dem Marginalität weitaus wahrscheinlicher als eindeutig benennbare Zugehörigkeit war. Lindner sieht dieses kosmopolitische Element des Chicagoer Alltags auf Methodenebene gespiegelt, da auf beiden Ebenen
die Grenzerfahrungen unvermeidlich waren und daher eine distanzierte Haltung
gegenüber universellen Gültigkeitsansprüchen geboten schien (vgl. 2007: 204 f.).
    Die Situation oder »situational procedure«, die Thomas zum Forschungsprogramm erhebt, knüpft sich keinesfalls auf neutrale Art an die präferierten Themen
der Devianz, Bohème und Kriminalität. Der rote Faden seiner Präsidentschaftsansprache ist tendenziös gewählt: Mit der Fluchtlinie der Jugendkriminalität, die
in bestimmten Stadtvierteln signifikant höher lag als in den Geschäftsvierteln, ist
derjenige Bereich der Normabweichung benannt, von dessen erzieherischer Korrektur Thomas' soziologische Studien jederzeit handeln – unterschiedslos bei polnischen Landarbeitern, ›gefallenen‹ Mädchen und dem amerikanischen Kind.
Die Situation ist in diesem Zusammenhang ein Konzept, mit dem sich Thomas
explizit gegen die kontinentale Kriminologie wendet, die, von Lombroso beeinflusst, die Delinquenz somatisch dachte, also durch Vererbung und durch Rassen seit der Geburt verankert (vgl. Thomas 1928: 8). Demgegenüber leisten die
Stadtviertelstudien der Chicago School den Nachweis, dass die Kriminalität in bestimmten Migrantengruppen erst nach der Vergesellschaftung in der neuen Metropole sukzessive zunimmt, was erneut belegt, dass der Rekurs auf die Umweltbedingungen bei Thomas eine soziale Erklärungsform der Determination gegen
angeborene Delinquenz aufbietet.
    Die Situationsanalyse verspricht jedoch zugleich, ein Regierungswissen über
Kriminalität zu erzeugen, das wirksamer ist als die hilflosen »correctional methods« der Strafjustiz, die deviantes Verhalten lediglich besiegeln, bestätigen und
verwalten, wie mit den hohen Rückfallquoten belegt wird (vgl. Thomas 1928: 10).

Thomas entwirft demgegenüber ein Szenario, in dem durch verbesserte Kenntnis der jeweiligen sozialen, institutionellen, klimatischen, und medialen Umwelteinflüsse eine verbesserte Formung der Gesellschaft oder sogar die Beseitigung der Kriminalität überhaupt in Reichweite geraten könnte. Zumal er vermutet, dass längst noch nicht alle Faktoren bekannt sind: »Now there is reason to believe that we are deluded [about] the efficiency of other behavior-forming situations […] on which we are confidently relying for the control of behavior and the development of normal personality« (Thomas 1928: 11). In der Tat ist das Motiv der Verzerrung der Verhältnisse bis zum Äußersten getrieben, wenn er die wissenschaftliche Repräsentation mit dem falschen Zeugnis vor Gericht vergleicht, in das schadhafte persönliche Erinnerung, unreflektierte Vorteilsnahmen und schieres Eigeninteresse eingehen. Die Expertise der entwickelten Situationsanalyse und ihrer »regional surveys« soll jedoch vornehmlich den Regierungseliten, lokalen Verwaltungsautoritäten und den von ihnen bestallten Besserungsanstalten zugutekommen. Kriminologische Soziologie erweist sich an dieser Stelle als Zusammentreffen heterogener Motivationen: In der Hinwendung zur Devianz liegen Faszination für den Beschreibungsgegenstand, vorauseilender Gehorsam den Geldgebern gegenüber und nicht-moralisierende Berichterstattung in Abgrenzung von dem Geist methodistischer Gemeindefürsorge, die die Arbeit an der Universität Chicago lange prägte, oft unentwirrbar ineinander verschränkt vor. Bei Burgess ist dieses Regierungswissen direkt als Möglichkeit einer neuen Form der Einflussnahme auf Stadtviertel im Sinne einer »social control« gedacht. Das wie bei Foucault noch in großer Nähe physikalischer Kraftbegriffe gehaltene, belastbare Handlungswissen der Situationsanalysen geriert sich insofern als eine Art ›Situationismus von oben‹. Es erlaubt Einflussnahmen durch die überlegene Kenntnis der ohnedies wirksamen Kräfte und Machteffekte eines bestimmten Habitats. Vorgeschlagen werden sollen besser zugeschnittene Projekte, die an den tatsächlich wirkenden Kräften ansetzen; denn allzu oft erschöpft sich die Sozialarbeit in Unkenntnis der Abhängigkeitsverhältnisse und Zusammengehörigkeiten in hilflosen Maßnahmen. Bei Burgess heißt es: »The knowledge of these forces in neighborhood life will suggest feasible projects and programs. Too often, however, attempts at social control rise from ignorant good will rather than from the facts of the situation« (1925: 154).

Bei Thomas ist auffällig, dass schon die erste Nennung seines Konzepts der »Definition der Situation« im Kontext krimineller Devianz steht. Sie stellt zudem die politische Frage nach der Definitionsgewalt offen dar, da die Forderungen einerseits durch die Gesellschaft an das Individuum herangetragen werden, andererseits aber jeder Einzelne zu eigenen Definitionen fähig ist. In »The Unadjusted Girl« werden Nachbarschaftsbezirke bemerkenswert akustisch als Reichweite des Hörensagens bestimmt. Ihre Gültigkeit manifestiert sich beispielsweise durch ein »sneering« auf den Straßen (Thomas 1923: 44, 50). Demnach sind Individuen aufgrund ihrer Wunschstruktur zuweilen bereit, eine eigene Situation gegen die Codes der Gesellschaft aufzubieten – eine konfliktträchtige doppelte Ausrichtung in der »Definition der Situation«, die auch in dem Artikel »The Problem of Personality in the Urban Environment« (1925) konstant beibehalten wird. Paradigmatisches Ausgangsmaterial für den Prozess einer kollektiven Definition gibt Thomas durch die Erinnerungen von verschiedenen Augenzeugen bei Landzuteilungen in der russischen *mir*-Struktur. Diese resümieren ein von außen betrachtet gleichermaßen opakes wie effizientes Ritual: »We who are unacquainted with peasant speech, manners and method of expressing thought-mimicry […] would never understand anything. Hearing fragmentary, disconnected exclamations, endless quarreling, with repetition of some single word; hearing this racket of a seemingly senseless, noisy crowd that counts up or measures off something, we should conclude that they would not get together, or arrive at any result in an age« (Thomas 1923: 45). Dennoch gelingen Landzuteilungen wie Konsensfindungen über das Aushändigen eines Pferdediebes nach diesem Verfahren zuverlässig und in überschaubaren Zeitfenstern.

Ende der 1920er Jahre nimmt Thomas Elemente der Theorie der Masse mit auf. In der Mode, in Mobs, im Bandenverhalten und (bereits!) im Faschismus sieht er diese gesellschaftlichen Kommunikationsprozesse nach ihren eigenen Regeln am Werk. Die kollektive Reaktion wird keinesfalls als rationale Aushandlung veranschlagt, sondern als »emotional, imitative, largely irrational and unconscious, weighted with symbols, and sometimes violent. It is capable of manipulation and propagation by leading personalities and the public print. Its result is commonly and publicly accepted definitions of situations« (Thomas 1928: 12 f.). Es klingt wie eine Prototheorie des Spektakels, wenn Thomas schreibt, dass die Medien, die Werbung, die Bezugsgruppen und das Theater der politischen Prominenz die Verhältnisse zu diktieren vermögen. Die individuellen Definitionen, die in früheren Schriften mitgeführt wurden, sind in seiner späteren programmatischen Äußerung nicht mehr eigens erwähnt. Im Kontext der Kriminalitätsprävention interessiert ihn vielmehr die problematische Tatsache konfligierender kollektiver Situationsdefinitionen. Als Beispiel nennt er die auch seitens der Justiz konstatierte Entschlossenheit größerer Bevölkerungsgruppen, nicht zu arbeiten: »When […] a large number of young men in New York City have made up their minds that they will live without working, this is a new definition of the situation and the formation of a criminal policy« (Thomas 1928: 13). Insgesamt besteht jedoch wenig Zweifel, dass Thomas die Situationsdefinitionen der Gesellschaft als kollektiv erzeugte Disziplinierung der Akteure begreift. So zitiert er in »The Unadjusted Girl« eine Ode William Wordsworths zur Erläuterung dessen, was die Situation aus der Sicht des Einzelnen bedeutet: »Shades of the prison-house begin to close / Upon the growing Boy« (Thomas 1923: 42).

Einen entscheidenden Unterschied zu der ausschließlichen Außendetermination der Milieubegriffe, in deren Nähe Thomas offensichtlich operiert, liegt in der bisher zurückgestellten Tatsache begründet, dass er neben der Frage, wer die Situation definiert, eine zweite subjektivistische Einflussart maßgeblich konzeptionalisiert hat. In das »moving environment« der sozialen Tatsachen moderner Städte (Thomas 1925: 38) trägt er durch seine Typologie der vier Wünsche einen weiteren internen Faktor ein. Aber auch die in loser Koppelung zu Instinkten eingeführten Wünsche (nach »neuem Erleben«, »Sicherheit«, »Erwiderung«, »Anerkennung«) sind als Motivationsquellen des Handelns bereits auffällig gruppenbezogen angesetzt. Selbst wenn das Vokabular dieser Soziologie erneut nah am *common sense* gewählt ist, bleibt Thomas' Vorgehensweise in einer Hinsicht alles andere als schlicht und holistisch, nämlich in der unablässigen Verschaltung von Umweltperspektiven mit solchen, die nur über klassische Introspektion zugänglich sind und Thomas womöglich aus seiner ersten akademischen Tätigkeit in der griechischen Philologie noch nahe lagen.

Mit der Präsidentschaftsansprache verräumlicht Thomas sein heuristisches Instrumentarium und lässt die Umwelt als Faktor am deutlichsten hervortreten, genauer gesagt: die Summe aller einwirkenden Kräfte, die materiell, apparativ, sozial oder symbolisch gelagert sein können. Er betont, dass die »situational procedure«, die als neue Formvorgabe in den soziologischen Text integriert wird, die zuvor verwendeten affektiven und motivationalen Strukturen nicht ausschließt – im Gegenteil: Das Konzept der Situation bringe sowohl Werte als auch Wünsche hervor (vgl. Thomas 1928: 1). Dies ist etwas, das auch Mateusz Stachura für die Kategorie der Situation allgemein betont: Es folgt die »Definition der Situation« nicht der Logik der Nutzenmaximierung, »sondern der Logik der Wertbeziehung« (Stachura 2006: 433).

Die Rezeptionsgeschichte des Situationskonzepts lässt wenig von der Brüchigkeit und Materialitätsaffinität der programmatischen Äußerung von 1927 ahnen. Es ist auffällig, dass der Satz, der als *Thomas-Theorem* in die Soziologiegeschichte einging, zwar in »The Child in America« fällt, von Thomas selbst jedoch nicht in die zum Teil wortgleiche Rede vor der *American Sociological Society* übernommen wurde. Unerwähnt bleibt in der Rezeptionsgeschichte fast immer der konkrete Textzusammenhang: der Fall eines paranoiden Mörders, dem die Lippenbewegungen der Passanten und subsequenten Opfer wie Diffamierungen erschienen waren; ein individuelles Missverständnis mit höchst drastischen Konsequenzen. Als Folgerung wurde der viel zitierte Satz: »If men define situations as real, they are real in their consequences« (Thomas/Thomas 1928: 572), einerseits aus dem Originalkontext gerissen, andererseits in viele neue Zusammenhänge gestellt.

Das Thomas-Theorem ist aufgrund der fehlerbehafteten und problematischen Rezeption eines isolierten Satzes zu einem Fall für die Wissenssoziologie der Zitation geworden. Es lässt sich festhalten, dass dieser Satz in keiner Rezension vermerkt wurde (vgl. dazu Merton 1995: 383), dass er bald dem falschen Buch und als Folgefehler zudem Thomas' Koautor Florian Znaniecki zugeschrieben wurde, dass das Theorem aber dennoch Eingang in die Mehrheit der Lehrbücher fand, wobei in weniger als der Hälfte korrekt nach der Originalquelle zitiert wurde, woran Robert K. Merton als Zwischenreferenz nicht ganz unbeteiligt war (vgl. Smith 1993). Merton selbst reagiert mit einer selbst- und wissenschaftskritischen umfänglichen Rekonstruktion der Geschichte dieses Theorems, sucht sich durch den *Matthew-Effekt* vor dem Vorwurf der Misogynie zu schützen, da er wie die Mehrheit der Zunft die Koautorschaft von Dorothy Swaine Thomas unterschlagen hatte, was er nun allerdings auf die lässlichere Sünde des Verschweigens von Juniorpartnern in Kooperationen zurückführt (vgl. 1995: 385). Gänzlich verschlimmert wird jedoch die wissenssoziologische Selbstverteidigung durch dokumentarische Passagen, etwa durch den Originalabdruck eines Briefes von Dorothy Thomas, die 1973 auf gezielte Nachfrage privat beteuert, nur die Statistik und nichts zum Inhalt des Buches oder Theorems beigesteuert zu haben.

Wesentlich aber bleibt Thomas' Situationskonzept für den symbolischen Interaktionismus vor allem bei dem Chicagoer Studenten Erving Goffman. Dem Thomas-Theorem kommt eine prominente Bedeutung in dem Entwurf sozial konstruierter Realität durch Peter L. Berger und Thomas Luckmann (1966) zu. In diesem Sinne betont Donald Ball an Thomas' Situationsbegriff, dass er die Soziologie auf neue Wege lenkt und mit der Auffassung der Umwelt als symbolischer Sphäre den entscheidenden Raum erst ausweist und zugleich gegen die Fixierung der wissenschaftlichen Aufmerksamkeit auf scharf abgegrenzte und getrennte Subjekte und Objekte in ihrer Isolation behauptet. Die Situation ist nicht einfach ein Container, sie ist voller Wirksamkeiten und auf vielerlei Arten zu sehen: »it is not merely the arena ›where the interaction is‹, it is a ›piece of the action‹ itself [...] a fundamental feature of the micro-organization of social encounters« (Ball 2007: 63). Während Ball zuzustimmen ist, dass Thomas Intersubjektivität als einen Austausch körpersprachlicher Zeichen und impliziten Regelwissens fasst – »their spoken language, intonation, stress, pitch, and cadence; their body language, gesture, posture, facial expression, tonus; their dress and personal style« (2007: 75) –, so verschwindet in seiner Explikation doch das Umgebungsdenken der physikalischen Einflüsse, der Materialität, der Stadt, der technischen Apparate und Verkehrsmittel. Dieses weniger von Thomas selbst realisierte als in der Präsidentschaftsansprache für die gesamte Soziologie projektierte Programm einer aufgefächerten und weit ins Unbekannte ausgreifenden Situationsanalyse geht an einigen Punkten über bloße soziale Interaktion hinaus, etwa wenn die Situationen selbst zu agieren beginnen: »to observe the operation of these situations in the formation of [...] personalities« (Thomas 1928: 11). Während bei Thomas der

Einfluss nach physikalischen, stilistischen oder akustischen Kräften modelliert gedacht wird, nähert sich die entstehende Chicago School um ihn herum erneut biologischen Vorstellungen an.

III Nachbarschaft und urbane Ökologie bei Park, Burgess, McKenzie

Die Rücksichten auf die Umwelt im Sinne der Ökologie und Humanökologie verstärkten sich in der ersten Generation der Chicagoer Schule der Stadtsoziologie – es handelt sich aber um genau diejenigen Tendenzen, die Thomas 1927 bereits explizit in sein Forschungsprogramm zur Situation aufnimmt. Die entsprechenden Autoren verwenden den Begriff der Situation noch zuweilen synonym mit den Habitaten und den determinierenden Umgebungen. Sie konstatieren:»[e]ach form of life, to the degree that it is mobile or sessile, is submitting to the behavior patterns dictated by the situation in which it lives« (Anderson/Lindemann 1935: 36). Allerdings nimmt jetzt zunehmend die Ökologie die Stelle des zentralen Begriffs ein.

Ökologie ist hier ein Wort, das auf eine Pluralität von Umweltfaktoren im Sinne offener Kanäle zur Erfassung aller nur denkbaren Determinanten ausgelegt ist. Roderick McKenzie definiert die Humanökologie als Untersuchung lokaler Kräfte, die entweder selektierende, verteilende oder adaptierende Auswirkungen haben können. Wie in der Situation geht die Analyse von einem Punkt in der Umwelt aus:»In the absence of any precedent, let us tentatively define human ecology as a study of the spational and temporal relations of human beings as affected by the selective, distributive, and accommodative forces of the environment. Human ecology is fundamentally interested in the effect of position, in both time and space, upon human institutions and human behavior« (McKenzie 1925: 64).

Keinesfalls kann der Chicago School der Vorwurf gemacht werden, die menschliche Kultur auf die Biologie zu reduzieren. Im Gegenteil, die symbiotische Basis und der kulturelle Überbau werden überall in Wechselwirkung gedacht. In der ökologischen Analyse werden strukturanalog zur Situation verschiedene Typen von Umwelteinflüssen aufgefächert, die auf einer gegebenen Position zu verzeichnen sind – »the factors at work by an analysis of the elements in the situation« (Burgess 1925: 143). Die moderne Stadt mit ihrer Architektur und ihrer Technik wird als Einfluss berücksichtigt, alle Straßenbahnen, elektrischen Lichter, Telefone, Zeitungen und Werbungen fallen mit in diese moderne Kategorie der Umwelt. Dabei lässt sich eine Tendenz beobachten, diese Kräfte in metaphorischer Rahmung weit eher vitalistisch als physikalisch zu fassen und die Stadt als Organismus zu verstehen:»The city is not, in other words, merely a physical mechanism and an artificial construction. It is involved in the vital processes of the people who compose it; it is a product of nature, and particularly human nature« (Park 1925: 1).

Mithin geht es noch nicht um den Ökologie-Begriff, wie er in der umweltpolitischen Öffentlichkeit erst ab Mitte des 20. Jahrhunderts etabliert wurde, sondern vielmehr um eine frühere Bedeutungsschicht. Nicht der globale Artenschutz, Naturzerstörung und das Primat des Ganzen über die Teile ist aufgerufen, das im Vokabular feinsinniger Verantwortung und Rücksichtnahme formuliert wird und methodisch auf organische Netze und dynamisches, holistisches Denken ausgerichtet ist (vgl. Gloy 1996: 154 ff.). Im Chicago der 1920er Jahre steht nicht Verbraucher gegen Ressource, weit eher Population gegen Habitat.

Unverkennbar sind die Anleihen, die bei der *plant-* oder *animal ecology* gemacht werden, die Pflanzen und Tiere evolutionsbiologisch in existenzieller Interaktion mit ihrer jeweiligen ökologischen Nische beschreiben (vgl. Warming 1909; Adams 1913; Thompson 1920). Der Theorietransfer aus den Naturwissenschaften erfolgt jedoch vornehmlich auf methodischer Ebene, durch Anleihen und Übertragungen zentraler Konzepte. Formal auffällig ist an diesen biologischen Subdisziplinen eine besondere Form der Ergebnispräsentation: Sie sind ein unerschöpfliches Reservoir an Szenen des Mangels und der Konkurrenz um knappe Güter. Ein Minimalbeispiel lässt sich Park entnehmen, wobei Licht nicht länger ein potenzieller Einflussfaktor unter vielen ist, sondern die Logik der basalen Orientierung der Organismen sich gänzlich ändert: »In every life-community there is always one or more dominant species. In a plant community this dominance is ordinarily the result of struggle among the different species for light« (Park 1936: 7).

Auf der Ebene des soziologischen Modells wird diese Neigung zur Konstruktion einer Quasi-Natur übernommen. Sie evoziert annähernd konkrete, aber leicht unbestimmte Szenen der Vegetation, operiert also auf einer gewissen Modellierungsstufe, ist jedoch zugleich »bodennah« angesiedelt und bildlich noch an die alltägliche Umwelt anschließbar. An die Stelle der Wunschstrukturen, die die Situation bei Thomas noch enthalten hatte, treten hier eindimensionale Reaktionsweisen, die als notwendig angenommen werden – nur einer von mehreren Effekten einer Reduktion von Offenheiten gegenüber dem Situations-Konzept.

Neben dem Licht, das als Basiseinheit des gesamten Ökosystems zu gelten hat, fällt der normative Gehalt dieser Minimalszene auf, der genau im Transfer des pflanzlichen Verhaltens auf die menschliche Kultur zu sehen ist. Bei genauerer Untersuchung wurzelt das zentrale Movens des Konkurrenzverhaltens, das durch die Parallelisierung von Mensch und Pflanze legitimiert wird, jedoch im luftleeren Raum der analogischen Episteme.

Einzug in die Chicago School hielt also eine bestimmte Form der Präsentation von Theorien, die zugleich einzelne Konzepte in Analogie zu biologischen

Verhältnissen übernehmen. Neben der Konkurrenz sind es Prozesse wie: »invasion, succession, and segregation« (Burgess 1925: 145). Succession, Nachfolge, wird hier nicht nur als Dynamik der Besiedelung neuer Regionen durch Pflanzen verstanden, sondern beschreibt zudem in der *human ecology* Migrationsprozesse. Gewonnen ist hierdurch ein aus den exakten Wissenschaften importiertes Instrumentarium, das einem von Park beklagten Notstand der Soziologie Abhilfe schaffen soll: »We are mainly indebted to writers of fiction for our more intimate knowledge of contemporary urban life« (1925: 3), wie Park, unter namentlichem Verweis auf Émile Zolas realistische Milieustudien, feststellt. Wissen über den eigenen Lebensraum und die sozialen Beziehungen in einer Metropole wie Chicago stand zur damaligen Zeit noch nicht in ausreichendem Maße zur Verfügung, weshalb die Modellanleihen bei der Ökologie der Pflanzen und Tiere mit ihrer starken kausalen Eigenlogik einen explikatorischen Mehrwert versprachen.

Im Vergleich zur Situation präfiguriert die Ökologie also ein gänzlich anderes Denken über die Gesellschaft. Es handelt sich auch um eine Verschiebung der Präferenzen auf dieser Ebene. Die Konnotationen und Eigendynamiken des Modells lassen sich mit einer wissenstheoretischen Überlegung Yehuda Elkanas genauer fassen. Er entwirft in seinem »Programmatic Attempt at an Anthropology of Knowledge« von 1981 ein dreistufiges Wissenskonzept. Zu einer spezifischen Ausprägung von Forschung gehört neben den präferierten Verfahren der Evidenzproduktion *(sources of knowledge)*, der Wissenskorpus oder *body of knowledge*, der die Elemente der klassischen Wissenschaftsbeschreibung mit ihren Ergebnissen und Stoffen, Methoden, Objekten und Theorien abdeckt. Zusätzlich führt Elkana aber ein weiteres Charakteristikum ein: Die Wissensvorstellungen, *images of knowledge*, »legen fest«, was geforscht wird; sie »sind Entscheidungsfaktoren für die Problemwahl im Wissenskorpus« (Elkana 1986: 44 ff.). Sie sind zudem die gesuchten Brücken, in denen eine Forschungsrichtung gesellschaftliche oder ontologische Rückhalte offenbart und sich Zukunftsperspektiven allgemeinerer Natur abzeichnen.

Hinsichtlich der genannten Begriffsverschiebungen innerhalb der Chicago School of Sociology lässt sich also ein gänzlich geänderter Fokus auf divergierende *images of knowledge* konstatieren, die die strukturähnlichen Konzepte der Situation und Ökologie flankieren. Gegenüber den Härten der evolutionsbiologisch gedachten Nische, als einer tötenden, selektierenden und erzieherischen Einheit, werden in der Stadtökologie tendenziell positive Darwinismen betont. So wird immer wieder der Zusammenhang aller Lebewesen im Bild des »Web of Life« gefasst, oder es wird die »interconnectedness and reciprocal behavior of organisms in a given environmental setting« hervorgehoben (Park 1925: 1). Bei Nels Anderson kann dies die Färbung eines Zugehörigkeitsgefühls zur ganzen Erde annehmen. An anderer Stelle wird die Interdependenz durch die zumeist und zu

Unrecht übersehenen Beiträge von Helfern betont, seien dies die Bienen, die eine Ernte erst ermöglichen, eine explizit genannte Dienstmagd oder Haustiere und Parasiten (vgl. Wells et al. 1931: 20 f.). Diese Obertöne der Ökologie erzeugen in ihrer Eigendynamik bestimmte Schließungen der Soziologie auf Modellebene, die durch den Einfluss ökonomischer Vorstellungen verstärkt befördert wird.

IV Theoretische Sukzession und ökonomische Ökologie

Park bezieht sich, wie die spätere Humanökologie, auf den von Ernst Haeckel eingeführten Ökologie-Begriff (vgl. Park 1936: 4; Wells et al. 1931: 578; Bates/Tucker 2010: 1). Haeckel selbst entwickelt diese theoretische Interdependenzfigur aus der Evolutionstheorie heraus, jedoch merklich von wirtschaftlichen Logiken getragen. Unter Rekurs auf die griechische Oikonomia-Literatur, also die antiken Lehren von der Haushaltung innerhalb der Produktionsgemeinschaften der Landsitze, erhalten Versorgung, Abhängigkeit und Güterzirkulation eine existenzielle Grundierung. Gerechnet wird mit einem Versorgungsnotstand: »Unter Oecologie verstehen wir die gesamte Wissenschaft von den Beziehungen des Organismus zur umgebenden Aussenwelt, wohin wir im weiteren Sinne alle ›Existenz-Bedingungen‹ rechnen können. Diese sind theils organischer, theils anorganischer Natur […]. Als organische Existenz-Bedingung betrachten wir die sämtlichen Verhältnisse des Organismus zu allen übrigen Organismen, mit denen er in Berührung kommt, und von denen die meisten entweder zu seinem Nutzen oder zu seinem Schaden beitragen« (Haeckel 1866: 286). Die Existenz ist in dieser Perspektive ohne eine Kalkulation von Vor- und Nachteilen nicht verhandelbar.

In voller Entsprechung dazu findet sich die erstmalige Begriffsverwendung von *human ecology* in einem soziologischen Quellenkompendium der Chicago School innerhalb einer Sektion zur »competition«, in der Charles Darwin, Adam Smith und Karl Bücher aufgeboten werden (vgl. Park/Burgess 1921: 9). Symptomatisch für die Anähnelung von Ökologie und Ökonomie steht in Parks späteren Schriften (vgl. etwa 1936: 11) zudem die Referenz auf ein Meisterwerk biologistischer Popularisierung: »The Science of Life« (1931). Es wurde von Julian Huxley, dem Biologen und Bruder des Science-Fiction-Autors, gemeinsam mit einem weiteren Kenner der futuristischen Materie, Herbert George Wells, verfasst: »Ecology is really an extension of economics to the whole world of life« heißt es darin; oder: »[ecology is] the science of social subsistence, of needs and their satisfactions, of work and wealth« (Wells et al. 1931: 578).

Die Methode zur Erschließung urbaner Umgebungen geht mithin über in eine ökonomieförmige Theorie. Allerdings steht nicht der Tausch zwischen Käufer und Verkäufer, sondern die kollektive Gesamtperspektive im Vordergrund. In der Terminologie der Wirtschaftsethnologie wäre dies als substantivistischer Ökonomiebegriff im Sinne Karl Polanyis einzustufen, der die Zirkulation lebensnotwendiger Güter, die Modi des Konsums und Tausches innerhalb einer Gruppe fokussiert und den »methodischen Individualismus« der ökonomischen Wissenschaften vermeidet. An die Stelle des bloßen *give and take* der marktwirtschaftlichen Preisbildung tritt in dieser Auffassung Wirtschaft im Zeichen der Versorgung: »Ecology broadens out this inquiry into a general study of the give and take, the effort, accumulation and consumption in every province of life. Economics, therefore, is merely human ecology, it is the narrow and special study of the ecology of the very extraordinary community in which we life« (Wells et al. 1931: 616).

Die Fähigkeit dieser narrativierten Theoriebestandteile, eindeutige Richtungen und zeitliche Entwicklungen vorzugeben, erzeugt erneut spezifische *images of knowlege*. Die ökonomische Ökologie entwirft eine gesellschaftliche Erfolgsperspektive: »man's general problem is this – to make the vital circulation of matter and energy as swift, efficient, and wasteless as it can be made« (Wells et al. 1931: 616). In den fatalen Kapiteln, in denen die Autoren von »The Science of Life« zur *social fiction* übergehen, reicht die Optimierungsabsicht bis tief in die Körper der Netzteilnehmer. Julian Huxley, Präsident der *British Eugenics Society*, bleibt nicht bei einer situativen Disziplinierung durch Kräfte stehen, sondern projektiert konkrete Züchtungs- und Tötungsmaßnahmen als Gegenstand der *human ecology*. Im Unterschied zum deutschen Faschismus ist aber nicht die Xenophobie einer Rasse gegen die andere der wichtigste Impuls, sondern man setzt biopolitisch bei einem globalen Haushaltsdenken gegenüber den »Schwachen« aller Nationen an.

V Fazit

Die Situation erweist sich als ein Ensemblebegriff, dessen Qualitäten sich bei Thomas in heuristischer Offenheit, in der Überwindung rein subjektivistischer Perspektiven und in der spezifisch aufgeladenen, dynamischen, zeitlichen Eigendynamik des vornehmlich sozialen Mikroraumes zeigen. Im Sinne einer Konzeptgeschichte aus wissenschaftsgeschichtlicher und epistemologischer Perspektive fällt auf, dass das Potenzial der Situation zu einer kombinierten Erfassung subjektiver wie objektiver Faktoren, der Berücksichtigung aleatorischer wie intentionaler Elemente, höchst selten ist und entweder die Umweltdeterminiertheit überwiegt (wie bei der biologischen *Nische* Charles Darwins und Ernst Haeckels oder beim *Milieu* Émile Zolas und Hippolyte Taines) oder das Reiz-Reaktions-Schema, wie es im Behaviorismus im Vordergrund steht.

Die urbane Ökologie bei Park, Burgess und McKenzie erscheint demgegenüber nicht als ein abstraktes Gerüst, das, wie in späteren Anwendungen, das Denken auf komplexe Interaktionen, Interdependenzen und Rückkopplungen verpflichtet, sondern sie erweist sich als stark der *animal* und *plant ecology* verhaftet und von einem unüberhörbaren Echo evolutionsbiologischer Vorstellungen geprägt. Was auch immer in der urbanen Situation vorfindlich ist, wird also in diesem Modellierungskorsett unausweichlich zum Stoff immer bestätigter und vorausgesetzter Logiken der Konkurrenz und Sukzession. Die Situation als summarisches Konzept mit schwachem Theoretisierungs- und Erklärungsgrad erhält ihre größte Plausibilität in der Forschungspraxis, in der heuristischen Funktion direkt im Feld *(context of discovery)* und zeigt Schwächen in der anschließenden Repräsentation der Ergebnisse als Theorie *(context of justification)*.

Wo der Situationsansatz Licht und Mikroklima vorläufig mit registriert und auf diese Weise unfertige Enzyklopädien produziert, ist der kausale Mehrwert der Ökologie schon immer entschieden: Organismen konkurrieren um Licht im Wettlauf um ihre Lebensgrundlage (vgl. Park 1936: 7). Als Konsequenz wird die so verstandene Ökologie allerdings erneut zu einem Problem für Tatsachen des Zusammenlebens. Sie verschließt den von Thomas tentativ anvisierten Bereich intersubjektiver, prozessualer Realitäten von massiver Wirksamkeit durch eine Vorentscheidung für einen Kryptoökonomismus. Letzterer ist vor allem durch die Übernahme eines theoretischen Raumes zu erklären, der vom Postulat der Knappheit lebenswichtiger Ressourcen gezeichnet ist. Die gewählte Szene reproduziert ein Paradox, das in den 1930er Jahren auch in der ökonomischen Theorie proliferiert. Es besteht darin, dass die Integration des Knappheitspostulates in die Definition des Marktes bei Lionel Robbins (vgl. 1932) erstmalig in hochindustrialisierten Überflussgesellschaften geschieht, die den realen Mangel weitestgehend jenseits der nationalen Grenzen und Aufmerksamkeitsschranken zu halten vermögen (vgl. weiterführend Xenos 1989; Backhouse/Medemaz 2009). Die im Methodenpluralismus der frühen Chicago School mögliche experimentelle Offenheit der Situation als Heuristik zur Registrierung unbekannter Verhältnisse in einer kulturellen Kontaktzone zwischen Subjekt und Umwelt bleibt so, mit Ausnahme der Fortführung des Situationsdenkens im Symbolischen Interaktionismus, eine soziologische Episode.

Literatur

Adams, Charles C. (1913): Guide to the Study of Animal Ecology. New York: Macmillan.

Alihan, Milla Aissa (1938): Social Ecology. A Critical Analysis. New York: Columbia.

Anderson, Nels/Lindemann, Eduard (1935): Urban Sociology. An Introduction to the Study of Urban Communities. New York: Crofts.

Backhouse, Roger/Medemaz, Steve G. (2009): Defining Economics. The Long Road to Acceptance of the Robbins Definition. In: Economica, Jg. 76, S. 805–820.

Ball, Donald W. (2007): › The Definition of Situation ‹. Some Theoretical and Methodological Consequences of Taking Thomas Seriously. In: Journal for the Theory of Social Behaviour, Jg. 2/1, S. 61–82.

Bates, Daniel G./Tucker, Judith (Hg.) (2010): Human Ecology. Ccontemporary Research and Practice. New York: Springer.

Berger, Peter L./Luckmann, Thomas (1966): The Social Construction of Reality. A Treatise in the Sociology of Knowledge. Garden City; New York: Doubleday.

Brandstetter, Thomas et al. (Hg.) (2010): Ambiente. Das Leben und seine Räume. Wien: Turia + Kant.

Burgess, Ernest W. (1925): Can Neighborhood Work Have a Scientific Basis. In: Park, Robert E./ders. (Hg.): The City. Chicago: UCP, S. 143–155.

Burgess, Ernest/Park, Robert (Hg.) (1921): Introduction to the Science of Sociology. Chicago: UCP.

Debord, Guy (1995): Theorie des Umherschweifens. In: Ohrt, Roberto (Hg.): Der Beginn einer Epoche. Texte der Situationisten. Hamburg: Nautilus, S. 64–67.

Descola, Philippe (1999): Ecologiques. In: ders. et al. (Hg.): La Production du social. Autour de Maurice Godelier. Actes du Colloque de Cerisy. Paris: Fayard, S. 117–130.

Descola, Philippe (2006): Ecology as Cosmological Analysis. In: Surrallés, Alexandre/ García, Pedro (Hg.): The Land within. Indigenous Territory and Perception of the Environment. Copenhagen: International Work Group for Indigenous Affairs, S. 22–35.

Elkana, Yehuda (1986): Anthropologie der Erkenntnis. Ein programmatischer Versuch. In: ders.: Anthropologie der Erkenntnis. Die Entwicklung des Wissens als episches Theater einer listigen Vernunft. Frankfurt a. M.: Suhrkamp, S. 11–125.

Garbett, Kingsley (1970): The Analysis of Social Situations. In: Man. New Series, Jg. 5/2, S. 214–227.

Gloy, Karen (1996): Vitalismus, Holismus, New Age, Ökologie. In: dies: Das Verständnis der Natur. Band 2. Die Geschichte des ganzheitlichen Denkens. München: Beck, S. 154–197.

Haraway, Donna (1988): Situated Knowledges. The Science Question in Feminism and the Privilege of Partial Perspective. In: Feminist Studies, Jg. 14/3, S. 575–599.

Hawley, Amos H. (1943): Ecology and Human Ecology. In: Social Forces, Jg. 22/1, S. 398–405.

Haeckel, Ernst (1866): Generelle Morphologie der Organismen. Allgemeine Grundzüge der organischen Formen-Wissenschaft, mechanisch begründet durch die von Charles Darwin reformirte Descendenz-Theorie. Band 2. Berlin: Reimer.

Ingold, Tim (2000): The Perception of the Environment. Essays on Livelihood, Dwelling, and Skill. London: Routledge.

Lindner, Rolf (2007): Die Entdeckung der Stadtkultur. Soziologie aus der Erfahrung der Reportage. Frankfurt a. M.: Suhrkamp.

McKenzie, Roderick D. (1923): The Neighborhood. A Study of Local Life in Columbus, Ohio. Chicago: UCP.

McKenzie, Roderick D. (1925): The Ecological Approach to the Study of Human Community. In: Park, Robert E./Burgess, Ernest W. (Hg.): The City. Chicago: UCP, S. 63–79.

Merton, Robert K. (1995): The Thomas Theorem and the Matthew Effect. In: Social Forces, Jg. 74/2, S. 379–424.

Meyer, Christian (2009): Ereignisethnographie und methodologischer Situationalismus. Auswege aus der Krise der ethnographischen Repräsentation? In: Berger, Peter et al. (Hg.): Feldforschung. Ethnologische Zugänge zu sozialen Wirklichkeiten. Berlin: Weißensee, S. 401–436.

Meyer, Christian/Schareika, Nikolaus (2009): Neoklassische Feldforschung. Die mikroskopische Untersuchung sozialer Ereignisse als ethnographische Methode. Mit vier Kommentaren und einer Replik. In: Zeitschrift für Ethnologie, Jg. 134/1, S. 79–129.

Muhle, Maria (2008): Eine Genealogie der Biopolitik. Zum Begriff des Lebens bei Foucault und Canguilhem. Bielefeld: transcript.

Park, Robert E. (1915): The City. Suggestions for the Investigation of Human Behavior in the City Environment. In: American Journal of Sociology, Jg. 20/5, S. 577–612.

Park, Robert E. (1925): The City. Suggestions for the Investigation of Human Behavior in the Urban Environment. In: ders./Burgess, Ernest W. (Hg.): The City. Chicago: UCP, S. 1–46.

Park, Robert E. (1936): Human Ecology. In: American Journal of Sociology, Jg. 42/1, S. 1–15.

Park, Robert E. (1939): Rezension: Alihan, Milla Aissa. Social Ecology. New York: Columbia: 1938. In: Annals of the American Academy of Political and Social Science, Jg. 202, S. 264–265.

Park, Robert E./Burgess, Ernest W. (Hg.) (1925): The City. With a bibliography by Louis Wirth. Chicago: UCP.

Robbins, Lionel (1932): An Essay on the Nature and Significance of Economic Science. London: MacMillan.

Salerno, Roger A. (2007): Sociology noir. Studies at the University of Chicago in Loneliness, Marginality, and Deviance, 1915–1935. Jefferson, NC: McFarland.

Smith, R. S. (1995): Giving Credit Where Credit Is Due: Dorothy Swaine Thomas and the »Thomas Theorem«. In: American Sociologist, Jg. 26/4, S. 9–28.

Stachura, Mateusz (2006): Logik der Situationsdefinition und Logik der Handlungsselektion. Der Fall des wertrationalen Handelns. In: Kölner Zeitschrift für Sozialpsychologie und Sozialforschung, Jg. 58/3, S. 433–452.

Thomas, William I. (1923): The Unadjusted Girl. With Cases and Standpoint for Behavior Analysis. Boston: Little, Brown, and Company.

Thomas, William I. (1925): The Problem of Personality in the Urban Environment. Publications of the American Sociological Society. Papers and Proceedings of the Twentieth Annual Meeting. Vol. XX, S. 30–39.

Thomas, William I. (1928): The Behavior Pattern and the Situation. Publications of the American Sociological Society. Papers and Proceedings, Twenty-Second Annual Meeting. Vol. XXII, S. 1–13.

Thomas, William I./Thomas, Dorothy S. (1928): The Child in America. Behavior Problems and Programs. New York: Alfred A. Knopf.

Thomas, William I./Znaniecki, Florian (1918/20): The Polish Peasant in Europe and America. 5 Volumes. Boston: Richard G. Badger.

Thompson, J. Arthur (1920): The System of Animate Nature. Gifford Lectures. 2 Volumes. New York: Williams & Norgate.

Thrift, Nigel (1999): Steps to an Ecology of Place. In: Massey, Doreen et al. (Hg.): Human Geography Today. Cambridge: Polity Press, S. 295–322.

Warming, Eugen (1909): Oecology of Plants. An Introduction to the Study of Plant Communities. Oxford: OCP.

Wells, Herbert George et al. (1931): The Science of Life. London: Cassell.

Xenos, Nicholas (1989): Scarcity and Modernity. London: Routledge.

Risse im »stahlharten Gehäuse«

Ist der Mensch bei Sartre wirklich in jeder Situation frei?

Jens Bonnemann

I Einleitung

Wenn aus philosophischer oder soziologischer Perspektive nach der Situation von Menschen gefragt wird, so interessiert man sich offensichtlich für die Gebundenheit an bestimmte materielle oder soziale Verhältnisse und Gegebenheiten, die das Denken und Handeln der Menschen ohne ihren Willen und selbst gegen ihren Willen beeinflussen und lenken. Wenn man darüber etwas (und auch mehr) erfahren will, scheint es zunächst wenig sinnvoll, ausgerechnet bei Jean-Paul Sartre nachzuschlagen. Denn die Radikalität seines Freiheitsbegriffs – darüber ist man sich wohl weitgehend einig – hat kaum eine Konkurrenz innerhalb der Philosophiegeschichte zu befürchten. Daher ist, wie man auf den ersten Blick meinen könnte, auch nicht zu erwarten, dass Sartre dem Gegengewicht der Freiheit, eben der Situation in all ihrer Widerspenstigkeit und Zudringlichkeit, eine besondere Relevanz zubilligt, geschweige denn eine ausführliche Analyse der Situation in ihren vielfältigen Dimensionen vornimmt.

Dieser nahe liegende Vorbehalt erweist sich allerdings schnell als ungerechtfertigt, denn die Situation ist zweifellos ein zentrales Thema in Sartres Philosophie, das in seinen Schriften ausführlich behandelt wird. Das Verständnis des Menschen, gerade auch eines *einzelnen* Menschen, für den sich Sartre vor allem in seinen Dichterbiografien über Charles Baudelaire, Jean Genet, Stéphane Mallarmé und schließlich Gustave Flaubert interessiert, ist nicht von seiner Situation abzutrennen, weil sich jeder Mensch erst in der Situation durch sein Handeln verwirklicht. Wenn nach dem berühmten Credo des Existenzialismus beim Menschen die Existenz der Essenz vorangeht, dann kommt der einzelne Mensch nicht mit einer fertigen Essenz, einem Wesen, Charakter, einem genetischen Programm – wie auch immer man es nennen will – zur Welt. Das individuelle Handeln leitet sich deshalb nicht von einem festgelegten Charakter her, sondern versteht sich als Antwort auf die Herausforderungen einer Situation – eine Antwort, die der Einzelne in Freiheit erfinden muss. Indem ich auf diese und jene Weise handle, entsteht umgekehrt also erst dasjenige, was mein Wesen, mein Charakter oder meine Identität genannt werden könnte. Kurz und bündig: Ich tue nicht, was ich bin, sondern ich bin, was ich tue.

Auf der Suche nach Vermittlungswegen zwischen Philosophie und Sozialwissenschaften schreibt Sartre in seiner Programmschrift »Fragen der Methode«: »Für uns ist der Mensch vor allem durch das Überschreiten einer Situation gekennzeichnet, durch das, was ihm aus dem zu machen gelingt, was man aus ihm gemacht hat« (1999: 101). Insofern der Mensch nach Sartre durch Praxis bestimmt ist und Praxis als freies Überschreiten einer vorgegebenen Situation verstanden wird, lässt sich jede Situation als »das einzelne Gesicht« verstehen, »das die Welt uns zukehrt, […] unsere einmalige und persönliche Chance« (1991a: 945). Das bedeutet: »Die Situation ist ein Appell; sie schließt uns ein; sie bietet uns Lösungen, wir müssen entscheiden« (Sartre 1991b: 45 f.). Andererseits findet sich in Sartres Schriften auch immer wieder jenes andere gegenläufige Motiv, dem er im Verlauf seiner philosophischen Forschungen mehr und mehr Gewicht beimisst: die Geworfenheit oder Faktizität. Die Situation ist nicht nur unser Handlungsspielraum, sondern sie legt mich auch auf eine bestimmte Identität (Mann, Frau, Deutscher, Franzose, soziale Schicht, körperliche Beschaffenheiten, Erbkrankheiten usw.) fest. Jene Tatsache, dass unsere Sozialisationsgeschichte uns zu etwas macht, das wir uns nicht aussuchen können, hat Simone de Beauvoir, deren Denken sich eigenem Bekunden zufolge ganz auf dem Boden der Philosophie Sartres bewegt (vgl. 1994: 467 ff.), sehr pointiert mit der berühmten Formel zum Ausdruck gebracht: »Man kommt nicht als Frau zur Welt, man wird es« (2000: 334). Als »geschlechtlich spezifiziert« erscheint der Mensch, »weil fast von Anfang an andere in das Leben des Kindes eingreifen und weil seine Berufung ihm schon in den ersten Jahren unabweislich eingetrichtert wird« (Beauvoir 2000: 335).

Es lässt sich also von einer grundsätzlichen *Zweideutigkeit* jeder Situation sprechen: Einerseits wirkt sie auf den Menschen ein und verurteilt ihn zu einer bestimmten Geworfenheit, andererseits wirkt der Mensch in seinem Handeln umgekehrt auf die Situation ein, weil er ebenfalls zur Freiheit verurteilt ist und deswegen gar nicht anders kann, als aus dem etwas zu machen, wozu seine Geworfenheit ihn gemacht hat. Dies erläutert mit einem gerüttelt Maß an existenzialistischen Pathos die folgende Passage aus der Genet-Studie: »Der Blick des Erwachsenen ist eine *konstituierende Gewalt*, die ihn [das Waisenkind Jean Genet] in *konstituierte Natur* verwandelt hat. Jetzt muß man leben; am Pranger, den Hals im Eisen, muß man immer noch leben: wir sind keine Lehmklumpen, und wichtig ist nicht, was man aus uns macht, sondern was wir selbst aus dem machen, was man aus uns gemacht hat« (Sartre 1982a: 85).

Mein Entwurf vollzieht sich nicht von einer die Welt überfliegenden Freiheit
aus, sondern im Ausgang von meiner Geworfenheit bzw. meiner Faktizität, also
der Tatsache, dass ich z. B. als Angehöriger einer bestimmten Gesellschaftsschicht
zur Welt komme. Darum ist die Freiheit »nichts andres als die Bewegung, durch
die man sich ständig losreißt und befreit. Es gibt keine gegebene Freiheit; [...] was
zählt ist in diesem Fall die besondere Gestalt des Hindernisses, das ausgeräumt,
des Widerstands, der überwunden werden muß, sie gibt in jeder Situation der
Freiheit ihr Gesicht« (Sartre 1981: 56).

Wie immer diese Zweideutigkeit von Entwurf und Geworfenheit bei Sartre
zu bewerten sein mag, zu deren Verständnis diese Studie im Folgenden einen
Beitrag leisten will: Es lässt sich wohl zurecht die These aufstellen, dass gerade
jene existentielle Dramatik, die sich daraus ergibt, dass die menschliche Situation sich – wie auch Andreas Ziemann in der Einleitung zum vorliegenden Sammelband schreibt – in »der Wechselwirkung zwischen Haltung und soziokultureller Umwelt« realisiert, eines der Zentralthemen nicht nur der Philosophie Sartres,
sondern auch seiner Romane, Theaterstücke, Dichterbiografien und sogar seiner
politischen Essays ist.

In welchem Verhältnis stehen jedoch die genannten entgegengesetzten Momente der Situation? Wie ernst ist es Sartre mit dem Hinweis auf unsere Geworfenheit? Das zuletzt angeführte Zitat legt es nahe, das Verhältnis zwischen Entwurf und Geworfenheit als einen fortwährenden Kampf zu deuten, bei dem, wie
es der existenzialistische Optimismus nahelegt, schließlich doch die Freiheit ob-
siegt – sofern man sich ihrer nur bewusst wird. Im Blick auf die frühe Philosophie
mit ihrem Freiheitspathos ist jedenfalls eine gewisse Skepsis angebracht. Welche
Relevanz kann der Situation in dieser Philosophie wirklich zukommen, wenn der
Freiheit, wie es immer wieder heißt, keine Grenzen gesetzt sind? Ist der Gefangene in seinem Kerker so frei wie ein Multimillionär mit weltpolitischem Einfluss?

Im Folgenden soll zunächst die Frage beantwortet werden, inwiefern innerhalb von Sartres frühem Denken in »Das Sein und das Nichts« (1943) die Objektivität der Welt tatsächlich zu einem bloßen Tummelplatz für die subjektive
Willkür zusammenschrumpft (vgl. die Kritik bei Adorno 1997a: 59). Im Anschluss
daran wendet sich die Untersuchung der Weiterentwicklung der Situationstheorie zu, wie sie in Sartres zweitem philosophischen Hauptwerk »Kritik der dialektischen Vernunft« (1960) vorgenommen wird. Wenn der frühe Sartre hervorhebt,
dass der Mensch in jeder Situation gleichermaßen frei sei, so lässt sich konkret die
Frage stellen, ob es für den späten Sartre umgekehrt nun Situationen gibt, deren
Gewicht die Freiheit des Menschen erdrücken kann.

Im Unterschied zu den Ausführungen von Karl Mertens (im vorliegenden
Sammelband), die sich auf das gemeinschaftliche Handeln konzentrieren, legt die
vorliegende Untersuchung den Schwerpunkt auf den individuellen Akteur in der

sozialen Welt. Zweifellos hat Mertens Recht mit seiner Kritik, dass die Perspektive eines einzelnen Akteurs, von der etwa Alfred Schütz ausgeht, in Verlegenheit kommt, sobald kollektives Handeln die Perspektive jedes einzelnen beteiligten Akteurs überschreitet. Wenn in dem Moment jedoch die sozialwissenschaftliche Perspektive gewechselt wird, wo das kollektive Handlungsresultat in keiner Weise mehr den individuellen Antizipationen der Beteiligten entspricht, dann verliert man gerade das aus dem Blick, was Sartre zum Mittelpunkt seiner Ausführungen in der »Kritik der dialektischen Vernunft« macht: Der einzelne Mensch – nicht insofern er die soziale Welt konstituiert, sondern insofern er sich als von ihr konstituiert erlebt. Gerade weil Sartre nicht den Befund leugnet, dass soziales Handeln weit über individuelle Handlungsintentionen hinausgeht, ohne dass er deswegen aufhört, sich für den einzelnen Menschen zu interessieren, ist von ihm eine Auskunft darüber zu erwarten, wie jene sozialen Phänomene, die berechtigterweise zu einem Perspektivwechsel der Soziologie führen, lebensweltlich von den Einzelnen erlebt werden. Was hier im Fokus steht, ist also genau genommen nicht *der einzelne Mensch* und nicht die *Gesellschaft,* sondern *der einzelne Mensch in der Gesellschaft.*[1]

Deshalb soll gerade die Differenz zwischen den beiden Hauptwerken Sartres hinsichtlich der Auffassung des Verhältnisses zwischen Subjekt und Situation herausgearbeitet werden. Gezeigt werden soll, dass hier ein unübersehbarer Wandel im Verständnis der Situation stattgefunden hat, welche sich vorab in der Terminologie genauer erfassen lässt, die Joachim Fischer in seinem Beitrag zu diesem Sammelband vorschlägt. Fischer unterscheidet zwei grundlegende Konzeptionen des Subjekt-Welt-Verhältnisses, mit denen repräsentativ die Namen Johann Gottlieb Fichte und Helmuth Plessner verbunden werden. So gibt es theoretische Positionen, die dem Paradigma der *Setzung* folgen – hierzu lassen sich unterschiedliche Versionen des Idealismus, der Phänomenologie, aber auch (sozial-)konstruktivistische Ansätze rechnen. Von diesen unterscheidet Fischer wiederum jene Konzeptionen – genannt werden Lebensphilosophie, Existenzphilosophie und Philosophische Anthropologie –, welche sich am Paradigma der *Situation* orientieren. An die Stelle eines zunächst situationslos konzipierten idealistischen Subjekts, das sich selbst und die Welt – also das Nicht-Ich – setzt oder konstituiert, rückt hiermit ein Subjekt, das *nicht nur setzt,* sondern auch *gesetzt ist,* also in eine Situation geworfen ist.[2]

---

1   Und in diesem Sinne bedient und reflektiert dieser Beitrag programmatisch die von Ziemann (in der Einleitung) vorgegebene Schnittstelle der Situationsanalyse zwischen Philosophie und Soziologie.

2   Diese idealtypische Gegenüberstellung ist sicher hilfreich, dennoch bringt sie die Probleme mit sich, die mit einer solchen schematischen Zuspitzung wohl nicht zu vermeiden sind. Denn selbst bei Fichte ist das Ich nicht einfach nur ein Produkt seiner Setzung: »Mich selbst

Die bereits erörterte Skepsis hinsichtlich Sartres frühem Verständnis von Freiheit und Situation lässt sich mit Hilfe von Fischers Gegenüberstellung von Setzung und Situation noch schärfer formulieren: Die Ausgangsfrage lautet dann, ob
Sartre in »Das Sein und das Nichts« tatsächlich von einem *Subjekt-in-Situation*
oder infolge seines rückhaltlosen Freiheitsbegriffs nicht letzten Endes doch – wie
es ihm immer wieder vorgeworfen worden ist – lediglich von einem *setzenden
Subjekt* ausgeht. Wenn sich herausstellen sollte, dass Sartre zwar ausführlich über
die Situation spricht, dieser jedoch kein Eigengewicht zugesteht, weil er sie am
Ende doch wieder nur auf Setzungsakte des Subjekts zurückführt, dann bliebe er
zweifellos dem von Fischer hervorgehobenen Paradigma des setzenden Subjekts
verpflichtet – damit wäre er aber auf der Seite von Fichte und nicht von Plessner
und Heidegger.

II Die Situation und der Widrigkeitskoeffizient in »Das Sein und das Nichts«

(1) Die Situation als gemeinsames Produkt von Für-sich und An-sich

Merleau-Ponty hat kritisch gegen Sartre eingewendet, dass auf der Grundlage seiner dualistischen Philosophie, die das Sein des Bewusstseins (Für-sich-sein) dem
Sein der Dinge (An-sich-sein) gegenüberstellt, keinerlei Zwischenbereich existieren könne. Aus diesem Grund käme, wie Merleau-Ponty fortfährt, der Situation
bei Sartre keinerlei Eigengewicht zu; sie sei schlussendlich immer »nur Konsti-
tuiertes« (1974: 171): »Zwischen der ›reinen Tatsache‹, die jeden beliebigen Sinn
haben kann, und der Entscheidung, die ihr einen Sinn verleiht, gibt es keine Vermittlung« (Merleau-Ponty 1974: 138).[3]
    Sartre fragt sich selbst, ob er nicht mit der Unterscheidung zweier Seinsbe-
reiche über das Ziel hinausgeschossen und »in einen unüberwindlichen Dualismus« (1991a: 1055) geraten sei. Zwar ist das An-sich für Sartre eine Substanz, denn
es »bedarf keines Für-sich, um zu sein« (1991a: 1063). Aber im Unterschied zu

---

an sich aber habe ich nicht gemacht, sondern ich bin genötigt, mich als das zu Bestimmende
der Selbstbestimmung voraus zu denken. Ich selbst also bin mir ein Objekt, dessen Beschaffenheit unter gewissen Bedingungen lediglich von der Intelligenz abhängt, dessen Dasein
aber immer vorauszusetzen ist« (1984: 10). Ich setze nicht einfach nur mein Ich, sondern ein
Ich zu sein, ist gewissermaßen selbst auch schon ein Sonderfall von Geworfenheit.

3   Es fehlt allerdings in der Forschungsliteratur zu »Das Sein und das Nichts« auch nicht an
     kritischen Stimmen, die einen diametral entgegengesetzten Vorwurf erheben und der An-
     sicht sind, Sartre falle letztlich aufgrund des An-sich-seins in einen naiven Objektivismus
     und Realismus zurück (vgl. z. B. Bubner 1964).

Descartes versteht Sartre das Für-sich gerade nicht als Substanz, sondern als eine Transzendenz: Indem Sartre dem Intentionalitätsbegriff Husserls – alles Bewusstsein ist Bewusstsein *von etwas* – eine ontologische Wende gibt, ist für ihn das Für-sich nichts weiter als ein Bezug zum An-sich: Außerhalb »dieser präzisen Notwendigkeit, enthüllende Intuition von etwas zu sein«, gibt es daher »kein Sein für das Bewußtsein« (Sartre 1991a: 1056). Infolgedessen existiert für Sartre auch keinerlei Dualismus zwischen einander verschlossenen Seinsbereichen. Denn das Für-sich ist *ein Glied* des dualen Verhältnisses *und* zugleich *das duale Verhältnis selbst*: »das Für-sich und das An-sich sind durch eine synthetische Verbindung vereinigt, die nichts anderes ist als das Für-sich selbst« (Sartre 1991a: 1055).

Insofern Sartre das An-sich-sein als Subjektunabhängigkeit versteht, lässt es sich nicht in idealistischer Manier auf Leistungen einer konstituierenden oder konstruierenden Instanz zurückführen. Das Für-sich als Bezug zu dem, was unabhängig von ihm da ist, kann nicht nach seiner Willkür entscheiden, ob dieser Baum, den es wahrnimmt, groß oder klein, belaubt oder kahl usw. ist. Dennoch ist das An-sich zugleich in Art und Weise seines Erscheinens von meinen Handlungsentwürfen abhängig: »ich kann nicht machen, daß diese Rinde nicht grün ist, aber es hängt von mir ab, ob ich sie als raues-Grün oder als grüne-Rauheit erfasse« (Sartre 1991a: 350). Bereits das bloße Sehen versteht Sartre nicht als passive Kenntnisnahme, sondern als Handeln: »Wenn das An-sich *sich* als Baum *sehen läßt*, bedeutet das: es organisiert sich unter meinen Augen als solcher, es antwortet auf die Fragen, die mein Auge an es richtet, mein Bemühen, diese dunkle Masse ›als Äste zu sehen‹, ist von Erfolg gekrönt, und plötzlich entsteht eine *Gestalt,* die ich nicht mehr auflösen kann. […]. Die in meinem Handeln aufgetauchte Gestalt erhebt sich plötzlich *gegen* mich, unzerstörbar« (Sartre 1996: 46).

Ein Baum als Phänomen beruht auf dem Für-sich, insofern es eine Antwort des An-sich auf die Handlungsentwürfe des Für-sich ist; aber es beruht auch auf dem An-sich, insofern das Für-sich sich *nicht* aussuchen kann, auf welche Weise das An-sich antwortet: Ich *erschaffe* die phänomenalen Qualitäten nicht, sondern ich *entdecke* sie, aber eine solche Entdeckung setzt voraus, dass das An-sich in einem Handlungsentwurf erscheint: »Karthago ist ›delenda‹ für die Römer, aber ›servanda‹ für die Karthager. Ohne Beziehung zu diesen Zentren ist es nichts mehr, es erhält wieder die Indifferenz des An-sich, denn die beiden Gerundive heben sich auf« (Sartre 1991a: 571).

Wenn ich beschließe, einen Felsen weg zu rollen, dann kann sich herausstellen, dass er zu schwer ist. Der Felsen hat also, wie Sartre erklärt, einen Widrigkeitskoeffizienten. Dieser Widrigkeitskoeffizient, der völlig unvorhersehbar und überraschend auftreten kann, soll nun aber keineswegs etwas sein, das meine Freiheit beschränkt. Denn Sartre hebt ganz im Gegenteil hervor, dass er vielmehr das Produkt meines freien Entwurfs ist: Wenn ich nicht gewählt hätte, den Stein zu bewegen, könnte der Stein nicht als ›zu schwer‹ erscheinen. Dennoch bleibt das An-sich-sein des Felsen unbezweifelbar, denn ich kann nicht wählen, »ob der zu besteigende Fels sich für die Besteigung eignet oder nicht« (Sartre 1991a: 843 f.). Dies bleibt für Sartre der Anteil des An-sich, also des rohen Seins des Felsens. Es ist also die Welt mit ihren Widrigkeitskoeffizienten, die mich über meine Zwecke und die Haltung zu ihnen unterrichtet.

Aber ich werde niemals genau wissen, ob die Welt mich in dieser Situation eher über mich selbst (meine Willensstärke, meine Fähigkeiten, meine körperliche Verfassung usw.) oder über sich belehrt (ihre Widrigkeit, ihr Entgegenkommen, die Regeln ihrer Beherrschbarkeit usw.). Die Situation bei Sartre ist deshalb, anders als Merleau-Ponty ihm vorwirft, kein bloßes Konstitut des Für-sich. Sie ist vielmehr ein gemeinsames Produkt von Für-sich und An-sich; und insofern ist es »unmöglich, in jedem einzelnen Fall zu bestimmen, was der Freiheit und was dem rohen Sein des An-sich zukommt. Das Gegebene an sich als Widerstand oder als Hilfe enthüllt sich nur im Licht der ent-werfenden Freiheit« (Sartre 1991a: 844).

Die Frage, ob das Zu-schwer-sein des Felsens ein An-sich oder ein Phänomen ist, lässt sich folgendermaßen beantworten: Es ist ein An-sich, insofern es in einem Handlungsentwurf als Eigenschaft des Felsens erscheint, die *sich meiner Willkür entzieht*. Es ist ein Phänomen, insofern sich diese Eigenschaft *nur in Abhängigkeit von* einem solchen Handlungsentwurf enthüllt. Die Realität ist also nicht *als* subjektiver Entwurf, sondern *vermöge* des subjektiven Entwurfs gegeben – und eben deswegen kein bloßes Konstitut oder Konstrukt. Die Welt enthüllt sich demnach relativ zu meinen Entwürfen, und das, was sich mir auf diese Weise enthüllt, ist real. Mein Entwurf entdeckt mir die Realität der Welt aus einer bestimmten Perspektive; ein anderer Entwurf würde folglich eine andere Realität ans Licht bringen. So wäre der Felsen z. B. nicht widrig, sondern hilfreich, wenn ich entwerfen würde, mich hinter ihm zu verstecken.

Die Situation ist unter diesem Gesichtspunkt nicht allein von der Freiheit des Für-sich abhängig, weil die Dinge zwar nur einen Sinn erhalten, insofern es das Für-sich gibt – aber da sie *auf ihre Weise antworten* und sich nicht einfach meinen Sinnzuweisungen *unterwerfen* bzw. durch sie *konstituiert* werden, ist der Entwurf des Für-sich ebenso Frage und Antwort wie Konstitution. Trotz der dualistischen Ontologie steht bei Sartre also auch die Vermittlung am Anfang aller Erfahrung: Es gibt kein reines Für-sich, sondern dieses ist *immer schon* nichts anderes als Bezug zum An-sich, dem es ausgesetzt ist. Und es gibt kein reines An-sich, denn dies hat *immer schon* seine Bedeutung vom Für-sich erhalten und ist auf diese Weise zur Situation, zur Welt bzw. zu einem Phänomen geworden, welches gleichzeitig die fundamentale Fremdartigkeit der Dinge bewahrt.

Der Vorwurf Merleau-Pontys, die Situation sei in »Das Sein und das Nichts« ein bloßes Konstitut, hat allerdings dahingehend seine Berechtigung, dass letzt-

lich doch aller Sinn vom Für-sich ausgeht. Das wird besonders in den Passagen
aus »Das Sein und das Nichts« deutlich, wo Sartre die Ansicht vertritt, dass die
Wahrheit des präreflexiven Weltverhältnisses sich erst in der Reflexion zeigt. Damit geht er allerdings von einer bloßen phänomenologischen Beschreibung der
Situation in ihrer Bedeutsamkeit zur Frage nach dem Ursprung dieser Bedeutsamkeit über, der seiner Ansicht nach nur im Für-sich liegen kann. So heißt es,
dass das individuelle Handeln auf der ursprünglichen und präreflexiven Ebene
seine eigenen Handlungsmöglichkeiten nicht *erkennt*, sondern vielmehr in sie *engagiert* ist. »Das bedeutet, daß wir handeln, bevor wir unsere Möglichkeiten setzen« (Sartre 1991a: 105). Meine Möglichkeiten geben sich infolgedessen ursprünglich nicht introspektiv als geistige Erwägungen, sondern als Potenzialitäten der
objektiven Welt: So erscheinen die Gegenstände der Welt relativ zu meinen selbst
noch nicht reflexiv erkannten Entwürfen als die *zu vertreibende* Wespe, das *zu
spülende* Geschirr, das *zu öffnende* Fenster oder auch als der klingelnde Wecker,
der mich *zum Aufstehen auffordert*. Präreflexiv gehorche ich nur den Forderungen der Gegenstände: »unser Sein ist unmittelbar ›in Situation‹, das heißt, daß es
in Unternehmungen *auftaucht* und sich zunächst erkennt, insofern es sich auf diesen Unternehmungen spiegelt« (Sartre 1991a: 197). Die Haltung der »alltägliche[n]
Moralität«, die Sartre auch als »Geist der Ernsthaftigkeit« charakterisiert, besteht
eben in diesem Glauben, dass solche Aufforderungen von der menschlichen Subjektivität unabhängige Gegebenheiten sind, dass es also letztlich die Realität ist,
der sich der Mensch unterwerfen muss.

   Die Reflexion, die dieses ursprüngliche Bewusstsein selbst nun zum Thema
macht, belehrt jedoch darüber, dass die Gegenstände nicht von sich aus fordern,
sondern mir nur meinen eigenen Entwurf spiegeln. Wenn ich also meine Möglichkeiten nicht einfach unmittelbar *existiere*, sondern thematisch *setze*, indem
ich von der Handlungs- zur Reflexionsebene übergehe, erkenne ich, dass meine
freie Wahl der Ursprung all dieser Forderungen ist. In der Reflexion gewinne ich
ein Bewusstsein meiner eigenen Freiheit und bin damit der »beängstigenden Intuition« ausgesetzt, »daß ich es bin, der dem Wecker seine Forderung verleiht: ich
und ich allein« (Sartre 1991a: 106).

   Die Aufforderung des Wecktons, das Bett zu verlassen und den beruflichen
Verpflichtungen nachzugehen, gilt *nicht unbedingt*, sondern nur *unter der Bedingung eines Handlungsentwurfs*, für den ich selbst verantwortlich bin. Wenn man
an Joachim Fischers Gegenüberstellung von Setzung und Situation[4] denkt, so lässt
sich sagen, dass die Dringlichkeiten der Situation, denen das Subjekt bei Sartre
ausgesetzt ist, sich als Setzungen eben genau dieses Subjekts erweisen, denn jederzeit kann mich die Reflexion von den Aufforderungscharakteren der Welt be-

---

4   Siehe dazu seinen Beitrag im vorliegenden Sammelband.

freien: Wenn es nur meine Freiheit ist, die den Dingen ihr Gewicht verleiht, dann kann sie es ihnen auch wieder nehmen.[5] Dies reicht so weit, dass Sartre erklärt: »Für den Geist der Ernsthaftigkeit ist ja zum Beispiel *Brot* begehrenswert, weil man leben *muß* (ein am intelligiblen Himmel stehender Wert) und weil es nahrhaft *ist*« (1991a: 1070). Der verhungernde Mensch, der an nichts anderes als an die Suche nach Nahrungsmitteln denken kann, gerät damit im Sinne des existenzialistischen Sartre in den Verdacht der Unaufrichtigkeit *(mauvaise foi)*, die vor der Freiheit und ihrer Verantwortung zu fliehen versucht. Selbst meine organischen Bedürfnisse werden damit noch zu Setzungen. Denn wenn ich auch die Antwort des An-sich auf meine Fragen nicht konstituiere und jenes daher so antworten kann, wie ich es nicht will, bin ich doch jederzeit imstande, mich für andere Fragen zu entscheiden.

(2) Techniken und objektive Bedeutungen

Allerdings kennt Sartre auch schon in »Das Sein und das Nichts« nicht nur Bedeutungen, deren Ursprung *ich* bin, sondern auch solche, die von mir unabhängig sind und sich gegen mich behaupten. Nicht nur die Dinge selbst, sondern auch ihre Bedeutungen können subjektunabhängig, sein, weil ich mich in einer bereits »mit Zwecken bevölkerte[n] Welt« (Sartre 1991a: 897) vorfinde: »ich entdecke, daß das Gebäude ein Mietshaus ist oder das Verwaltungszentrum der Gaswerke oder ein Gefängnis usw., hier ist die Bedeutung kontingent, unabhängig von meiner Wahl, sie bietet sich mit derselben Indifferenz dar wie die Realität des An-sich selbst: sie ist Ding geworden und unterscheidet sich nicht von der *Qualität* des An-sich« (Sartre 1991a: 881).

Aber nicht allein die Dinge sind im Voraus mit fremden Bedeutungen versehen, auch das Handeln des Subjekts selbst, das mit diesen Dingen umgeht, ist in vielen, wenn nicht in den meisten Fällen bereits vorherbestimmt und festgelegt: Objektive Bedeutungen verlangen »kollektive und schon konstituierte Techniken« (Sartre 1991a: 883), die aus mir einen beliebigen und anonymen Akteur machen. Wenn ich z. B. Savoyer bin, dann fahre ich Sartres Beispiel zufolge nicht nach der arlberger oder der norwegischen, sondern nach der französischen Methode Ski.

So wie mir eine individuelle Handlung eine individuelle Seite der Welt enthüllt, erschließt eine solche anonyme Technik die Welt unter einem allgemeinen Blickwinkel, der spezifisch für eine Region oder Kultur ist. Sartre weist eigens darauf hin, dass bestimmte Aspekte des Gebirges im Allgemeinen und der verschnei-

---

5   Dies gilt allerdings nicht von jeder Reflexion: Sartre unterscheidet die reine von der komplizenhaften Reflexion (vgl. z. B. 1982b: 82, 88–90; 1991a: 295).

ten Hänge im Besonderen sich »nur über eine Technik wahrnehmen lassen«; und
aus diesem Grund entdeckt die französische Methode des Skifahrens gewissermaßen »den französischen Sinn der Skihänge«: »denn je nachdem ob man die an
sanften Hängen günstigere norwegische Methode benutzt oder die französische,
die an steilen Hängen günstiger ist, wird derselbe Abhang steiler oder sanfter erscheinen, genauso wie eine Steigerung dem Radfahrer mehr oder weniger steil
erscheint, je nachdem ob er auf den mittleren oder kleinen Gang geschaltet hat«
(Sartre 1991a: 885).

Für Sartre ist das einzelne Instrument, das ich im Rahmen einer bestimmten
Tätigkeit verwende, ein »Wahrnehmungsorgan« seines Benutzers, das »die Welt
und den Menschen in der Welt« (1980a: 47) auf eine bestimmte Weise präsentiert.
So wie die bayrischen Alpen oder der Jura dem französischen Skifahrer »einen
rein französischen Sinn, rein französische Schwierigkeiten und einen rein französischen Utensilitäts- oder Widrigkeitskomplex« (Sartre 1991a: 885) darbieten, so
entdeckt auch der Fahrradfahrer an einer Landschaft bestimmte Seiten, die dem
Fußgänger verborgen bleiben (umgekehrt gilt dies natürlich erst recht).

Sartres französischer Skifahrer wäre ein Beispiel für eine kulturspezifische
Eigenart der Weltwahrnehmung; aber eine solche ist nicht nur regional oder na-
tional, sondern auch sozial geprägt. Darum gibt es nicht nur die »Welt-für-den-
Franzosen«, sondern auch die »Welt-für-den-Arbeiter« (Sartre 1991a: 901). Mein
sozialer Standort in der Welt, der mir durch meine Geburt zugewiesen wird, entscheidet darüber, »ob die Welt mir mit den einfachen und harten Gegensätzen
des ›proletarischen‹ Universums erscheint oder mit den zahllosen verfeinerten
Nuancen der ›bürgerlichen‹ Welt« (Sartre 1991a: 886). Meine Welt besteht nicht
nur aus den Dingen, die eine individuelle Bedeutung von mir erhalten, sondern
ebenso aus den Dingen, die bereits von den spezifischen Bedeutungen meines Milieus durchdrungen sind, welche ebenso wie jene von meiner Wahl nicht erzeugt,
sondern entdeckt werden. In dem Milieu, in dem ich aufwachse, treffe ich auf andere objektive Bedeutungen als in einem anderen: »Ich bin nicht nur dem rohen
Existierenden gegenüber geworfen, ich bin in eine Arbeiterwelt geworfen, in eine
französische, lothringische oder südfranzösische Welt, die mir ihre Bedeutungen
bietet« (Sartre 1991a: 886).

Auch der frühe Sartre von »Das Sein und das Nichts« leugnet also keineswegs
die Existenz subjektunabhängiger Zwecke in der Welt, aber schlussendlich ändert
das nichts daran, dass sie meine Freiheit nicht einschränken können, weil immer
noch ich selbst es bin, der über ihre Bedeutung *für mich* entscheidet. Selbst die
Verbote, die meinen Handlungsspielraum begrenzen sollen, können mich, geht
man vom Extremfall aus, nur zwingen, wenn ich unter allen Umständen gewählt
habe, das Leben dem Tod vorzuziehen (vgl. Sartre 1991a: 903). Keine Situation
und kein wie auch immer geartetes Ensemble objektiver Bedeutungen kann meine

Freiheit vergrößern oder verkleinern: »Es gibt also keine privilegierte Situation; wir meinen damit, daß es keine Situation gibt, in der das *Gegebene* die Freiheit, durch die es als solches konstituiert wird, unter seinem Gewicht erstickte – und umgekehrt auch keine Situation, in der das Für-sich *freier* wäre als in anderen« (Sartre 1991a: 944).

Dies geht so weit, dass selbst Gefangenschaft, Folter und die drohende Hinrichtung nur den Sinn für mich haben, den ich ihnen in Freiheit gebe. Zwar muss ich mich an Techniken und Gebrauchsanweisungen halten, wenn ich wähle, ein bestimmtes Ziel in der Welt zu verwirklichen – aber erstens gibt es kein Ziel, das mir auferlegt wäre und auf das ich nicht freiwillig verzichten könnte, und zweitens benutze ich diese Techniken und überschreite sie daher, indem ich ihnen einen frei gewählten Sinn für mich gebe (Sartre 1991a: 901). Um erneut die genannte Gegenüberstellung von Setzung und Situation ins Spiel zu bringen: Es gibt zwar fremde Setzungen, aber ich kann setzen, dass sie für mich bedeutungslos sind.

Folgende Passage aus »Das Sein und das Nichts« ist in diesem Zusammenhang sehr erhellend: »Selbst jene Behinderung, an der ich leide, habe ich eben damit, daß ich lebe, übernommen, ich überschreite sie auf meine eigenen Entwürfe hin, ich mache aus ihr das für mein Sein notwendige Hindernis, und ich kann nicht behindert sein, ohne mich als behindert zu wählen, das heißt, die Art zu wählen, in der ich meine Behinderung konstituiere (als ›unerträglich‹, ›demütigend‹, ›zu verheimlichen‹, ›allen zu offenbaren‹, ›Gegenstand des Stolzes‹, ›Rechtfertigung meiner Mißerfolge‹ usw. usw.)« (Sartre 1991a: 581). Ich wähle nicht, als Mann oder Frau geboren zu werden, aber ich wähle, welche Bedeutung diese Faktizität für mich hat.

Genau hier, an dieser Unbegrenzbarkeit der freien Entscheidung, liegen die Einwände auf der Hand: Da keine Faktizität jemals so beschaffen sein kann, dass sie die Freiheit schwächt, ist der gesunde so frei wie der körperlich schwer behinderte Mensch, der Arbeiter genauso frei wie der Millionär, das Opfer ethnischer Säuberungen genauso wie der Diktator, welcher uneingeschränkte politische Macht ausübt. Ist jede Situation gleichwertig, weil sie dem Menschen gleichermaßen die Freiheit lässt?[6] Sartre hat sich schon in den 1940er Jahren heftig gegen den nahe liegenden Vorwurf gewehrt, dass seine Philosophie historische Unfreiheit nicht ernst nehmen könne. Ernst nimmt Sartre sie jedoch einstweilen nur in moralischer Hinsicht: »der Gefangene ist immer frei zu fliehen, aller-

---

6 Siehe hierzu Simone de Beauvoirs kritische Selbstbeschreibung: »Wir hatten von der Freiheit eine praktische, unverrückbare Vorstellung. Unser Fehler bestand darin, daß wir sie nicht in angemessenen Grenzen hielten: wir klammerten uns an das Bild der Kantschen Taube: die Luft, die ihr Widerstand leistet, hemmt nicht ihren Flug, sie trägt sie. Das Bestehende erschien uns als Werkstoff unserer Anstrengungen, nicht als ihre Voraussetzung: wir glaubten von nichts abhängig zu sein« (1994: 17).

dings riskiert er sein Leben, wenn er den Stacheldraht überwindet; ist sein Kerker-
meister deshalb weniger schuldig?« (1994: 82)[7] Eine moderate Lesart der frühen
Freiheitstheorie könnte jedoch geltend machen, dass der frühe Freiheitsbegriff
nicht behauptet, der Mensch könne sich immer von seiner Faktizität – egal in
welcher Form sie auftritt – befreien, sondern dass er immer in der Lage sei, seiner Faktizität einen Sinn zu verleihen, den diese selbst nicht determinieren könne.

III Das Praktisch-Inerte und die Gegen-Finalität in der »Kritik der dialektischen Vernunft«

(1) Die gesellschaftliche Praxis des Menschen

Der entscheidende Unterschied zwischen dem frühen Ansatz und der Situationstheorie, die in der »Kritik der dialektischen Vernunft« entwickelt wird, besteht
darin, dass hier nun nicht mehr nur der Mensch die Dinge, sondern auch die
Dinge den Menschen konstituieren – und dies geschieht, indem sein eigenes Handeln sich in den Dingen materialisiert und auf ihn zurückwirkt. Genau dieser
Sachverhalt ist mit dem Neologismus ›praktisch-inert‹ gemeint, welcher in Sartres
zweitem Hauptwerk allgegenwärtig ist.

Bis auf wenige Ausnahmen verzichtet Sartre nun auf die Terminologie der
1940er Jahre. Statt vom Für-sich ist schlichtweg vom Menschen die Rede, und der
Begriff des An-sich wird durch den der Materie ersetzt. Während für den frühen
Sartre mein eigener freier Entwurf die Quelle jeder Motivation ist und den Dingen erst ihren Aufforderungscharakter verleiht – und ihn auch jederzeit wieder
nehmen kann –, so beruht für den späten Sartre der praktische Weltbezug auf
dem Bedürfnis nach Nahrung, das jede Spur von Dezisionismus in seine Schran-
ken weist. Ist der Mensch als biologische Einheit der Ursprung jeder Praxis (vgl.
Sartre 1980b: 436), dann erhält damit der Organismus sozusagen ein Mitsprache-
recht bei der Konstitution von Bedeutungen, auch wenn diese mein Handeln nicht
determinieren können.

Die Alternative zur Forderung ist nun nicht mehr die Angst und die reini-
gende Reflexion, in der die *conditio humana* auf authentische Weise erfasst wird,
sondern schlichtweg der Tod. Da Sartre vom Bedürfnis und nicht von einer freien

---

7   Obwohl das Für-sich bei Sartre selbst in Ketten frei ist, wird die reale Befreiung nicht über-
     flüssig: »Dennoch ist es dieser freie Mensch, der *befreit* werden muß durch Erweiterung sei-
     ner Wahlmöglichkeiten. In bestimmten Situationen ist nur für Alternativen Raum, deren
     eine der Tod ist. Wir müssen es so weit bringen, daß der Mensch unter allen Umständen das
     Leben wählen kann« (1986: 168 f.).

Wahl ausgeht, für die keine Situation dringlicher als eine andere sein kann, sind die Forderungen der Welt von nun an nicht mehr hypothetische (vgl. 1991a: 737), sondern kategorische Imperative: »Gewiß, abstrakt-logisch wäre es möglich, die materiellen Forderungen als hypothetische Imperative anzusehen: ›Wenn du einen Lohn empfangen willst ...‹ oder ›Wenn die Produktivität erhöht und die Zahl der Arbeiter reduziert werden soll ...‹ [...]. Einerseits ist ja die Möglichkeit, sich das Leben zu nehmen, nicht mit dem Leben selbst gegeben, dessen Realität in der bloßen Fortsetzung seines Seins liegt: sie tritt nur unter bestimmten historischen und gesellschaftlichen Bedingungen auf [...], so daß die Hypothese: ›Wenn du einen Lohn haben willst ...‹ in der Praxis eines jeden nicht konkret auftreten kann, außer wenn die Gesellschaft schon selbst das Leben ihrer Mitglieder durch die Modifizierungen, die sie ihnen aufzwingt, in Frage stellt. Im Medium des organischen Lebens als des Absolut-setzens seiner selbst ist das einzige Ziel der Praxis die unbegrenzte Reproduktion des Lebens. In dem Maße, wie die Lebensunterhaltungsmittel durch die Gesellschaft selbst bestimmt werden ebenso wie die Aktivitätsweise zu deren direkter oder indirekter Beschaffung, hat die vitale Spannung des praktischen Feldes dagegen zur tatsächlichen Folge, die *Forderung* als einen kategorischen Imperativ darzustellen« (Sartre 1980b: 202).

Aufgrund seiner organischen Bedürfnisse ist der Mensch darauf angewiesen, die Materie zu bearbeiten, »insofern die Möglichkeiten des Überlebens außerhalb seiner in der Umwelt liegen« (Sartre 1980b: 210). Die Arbeit ist für Sartre nichts anderes als der Organismus, »der sich auf eine gezielte Trägheit reduziert, um auf die Trägheit einzuwirken und sich als Bedürfnis zu befriedigen« (1980b: 145). So wie in der frühen Philosophie der Entwurf aus dem An-sich ein Phänomen macht, so verwandelt nun die menschliche Praxis die Materie in ein praktisches Feld. Eine solche Vermenschlichung der Materie ist jedoch nur die eine Seite der Medaille, in eins bringt die Praxis im Gegenzug gleichermaßen eine Materialisierung des Menschen und seiner Praxis hervor.

Sobald das Individuum zwischen den praktisch-inerten Forderungen (sei es das Geschirr zu spülen oder durch billigen Verkauf die Konkurrenten aus dem Feld zu schlagen) und seinen eigenen organischen Ansprüchen vermitteln muss, beruht seine Praxis nicht mehr unmittelbar auf dem Bedürfnis, sondern auf den Forderungen der unbelebten Dinge. So wie der Unternehmer zur Anschaffung neuer Technologien gezwungen ist, wenn er konkurrenzfähig bleiben will, muss jeder Einzelne seine Wohnung heizen, putzen, instand setzen lassen, um sie als Wohnung zu erhalten. Hier findet sich dieselbe Dialektik zwischen Praxis und dem so genannten Praktisch-Inerten, die wie ein roter Faden die gesamte »Kritik der dialektischen Vernunft« durchzieht: Die Praxis des Menschen macht aus der Materie eine Wohnung, aber es ist die Wohnung, diese bearbeitete Materie, die nun Forderungen an den Menschen stellt. Die Entfremdung besteht gerade darin, dass das Subjekt aus purer Selbsterhaltung gezwungen ist, diesen Forderungen Folge zu leisten. Die Materie besitzt einen Imperativ, der sich über subjektive Intentionen hinwegsetzt, »weil das dem Material aufgedrückte praktische Siegel an dessen Materialität teilhat und sich bei jedem als inertes Denken einführt, das von niemanden stammt, jedoch aufbewahrt werden muß und dessen praktische Konsequenzen gezogen und angewandt werden müssen, wenn man nicht will, daß das praktische Ding kaputtgeht« (Sartre 1980a: 50 f.).

Also veranlasst das organische Bedürfnis den Menschen zur Bearbeitung der Materie, und die bearbeitete Materie bringt wiederum den Menschen als Produkt seiner Produkte hervor: Um einen Nutzen von der Ökonomie zu haben, muss der Mensch sich ihren Gesetzen unterwerfen, er muss sich verdinglichen, um ihr zu dienen. »Die Maschine formt ihren Menschen genau in dem Maße, wie der Mensch die Maschine formt [...]. Das bedeutet, daß sie durch einen teleologischen und zeitlichen Prozeß ihren Bediener zu einer Maschine zum Funktionierenlassen von Maschinen macht« (Sartre 1980b: 220). Die Struktur der Maschine bezeichnet nun die zu erfüllende Aufgabe und die physischen wie auch geistigen Kompetenzen, die hierfür erforderlich sind. Somit lässt sich von einer »Beherrschung des Menschen durch die bearbeitete Materie« (Sartre 1980b: 196) sprechen.

Diese Beschreibungen entsprechen natürlich ganz der Einstellung, die der frühe Sartre den »Geist der Ernsthaftigkeit« (1991a: 108) nennt. In »Das Sein und das Nichts« wird zwar ebenfalls hervorgehoben, dass die Welt dem präreflexiven Für-sich seine eigenen Entwürfe widerspiegelt. Aber es fehlt der Hinweis, dass nicht nur die Handlungen die Dinge, sondern auch umgekehrt die Dinge die Handlungen verändern, welche sich im Zuge ihrer Realisierung um neue unkontrollierbare Bedeutungen bereichern, sodass der Mensch schließlich sich selbst und seine eigenen Zwecke im praktischen Feld nicht mehr wieder erkennt. Denn indem sich die menschlichen Entwürfe in die Materie eingraben, »weigern sie sich, selbst wenn sie entziffert und bekannt sind, sich in Erkenntnis aufzulösen« (Sartre 1980b: 189). Dies hat seinen Grund darin, dass auch der Andere die Gegenstände bearbeitet und durch deren materielle Trägheit die beiden verschiedenen Praxen zu passiven Kräften werden, welche auf eine Art und Weise aufeinander einwirken, die keines der beteiligten Individuen beabsichtigt hat (vgl. Sartre 1980b: 344).

Diese Situation verschärft sich noch, wenn man den Vergangenheitsbezug berücksichtigt. Die einzelne aktuelle Praxis durchdringt sich nicht nur mit anderen aktuellen, sondern auch mit den in der Materie bereits objektivierten vergangenen Aktionen. Aufgrund des Zusammenwirkens einer ganzen Vielfalt unterschiedlicher Aktionen zeichnet sich die Materie nicht allein durch den bereits erwähnten Widrigkeitskoeffizienten (Sartre 1991a: 841 ff.), sondern mehr noch durch eine so genannte »Gegenfinalität« aus. Damit ist gemeint, dass die Materie nicht einfach nur träge, schwerfällig oder widerspenstig ist, sondern vielmehr eine antagonistische Praxis entwickelt, die sich keinem verantwortlichen Urheber zuschreiben lässt. Denn in dem Maße, wie die menschliche Praxis sich materialisiert, verwandeln sich nach Sartre umgekehrt die Naturkräfte in Aktionen.

So bringt – Sartre selbst wählt diese Beispiele – die Ausbeutung der peruanischen Goldminen im 16. Jahrhundert eine Lähmung der mediterranen Wirtschaft und langfristig sogar den Niedergang des spanischen Kolonialismus hervor; und die Abholzung, die die chinesischen Bauern mit dem Ziel der Ackerlandgewinnung vornehmen, führt wiederum auf lange Sicht zu katastrophalen Überschwemmungen. Sieht man einmal von Sartres Vorliebe für dramatische Formulierungen ab, dann meint ›Gegenfinalität‹ genauso genommen nichts anderes als die unbeabsichtigten Konsequenzen menschlichen Tuns, denen er in seinem zweiten Hauptwerk offensichtlich ein größeres Gewicht als den eigentlichen Zwecken einräumt. Sartre spricht an dieser Stelle nicht von einem bloßen Widrigkeitskoeffizienten, sondern von einer »*Gegen*-Praxis« oder einer »Praxis ohne Urheber« (1980b: 176), weil es hier nicht bloß um jene widerspenstigen Eigenschaften der Materie geht, die unter den Begriff ›Widrigkeitskoeffizient‹ gefasst werden können. Es handelt sich vielmehr um komplexe und zeitlich ausgedehnte Ereignisse und Prozesse, die sich der menschlichen Voraussicht und Kontrolle entziehen. Dieses unabsehbare Geschehen innerhalb der Materie ist nicht einfach widerspenstig, sondern in hohem Ausmaß verfälscht es mein Handeln, sodass im Extremfall das Resultat das Gegenteil dessen ist, was ich beabsichtigt habe.

Jeder einzelne Chinese, der an der Abholzung beteiligt ist, wird »zu seiner eigenen materiellen Fatalität, er bringt selbst die Überschwemmungen hervor, die ihn ruinieren« (Sartre 1980b: 174). So tut der spanische Konquistador alles, um sich am peruanischen Gold zu bereichern, und bringt auf diese Weise seine Verarmung hervor. Und all die guten Absichten von Götz von Berlichingen in Sartres Theaterstück »Der Teufel und der liebe Gott« (1951) – in weiten Teilen lässt sich dieses Stück als dramatische Veranschaulichung der Konzeption der Gegenfinalität verstehen – führen nur dazu, das Elend seiner Mitmenschen zu verschlimmern.

Wenn für den existenzialistischen Sartre mein Wesen das Kind meiner Taten ist, so gilt dies auch noch für den marxistischen Sartre: Was ich bin, ist immer noch das Resultat meines Handelns – aber nun ist das Resultat weitgehend etwas, das ich weder vorhergesehen noch gewollt habe. Der Mensch ist das »Produkt seines Produktes« (Sartre 1980b: 176), aber ich erkenne mich darin nicht wieder, weil mein individuelles Handeln auf dem Weg zu seinem Ziel das praktische Feld durchqueren musste und dabei bis zur Unkenntlichkeit verwandelt worden ist.

Um noch ein aktuelles Beispiel für solche Sachverhalte anzuführen, die Sartre als Gegen-Finalität charakterisiert: Die Umstellung von fossilen auf regenerative Energiequellen dient dem Schutz des Ökosystems und damit auch der Tier-

und Pflanzenwelt. Im Zuge solcher Bestrebungen hat sich herausgestellt, dass der Lärm, der beim Bau von Offshore-Windanlagen hervorgebracht wird, das Gehör des Schweinswals schädigt. Dies führt zur Orientierungslosigkeit und schließlich zum Tod der Tiere, welche ohnehin vom Aussterben bedroht sind. Dass ökologische Bereiche im Namen ökologischer Ziele gefährdet werden, hat weder ein individueller noch ein kollektiver Akteur so geplant. Die Komplexität des praktischen Feldes führt dazu, dass jedes Handeln völlig unerwartete und außerordentliche Konsequenzen mit sich bringen kann.

Trotzdem bleibt auch für den späten Sartre das menschliche Handeln der Ursprung dieser undurchschaubaren Prozesse: »Alle Wandlungen des spanischen Geldes sind Umformungen der menschlichen Aktivität: überall, wo wir auf *eine Aktion des Goldes* stoßen, die die menschlichen Beziehungen umstürzt und von keinem Menschen gewollt worden ist, entdecken wir darunter ein Gewirr menschlicher Unternehmungen, die einzelne oder kollektive Ziele verfolgten und sich durch die Vermittlung der Dinge verwandelt haben« (1980b: 193 f.). Der Ursprung der Bedeutsamkeit liegt also nach wie vor in den beteiligten Individuen und ihren Auseinandersetzungen mit der Situation. Aber in »Das Sein und das Nichts« enthüllt die Reflexion, dass die Forderungen der Dinge nichts weiter als meine eigenen präreflexiven Handlungsentwürfe sind. In der »Kritik der dialektischen Vernunft« erhält die Situation kraft ihrer Eigendynamik eine Bedeutsamkeit, die sich keineswegs mehr auf die Handlungsentwürfe der Individuen zurückführen lässt.

Das Praktisch-Inerte, wie Sartre es beschreibt, deckt sich zwar weitgehend mit der ›verwalteten Welt‹ bei Adorno und dem ›stahlharten Gehäuse‹ bei Weber, es wird jedoch zugleich auch viel weiter gefasst: Der Ursprung dieser Entfremdung lässt sich dieser Gesellschaftstheorie zufolge gar nicht der kapitalistischen Produktionsweise zur Last legen, sondern sie stellt offenbar ein unentrinnbares Schicksal der *conditio humana* überhaupt dar:[8] Ähnlich wie die Luft für die Taube Kants ist die Materie für Sartre ein Widerstand und zugleich auch unentbehrlich. Die menschliche Praxis wäre reine unverbindliche Negation des Gegebenen, wenn sie sich nicht ins Gegebene einprägen und sich infolgedessen unausweich-

---

8   Aus Sartres Konzeption des Praktisch-Inerten folgt, dass die Menschen sich niemals vom Praktisch-Inerten befreien können, solange sie handeln, also die Materie bearbeiten. Offenbar ist das Praktisch-Inerte ein ewiges Schicksal des Menschen, das ebenso verhängnisvoll wie unausweichlich ist. Während Sartre dazu tendiert, das Praktisch-Inerte zu dämonisieren, hat Arnold Gehlen in seiner Institutionenlehre (vgl. 2004) die Verselbstständigung und Verfestigung des Handelns gegenüber dem Handelnden positiv als Stabilisierung, Entlastung und Orientierung für den Menschen gewertet. Anders als Sartre, für den das Praktisch-Inerte unentrinnbar ist, befürchtet Gehlen jedoch, dass es im Zuge kultureller Entwicklungen zur Auflösung der Institutionen kommt, die das menschliche Mängelwesen in einen heillosen Subjektivismus stürzen würde.

lich mit ihm durchdringen würde. »Ohne sie [die Materie] würden sich Denken und Aktion verflüchtigen, in sie prägen sie sich als feindliche Kraft ein, durch sie wirken sie materiell auf Menschen und Dinge ein« (Sartre 1980b: 195). Die Handlung – verstanden als Umgestaltung der Materie – ist also als solche nur möglich, weil es eine widerständige Materie gibt, die dafür sorgt, dass das Resultat des Handelns niemals mit seiner Intention zusammenfällt. Mit anderen Worten: Dasjenige, was die Handlung möglich macht, verfälscht sie zugleich.[9]

Wenn das Individuum seiner selbst nur im praktischen Feld offenbar wird, also nichts weiter als seine Objektivierung durch die Praxis ist (vgl. Sartre 1980b: 241), und dieses praktische Feld immer durch die Praxis der Anderen vermittelt ist (vgl. Sartre 1980b: 342), dann ist eine menschliche Existenz ohne Entfremdung undenkbar: Ich bin entfremdet, da das Resultat von der Intention meiner Praxis immer abweicht und mich letztlich nur die Resultate darüber aufklären, wer ich bin. Das praktische Feld wirft dem Für-sich sein entfremdetes Wesen als An-sich zurück: Ich bin die Bewegung des Überschreitens der Materie, aber wenn ich wissen will, was ich getan habe, also im Grunde wissen will, wer ich bin, muss ich die Spuren dieses Überschreitens in der Materie befragen. Darum entdeckt der Mensch sein »Draußen-sein-im-Ding als seine grundlegende Wahrheit« (Sartre 1980b: 243).

(2) Das gesellschaftliche Sein des Menschen

Wenn Sartre einerseits erklärt, dass das Praktisch-Inerte erst durch die Praxis der Menschen hervorgebracht wird, so muss natürlich andererseits berücksichtigt werden, dass nichtsdestotrotz jeder Einzelne sich immer schon in einer praktisch-inerten Welt vorfindet. Das »*gesellschaftliche Sein* des Menschen« (Sartre 1980b: 245) erwartet ihn als ein präfabrizierter Komplex praktisch-inerter Forderungen, und natürlich ist dieses gesellschaftliche Sein bzw. das so genannte ›Wesen‹ des Kapitalisten oder des Proletariers keine apriorische, übergeschichtliche Größe. Vielmehr handelt es sich um eine durch die Gesellschaft präfabrizierte Realität oder, genauer gesagt, um nichts weiter »als *die kristallisierte Praxis* der früheren Generationen« (Sartre 1980b: 247). Man könnte hier von der ›historischen Tiefe‹ der sozialen Situation sprechen.

---

9 Sartre versteht also als eine Konstante der Naturbeherrschung, was Adorno (vgl. 1997a) vor allem der verwalteten Welt des Spätkapitalismus zur Last legt. Wenn Adorno mit der »Kritik der dialektischen Vernunft« vertraut gewesen wäre, so hätte er sicher gegen Sartre den Vorwurf einer Naturalisierung der Entfremdung erhoben.

Was die Arbeiterin sein kann und sein wird, darüber hat nicht die Intention eines oder mehrerer Menschen, sondern das unbeabsichtigte Resultat der Praxis vergangener Generationen entschieden. Es handelt sich um Produkte der Gegen-finalität, also um zufällige – wenn auch nicht unerklärbare – ›Nebenwirkungen‹ gesellschaftlicher Praxis (vgl. Sartre 1980b: 256). »Diese Rolle und diese Hal-tung, die man ihr [der Arbeiterin] in der Arbeit und im Konsum aufzwingt, sind nicht einmal Gegenstand einer *Intention* gewesen; sie sind als die negative Kehr-seite eines Komplexes gezielter Tätigkeiten geschaffen worden, und da diese Tä-tigkeiten teleologisch sind, bleibt die Einheit dieser Präfabrizierung menschlich, als eine Art negativer Widerspiegelung von Zwecken, die außerhalb ihrer oder, wenn man will, im Zuge der *Gegen-Finalität* verfolgt werden« (Sartre 1980b: 248). Solange nur isolierte Individuen außerhalb ihrer gesellschaftlichen Beziehun-gen in den Blick genommen werden, bleibt unberücksichtigt, inwieweit die Exis-tenz des Menschen bei seiner Geburt durch seine Klassenzugehörigkeit vorherbe-stimmt wird.[10]

Die Passagen zur Entfremdung in der »Kritik der dialektischen Vernunft« las-sen sich als die deutlichste Abwendung vom Freiheitspathos der frühen Philoso-phie verstehen, die man in Sartres Gesamtwerk finden kann: »Eine Arbeiterin der Dog-Werke, die eine Abtreibung vornehmen läßt, um die Geburt eines Kindes, das sie nicht ernähren könnte, zu verhindern, fällt eine freie Entscheidung, um dem Schicksal, das man ihr bereitet hat, zu entgehen. Aber eben diese Entschei-dung ist an der Basis durch die objektive Situation gefälscht: Sie *verwirklicht* durch sich selbst, was sie *schon ist;* sie wendet den schon gefällten Urteilsspruch, der ihr die freie Mutterschaft verbietet, gegen sich selbst an« (Sartre 1980b: 250). Inso-fern die Arbeiterin einer »unüberschreitbare[n] Zukunft« (Sartre 1980b: 250) aus-gesetzt ist, kann ihre individuelle Praxis die gesellschaftlichen Bedeutungen des praktisch-inerten Feldes nicht überschreiten. Wofür sie sich auch immer entschei-det, sie verwirklicht jene »Fatalitätszukunft« (Sartre 1980b: 254), die sie seit ihrer Geburt erwartet. Es ist das praktisch-inerte Feld selbst, welches vorschreibt, auf welche Weise es sich überschreiten lässt; und daher ist die Zukunft der Arbeiterin vorherbestimmt und erstarrt (vgl. Sartre 1980b: 250 f).[11]

---

10 Das Klassen-sein definiert Sartre »als einen praktisch-inerten Status der individuellen oder gemeinsamen Praxis, als der zukünftige und im vergangenen Sein versteinerte Urteilsspruch, den diese Praxis selbst verwirklichen und in dem sie sich schließlich in einer neuen Erfah-rung der Notwendigkeit wiedererkennen muß« (1980b: 264).

11 Siehe hierzu auch Adorno (1997b: 450): »Der technische Arbeitsprozeß [...] formt die Sub-jekte, die ihm dienen, und zuweilen ist man versucht zu sagen, er bringe sie geradezu hervor. Wenn im Ernst von der Bedrohung des Menschen die Rede sein kann, dann einzig in dem Sinne, daß die Weltverfassung es bereits verhindert, daß in ihr jene sich entwickeln, die fä-hig wären, sie zu durchschauen und daraus die rechte Praxis abzuleiten«.

An dieser Stelle tritt die Differenz zwischen dem Widrigkeitskoeffizienten der Materie und der Gegenfinalität des Praktisch-Inerten in aller Deutlichkeit hervor: Natürlich schränkt auch der Fels, der sich als zu schwer erweist, den Spielraum des Handelns ein und zwingt meiner Zukunft damit einen bestimmten Gehalt auf. (Ich werde niemals der sein, der den Stein zur Seite gerollt hat.) Aber der Fels im Besonderen und die Landschaft im Allgemeinen werden in ihrer Widrigkeit von meinem freien Handlungsentwurf erst entdeckt. Der Felsen gibt sich als unbesteigbar, aber er zwingt mich zu gar nichts. In der »Kritik der dialektischen Vernunft« geht es dagegen um eine Zukunft, die von der Materie selbst *hervorgebracht* (Sartre 1980b: 251) wird. Diese Materie wartet nicht geduldig den Entwurf des Individuums ab, sondern schreibt ihm vorab einen engen Spielraum von Entwürfen vor. Das bedeutet für die individuelle Arbeiterin: »ihre eigene Zukunft als Überschreitung ihres Vergangen-seins ist durch eben dieses Vergangen-sein überschritten, insofern es schon von der Zukunft bedeutet ist« (Sartre 1980b: 251).

In »Das Sein und das Nichts« überschreitet mein Entwurf das Sein wie auch die Resultate fremder Entwürfe, die das Sein bestimmen. In der »Kritik der dialektischen Vernunft« ist dieses Überschreiten des Seins durch das Sein, das der Entwurf überschreitet, bereits überschritten. Es wäre demnach ausgeschlossen, dass ein Mensch allein das stahlharte Gehäuse des Praktisch-Inerten sprengen oder ihm auch nur Risse hinzufügen könnte. Wenn die Arbeiterin also versucht, ihre Faktizität zu überschreiten, dann ist dieser Versuch nur eine Art und Weise, diese Faktizität zu verwirklichen. Gleichgültig, ob sie sich fortbildet, streikt, einen Motorroller kauft, dem Alkohol verfällt usw. – jede dieser Tätigkeiten verwirklicht ihr Klassen-sein, »insofern sie sich gegen ihre Absicht im Rahmen unüberschreitbarer Forderungen halten« (Sartre 1980b: 254).

Natürlich führt jeder ein besonderes Leben, hat jeder ein Einzelschicksal. Aber Sartre hebt in der »Kritik der dialektischen Vernunft« im Widerspruch zu seiner früheren Position hervor, dass es bestimmte historisch-soziale Strukturen gibt, die die individuelle Praxis nicht überschreiten kann (vgl. 1980b: 257). Daher kommt er zu dem Ergebnis: »Das praktisch-inerte Feld ist das Feld unserer Knechtschaft« (Sartre 1980b: 354). Und diese Knechtschaft – so lässt sich aus Sartres Darlegungen schließen – ist unentrinnbar. So überwindet zwar die Gruppe das Praktisch-Inerte, verwandelt sich aber letztlich selbst in Praktisch-Inertes (vgl. Sartre 1980b, 2. Buch).

Während in der frühen Philosophie Sartres die Situation tatsächlich nur Anlass und unverzichtbarer Tummelplatz des freien Entwurfs ist, lässt sich im Gegensatz dazu zeigen, dass in der »Kritik der dialektischen Vernunft« doch ein verändertes Verhältnis zwischen Subjekt und Situation zum Tragen kommt. Wenn der Mensch in bestimmten historischen Phasen freier als in anderen ist,

ist nicht nur die Faktizität, sondern auch die Transzendenz ein Produkt der sozialen Verhältnisse. Je nach dem Druck dieser Verhältnisse, je nach Gewicht und Lückenlosigkeit der praktisch-inerten Welt, ist der Mensch mehr oder weniger frei.

Einen noch radikaleren Bruch mit der frühen Philosophie vollzieht Sartre offenbar mit seiner Konzeption der praktisch-inerten Materie, welche in letzter Konsequenz die Verwirklichung individueller Freiheit nahezu ausschließt. Frei zu sein, heißt für den frühen Sartre, »›sich dazu bestimmen, durch sich selbst zu wollen‹« (1991a: 836). Ist der Mensch aber auch dann noch frei, wenn seine Tätigkeit durch die bearbeitete Materie – also gerade nicht »durch sich selbst« – bestimmt wird? »Jede meiner Handlungen wird dadurch, daß sie sich der Passivität des Seins einschreibt, ein Drehkreuz, dessen gebieterische Trägheit in mir *seinen Menschen* definiert, mit anderen Worten, *seinen Sklaven*, den anderen, der ich sein muß, um es in Bewegung zu setzen und in Bewegung zu halten« (Sartre 1984: 130).

Wird Freiheit wie in »Das Sein und das Nichts« als Autonomie des Wollens definiert, dann können die Menschen, so wie sie in der »Kritik der dialektischen Vernunft« beschrieben werden, nicht mehr als frei bezeichnet werden. Wenn meine Handlungen nicht von mir gewollt sind, sondern ich nur realisiere, wozu andere mich gemacht haben, dann bin ich nicht mehr im oben genannte Sinne frei: »Die Subjektivität erscheint [...] als die Verurteilung, die uns zwingt, frei und durch uns selbst das Urteil zu vollstrecken, das eine ›im Gang‹ befindliche Gesellschaft über uns gefällt hat und das uns *a priori* in unserem Sein definiert« (Sartre 1980b: 74). Für die Entscheidungen der Menschen bedeutet das: »Sie waren nämlich noch nicht einmal geboren, als die frühere Generation schon ihre institutionelle Zukunft als ihr äußeres und mechanisches Schicksal bestimmt hat, das heißt als Unüberschreitbarkeitsbestimmungen« (Sartre 1980b: 642).

Wenn also der Arbeiter eine Entscheidung trifft, so bestimmt er auf diese Weise »nur die Grenzen, zwischen denen sein Status einige Variationen zulässt (die selbst von den allgemeinen Produktionsbedingungen herrühren: Bedarf an Arbeitskräften, Lohnerhöhung in einem bestimmten Sektor usw.), aber er bestätigt gerade dadurch sein *allgemeines Schicksal* als das eines Ausgebeuteten [...]. Der Arbeiter kann also die Aktualisierung des Urteilsspruchs *variieren,* aber ihn nicht *überschreiten*« (Sartre 1980b: 353). Es wundert daher nicht, wenn Sartre in diesem Zusammenhang eine explizite Revision der eigenen These vornimmt, der Mensch sei auch noch in Ketten frei (vgl. 1991a: 837): »Man unterstelle uns vor allem nicht die Behauptung, daß der Mensch in allen Situationen frei sei, wie es die Stoiker behaupteten. Wir wollen genau das Gegenteil sagen: nämlich daß alle Menschen Sklaven sind [...]. Das heißt, daß jeder Mensch gegen eine Ordnung kämpft, die ihn real und materiell in seinem Körper aufreibt und die er durch eben den Kampf, den er individuell gegen sie führt, zu erhalten und zu verstärken hilft« (Sartre 1980b: 354).[12]

IV Geschlossene oder offene Situationsordnung?

In den »Fragen der Methode«, dem Vorspann der »Kritik der dialektischen Vernunft«, hält Sartre nach wie vor an der individuellen Freiheit fest und »erkennt dem einzelnen Menschen die Macht der Überschreitung durch Handeln und Arbeit zu« (1999: 109). Die meisten Interpreten rekonstruieren Sartres Position zu Freiheit und Individualität, indem sie die Bedeutung jener methodologischen Schrift in den Vordergrund rücken und die ausführlichen Betrachtungen in der »Kritik der dialektischen Vernunft« weitgehend unberücksichtigt lassen (vgl. etwa Frank 1985). Sartre erweist sich jedoch als vielschichtiger und dadurch auch widersprüchlicher. Denn nicht der isolierte Einzelne innerhalb seiner gesellschaftlichen Situation, sondern erst der Einzelne als Teil einer spontanen Gruppenpraxis ist in seinem zweiten Hauptwerk streng genommen tatsächlich frei. In den »Fragen der Methode« rekonstruiert Sartre hingegen seinen philosophischen Werdegang, erläutert das Verhältnis von Existenzialismus und Marxismus und ist offensichtlich bemüht, trotz aller Revisionen die Kontinuität seiner Schriften darzulegen.

Einerseits hebt Sartre dort die gesellschaftliche Bedingtheit hervor, andererseits versucht er, dennoch an der Nichtreduzierbarkeit des Individuums festzuhalten. So verinnert das Individuum die Allgemeinheit, das sozio-ökonomische Bedingtsein, die Familienverhältnisse, zeitgenössische Institutionen und die geschichtliche Vergangenheit und entäußert diese Strukturen in individuellen Handlungen und Entscheidungen, die sich durch jene allgemeine Bedingtheit erklären, aber nicht auf sie reduzieren lassen. Der Fehler des orthodoxen Marxismus besteht gerade darin, die individuelle Objektivation einfach unter die objektiven Verhältnisse zu subsumieren bzw. sie daraus abzuleiten. Ganz im Gegenteil *konserviert* aber die individuelle Überschreitung nicht nur das Ensemble der gesellschaftlich-historischen Verhältnisse, sondern sie *alteriert* dieses auch zugleich. Zwar erkennt sich der Einzelne in dem, was er getan hat, niemals vollkommen wieder, dennoch ist die »Entfremdung des objektivierten Resultats […] nicht die

---

12 Dennoch setzt andererseits, wie Sartre hervorhebt, selbst die Knechtschaft des Menschen noch seine Freiheit voraus: »es trifft zu, daß selbst der Sklave in der schlimmsten Unterdrückung die Synthese des praktischen Feldes vollziehen kann und muß und sei es, um seinem Herrn besser zu gehorchen« (1980b: 612, Fn. 1). »Denn der Zwang schaltet die Freiheit nicht aus (außer durch Liquidierung der Unterdrückten). Er macht sie zu ihrer Komplizin, indem er ihr keinen anderen Ausweg als den Gehorsam läßt« (1980b: 780).

gleiche wie zu Anfang« (Sartre 1999: 109). Und es ist gerade diese Differenz zwischen dem ersten (die gesellschaftlich-historischen Verhältnisse) und dem zweiten Moment der Objektivität (die individuelle Objektivation, also das Resultat des individuellen Handelns), welche die Person definiert (vgl. Sartre 1999: 109).

Eine deutlich pessimistischere Position vertritt Sartre jedoch, wie sich gezeigt hat, in der »Kritik der dialektischen Vernunft«: Das Praktisch-Inerte determiniert zwar nicht meine individuellen Entscheidungen, denn die Arbeiterin hat immer noch die Wahl, ob sie streikt, sich weiterbildet, kündigt, zur Flasche greift usw. Aber all diese individuellen Entwürfe *überschreiten* das Praktisch-inerte nicht, sondern *verwirklichen* nur eine der Möglichkeiten, die das strukturierte Feld des Praktisch-Inerten festlegt. Wenn dies so ist, dann besteht überhaupt keine Differenz zwischen zwei Momenten der Objektivität mehr, und darum kann die individuelle Objektivation ganz im Sinne des orthodoxen Marxismus nun eben doch aus den objektiven Verhältnissen abgeleitet werden.

Freiheit besteht dann nur noch in der Wahl, auf welche Weise ich mein festgelegtes, praktisch-inertes Wesen realisiere. Ändern können meine freien Entwürfe dieses Wesen jedoch niemals: »In gewisser Weise sind wir alle durch unsere Geburt prädestiniert. Durch die Situation, in der sich die Familie und die Gesellschaft in einem bestimmten Moment befinden, sind wir von Anfang an zu einem bestimmten Handlungstyp verurteilt [...]. Die Prädestination steht bei mir für den Determinismus: ich bin der Meinung, daß wir nicht frei sind – zumindest vorübergehend nicht, heute nicht –, weil wir uns selbst entfremdet sind. Man verliert sich immer in der Kindheit: die Erziehungsmethoden, die Eltern-Kind-Beziehung, die Schule usw., all das ergibt ein Ich, aber ein verlorenes Ich« (Sartre 1985: 156). Sartres Beschreibungen des Praktisch-Inerte rufen zweifellos eine nahezu klaustrophobische Wirkung hervor. Es entsteht der Eindruck einer vollends geschlossenen Ordnung, in der die Individuen nichts grundlegendes an ihrer sozialen Situation ändern können und nur hilflos gegen das stahlharte Gehäuse des Praktisch-Inerten anrennen.

Dennoch verändert das Handeln, auch das individuelle Handeln, unentwegt das Praktisch-Inerte, wenn auch – im guten wie im schlechten – nie so, wie die Akteure es beabsichtigt haben. Das eigene Herrschaftsmittel kann z.B. jederzeit zu einem explosiven Instrument werden, das demjenigen um die Ohren fliegt, dem es eigentlich dienen sollte. Um ein Beispiel aus der Literatur zu nehmen: In H. G. Wells Roman »The Island of Dr. Moreau« (1896) führt der Protagonist schmerzhafte Experimente durch, welche Tiere in Menschen verwandeln sollen. Um sein diktatorisches Regiment über jene halbmenschlichen Wesen zu sichern, schärft Dr. Moreau ihnen ein absolutes Tötungsverbot ein. Als er schließlich selbst eine der Kreaturen tötet, kehrt sich dieses Gesetz, welches doch ausschließlich seinen eigenen Interessen dienen sollte, völlig unerwartet gegen ihn. Die von ihm geschaffenen Kreaturen werfen ihm nun vor, dass er gegen das Gesetz verstoßen hat und lehnen sich gerade deswegen gegen seine Herrschaft auf.

Sartres Theorie des Praktisch-Inerten besagt in diesem Sinne auch, dass eine lückenlose Kontrolle der Situation unmöglich ist, gerade weil das Unerwartete nicht unbedingt von außen kommt, sondern schon als Keim im eigenen Handeln nistet. Insofern keine Situation restlos den Handlungszielen eines oder mehrerer Subjekte unterworfen werden kann, gibt es demzufolge nur offene Ordnungen. Wenn der existenzialistische Sartre dem Vorwurf nicht ganz entgehen kann, dass er die Situation auf Setzungen zurückführt, so greift doch der Vorwurf zu kurz, der marxistische Sartre würde nun umgekehrt schlichtweg die Setzungen als bloßes Fortwirken der Situation begreifen. Sicher sind die Setzungen von der Situation bedingt, aber es sind eben jene Setzungen, die die Situation fortwährend verändern – auch wenn die Veränderungen nicht diejenigen sind, die die Handelnden beabsichtigt haben.

Literatur

Adorno, Theodor W. (1997a): Negative Dialektik. Frankfurt a. M.: Suhrkamp.

Adorno, Theodor W. (1997b): Individuum und Organisation. In: ders.: Soziologische Schriften 1. Frankfurt a. M.: Suhrkamp, S. 440–456.

Beauvoir, Simone de (1994): In den besten Jahren. Reinbek bei Hamburg: Rowohlt.

Beauvoir, Simone de (2000): Das andere Geschlecht. Sitte und Sexus der Frau. Reinbek bei Hamburg: Rowohlt.

Bubner, Rüdiger Reinhardt (1964): Phänomenologie, Reflexion und cartesianische Existenz. Zu Jean-Paul Sartres Begriff des Bewußtseins. (Diss.) Heidelberg.

Fichte, Johann Gottlieb (1984): Versuch einer neuen Darstellung der Wissenschaftslehre (1797/98). Hamburg: Felix Meiner.

Frank, Manfred (1985): Das individuelle Allgemeine. Textstrukturierung und Textinterpretation nach Schleiermacher. Frankfurt a. M.: Suhrkamp.

Gehlen, Arnold (2004): Urmensch und Spätkultur. Philosophische Ergebnisse und Aussagen. Frankfurt a. M.; Bonn: Klostermann.

Merleau-Ponty, Maurice (1974): Die Abenteuer der Dialektik. Frankfurt a. M.: Suhrkamp.

Sartre, Jean-Paul (1980a): Der Idiot der Familie. Gustave Flaubert 1821 bis 1857. Band 5. Objektive und subjektive Neurose. Reinbek bei Hamburg: Rowohlt.

Sartre, Jean-Paul (1980b): Kritik der dialektischen Vernunft. Band 1: Theorie der gesellschaftlichen Praxis. Reinbek bei Hamburg: Rowohlt.

Sartre, Jean-Paul (1981): Was ist Literatur? Reinbek bei Hamburg: Rowohlt.

Sartre, Jean-Paul (1982a): Saint Genet, Komödiant und Märtyrer. Reinbek bei Hamburg: Rowohlt.

Sartre, Jean-Paul (1982b): Die Transzendenz des Ego. In: ders.: Die Transzendenz des Ego. Philosophische Essays 1931–1939. Reinbek bei Hamburg: Rowohlt, S. 39–96.

Sartre, Jean-Paul (1984): Von Ratten und Menschen. Vorwort zu André Gorz, *Der Verräter*. In: ders.: Schwarze und weiße Literatur. Aufsätze zur Literatur 1946–1960. Reinbek bei Hamburg: Rowohlt, S. 122–156.

Sartre, Jean-Paul (1985): Über *Der Idiot der Familie*. Interview mit Michel Contat und Michel Rybalka, *Le Monde*, 14. Mai 1971. In: ders.: Was kann Literatur? Interviews, Reden, Texte 1960–1976. Reinbek bei Hamburg: Rowohlt, S. 150–169.

Sartre, Jean-Paul (1986): Vorstellung von »Les Temps modernes«. In: ders.: Der Mensch und die Dinge. Aufsätze zur Literatur 1938–1946. Reinbek bei Hamburg: Rowohlt, S. 156–170.

Sartre, Jean-Paul (1991a): Das Sein und das Nichts. Versuch einer phänomenologischen Ontologie. Reinbek bei Hamburg: Rowohlt.

Sartre, Jean-Paul (1991b): Für ein Situationstheater. In: ders.: Mythos und Realität des Theaters. Aufsätze und Interviews 1931–1971. Reinbek bei Hamburg: Rowohlt, S. 45–46.

Sartre, Jean-Paul (1994): Überlegungen zur Judenfrage. In: ders.: Überlegungen zur Judenfrage. Reinbek bei Hamburg: Rowohlt, S. 9–91.

Sartre, Jean-Paul (1996): Wahrheit und Existenz. Reinbek bei Hamburg: Rowohlt.

Sartre, Jean-Paul (1999): Fragen der Methode. Reinbek bei Hamburg: Rowohlt.

Die Situationstheorie der Philosophischen Anthropologie

Ein Durchbruch zur Wirklichkeit

Joachim Fischer

I Einleitung

Die Überlegungen schreiten nicht – wie es vielleicht richtig wäre – von der Empirie und verschiedenen Situationstypen zur Theorie, sondern genau umgekehrt: von der Theorie bzw. *der* Theoriegeschichte, in der »Situation« ein führender, ein inspirierender Begriff wird, zur Empirie, zur Analytik verschiedener »Situationstypen« des Sozialen. Aber durch diesen Aufbau wird ein theoriesystematischer Durchbruch zur Wirklichkeit kenntlich. Die Argumentation wird in zwei Schritten vorgetragen: zunächst (II.) zum Status des Situationsbegriffes in der Theorie, speziell der Philosophischen Anthropologie; dann (III.) zum analytischen Gebrauch der Kategorie »Situation« in der Soziologie, speziell aus dem Umkreis der Philosophischen Anthropologie.

II Von der »Setzung« zur »Situation« – von der Transzendentalphilosophie zur Lebensphilosophie

(1) »Situation« oder die ontologische Achsenverschiebung in der Theoriegeschichte

Die These lautet, dass im theoriegeschichtlichen Aufstieg des Situationsbegriffes eine ontologische Wende steckt, die man deutlich markieren sollte, um die Blicköffnung zu sehen. ›Ontologie‹ wird dabei nicht von Vornherein als kritischer Begriff verstanden, wie in den poststrukturalistischen Sozial- und Kulturwissen-

schaften üblich, sondern umgekehrt als operativer Begriff des Theorienvergleichs.[1]
So gesehen, wird der Begriff »Situation« prominent in einer ontologischen Ach-
senverschiebung der Theoriegeschichte zu Beginn des 20. Jahrhunderts – nämlich
von der idealistischen *Vernunft*theorie zur *Lebens*philosophie, von der »Setzung«
zur »Situation«, von der Konstruktion zur Positionalität. Hier wird nur aufgerufen, was eigentlich jedermann schon weiß – aber was man sich vergegenwärti-
gen sollte, um die Brisanz zu verstehen, wenn man an den Begriff »Situation« anknüpfen will.

Wer »Situation« sagt und damit etwas ansagt, damit anders als bisher denken
will, hat immer einen Gegner: den Idealismus oder Konstruktivismus als philosophische Theorie, also die Vernunfttheorie oder die Erkenntnistheorie als Leitdis-
ziplin der Philosophie, in der sich in ihrer modernen Fassung das Ich des reinen
Denkens, das erkennende Subjekt (in jedem Bewusstsein) bei Kant und Fichte
sich im Verhältnis zur Welt setzt und gründet und konstituiert und die Welt konstruiert. Ontologisches Leitmodell in dieser Kantischen Linie dabei ist die Gegenüberstellung von Subjekt und Objekt, und zwar als eine Setzungsleistung des
denkenden Subjektes, das sich intentional auf die Objekte ausrichtet. Dieses Modell ruht in den Erlebnissen eines jeden, wenn er sein Ich im Leib abhebt von aller
Körperlichkeit als das Subjekt, welches, im Denken abgelöst von Raum und Zeit,
sich allem, schlechthin allem und auch sich selbst gegenüberstellen kann.

Dieser Gedanke der »Setzung« steckt auch noch in allen späteren Konstruk-
tivismen, wenn das ›Subjekt‹ bereits durch ganz andere ›setzende‹ Größen (die
Sprache, den Diskurs, die symbolische Ordnung etc.) ausgetauscht wird. Ganz
anders argumentiert die neue moderne Ontologie, die seit der ersten Hälfte des
20. Jahrhunderts mit dem Leitbegriff der »Situation« operiert: Das erkennende
Subjekt ist hier situiert, geworfen, gesetzt als ein Lebenssubjekt in Raum und Zeit,
das als Raum und Zeit, als eigene vitale Raum- und Zeitgröße sich bewährt, entfaltet und scheitert (vgl. Großheim 2002) Das immer schon positionierte Lebenssubjekt erkennt nur dadurch, dass und indem es in die Situation verstrickt ist; es
ist ein In-der-Situation-Sein, ein In-der-Welt-Sein. Von der Ontologie her steht
es also nicht – wie im idealistischen oder konstruktivistischen Ansatz – als si-
tuationsloses Subjekt den Objekten gegenüber, sondern es ist lebendig mitten in
die Umstände gesetzt, gestellt, zu denen es handelnd-wahrnehmend eine Stellungnahme seines Lebens finden muss. »Der Begriff der Situation ist ja dadurch
charakterisiert, daß man sich nicht ihr gegenüber befindet und daher kein gegenständliches Wissen von ihr haben kann. Man steht in ihr, findet sich immer

---

1   Selbstredend steckt in allen Theorien eine Ontologie; es kommt für Folgebeobachtungen nur
    darauf an, welche.

schon in einer Situation vor, deren Erhellung die ganz zu vollendende Aufgabe ist.« (Gadamer 1960: 285)[2]

Alles in allem handelt es sich theoriegeschichtlich um das enorm bedeutsame *lebensphilosophische* Paradigma, womit nicht die Philosophie *des* Lebens, über das Leben gemeint ist, sondern die Theoriebildung, die *vom Leben aus* ansetzt, die alles vom Faktum des Lebens aus aufschließen will, also in diesem Sinn das lebensphilosophische Paradigma bildet, das hier unter jahrzehntelanger Umstellungsarbeit an einer ontologischen Wende – von der Setzung durch die Konstruktion der Vernunft zur Situation kraft des positionierten Lebens – wirkt. Helmuth Plessner richtete auf dem von ihm organisierten Bremer Philosophiekongress ein Symposium zu dem Thema »Situation und Entscheidung« ein (vgl. 1952). Seinen Schüler Christian Graf von Krockow ließ er eine Dissertation über »Die Entscheidung« (1958) schreiben, in welcher – entlang der situationsbezogenen Grundbegriffe von Jünger, Heidegger und Schmitt – indirekt die historischen und systematischen Grenzen des lebensphilosophisch inspirierten Situationsbegriffes reflektiert wurden (vgl. von Krockow 1990).

Wenn man nicht an die deutsche Lebensphilosophie denken mag, weil sie einem rezeptionsgeschichtlich durch den Irrationalismusverdacht von Lukacs und anderen vergrätzt ist, denkt man bei lebensphilosophischem Ansatz einfach an Henri Bergson oder William James – und schon sieht man klarer, was gemeint ist. Natürlich sind an diesem Umbruch von der Transzendentalphilosophie zur »Konkretisierung des Transzendentalen« (Brelage 1965) viele differenzierte, sich überschneidende und verstärkende Theorieströmungen beteiligt: der Historismus und die hermeneutische Philosophie (vgl. Gadamer 1960), der Neovitalismus, der Pragmatismus, die Phänomenologie, die Neue Ontologie (vgl. Hartmann 1965), die Existenzphilosophie (vgl. Bollnow 1947; Jaspers 1994; Sartre 1994), die Philosophische Anthropologie (vgl. Rothacker 1964).

Und es ist ein ganzes Netz von Begriffen (vgl. dazu Emge 1944), das diese differenzierte, insgesamt lebensphilosophisch inspirierte Theoriearbeit um den Leitbegriff der »Situation« nach und nach ausspinnt und entlang derer sie ihre jeweilige Erschließungsarbeit in verschiedenen Feldern vollzieht. Erwähnt seien hier nur einige Begriffe, die zum Situationsbegriff mitspielen, die mit ihm verflochten sind: Situation ist die »Lage« von »challenge und response«, Frage und Antwort, Gestelltsein und Stellungnahme der existenziellen Lebenssubjekte; Situation hat immer auch einen räumlichen Hintergrund, dann ist es der Begriff der »Umwelt«, der führt; und einen zeitlichen Kern, dann sind es die Begriffe wie »Augenblick«, »das Ereignis«, das »Geschehen«, die »Frist«. Situation meint in der Sachdimen-

---

2 Gadamer ergänzt: »Der Begriff der Situation ist vor allem von Karl Jaspers [...] und Erich Rothacker in seiner Struktur aufgehellt worden.« (1960: 285)

sion »Umstände«, womit ja – von der Etymologie des Wortes ›Umstand‹ (circum-
stantia) her – in der Sozialdimension immer schon und zuerst »die Umstehenden«
gemeint sind, die nicht nur vor mir gegenüber, sondern in der Situation neben mir,
hinter meinem Rücken gegebene Neben- und Gegengenossen sind. »Situation«
ist außerdem von der kognitiven Auffassungsweise eher mit »Anschauung« oder
»Bild« als mit »Begriff« verknüpft, eher zeigt sich in ihr eine »Bewandtnis«, als
dass sich sofort eine »Definition« aufdrängt. »Situation« ist von der Dynamik her
»Widerfahrnis«, aber auch »Gelegenheit«, in jedem Fall tief verbunden mit der
Unausweichlichkeit von »Entscheidung«, »Dezision«, »Entschlossenheit«, »Selektion« aus den Möglichkeiten und Alternativen. Situation ist insofern »Krise«,
etwas mit Imponderabilien und einem Momentum, das den Ausschlag gibt. Situation steht daher auch in Wechselbegrifflichkeit mit dem Begriff der »Geschichtlichkeit«, in der der Historismus, also die Lebensphilosophie Diltheys die idealis-
tische Geschichtsphilosophie des Fortschritts der Vernunft durch eine Geschichte
der je eigenen Geschichtlichkeit von Epochen oder Lebensstilen – situiert z. B. in
Generationenlagerungen und generationellen Stellungnahmen – abzulösen versucht. Und insofern die »Situation« auch folgenreiche »Szene« ist, das »Ereignis«
also ein »Eräugnis«, verlangt sie im Medium der Erinnerung nach der berichte-
ten »Begebenheit«, dem erzählten Abenteuer und dem Unfall oder Glücksfall, der
unerhörten Begebenheit; wer »Situation« als Basis menschlicher Verhältnisse ansetzt und denkt, lenkt die Aufmerksamkeit auf die Geisteswissenschaft statt auf
die Naturwissenschaft, prämiert die Narrativik im Selbstbewusstsein statt die Logik, schaut auf die Biographie statt auf die Stufenlogik der Geschichte, auf die Metapher statt auf den abstrakten Begriff.

Und selbstverständlich evoziert die »Situationskategorie« der Lebensphilosophie eine andere Art *Sozial*ontologie als der Vernunftidealismus. Nicht Intersubjektivität der vernünftigen Verständigung zwischen Erkenntnissubjekten, die hinsichtlich des zwanglosen Zwanges des besseren Arguments als Subjekte eigentlich
austauschbar sind, sondern die »Begegnung« ist der sozialontologische Leitbegriff. Die »Begegnung« mit dem konkreten Anderen in ihrer Widerfahrnis, ihrer Unerwartetheit, ihrer Frist, ihrer Unvorhersehbarkeit, ihrer Interexistenzia-
lität hat das konkrete Lebenssubjekt bereits immer konstituiert und verwandelt
und ist ihm vorgängig (vgl. Böckenhoff 1970). Und damit sie als konkrete Lebenssubjekte nicht katastrophisch aufeinander treffen, ›begegnen‹ sich alle in der Situation wiederum in der »Rolle des Mitmenschen« – in der Sozialontologie der
»Situation« ist also das rollen- und maskenhafte Voreinandererscheinen der Lebenssubjekte mitgegeben.

(2) »Situation« aus der Perspektive der Philosophischen Anthropologie

Was könnte es für Gründe geben, in der Rekonstruktion der Situationstheorie die Philosophische Anthropologie unter den verschiedenen Theorieströmungen zu bevorzugen, die diese moderne ontologische Wende von der idealistischen Setzung zur lebensphilosophischen Situation, vom Konstruktivismus zum Situationismus geleistet haben? (1) Weil die Philosophische Anthropologie theorietechnisch die Wende zur »Situation« erstklassig auf den Begriff gebracht hat: mit Plessners Begriffsfügung »exzentrische Positionalität«; und (2) weil es dieses Paradigma insgesamt gewesen ist, das eine Fülle von fachlichen Aufschließungsoperationen entlang der Situationsbegrifflichkeit vor allem in der bundesrepublikanischen Soziologie und Philosophie geleistet hat – die der Erinnerung wert sind.

Der Begriff »exzentrische Positionalität« als Kennzeichnung der menschlichen Lage enthält eingefaltet den Begriff »Positionalität« als Kennzeichnung für Lebewesen und den Begriff »zentrische Positionalität« als Kennzeichnung der Tiere einschließlich der Primaten; Exzentrizität der Positionalität meint dann die Sondergestelltheit des menschlichen Lebewesens im Lebensprozess (vgl. Plessner 1975). Positionalität ist nichts anderes als *situs,* was ja Lage oder Stellung meint, Positionalität also Situationalität. In der Fügung Positionalität, Gesetztheit, Gestelltheit, Situiertheit ist die Kehre gegenüber der »Setzung«, der »Konstruktion« seitens der Vernunft vollzogen. Alles Lebendige ist als »grenzrealisierendes Ding« immer schon anonym in eine Umwelt gestellt, gesetzt, in eine Situation geworfen, zu der es Stellung zu beziehen hat, um seine Grenze zu leisten, durchzuhalten, sich in der Erscheinung der Grenzfläche ausdruckshaft zu entfalten. »Zentrische Positionalitäten« oder instinktiv gesteuerte »Situationalitäten« finden die Mechanismen der Bewältigung der Situation in sich vor. »Exzentrische Positionalitäten« sind hingegen offenen Situationen ausgesetzt, sie müssen die Mechanismen der Bewältigung, des Umgangs mit der Situation entdecken und erfinden – oder konstruieren –, um den Herausforderungen der Situation gewachsen zu sein, sie nehmen zu können, einen zu Ausweg finden.

Jetzt sieht man leicht, warum im Begriff der »exzentrischen Positionalität«, dieser Kernkategorie der Philosophischen Anthropologie, eine Tiefenfundierung einer Situationstheorie vorliegt – tiefer ansetzend im Vergleich zu den Leitbegriffen anderer Theorieansätze. Das soll kurz demonstriert werden. Klar ist, dass in »Positionalität« oder »Gesetztheit« begriffsscharf der Leitbegriff des Idealismus – die Kantische Transzendentalität oder das Fichtesche Setzen des Ichs – umgedreht und zugleich eingebunden ist: Das Ich steht im Es, die Konstruktion in der vitalen Situation. Exzentrische Positionalität bahnt aber auch eine andere Beobachtungsmöglichkeiten in der situationstheoretischen Wende als z. B. »Intentionalität« – dem Leitbegriff der Phänomenologie –, weil dem Bewusstsein nicht nur etwas im Strahl der Intentionalität »gegeben« ist, sondern die Intentionalität selbst noch einmal in der »Phänomenalität« situiert ist, das Bewusstsein selbst positioniert ist. Das gleiche gilt für »Existenzialität«, die noch einmal an die Positionalität rückgebunden wird: »Leben birgt Dasein als eine seiner Möglichkeiten«, wie Plessner in der philosophisch-anthropologischen Auseinandersetzung mit Heidegger festhält. Rothacker fasste unter dem Stichwort »Situation = Umwelt« in seiner Vorlesung zur »Philosophischen Anthropologie« diesen Gedanken zusammen: »Der Mensch ist umweltgebunden *und* distanzfähig« (1965: 139). Anders gesagt: Das, was phänomenologisch oder existenzphilosophisch als sinnhaft erschlossene »Lebenswelt« aufgerufen wird, ist durch »exzentrische Positionalität« selbst noch einmal in der Eigendynamik der »Welt des Lebendigen«, in der Welt der Natur, im Kosmos situiert. Wenn man theorietechnisch überhaupt die Welt des Organischen als konstitutiv in die Sozial- und Kulturwissenschaften mit einbezieht, dann ist »Positionalität« als Aufschließungsbegriff des Lebens oder des Organischen möglicherweise triftiger als »Autopoeisis«, der das Lebendige als Sich-Selbsterzeugendes suggeriert. Positionalität hingegen ruft das Lebendige als in seiner passivischen Gesetztheit auf, als ein anonym Gesetztes, in einer Umgebung Situiertes, das in eine Grenze situiert ist, die es durch Aktivität realisiert.

Hat man so weit die Kategorie der »Situation« in der Theoriegeschichte platziert, also ihren Aufstieg zu einem folgenreichen Schlüsselbegriff nachvollzogen, kann man noch eine Vermutung zum Stand der Theoriegeschichte anführen. Alle Theorien, die prominent mit dem Begriff der »Situation« operieren, sind *reflexiv* moderne Theorien, hier also Pragmatismus, Phänomenologie, Existenzphilosophie, Philosophische Anthropologie – und zwar in Abhebung von den *naiv* modernen Theorien, wobei man zu diesen die erwähnten idealistischen Transzendentaltheorien, aber auch alle neueren sozialkonstruktivistischen Konzepte rechnen würde. Das ist so gemeint: Zweifellos ist die Transzendentaltheorie nicht naiv, sondern eine moderne Theorie, insofern sie in der kopernikanischen Wende im Medium der Erkenntnistheorie das erkennende, setzende Subjekt vor die gegenübergestellten Sachen schiebt; aber die lebensphilosophische Theoriegruppe ist demgegenüber eine reflexiv moderne Theorierichtung, weil sie die Achsendrehung der kopernikanischen Wende noch einmal dreht – die Konstruktionsleistung ist eingebettet in die Situation, es ist eine Konstruktion in der Situation, eine Setzung in der Gesetztheit –, ohne dass das Selbstbewusstsein der menschlichen Konstruktion preisgegeben würde. Exzentrik der Positionalität heißt ja *in* der Situation im Abstand *zu* ihr sein. Es ist nicht das Bild des Zuschauers am Ufer des intentionalen Erlebnisstromes, sondern des Abstandes *im* Strudel des Lebensstromes – der Ferne in der Nähe. So gesehen – noch einen Schritt weiter –, sind alle

sozialkonstruktivistischen Ansätze bloße Wiederholungen der Transzendentaltheorie (der Konstruktivismus wird im Gefolge des ›linguistic turn‹ vom Ich auf
das Wir der Sprache bzw. der Medien verschoben). Darin bleiben sie also naiv
modern, während alle Ansätze, die den »Situationsbegriff« in das Zentrum des
Ansatzes holen, reflexiv-moderne Theorien sind.

III Der operative Gebrauch der Kategorie »Situation« in der Soziologie aus dem Umfeld der Philosophischen Anthropologie

Ist man einmal aufmerksam geworden auf die Philosophische Anthropologie als
ein charakteristisches folgenreiches Paradigma des 20. Jahrhunderts, an dem verschiedene Philosophen und Soziologen teilhatten, das sie – trotz (hier nicht näher
zu behandelnder Rivalität) – zusammen gründeten und das sie in verschiedenen
Forschungsfeldern fortschrieben, dann erkennt man entlang dieses roten Fadens
ein ganzes Netz von Autoren, die *situationstheoretisch* gedacht und gearbeitet haben. Da dieses Paradigma der Philosophischen Anthropologie aus kontingenten
Ursachen nicht über die vergleichbar stabile Überlieferungsgeschichte wie z. B. die
Frankfurter Schule oder die phänomenologische Bewegung verfügt (vgl. ausführlich Fischer 2008), sei es gestattet, noch einige Winke zu geben.

In jedem Fall lassen sich die Fährten situationstheoretischer Vorgehensweise
verfolgen hin zu Nicolai Hartmann, Helmuth Plessner, Arnold Gehlen, Erich
Rothacker, die je für sich und in Kenntnis voneinander die Situationskategorie
in ethischen, ethologischen, soziologischen und kulturtheoretischen Zusammenhängen eingesetzt haben. Vor diesem Hintergrund werden dann in einer nächsten
Generation mit den Soziologen Heinrich Popitz und Hans Paul Bahrdt zwei Philosophen kenntlich, die im Wechsel von der Philosophie zur Soziologie (die sie
in ihrer bundesrepublikanischen Form mitbegründeten und mitprägten) expli-
ten Gebrauch von starken Situationstheoremen machen: in der Arbeits-, Technik-,
Industriesoziologie einerseits, in der Macht- und Herrschaftssoziologie andererseits. Die Ausarbeitung einer neuen Situationstheorie mit dem Instrumentarium
der Phänomenologie und Philosophischen Anthropologie, so schrieb Bahrdt, der
Nachfolger Plessners auf dem Göttinger Lehrstuhl, später in seinen »Schlüsselbe-
griffen der Soziologie« von 1984, ist ein »Traum des Verfassers« (2005). Und im
Nachlass von Bahrdt ist ein Typoskript mit dem Titel »Aufbauelemente sozialer
Situationen« gefunden worden und unter dem Titel: »Grundformen sozialer Situationen« (1996) veröffentlicht worden – allerdings hat Bahrdt das Werk nicht
wirklich abschließen können. Er hat aber bereits früh den Impuls der Situationstheorie unter seinen Schülern in der Soziologie gestreut: bei Konrad Thomas (1964;

1969), bei Hans Peter Dreitzel (1980), bei Wolfgang Sofsky (1983). Zentrale Ideen der philosophisch-anthropologischen Situationstheorie, angereichert und modifiziert durch den symbolischen Interaktionismus – und überhaupt repräsentativ für die deutsche Verarbeitung des Konzepts der »sozialen Rolle« –, finden sich insbesondere in Dreitzels berühmter, Ende der 1960er Jahre verfassten Dissertation zur »Pathologie des Rollenverhaltens«, die von Plessner und Bahrdt betreut worden war. Wie eine graue Eminenzschrift wirkt demgegenüber die bei Plessner bereits 1955 geschriebene, unveröffentlichte Göttinger Dissertation von Wolfgang Finke über »Den Begriff der Situation«, in der er die Theoreme von Hartmann, Husserl, Scheler, Plessner, Heidegger, Sartre und Rothacker zusammenführt. Auf diese nur als Bibliotheksexemplar zugängliche Studie, auf die auch Bahrdt immer verweist, hat sich später dann ausführlich der Luhmann-Schüler Jürgen Markowitz bezogen in seiner Studie »Die soziale Situation. Entwurf eines Modells zur Analyse des Verhältnisses zwischen personalen Systemen und ihrer Umwelt« (1979). Bei diesen Hinweisen früher Operationalisierungen der Situationstheorie und auf einen möglicherweise noch ungehobenen Schatz sei es belassen.

(1) Der philosophisch-anthropologische Begriff der Situation

Die theoriegeschichtlichen Überlegungen kehren zu den Basistheoremen der philosophisch-anthropologischen Situationstheorie zurück, die die verschiedenen Autoren teilen, um dann abschließend an drei typischen »Situationen« – Arbeitssituation, Grenzsituation, Machtsituation – den operativen Gebrauch des philosophisch-anthropologischen Situationsbegriffes bei verschiedenen Vertretern zu demonstrieren.[3] Exzentrisch positionierte Lebewesen finden sich in einer (dreifach) offenen Situation vor: im Verhältnis zur Außenwelt, zu sich selbst und zur Welt der Anderen.

Die Situationen sind prinzipiell »weltoffen« (Scheler), »reizüberflutet« (Gehlen), durchsetzt mit der überbordenden »Komplexität« von Verweisungs- und Anschlussmöglichkeiten (Luhmann). Um aber lebbar zu sein, verlangen diese offenen Situationen nach einer Schließung, einer künstlichen »Horizontverengung«, nach einer »Entlastung«, nach einer sinnhaften »Reduktion von Komplexität«. Lebewesen benötigen grundsätzlich eine Orientiertheit ihres Verhaltens, und insofern beobachtet der Ansatz grundsätzlich eine vital-sinnliche Dramatik

---

3   Explizit greife ich also im Folgenden sowohl den – von Andreas Ziemann in seinem Einleitungsaufsatz formulierten – programmatischen Wunsch nach konkreten bzw. paradigmatischen Fallanalysen auf und ebenso die den Sammelband insgesamt leitende Fragestellung nach der ›offenen Ordnung‹ von Situationen.

des – phänomenologisch nachzuzeichnenden – sinnhaften Aufbaues der menschlich lebbaren Lebenswelt. Philosophische Anthropologie der Welt des Lebendigen grundiert und vibriert in der phänomenologischen Lebenswelt. Insofern kennt die philosophisch-anthropologische Situationstheorie die Spannung von Situation und Institution, von offener Komplexität der Situation und ihrer sinnhaften Reduktion durch das Gefüge der Institution. Und insofern interessiert sich der Ansatz systematisch für körperlich eingebettete Gewohnheiten und Habitualisierungen als sinnhaftem Umgang mit den Gegenständen und Artefakten, für sinnlich konkrete Zeremonien, Rituale, schließlich sinnlich präsente Institutionen als sinnhafter Stabilisierung im Verhältnis wechselseitiger Unergründlichkeit (wie Plessner es nennt) oder »doppelter Kontingenz« (Luhmann).

Philosophische Anthropologie ist ja per se auf eine Soziologie angelegt; sie ist immer auch schon »soziologische Anthropologie«, aber eben nicht nur *soziologische* Anthropologie. Berger und Luckmann haben – wie man weiß – diese angesichts der offenen Situation der Menschen unhintergehbare Habitualisierung und schließlich Institutionalisierung zwischen den offenen, füreinander unergründlichen Lebenssubjekten in einer Gründungsszene stufenweise nachgezeichnet. Die Philosophische Anthropologie war auch die Theorierichtung, die in der bundesrepublikanischen Soziologie die Tür für Erving Goffman öffnete (vgl. 1977).

Plessner hat für die »normale Daseinssituation des Menschen« das vitale Erfordernis eines künstlichen »Sinn- und Sinnzusammenhang« als »Medium seines Lebens« gleichsam in system-umwelt-theoretischen Begriffen benannt: die Welt als das, worin das menschliche Dasein spielt, muss durchzogen sein von einer »verschwimmenden Grenze«, »die den Bereich der Vertrautheit von dem der Fremdheit scheidet« (1950: 186). Nur in diesem künstlich-vermittelnden Sinnzusammenhang ist das menschliche Lebewesen in der weltoffenen Situation sicher, dass es mit den Dingen eine Bewandtnis hat, dass es in den Situationen »Haltepunkte, Stützpunkte, Angriffsflächen, Ruhepausen, Sicherheiten gibt«. »Ohne ein Minimum an Sinnhaftigkeit, ohne den Versuch wenigstens, Hinweise vom einen zum anderen zu finden, ohne Richtung (und Sinn ist Richtung, Hinweis auf, Anknüpfungsmöglichkeit) kein menschliches Leben.« (Plessner 1950: 187) Abschließend seien drei exemplarische Felder aufgerufen, für die philosophisch-anthropologisch situationstheoretische Erschließungsvorschläge gemacht wurden: die Arbeitssituation der modernen Industrie bei Bahrdt, die Grenzsituation des Lachens und Weinens bei Plessner, die Machtsituation bei Popitz.

(a) Arbeitssituation

Bahrdt und Popitz, die philosophischen Soziologen, die als die deutschen Pioniere der Technik- und Industriesoziologie ins dunkle Feld des Ruhrgebietes zogen, entwickelten gleichsam aus dem Rückhalt der Philosophischen Anthropolo-

gie die für die Erschließung sozialer Realität angemessenen Forschungswerkzeuge
des Beobachtens und Zuhörens, der Phänomenologie und der Hermeneutik (vgl.
Popitz et al. 1957). Um mit den Hüttenarbeitern im Stahlwerk Reinhausen vernünftige Interviews über ihre Arbeit, deren technische Veränderung und ihre Verortung in der Gesellschaft führen zu können, brauchten sie anschauliche Kenntnis
der typischen Arbeitssituationen: und zwar hinsichtlich des kooperativen Charakters der Arbeit einerseits, der Arbeit als Verhalten zum technischen Gegenstand
andererseits. Um die Vollzüge technischer Industriearbeiten verstehen zu lernen,
beobachteten und beschrieben sie zunächst einzelne wiederkehrende Situationen
der Arbeit als menschliches Verhalten bestimmten technischen Gegenständen gegenüber: eben ›Technik und Industriearbeit‹.

»Der erste Teil der Feldarbeit«, berichtete Bahrdt aus dem Feld brieflich an
Plessner in Göttingen[4], »bestand aus Analysen verschiedener Arbeitsvollzüge […]
in mehreren Stadien. Es begann jedesmal mit einer objektivierenden Beschreibung. Dabei ging es in erster Linie darum, dass wir wenigstens notdürftig die
technischen Zusammenhänge verstanden, und ohne Ambition in methodischer
Hinsicht, nur im Hinblick auf eine Reihe von Gesichtspunkten, beschrieben, was
die einzelnen Arbeiter tun. Im einem zweiten Arbeitsgang versuchten wir im Hinblick auf eine phänomenologische Typologie der Arbeitsvollzüge die Gegebenheiten der Arbeit, der Akte, der Gegenständlichkeiten, der Situation in ihrer zeitlichen Struktur und ihm Horizont des jeweils Gleichzeitigen zu erfassen.« Die
Forscher unterschieden »Arbeit *mit* der Maschine« (Habitualisierung) von der
»Arbeit *an* der Maschine«, in der sich der Alltagsverstand zum technischen Verständnis diszipliniert. Sie entdeckten, dass die Industriearbeit zumindest in der
eisenherstellenden Industrie von Tätigkeiten durchsetzt war, in denen die Grenzen zwischen materieller und geistiger Arbeit verwischt waren: Von den Arbei-
tenden waren – bei aller Wiederholung der Vollzüge – Entscheidungsvermögen,
Geistesgegenwart, Feinnervigkeit und Geschicklichkeit, mitunter Eleganz gefordert, um dem Leistungsanspruch der Arbeitssituation gerecht zu werden.

Trotz Grenzen des Zuganges »glaube ich«, so Bahrdt über die Arbeitssitua-
tionsstudien an Plessner weiter, »dass wir einiges Grundsätzliche feststellen können darüber, was das Verhältnis des Menschen zur modernen Technik betrifft.
Zumindest können wir die beiden Arbeitsmodelle des Essayisten, den Mann am
Fliessband und den Ingenieur, der alles, was er will, durch Verwissenschaftlichung
machen kann, etwas an den Rand schieben. Gerade in einem Hüttenwerk gibt es
nicht nur sehr viele Erscheinungsformen von Technik, sondern anthropologisch
relevante Umgangsweisen mit Technik ganz verschiedenster Art.«

---

4   Bahrdt an Plessner, 20.1.1954, S. 2; Archiv des Soziologischen Seminars der Universität Göt-
     tingen. Siehe dazu auch Fischer (2008: 286 f.).

Für die Beobachtung, Beschreibung und Auswertung war für diese bürgerlichen Soziologen, denen die Hüttenindustrie herkunftsmäßig fremd war, hilfreich, statt des Historischen Materialismus, der Marx'schen Theorie der Produktion und Entfremdung, mit der Philosophischen Anthropologie einen Denkansatz
im Rücken zu haben, der ihnen mit Kategorien wie »natürlicher Künstlichkeit«
der menschlichen Situation, dem Verhältnis des Menschen zu seinem Körper als
umweltgebundener-weltoffener Grundsituation, der »Verkörperungsfunktion der
Sinne«, der Habitualisierung im Verhältnis zu Dingen und Kollegen, dem »Ent-
lastungscharakter« im Handlungsvollzug Denkfiguren zur Verfügung hielt, die
ihnen erlaubt, ihre Beobachtungen und Befragungen »im Niemandsland« zwischen dem kritisch-materialistischen Theorem der »Entfremdung« industriell-
technischer Arbeit und dem funktionalistischen Theorem der Anpassung durch
»Psychotechnik« einzuordnen und auszuwerten.

Diese Blickführung half ihnen auch bei der Erfassung der »Sozialformen«,
die unter den jeweiligen technischen Bedingungen möglich sind. So entdeckten
sie, so Bahrdt in leicht polemischer Zuspitzung an Plessner, »ausser der berühmten ›Vereinsamung‹ des Arbeiters in der Masse, die in der Fabrikhalle arbeitet,
und der glorifizierten und verharmlosten sozialen Gruppe der ›Human-Rela-
tions‹-Ideologie eine ganze Reihe [...] Zwischenformen mittlerer sozialer Intensität« zwischen »gefügeartiger« und »teamartiger Kooperation«. Ihre Forschung
ging vor allem auf das durch den Zusammenhang technischer Anlagen bestimmte,
durch den Herausforderungscharakter der Artefakte sachdeterminierte »Arbeits-
gefüge« als der typischen »Kooperationseinheit« der Industriearbeiter. Der Effekt des situationstheoretischen Ansatzes in der Industrie- und Techniksoziologie
war, dass Bahrdt und Popitz pauschale kultur- und sozialkritische Annahmen über
industrielle Arbeit differenzieren konnten. Konrad Thomas, der von Bahrdt am
industriellen Arbeitsplatz entdeckte Protosoziologe, hat den Begriff der Arbeitssituation dann systematisch weiterentwickelt (vgl. 1964, 1969). Und Horst Kern
und Michael Schumann, die zwei industriesoziologischen Schüler Bahrdts, haben in ihren empirischen Studien (vgl. 1970) aus dem Begriff der Arbeitssituation
in verschiedenen Betrieben immer erneut marxistische Deduktionen zur Lage der
Industriearbeiter differenziert.

(b) Grenzsituation

Eine zweite exemplarische, situationstheoretisch ganz anders angelegte Studie
der Philosophischen Anthropologie ist Plessners »Lachen und Weinen« (1950).
In indirekter Auseinandersetzung mit der existenzphilosophischen Theorie der
»Grenzsituationen« bei Heidegger und Jaspers, in deren Krisenbeschreibungen
des Vorlaufens in den eigenen Tod, des Leidens, des Kampfes, der Schuld sich das
verfallene Dasein in ein existenzielles Selbst verwandelt, hat Plessner mit Lachen

und Weinen die in die menschliche Natur selbst eingebauten Krisenreaktionen
auf Grenzsituationen aufzuklären versucht. Plessners These lautet, dass nur eine
»Theorie der menschlichen Natur« (1950: 17) aufdecken kann, dass Lachen und
Weinen »Krisenreaktionen« des Körpers (1950: 203) auf Krisen des Geistes sind,
also Grenzreaktionen auf Grenzlagen tatsächlich offener – und deshalb nicht leb-
barer – Situationen, die nur dem Menschen möglich sind.

Als Körper ist der Mensch genötigt, sich – wie das Tier zu seiner Umwelt –
passend zu verhalten. Das Spezifische des Menschen aber ist als »das Verhältnis
des Menschen zu seinem Körper« zu explizieren. Das menschliche Lebewesen findet sich in einer »exzentrischen Positionalität« (Plessner 1950: 42) vor: Es muss
den Körper, den es hat, und den Leib, der es ist, in je situationsspezifischen Ver-
haltensantworten zum Ausgleich bringen. In diesem Spielraum zwischen Körper
als gegebenem Objekt und Leib als empfundenem Eigensein setzt der Mensch den
Körper entweder als Instrument ein (im Handeln, im gestisch geformten Ausdruck) oder gibt ihn als Resonanzboden frei (in der Ausdrucksgebärde des Gefühls). Dazwischen steht die Sprache als sinnhafte »Artikulation«. In diese drei
großen Gruppen des Verhaltensrepertoires eines exzentrisch positionierten Lebewesens – instrumentell kontrolliert oder sprachlich artikuliert oder expressiv
sinndurchsichtig – fügen sich Lachen und Weinen nicht ein. Denn es sind verselbstständigte (nicht kontrollierte), unartikulierte (eine Art Flennen oder Grun-
zen), undurchsichtige Körperreaktionen; aber doch sinnhaft – nicht wie Erbre-
chen reflexhaft – aufgefasste Körperreaktionen.

Worauf antworten Lachen und Weinen als Verhalten, wozu beziehen sie in Situationen Stellung? Exzentrisch positioniertes Leben ist der Fall von Leben, wo in
Situationen zwischen dem Selbst und dem Gegenüber – der Welt – Sinnzusammenhänge zwischengeschaltet sind: Der Weltbezug dieses Organismus ist durch
Sinnzusammenhänge vermittelt, die seiner Verhaltensführung Anhaltspunkte geben. Im normalen Dasein kann sich der Mensch orientieren, er lebt in einer sinnhaft verweisenden Bewandtniswelt, die eine Grenze zur unvertrauten Welt zieht.
Vor diesem Hintergrund des Normalfalles »vermittelter Unmittelbarkeit« des exzentrisch positionierten Weltverhältnisses geht Plessner systematisch die »Anlässe« durch, auf die je Lachen oder Weinen antworten.

Die auslösenden Momente sind nicht etwa entweder Freudiges oder Trauriges,
also reine Gefühlszustände der »Seele«, sondern Sinnunterbrechungen, Unterbrechungen des die komplexe Situation regulierenden Bewandtniszusammenhanges,
also geistige »Krisen«, die seelisch erlebt werden. Die auslösenden Anlässe des
Lachens erschließt Plessner vor dem Hintergrund einer Theorie des Spielens, die
auslösenden Anlässe des Weinens vor dem Hintergrund einer Theorie der »Resonanz des Gefühls«. Von dem Grundphänomen der situativen Ambivalenz im
Spielen geht Plessner die heterogenen Anlässe des Lachens durch: Kitzel oder

Freude, Komik, Witz, aber auch Verlegenheit und Verzweiflung, kommen darin überein, dass das sich orientierende Verhalten dabei auf eine »unausgleichbare Mehrsinnigkeit der Anknüpfungspunkte« (Plessner 1950: 206) stößt, und zwar im vitalen Sinne stößt. Die offene Situation kann – vom Gesichtspunkt der sinnvollen Beantwortung aus – nicht ernst genommen werden. Die Anlässe des Weinens erschließt Plessner aus dem Hintergrund einer von ihm hier erstmals dargelegten Theorie des Gefühls als »durchstimmender Angesprochenheit« des Menschen im Ganzen. »Gefühl ist wesensmäßig Bindung meines selbst an etwas, Bindung, die mir eine weit geringere Selbständigkeit gegenüber Dingen, Menschen, Werten, Gedanken, Ereignissen läßt als Anschauung, Wahrnehmung und jede sonstige motivierte Stellungnahme zu Objekten. Gefühle wie Trauer, Freude, Empörung, Begeisterung, Verachtung, Bewunderung, Zorn, Rührung, Haß, Liebe sind […] durchstimmende Angesprochenheiten« der Person, in denen eine »Sachqualität« mittels des Gefühls eindringt und »Resonanz« auslöst. (Plessner 1950: 175)

Den phänomenologischen Gedanken der »Intentionalität des Gefühls« aufnehmend, wie er bei Scheler und anderen entwickelt wurde, gibt Plessner eine philosophisch-anthropologische Theorie des Gefühls. Der Distanzstellung der »exzentrischen Position« entspricht ihre Resonanzergriffenheit: »Distanzlose Sachverhaftung mittels eines Gefühls kann sich […] nur bei einem Wesen entwickeln, das überhaupt Sinn für Sachen hat. Obwohl das Gefühl unsachlich, d. h. nicht an die Maßstäbe der theoretischen oder praktisch-ethischen Stellungnahme gebunden ist, braucht seine Subjektivität die Distanz zu einer objektiven Sphäre, um sich, über sie hinwegsetzend, ihren unmittelbar erreichbaren Qualitäten zu verbinden. Nur wo ein Verstand ist, kann auch ein Herz sein.« Und er fährt fort: »Tiere empfinden Lust und Schmerz, sie sind an vertraute Personen und Umstände oft eng gebunden und insofern anhänglich. Aber Treue, Freundschaft, Feindschaft, Eifersucht, Liebe und Haß fühlen sie nicht. Das Gefühl ist wesentlich menschlich.« (Plessner 1950: 175).

Dieses spezifisch menschliche Phänomen einer »durchstimmenden Angesprochenheit« in »distanzloser Sachverhaftung« ist die Voraussetzung, dass Weinen ausgelöst wird. Aber nicht alle Gefühle lösen Weinen aus, »sondern nur solche, in denen der Mensch einer Übermacht inne wird, gegen die er nichts vermag. Dieses Gewahrwerden der eigenen Ohnmacht muß gefühlsmäßig geschehen, es muß uns treffen und ergreifen, um den Akt der inneren Preisgabe auszulösen, welcher das Weinen bedingt.« (Plessner 1950: 171) Von diesem menschlichen Faktum »des Gewahrwerdens und Angesprochenseins einer mich bedrängenden Gewalt« geht Plessner die heterogenen Anlässe des Weinens durch: Schmerz, Trauer, aber auch Reue, überraschende Freude und Bekehrung stimmen darin überein, dass das orientierende Verhalten dabei einer »Aufhebung der Verhältnismäßigkeit des Daseins« (1950: 206) ausgesetzt ist: Ihm widerfährt in einer Situation eine Übermacht, die sich sinnhafter Vermittlung nicht mehr fügt. Prägnant fasst Plessner die Ohnmacht des Ausgeliefertseins als Auslöser des Weinens im körperlichen Schmerz: »Schmerz ist wehrloses Zurückgeworfensein auf den eigenen Körper, so zwar, daß kein Verhältnis zu ihm mehr gefunden wird. […] Brennend, bohrend, schneidend, stechend, klopfend, ziehend, wühlend, flimmernd wirkt der Schmerz als Einbruch, Zerstörung, Desorientierung, als eine in bodenlose Tiefe einstrudelnde Gewalt« (1950: 177). Im körperlichen Schmerz, aber auch im seelischen Schmerz, »vor allem über unersetzlichen Verlust und Kränkung«, begegnet »distanzlose Sachqualität« als Übermacht; und schließlich ebenso »das Ergreifende, Rührende, Geliebte, Heilige und Hohe begegnet als das absolut Eindeutige und zugleich Entrückte, als das reine Ende für unser auf Verhältnismäßigkeiten, Relationen und Relativitäten, auf Druck und Gegendruck abgestimmtes Verhalten« (Plessner 1950: 179).

Die Anlässe von Lachen und Weinen sind also offene Situationen, zu denen der Mensch verhaltensmäßig kein eindeutiges Verhältnis findet. Es sind tatsächlich weltoffene Situationen. Diese nicht beantwortbaren Situationen sind desorientierend, desorganisierend. Sind Situationen, die für eine exzentrische Position sinnvoll nicht beantwortbar sind, bedrohlich, dann erzeugen sie, so Plessner, Schwindel; sind sie nicht bedrohlich, dann Lachen und Weinen. Im Schwindel kommt es zur Kapitulation der Person, die Einheit wird ihr entzogen; wenn sie lacht oder weint, überlässt sie ihren Körper sich selbst, verzichtet somit auf die Einheit mit ihm, die Herrschaft über ihn und bezeugt so noch in der Preisgabe ihre Souveränität. Im Lachen oder Weinen lässt der Mensch sich gehen oder fallen. In der außer Verhältnis geratenen exzentrischen Position übernimmt der verselbstständigte Körper für den Menschen die Antwort, nicht als Instrument oder Resonanzboden, sondern als undurchsichtige Ausdrucksweise, passend zu einer unbeantwortbaren Grenzlage, die auf diese Weise überbrückt wird. »Wie es das Vorrecht des Menschen ist, in derart unmögliche Lagen zu geraten – unmöglich für ihn als Person, aber unvermeidlich für ihn als Geist, d. h. seine Exzentrizität –, so ist es auch sein Vorrecht, den Körper an seiner Stelle antworten zu lassen.« (Plessner 1950: 210)

Lachen und Weinen zeigen exzentrische Positionalitäten in Situationen: dass menschliche Lebewesen vital für die nur ihnen möglichen tatsächlich offenen Situationen geschützt sind. Der Effekt von Plessners situationstheoretischer Analyse ist, dass es in der menschlichen Natur eingefügte Stellungnahmen gibt, die zum Fall der tatsächlichen Offenheit offener Situationen (in denen man plötzlich nicht mehr weiß, wie es weitergeht) passen. Lachen und Weinen sind zwei verschiedene Antworten auf zwei verschiedene Grenzlagen. Ist die Verhaltensfortsetzung durch unausgleichbare Mehrsinnigkeit der Anhaltspunkte unterbrochen – ist der Mensch irritiert, überrascht, verblüfft, fasziniert –, dann antwortet der lachende

Körper – in welcher Intensität auch immer – mit einer explosiven Loslösung, mit einer Herausschleuderung der Exzentrik aus der Situation.[5] Ist die Verhältnismäßigkeit des Daseins überhaupt aufgehoben – begegnet »Losgelöstes«, d. i. *Ab*-solutes –, dann antwortet der ins Weinen gleitende Körper mit einer die Person selbst allmählich in die Kapitulation hineinziehenden Binnenzentrierung der leiblichen Positionalität.

(c) Machtsituation

Der exemplarische Durchgang durch philosophisch-anthropologisch inspirierte situationstheoretische Feldstudien soll mit der Analyse von ›Machtbildungsprozessen‹ durch Heinrich Popitz abgeschlossen werden (vgl. 1969, 1992). Um die Frage aufzuklären, wie soziale Ordnung sich bildet, versetzt Popitz Webers Definitionen zu Macht, Herrschaft und Legitimität in konkrete Situationsprozesse. Er übersetzt sie in Machtbildungen aus und in konkreten Situationen über Machtnahme, Machtaufbau und Machterhaltung bis hin zu dauerhaften Herrschaftsgefügen, am Beispiel von kleinen, von der Umwelt einigermaßen isolierten Gruppen, die nicht gleich auseinanderlaufen können: auf einem Schiff, wo es um die Vergabe knapper Liegestühle geht, in einem Gefangenenlager, wo es zum Bau eines Herdes durch eine kleine Gruppe kommt, in einem Knabeninternat, wo es durch ein System der Umverteilung von Ressourcen zur hierarchischen Staffelung von Gruppen kommt.

»Die Ausdifferenzierung von Machtzentren kommt«, so der junge Luhmann in seiner bewundernden Besprechung von Popitz' Studie, »nahezu zufällig auf Grund minimaler Unebenheiten der Lage zustande, um dann mit einer ›absurden Selbstverständlichkeit‹ zu sich selbst verstärkenden Strukturen aufzulaufen.« (1969: 369) »Nicht ohne die Sünde der Sympathie für die absurd erfolgreichen Machthaber ein wenig auszukosten, beschreibt Popitz« – so Luhmann weiter –, »wie kleine Ursachen große Wirkungen haben können. Das erste Beispiel, die Verteilung knapper Liegestühle auf einem Schiff, lehrt, daß schon die verteidigungsbereite Inbesitznahme durch eine Teilgruppe ihr den ausschlaggebenden Vorteil besserer Organisationsfähigkeit verschafft, der ihre Macht auf Dauer konsolidiert. Im Gefangenenlager ist es die etwas stärkere Solidarität einer Teilgruppe, das heißt höhere Bereitschaft, unter sich zu teilen und zu helfen, die es ermöglicht, eine Tauschbasis zu schaffen, die das ganze Lager in Abhängigkeit bringt. Im Jugenderziehungslager schaffen erste Akte erfolgreicher Gewaltanwendung die Möglichkeit, das System in Diener und Opfer einer herrschenden Gruppe zu differenzieren.« (1969: 369) Darüber hinaus findet Luhmann »eindrucksvoll, wie Popitz auf

---

5   Hieran anschlussfähig auch die (Film-)Analyse des Komischen von Christiane Voss im vorliegenden Sammelband.

dieser Grundlage den herrschenden Legitimitätsbegriff unterlaufen kann. Macht beruhe auf einer Differenzierung von Chancen, die in sich selbst einen Ordnungswert habe. Ordnung werde geschätzt. Andere, konkurrierende Ordnungen seien nur schwer und nur abstrakt ausdenkbar. Dadurch habe die Macht eine ›Basislegitimität‹, auf Grund der Legitimitätsglaube sich dann wie von selbst einstelle.« (1969: 370) Situationstheoretisch ist damit aufgeschlossen, wie kleine situative Machtkonstellationen in Herrschaftsstrukturen überführt werden können – wenn es nicht frühzeitig zu Unterbrechungen der Machtbildung, zum Widerstand kommt, wie Popitz betont.

IV Anschlüsse

Mit diesen drei exemplarischen Situationstypen, in denen sich die Sphären der Ökonomie und Technik, der alltäglichen Sinnkrisenbewältigungen und des Politischen konstituieren und als offene Ordnung reproduzieren, ist das Potenzial philosophisch-anthropologischer Analytik nicht erschöpft. Man könnte z. B. an Gerichtssituationen als offenem Prozesskern des Rechtssystems, an Verführungssituationen als offenem Bildungszentrum des Intimsystems denken. Unter den philosophisch-anthropologisch inspirierten Soziologen hat des Weiteren Wolfgang Sofsky (1996) die Kampfsituation (die Schlacht) als Konstitutionszentrum des militärischen Systems rekonstruiert. Joachim Fischer (2011) hat den Blick zum Ursprung der Gesellschaftskonstitution in der Situation des »Gebärens und Geborenwerdens« zurückgelenkt – soziale Ereignisse als Eräugnisse, die zwar durch Sinnkonstruktionen begleitet, für die aber alle soziologischen Setzungs-, Handlungs-, doing- und Konstruktionskategorien lebensfremd erscheinen. Für sie gilt wie für die Schlacht, um neuerlich Gadamer heranzuziehen: »Der Begriff der Situation ist ja dadurch charakterisiert, daß man sich nicht ihr gegenüber befindet und daher kein gegenständliches Wissen von ihr haben kann. Man steht in ihr, findet sich immer schon in einer Situation vor, deren Erhellung die ganz zu vollendende Aufgabe ist.« (1960: 285)

Literatur

Bahrdt, Hans Paul (1996): Grundformen sozialer Situationen. Eine kleine Grammatik des Alltagslebens. München: Beck.

Bahrdt, Hans Paul (2005): Schüsselbegriffe der Soziologie. Eine Einführung mit Lehrbeispielen. München: Beck.

Böckenhoff, Josef (1970): Die Begegnungsphilosophie. Ihre Geschichte – ihre Aspekte. München: Alber.

Bollnow, Otto Friedrich (1947): Existenzphilosophie. Stuttgart: Kohlhammer.

Brelage, Manfred (1965): Studien zur Transzendentalphilosophie. Mit Geleitwort von Michael Landmann. Berlin: de Gruyter.

Dreitzel, Hans Peter (1980): Die gesellschaftlichen Leiden und das Leiden an der Gesellschaft. Vorstudien zu einer Pathologie des Rollenverhaltens (1968). 3. neubearb. Aufl. Stuttgart: Enke.

Emge, Carl August (1944): Über die Problematik im Begriffe der Situation. In: Abhandlungen der Preußischen Akademie der Wissenschaften. Jahrgang 1943, Philosophisch-historische Klasse, Nr. 15. Berlin: de Gruyter.

Finke, Wolfgang (1955): Untersuchungen über den Begriff der Situation. (Diss.) Göttingen.

Fischer, Joachim (2008): Philosophische Anthropologie. Eine Denkrichtung des 20. Jahrhunderts. Freiburg; München: Alber.

Fischer, Joachim (2011): Gesellschaftskonstitution durch Geburt – Gesellschaftliche Konstruktion der Geburt. Zur Theorietechnik einer Soziologie der Geburt. In: Villa, Paula-Irene et al. (Hg.): Soziologie der Geburt. Diskurse, Praktiken und Perspektiven. Frankfurt a. M.: Campus, S. 22–37.

Friedrichs, Jürgen (1974): Situation als soziologische Erhebungseinheit. In: Zeitschrift für Soziologie, Jg. 3/H 1, S. 44–53.

Gadamer, Hans-Georg (1960): Wahrheit und Methode. Grundzüge einer philosophischen Hermeneutik. Tübingen: Mohr.

Goffman, Erving (1977): Rahmen-Analyse. Ein Versuch über die Organisation von Alltagserfahrungen. Frankfurt a. M.: Suhrkamp.

Großheim, Michael (2002): Erkennen oder Entscheiden. Der Begriff der »Situation« zwischen theoretischer und praktischer Philosophie. In: Internationales Jahrbuch für Hermeneutik, Bd. 1. Tübingen: Mohr Siebeck, S. 279–300.

Großheim, Michael (2005): Der Situationsbegriff in der Philosophie. Mit einem Ausblick auf seine Anwendung in der Psychiatrie. In: Schmoll, Dirk/Kuhlmann, Andreas (Hg.): Symptom und Phänomen. Phänomenologische Zugänge zum kranken Menschen. Freiburg; München: Alber, S. 114–149.

Hartmann, Nicolai (1965): Zur Grundlegung der Ontologie. Berlin: de Gruyter.

Jaspers, Karl (1994): Philosophie II. Existenzerhellung. München; Zürich: Piper.

Kern, Horst/Michael Schumann (1985 [1970]): Industriearbeit und Arbeiterbewußtsein. Eine empirische Untersuchung über den Einfluß der aktuellen technischen Entwicklung auf die industrielle Arbeit und das Arbeiterbewußtsein. Frankfurt a. M.: Suhrkamp.

Krockow, Christian Graf von (1990): Die Entscheidung. Eine Untersuchung über Ernst
    Jünger, Carl Schmitt, Martin Heidegger. Frankfurt a. M.; New York: Campus
    [zuerst als Dissertation (1958), Göttinger Abhandlungen zur Soziologie unter
    Einschluß ihrer Grenzgebiete, hrsg. von H. Plessner, Bd. 3. Stuttgart: Enke].
Luhmann, Niklas (1969): Besprechung: H. Popitz, Prozesse der Machtbildung. In: So-
    ziale Welt, Jg. 20/H 3, S. 369–370.
Markowitz, Jürgen (1979): Die soziale Situation. Entwurf eines Modells zur Analyse
    des Verhältnisses zwischen personalem Systemen und ihrer Umwelt. Frank-
    furt a. M.: Suhrkamp.
Plessner, Helmuth (1950): Lachen und Weinen. Eine Untersuchung nach den Grenzen
    des menschlichen Verhaltens. München: Dalp.
Plessner, Helmuth (Hg.) (1952): Symphilosophein. Bericht über den Dritten Deutschen
    Kongreß für Philosophie Bremen 1950. München: Lehnen.
Plessner, Helmuth (1975): Die Stufen des Organischen und der Mensch. Einleitung in
    die philosophische Anthropologie. 3. Aufl. Berlin: de Gruyter.
Popitz, Heinrich (1969): Prozesse der Machtbildung. 2. Aufl. Tübingen: Siebeck.
Popitz, Heinrich (1992): Phänomene der Macht. 2. Aufl. Tübingen: Siebeck.
Popitz, Heinrich et al. (1957): Technik und Industriearbeit. Soziologische Untersu-
    chungen in der Hüttenindustrie. Tübingen: Mohr u. Siebeck.
Rothacker, Erich (1964): Philosophische Anthropologie. Bonn: Bouvier.
Sartre, Jean-Paul (1994): Das Sein und das Nichts. Versuch einer phänomenologischen
    Ontologie. Reinbek bei Hamburg: Rowohlt.
Sofsky, Wolfgang (1983): Die Ordnung sozialer Situationen. Theoretische Studien über
    die Methoden und Strukturen sozialer Erfahrung und Interaktion. Opladen:
    Westdeutscher Verlag.
Sofsky, Wolfgang (1996): Traktat über die Gewalt. Frankfurt a. M.: Fischer.
Thomas, Konrad (1964): Die betriebliche Situation der Arbeiter. Stuttgart: Enke.
Thomas, Konrad (1969): Analyse der Arbeit. Möglichkeiten einer interdisziplinären Er-
    forschung industrialisierter Arbeitsvollzüge. Stuttgart: Enke.

Die Bedeutung der Situation im kooperativen Handeln

Karl Mertens

I Einleitung

Kooperative Handlungen sind soziale Handlungen, bei denen die an ihnen Beteiligten etwas *miteinander* tun. Soziale Handlungen unterscheiden sich von individuellen Handlungen dadurch, dass sich die Akteure in ihrem Tun am Verhalten anderer orientieren.[1] Darüber hinaus sind kooperative Handlungen spezifische soziale Handlungen, insofern bei ihnen etwas *mit anderen zusammen* getan wird. In diesem Sinne ist das, was die Akteure kooperativer Handlungen tun, strukturell und im Sinne eines Minimalbegriffs als ein Mitmachen anzusprechen. Ein Beispiel soll dies verdeutlichen. Wer einen überfüllten Bus besteigt, der wird sich in seinem Handeln an dem orientieren, was andere tun. So wird er sich beispielsweise nicht in der längsten Schlange von Mitreisenden anstellen, sondern dort, wo er voraussichtlich zügiger in den Bus gelangt. Akteure, deren Handlungen sich nach dem richten, was andere tun, handeln durchaus koordiniert. Insofern handeln diejenigen, die einen Bus besteigen, sozial. Gleichwohl fehlt hier das spezifische Merkmal der Kooperation. Die Handelnden stellen lediglich das Verhalten anderer in Rechnung, um jeweils etwas für sich zu tun. Kooperative Handlungen erfordern darüber hinaus, dass die an ihnen Beteiligten einen Teil zum Gelingen einer Gesamthandlung beitragen, die erst im Miteinander zustande kommt – etwa wenn jemand im überfüllten Bus die ihm gereichte Fahrkarte eines Mitreisenden abstempelt oder mehrere Personen gemeinsam einen Kinderwagen in den Bus heben usw.

---

1 Dies entspricht Max Webers klassischer Definition des sozialen Handelns als ein »Handeln […], welches seinem von dem oder den Handelnden gemeinten Sinn nach auf das Verhalten *anderer* bezogen wird und daran in seinem Ablauf orientiert ist« (Weber 1921/22: 1).

Wie alle Handlungen sind kooperative Handlungen stets konkret. D. h. wir
können nicht nur fragen, was getan wurde, sondern immer auch, wer gehandelt
hat, wann, wo und unter welchen Bedingungen die Handlung ausgeführt wurde.
Dabei sind kooperative Situationen als ausgezeichnete Fälle sozialer Situationen
zu bestimmen. Soziale Situationen sind dadurch charakterisiert, dass Handelnden andere leibhaft begegnen oder bestimmte Merkmale der Situation auf leibhaft
Abwesende verweisen, die für das Handeln bedeutsam sind. Letzteres ist etwa der
Fall, wenn eine Person zu nächtlicher Stunde eine Gasse meidet, aus der das laute
Grölen einer Gruppe Betrunkener dringt. Soziale Situationen können den Charakter geteilter, aber auch nicht geteilter Situationen haben. Nicht geteilt ist die soziale
Situation dort, wo das individuelle Handeln einer Person für ein darauf bezogenes
soziales Handeln einer anderen Person relevant ist, ohne dass diese Bedeutsamkeit in umgekehrter Richtung besteht. So orientiert sich jemand, der einen anderen beschattet, in seinem Handeln am individuellen Verhalten und Handeln des
von ihm Beschatteten. Eine entsprechende Orientierung des Beschatteten am Be-
schatter gibt es freilich nicht bzw. erst dann, wenn die Beschattungsaktion auf-
fliegt. Um geteilte soziale Situationen handelt es sich demgegenüber dort, wo Handelnde jeweils das Verhalten anderer in Rechnung stellen. Eine geteilte Situation
muss dabei nicht notwendig als kooperative Situation aufgefasst werden. So teilen feindliche Soldaten in einer kriegerischen Auseinandersetzung eine Situation;
mitnichten ist ihre geteilte Situation jedoch als Situation eines Miteinanders zu bestimmen. Eine solche kooperative Situation liegt vielmehr dann vor, wenn die geteilte Situation ausgezeichnet ist als eine Situation, die von den beteiligten Akteuren zusammen handelnd zu bewältigen ist. Ein solches Miteinander erfordert als
notwendige – wenngleich noch nicht hinreichende – Bedingung die konkrete leib-
liche oder medial vermittelte Begegnung der miteinander Agierenden.

Situations- und Handlungsbestimmung können auf unterschiedliche Weise
aufeinander bezogen werden. *Zum einen* gibt es Handlungen, die als individuelle,
soziale oder kooperative Handlungen ausgeführt werden können. So kann eine
Person auf einsamen Pfaden bzw. Straßen wandern oder Rad fahren. Zu sozialen
Handlungen werden Wandern und Radfahren, wenn dem Wanderer oder Radfahrer andere begegnen, deren Verhalten zu beachten ist und etwa ein Ausweichen
erzwingt. Wandern und Radfahren können wir aber auch miteinander in Gruppen. Beschreiben wir individuelle, soziale und kooperative Handlungen in dieser
Weise, dann ist die Charakterisierung der Situation als soziale Situation oder als
Situation eines Miteinanders ein Umstand bzw. der Kontext, durch den die Be-
sonderheiten der Ausführung einer bereits bestimmten Handlung genauer charakterisiert werden. Solche Situationen können sich daher ändern, ohne dass sich
der Typ der Handlung ändert. So kann ein Wanderer seine Wanderung als individuelle Handlung beginnen; auf der Wanderung begegnet er dann einem anderen

Wanderer, mit dem er schließlich die Wanderung gemeinsam fortsetzt.[2] Sinnvollerweise können wir hier von *einer* Wanderung sprechen, die sich ihrerseits beispielsweise in verschiedene Etappen unterteilen lässt. Die Kennzeichnung der Situation als kooperative ist dabei der Bestimmtheit der Handlung konstitutiv und im besonderen Fall auch zeitlich nachgeordnet.

Zum anderen gibt es Handlungen, die von Vornherein als kooperative Handlungen aufgefasst werden. Dementsprechend setzen sie eine Situation des Miteinanders als handlungskonstitutive Bedingung voraus. So sind kooperative Handlungen wie das Diskutieren oder Debattieren nur unter der Voraussetzung einer Situation des Miteinanders möglich. Ist dies nicht der Fall, lässt sich das Tun nicht mehr als Diskutieren oder Debattieren ansprechen.[3] Zerstreuen sich z. B. diejenigen, die miteinander diskutieren, kann eine Debatte selbstverständlich nicht fortgesetzt werden. Aber auch unter den Bedingungen einer sozialen, mit anderen geteilten Situation, ist eine Diskussion nicht oder nicht mehr möglich, wenn diese Situation nicht den Charakter eines Miteinanders hat. Welche Merkmale der Situation dafür wesentlich sind, ist nicht leicht zu sagen. Was aber passiert, sobald sich die kooperative Situation auflöst, lässt sich beispielsweise bei Debatten beobachten, bei denen ab einem bestimmten Zeitpunkt ein Miteinander im Wechsel von Rede und Gegenrede nicht mehr möglich ist, weil sie übergehen in ein Durcheinanderreden und Schreien, das allenfalls noch als soziales Handeln aufgefasst werden kann, insofern die Versuche, den jeweils anderen zu übertönen, immer noch auf die Äußerungen anderer bezogen sind.[4]

Offensichtlich sind Handlungen, für deren Bestimmtheit als Handlungen die kooperative Dimension von Vornherein unverzichtbar ist, von Handlungen zu unterscheiden, bei denen dies nicht der Fall ist.[5] Mitnichten handelt es sich hier-

---

2   In überzeugender Weise führt Schmid (2005: 16 ff.) dieses Beispiel aus.

3   Die unterschiedliche handlungstheoretische Bedeutung der Situation als Näherbestimmung oder konstitutive Bestimmung einer Handlung thematisiert bereits Thomas von Aquin als *repugnantia conditionalis* und *repugnantia specialis*. Vgl. hierzu auch die interessante Studie von Thomas Nisters (1992).

4   Für die Analyse kooperativer Handlungen spielt die Frage, welchem Typ von Kooperationshandeln paradigmatische Bedeutung zugesprochen wird – und das heißt nicht zuletzt: an welchen Beispielen sich die handlungstheoretischen Reflexionen orientieren –, eine wichtige Rolle. So orientiert sich z. B. die Debatte des kollektiven Handelns in der neueren analytischen Philosophie zunächst an Beispielen der ersten Art wie dem gemeinschaftlichen Tragen eines Klaviers (vgl. Tuomela/Miller1988) oder dem gemeinsamen Kochen einer Sauce Hollandaise (vgl. Searle 1990). Die in diesen Konzeptionen getroffene Entscheidung für einen ontologischen Individualismus wird jedoch nicht zuletzt aufgrund einer differenzierten Würdigung von Beispielen der zweiten Art kritisiert (vgl. Stoutland 1997).

5   Diese Unterscheidung entspricht Stoutlands Differenzierung zwischen Handlungen, die »sowohl von Individuen als auch von sozialen Akteuren verrichtet werden können«, und Handlungen, die nur »soziale Akteure ausführen können« (Stoutland 1997: 49/271).

bei jedoch um zwei exklusiv voneinander unterschiedene Klassen von Handlungen. Denn nicht zuletzt hängt es von unserer Handlungsbeschreibung ab, ob wir das Miteinander einer Situation als bloßen Handlungsumstand oder als konstitutive Bestimmtheit der Handlung verstehen. Wir verfolgen, um auf ein zuvor erwähntes Beispiel zurückzukommen, ein unterschiedliches Interesse, wenn wir ein Tun schlicht als ›Radfahren‹ bestimmen oder eine handlungsspezifizierende Beschreibung wählen, indem wir das Radfahren als eine kooperative Handlung wie ›Vorfahrt gewähren‹ charakterisieren. Allerdings können wir nicht beliebig zwischen solchen Beschreibungsmöglichkeiten wählen. Vielmehr werden Handlungsbeschreibungen von bestimmten Situationen nahegelegt; nicht zuletzt sind bestimmte Situationen mit normativen Standards für das ihnen angemessene Handeln verbunden. Dies zeigt sich insbesondere dort, wo etwas schief läuft. Kommt es z. B. zu oder auch nur beinahe zu einem Unfall, dann werden wir uns mit allgemeinen Handlungsbeschreibungen wie ›Radfahren‹, ›Autofahren‹, ›die Straße überqueren‹ usw. kaum zufrieden geben, sondern die entsprechenden Bewegungen im Straßenverkehr viel genauer spezifizieren mit Blick auf das, was hier kooperativ gefordert war und möglicherweise verletzt wurde.[6] Wir sprechen dann beispielsweise davon, dass jemand die Vorfahrt nicht beachtet hat.

Was, so die im Folgenden zu erörternde Frage, kennzeichnet nun Situationen des Miteinanders? Sind hier besondere individuelle Einstellungen oder ein Zusammenspiel bestimmter Interessen der miteinander Agierenden grundlegend? Oder verdanken sich kooperative Situationen einem allgemein verfügbaren, überindividuellen, gesellschaftlichen Verstehen bzw. einem sozial wirksamen Mechanismus, institutionellen Vorgaben und Strukturen? Mit solchen Fragen werden, so der hier verfolgte Leitgedanke, methodische Alternativen sichtbar, die für die Kennzeichnung der Situativität kooperativer Handlungen bedeutsam, ja entscheidend sind. Denn je nach gewählter methodischer Orientierung kommen wir zu einer anderen Auffassung der Situation kooperativer Handlungen. Dafür, dass kooperative Situationen durch die kooperativen Absichten der miteinander Agierenden entstehen, sprechen zahlreiche Beispiele. Wenn mehrere Personen zusammen ein Klavier transportieren, gemeinsam Musizieren oder bei einem Umzug helfen, dann ergibt sich die Situation des Miteinanders aufgrund ihrer jeweiligen Absicht, dies gemeinsam zu tun. Umgekehrt scheinen kooperative Situationen aber auch durch Gegebenheiten konstituiert zu werden, die jenseits der Initiative der Akteure Kooperation nahelegen, ja möglicherweise sogar fordern. Solche, den Individuen und ihren Handlungsabsichten vorgegebene kooperative Situationen erzeugen mitunter allererst so etwas wie die Absicht der Akteure, etwas gemein-

---

6   Anschlussfähig hieran sind einige Ausdeutungen von Jo Reichertz in seinem Beitrag im vorliegenden Sammelband.

sam zu tun. Zu denken ist in diesem Zusammenhang beispielsweise daran, wie Situationen räumlicher Nähe und Abgeschlossenheit, im Aufzug oder Taxi, oder Situationen geteilter Erfahrung, Aufmerksamkeit und Zeugenschaft verbindend wirken und Gespräche unter den Betroffenen provozieren. Kommunikation wird hier nicht erzwungen; aber wer sich ihr verweigern will, der muss besondere Vorkehrungen treffen, indem er etwa den Blickkontakt mit anderen meidet oder sich mit etwas beschäftigt, das ihn gegenüber den kommunikativen Erwartungen der anderen abschirmt. Daneben gibt es Situationen, die den Charakter von Gelegenheiten zu einem gemeinsamen Handeln haben. Sie scheinen sich unabhängig von den Absichten Handelnder einzustellen; doch wenn sie sich einstellen, müssen sie von Akteuren wahrgenommen und ergriffen werden, können aber auch verpasst werden. Außer Situationen, die Kooperation nahelegen oder ermöglichen, scheint es auch Situationen zu geben, die bestimmte Formen des kooperativen Handelns einfordern. In diesem Sinne schaffen beispielsweise Institutionen wie öffentliche Behörden durch die räumliche Anordnung von Wartehallen, Aufrufsystemen, Schaltern usw. eine Situation, die einen stark begrenzten Spielraum des Miteinanderhandelns eröffnet und erfolgreiche Kooperation an ein bestimmtes Prozedere bindet.

Hängen kooperative Situationen sowohl von kooperativ eingestellten Akteuren als auch von dem, was miteinander handelnden Individuen vorgegeben ist, ab, dann kann es auch zu entsprechenden Konflikten kommen. Akteure können, wie bereits angedeutet, die sich in einer Situation anbietende, naheliegende oder geforderte Kooperation verweigern. Umgekehrt können die Vorgaben in einer bestimmten Situation eine von den Individuen beabsichtigte Kooperation erschweren oder unmöglich machen, etwa weil die dafür erforderliche Nähe nicht zustande kommt, die Gelegenheit unpassend ist, räumliche Bedingungen die gewünschte Form des Miteinanders unmöglich machen usw.

Um den weiteren Ausführungen eine Orientierung zu geben, werde ich im folgenden Abschnitt mit methodischen Überlegungen beginnen (II.). Dabei werden idealtypisch vier theoretische Ansätze einer Bestimmung kooperativer Handlungen vorgestellt, aus denen sich eine je andere Auffassung hinsichtlich ihrer spezifischen Situation ableiten lässt. Für ein hinreichendes Verständnis der Situation kooperativen Handelns erweisen sie sich jedoch alle als nur partiell angemessen. Im III. Abschnitt möchte ich daher für einen Ansatz werben, der ein integratives Verständnis der genannten Positionen anstrebt.

II Methodische Möglichkeiten für die Analyse der Situation kooperativer Handlungen

Martin Hollis hat in seinen Wittgenstein Vorlesungen »Rationalität und soziales Verstehen« (1991) sowie in seinem Buch »The Philosophy of Social Science« (1994) einen schematischen Aufriss prinzipieller methodischer Alternativen für eine philosophische Analyse sozialer Phänomene entwickelt. Dabei werden vier ebenso prägnante wie plakative Möglichkeiten unterschieden. Diese ergeben sich, wenn man die folgenden beiden theoretischen Optionen miteinander kombiniert: Zum einen geht es um die Frage des Primats im Verhältnis von Individuum und Gesellschaft. Je nachdem, wie diese Frage entschieden wird, werden soziale Phänomene entweder im Ausgang von einer Reflexion auf das individuelle Tun als Formen der Vergesellschaftung bestimmt; oder es wird umgekehrt aufgrund der basalen Bedeutung von Gemeinschaft bzw. Gesellschaft die soziale Verankerung des Individuellen hervorgehoben. Im Sinne einer holzschnittartigen Alternative haben sozialwissenschaftliche Untersuchungen demnach die Wahl zwischen individualistischen bottom-up- und holistischen top-down-Konzeptionen. Zum anderen geht es um den Gegensatz von Erklären und Verstehen. So können Theorien des Sozialen versuchen, soziale Phänomene mit Hilfe der Wirksamkeit eines sozialen Mechanismus zu erklären, oder sie als einen Zusammenhang begreifen, der eigentlich nur von denjenigen verstanden werden kann, die in das soziale Geschehen involviert sind. Ich möchte mit Hilfe der von Hollis skizzierten methodischen Möglichkeiten vier Antworttypen auf die Frage nach der Bedeutung der Situation kooperativer Handlungen unterscheiden:

(1) Wenn wir soziale Phänomene im Rekurs auf das Verstehen individueller Akteure, ihrer Absichten und Verpflichtungen bestimmen, dann kommen kooperative Handlungen letztlich dadurch zustande, dass mehrere Akteure jeweils individuell beabsichtigen, etwas zusammen auszuführen. So versuchen einschlägige Theorieansätze aus dem Umfeld der gegenwärtigen analytischen Philosophie, kooperative Handlungen auf individuelle Absichten einer besonderen Art, auf kollektive oder Wir-Intentionen, zurückzuführen.[7] In diesem Sinne verstehen beispielsweise Tuomela und Miller (1988) in ihrem klassischen Artikel kooperative Handlungen mit Hilfe der Analyse individueller Wir-Absichten, die ihrerseits wechselseitig geteilte Überzeugungen in Bezug auf die Möglichkeit eines gemeinsamen Handelns einschließen. Dass Tuomela und Miller kooperative Handlungen auf ein bloßes Zusammen individueller Absichten zu reduzieren versuchen, kritisiert Searle als reduktionistisch. Searle vertritt jedoch seinerseits ebenfalls einen

---

7   Siehe kritisch zur Verhältnisbestimmung von kollektiver Intention und entsprechender Situationsdefinition auch den Beitrag von Wil Martens im vorliegenden Sammelband.

entschiedenen Individualismus, insofern Absichten für ihn stets *individuelle* Absichten sind. Allerdings sind Wir-Absichten nach Searle Absichten einer besonderen Art. Denn auch wenn Wir-Intentionalität nur in je individuellen geistigen Akten transparent werden kann, ist sie nicht auf Ich-Intentionalität reduzierbar (vgl. Searle 1990 und 1995: 23 ff./34 ff.). Methodisch individualistisch bleibt schließlich auch Bratmans Rekurs auf individuelle geteilte Absichten (vgl. 1999: 93 ff.).[8]

Versucht man, im Ausgang von solchen Überlegungen die Bedeutung der Situation des kooperativen Handelns zu bestimmen, dann ist diese im Rekurs auf die individuellen Absichten der Akteure zu entfalten. Wie jede Situation sind Situationen kooperativen Handelns durch Dinge und ihre Konstellationen, räumliche und zeitliche Merkmale usw. bestimmt.[9] Spezifisch für Situationen des Miteinanders sind jedoch die auf die gemeinsame Bewältigung einer praktischen Aufgabe gerichteten Intentionen der miteinander Handelnden. So besteht in einer Umzugssituation etwa die Aufgabe darin, Gegenstände in einer bestimmten Zeit von einem Ort zu einem anderen zu schaffen, wobei Hilfsmittel wie Werkzeuge, Umzugskisten, Fahrzeuge usw. zum Einsatz kommen. Zu einer spezifischen Situation des Miteinanders wird die Umzugssituation gemäß dem skizzierten Ansatz eines individualistischen Verstehens allerdings erst durch die kooperative Einstellung der beteiligten Akteure und ihre Absicht, den Umzug gemeinsam zu bewältigen. Während die Absicht zur Kooperation die Situation des kooperativen Handelns konstituiert, variiert der Spielraum der Situationserfahrung der fraglichen kooperativen Handlung mit den spezifischen Einstellungen und Perspektiven der Beteiligten. So ist die Situation des Umzugs auch dann, wenn alle teilnehmenden Personen kooperationswillig sind, aufgrund der besonderen Einstellungen und Absichten der Helferinnen und Helfer und des wechselseitigen Wissens darum eine je besondere Situation, die bei einem gelingenden Umzug zu bedenken ist – etwa wenn Peter aus Sorge um ein altes Rückenleiden nur bei leichteren Arbeiten helfen möchte, Paul vor allem Gelegenheiten sucht, seine beeindruckende Kraft unter Beweis zu stellen, oder Paula eine ebenso geschickte wie leidenschaftliche Organisatorin ist.

---

8   Konzeptionen eines individualistischen Verstehens finden sich freilich keineswegs exklusiv bei Vertretern der analytischen Handlungstheorie. Auch Phänomenologen wie Alfred Schütz (1932) in seiner Grundlegung einer verstehenden Soziologie gehen in ihren sozial-philosophischen Analysen vom individuellen Bewusstsein des Handlungsträgers aus. Ausführlicher dazu: Mertens (2005: 16 f.). Hollis selbst (vgl. 1994: 19/35) nennt als Vertreter des individualistischen Verstehensansatzes beispielsweise Jon Elster. Wenn hier Vertreter der analytischen Theorie des kollektiven Handelns als Referenzautoren genannt werden, dann deshalb, weil sie die derzeitige philosophische Diskussion des kooperativen Handelns wesentlich bestimmen.

9   Siehe dazu auch die strukturlogische Situationsbestimmung von Andreas Ziemann im vorliegenden Sammelband.

Der Charakter der kooperativen Situation kann dabei, wie in den Beispielen des eingangs erwähnten ersten Typs, als Näherbestimmung einer individuellen Absicht verstanden werden: Ich habe etwa die Absicht umzuziehen und will dies zusammen mit anderen tun. Die Kooperationssituation kann sich jedoch auch auf Handlungen des zuvor genannten zweiten Typs beziehen, bei denen das Miteinander eine handlungskonstitutive Bedingung ist: In diesem Sinne haben die Teilnehmer einer Sitzung die Absicht, ein bestimmtes Thema gemeinsam zu besprechen bzw. zu diskutieren. Gemäß den Vorgaben des individualistischen Verstehens erfassen Handelnde dabei in beiden Fällen andere zunächst als potenzielle Partner einer gemeinsamen Aktion. In der Regel richten sie sich daher an sie mit verbalen oder auch non-verbalen Aufforderungen, Bitten, Offerten usw. Diese können prinzipiell unverstanden, unbeachtet oder unbeantwortet bleiben. Mit der verbalen oder non-verbalen Zusage, aber auch Absage, entsteht eine Situation des Miteinanders, einer minimalen Kooperation im Sinne der – zustimmenden oder ablehnenden – Beantwortung einer Kooperationsofferte. Die Situation eines gemeinsamen Umzugs oder einer Besprechung kommt freilich erst durch das Mitmachen zustande. Es ist wichtig, dass hierfür die bloße Zusage nicht ausreicht, auch wenn mit der Ankündigung oder gar dem Versprechen bestimmte Erwartungen und Ansprüche verbunden sind, die enttäuscht und gegebenenfalls sogar eingeklagt werden können. Insofern schaffen Zusagen, Versprechen und Selbstverpflichtungen Situationen, die unter der Perspektive kooperativer Erwartungen oder Forderungen bewertet werden. Entscheidend für das Zustandekommen von Kooperation aber ist es, dass Handelnde etwas miteinander tun. Dieses Miteinander verdankt sich nach Auffassung der Vertreter von Konzepten eines individualistischen Verstehens wechselseitig geteilten kooperativen Einstellungen bzw. Wir-Absichten. In diesem Sinne setzen Situationen, in denen tatsächlich kooperiert wird, die wechselseitige Bereitschaft zur Kooperation, entsprechende Absichten sowie ein Mittun voraus und müssen von Situationen unterschieden werden, in denen Kooperationsmöglichkeiten lediglich eröffnet, jedoch nicht realisiert werden.

Konzepte individualistischen Verstehens sind allerdings mit dem Problem zu konfrontieren, dass sich die kooperative Dimension bestimmter Handlungen nicht hinreichend aus den Intentionen der beteiligten individuellen Teilnehmer ableiten lässt. Dem skizzierten theoretischen Ansatz gemäß erfordern solche Handlungen notwendig geteilte wechselseitige kooperative Einstellungen und Absichten. Liegen diese nicht oder nur einseitig vor, kommt die fragliche kooperative Handlung nicht zustande. Interessanterweise verstehen wir jedoch in bestimmten Situationen den Mangel an Wechselseitigkeit nicht als ein bloßes Faktum, aufgrund dessen Kooperation nicht zustande kommt, sondern als ein der Situation unangemessenes Handeln. Das heißt: Solche Situationen fordern die entsprechenden kooperativen Einstellungen der beteiligten Akteure.

Was berechtigt uns jedoch dazu, solche Forderungen ins Spiel zu bringen, wenn bei den in solche Situationen involvierten Akteuren kooperative Einstellungen und Absichten überhaupt nicht oder nicht zureichend vorliegen? Wie ist es möglich, solche Situationen als Kooperationssituationen zu verstehen, bei denen eine ausbleibende, defizitäre oder verweigerte Kooperation als Missverständnis oder gar Unterlassung verstanden werden kann? Dass wenigstens ein einziger Teilnehmer kooperative Absichten hat, kann hier kaum als konstitutive Bedingung eines angemessenen Verständnisses der Situation angesehen werden. Ansonsten würde mit jeder Kooperationsofferte bereits ein Maß gesetzt, durch das jegliche Form ihres Nicht-Aufgreifens als unangemessene Situationserfassung zu bestimmen wäre. Es gibt jedoch situativ durchaus angemessene Weisen des Verweigerns, Ignorierens, Zurückweisens usw. Nicht zuletzt ist dies der Sinn von kooperativen Offerten. Als Angebote können sie sinnvollerweise immer auch ausgeschlagen werden. Wer jedoch als Vortragender einen gut besuchten Hörsaal betritt, wer sich anschickt, mit jemandem eine Partie Schach zu spielen, der macht nicht bloß eine Offerte, sondern rechnet mit einem bestimmten wechselseitigen Tun und klagt dessen Fehlen mit Recht ein. Will man solche Fälle kooperativen Handelns bzw. eines entsprechenden Misslingens verstehen, erweist sich der Rekurs auf die Intentionen der Beteiligten als unzureichend.[10]

Darüber hinaus konstituieren sich kooperative Handlungen in bestimmten Situationen, obwohl in ihnen etwas geschieht, das den Absichten der einzelnen teilnehmenden Akteure nur unzureichend oder auch gar nicht entspricht. Wenn mehrere Personen zusammen bei einem Umzug mitwirken, dann kommt der gemeinsame Umzug beispielsweise auch dann zustande, wenn an ihm Personen (wie die klassischen ›Trittbrettfahrer‹) mitwirken, die gar nicht die Absicht zur Kooperation haben. Ja, es ist sogar möglich, dass einzelne Personen einen Beitrag zu einer Gesamthandlung erbringen, ohne zu verstehen, zu welcher kooperativen Handlung sie etwas beitragen. Zu denken wäre an Fälle, in denen Personen, aus welchen individuellen Gründen auch immer, sich einer Demonstration oder einem Beerdigungszug anschließen, ohne zu wissen, dass sie an einer Demonstration oder Beerdigung teilnehmen. Es reicht hier die bloße soziale Handlung eines koordinierten gleichgerichteten Gehens. Die Absicht, mitzumachen oder gar zusammen mit anderen zu demonstrieren oder jemanden zu beerdigen, ist hier nicht zwingend erforderlich. Solche Überlegungen geben Anlass zu einer

---

10 Ebenso wie beim Missglücken von Sprechakten die zustande kommende Handlung im Kontext des Sprechaktes bewertet wird (ein Versprechen etwa, das unter Verletzung der Aufrichtigkeitsbedingung gegeben wird, zählt als Versprechen), werden missglückende Fälle situativ geforderter Kooperation mit Blick auf den kooperativen Kontext beurteilt.

grundsätzlichen Kritik des Verstehensansatzes, wie sie unter (3) genauer ausgeführt werden soll.[11]

Darüber hinaus erweist sich der Rekurs auf die individuellen Absichten der Handlungsteilnehmer im Falle innovativer oder kreativer kooperativer Handlungen als problematisch, insofern die Ausführung der Gesamthandlung in der spezifisch innovativen oder kreativen Weise in keinem individuellen Bewusstsein intendiert sein kann.[12] Denn sowohl innovative als auch kreative Handlungen sind in ihrer konkreten Bestimmtheit nicht intendierbar, insofern sie eine durch gewöhnliche Handlungsroutinen und -erwartungen bestimmte Situation neu strukturieren. Während bei innovativen kooperativen Handlungen die durch die aufgerufenen vertrauten Handlungsroutinen der miteinander Agierenden bestimmte Ausgangssituation überführt wird in eine neue, den Handelnden allerdings bereits grundsätzlich vertraute Handlungssituation, ist die mit dem kreativen Handeln verbundene Umstrukturierung der Situation mit der Etablierung einer kooperativen Handlung verbunden, die aus der Perspektive der miteinander Handelnden als neuartiger Handlungstyp zu verstehen ist. Innovative und kreative Umstrukturierungen können mit einem Situationswechsel zwischen individueller und kooperativer Situation verbunden sein – etwa wenn ein Gesang als individuelle Handlung durch das Mitsingen eines anderen plötzlich in ein Duett verwandelt wird. Darüber hinaus kann sich der Typ von Kooperation in einer kooperativen Situation verändern. Max Wertheimer hat dies eindrucksvoll am Beispiel zweier Federball spielender Jungen illustriert (vgl. 1945: 127 ff./148 ff.; vgl. dazu auch Mertens 2012: 255 f.), deren Spiel, nachdem es als Wettkampf aufgrund des unterschiedlichen Spielgeschicks der beteiligten Jungen nicht aufrecht erhalten werden kann, in ein Spiel umgewandelt wird, bei dem es darum geht, möglichst oft den Ball hin und her zu spielen.

Während in Wertheimers Beispiel die Umstrukturierung der Spielsituation auf eine konkrete Entscheidung und damit auf eine individuell klar gefasste Absicht eines der beteiligten Jungen zurückgeführt wird, lässt sich der innovative oder kreative Wechsel von Handlungstypen auch auf Fälle beziehen, in denen sich die

---

11 Die hier und im Folgenden skizzierten Überlegungen schreiben sich nicht zuletzt auch in die dem Sammelband zugrunde liegende Problemstellung »offener Ordnung« ein. Auch mir geht es, anders formuliert, um das analytische Interesse an Sachverhalten – wie sie Ziemann in seiner Einleitung andeutet –, in denen antagonistische Ziele oder nicht auf Kooperation gerichtete Intentionen und sogar die Verweigerung von Kooperation trotzdem zu kooperativen Handlungen und zu einer Kooperation ermöglichenden Situationsordnung führen können.

12 Vgl. Mertens (1999); zum Folgenden auch ders. (2012). Um Missverständnisse zu vermeiden, ersetze ich hier den dort verwendeten Begriff des produktiven Handelns durch den des *innovativen Handelns*, den ich – ebenfalls im Unterschied zu dem zuvor genannten Artikel – in Abgrenzung zur Rede von einem *kreativen Handeln* gebrauche.

Neubestimmung der Kooperationssituation aufgrund eines alle Beteiligten überraschenden kommunikativen Zusammenspiels ergibt. In einem hinsichtlich seiner Zwecksetzung genau bestimmten Treffen werden z. B. die Beteiligten mit konkreten Problemen konfrontiert, die dazu führen, dass das Gespräch eine für alle Beteiligten unvorhersehbare Richtung nimmt, die die eigentliche Zwecksetzung des Gespräches – innovativ oder kreativ – transformiert. So mag ein der Entscheidungsfindung dienendes Treffen eines Auswahlausschusses aufgrund der sich als problematisch erweisenden Kriterien zur Preisgabe der bisherigen Auswahlpraxis führen und eine neue – bereits aus anderen Kontexten vertraute oder auch den Teilnehmern völlig neue – Praxis etablieren, ohne dass sich die Transformation der Kooperation einer individuellen Initiative verdankt.

Wiederum zeigt sich das bereits skizzierte Problem: Der individualistische Ansatz in der Theorie kooperativen Handelns führt zu einer grundsätzlichen Marginalisierung der Eigentümlichkeit eines dem einzelnen Akteur nicht mehr verfügbaren Sinns der Gesamthandlung und dessen, was durch sie gegebenenfalls hervorgebracht wird. Die spezifische Situation kooperativen Handelns lässt sich daher nicht hinreichend erfassen, wenn lediglich die individuellen Absichten und Einstellungen der Teilnehmerinnen und Teilnehmer berücksichtigt werden.

(2) Rekurrieren wir in der Untersuchung sozialer Phänomene nicht auf individuelle Einstellungen und Absichten, sondern setzen wir bei kollektiven Strukturen an, können wir das Verstehen sozialer Regeln zum Ausgangspunkt der Analyse machen. So verstehen wir z. B. den Sinn einer akademischen Vorlesung, weil wir im sozialen Miteinander die Institution ›Vortrag‹ kennengelernt haben und wissen, wie man sich im Rahmen einer solchen Institution zu verhalten hat. Methodisch ist dies die Grundidee des Ansatzes eines holistischen Verstehens. Hollis verweist in diesem Zusammenhang beispielhaft auf sozialphilosophische Überlegungen von Peter Winch (1958), der im Rekurs auf Wittgenstein (1971) das implizite, letztlich in einer Lebensform begründete Regelverstehen zum Ansatz seiner Sozialanalyse gemacht hat (vgl. Hollis 1991: 25; Hollis 1994: 18/34, bes. 151 ff./201 ff.).

Nach dem Konzept eines holistischen Verstehens ist kooperatives Handeln nur möglich, weil wir bereits gemeinschaftlich über den Sinn des fraglichen Handelns verfügen. Und nur weil die beteiligten Akteure ebenso den Charakter der Gesamthandlung wie die Rolle der dafür erforderlichen individuellen Teilhandlungen bereits verstehen, kann kooperatives Handeln überhaupt erfolgreich sein. Das hier erforderliche Regelverstehen setzt dementsprechend ein soziales Bewusstsein voraus, das seinerseits in sozialen Kooperationen erlernt werden muss. Um es mit Wittgenstein zu sagen: Einer Regel folgen kann niemand für sich allein. Selbst wenn ich etwas für mich allein tue, ins Kino gehe, ein Zimmer streiche oder ein Buch lese, verstehe ich das, was ich da jeweils tue, weil ich die Regeln der jeweiligen Handlung in sozialen Interaktionen mit anderen erlernt habe. Daher weiß ich auch um die Grenzen, die meinem jeweiligen Tun gesetzt sind, wenn es dieses und kein anderes sein soll. Ich bin vertraut mit den Bedingungen, die erfüllt sein müssen, damit beispielsweise mein Kinobesuch zustande kommt oder ich die Wand auch tatsächlich streiche. Und ebenso kenne ich die Bedingungen, die für die Durchführung bestimmter kooperativer Handlungen erfüllt sein müssen.

Gemäß diesem Ansatz gibt es keine eigentlich vorsozialen Handlungssituationen. Vielmehr ist jede Handlungssituation eine bereits kollektiv erfasste, deren Verständnis letztlich immer im gemeinsamen Handeln erworben werden muss. Gleichwohl ist darum nicht jede Handlungssituation Situation eines kooperativen Miteinanders. Situationen kooperativen Handelns werden vielmehr in Hinblick auf eine spezifische, miteinander zu realisierende Handlung oder Aufgabe verstanden. Solches Situations- und Regelverstehen ist zumeist nicht explizit bewusst oder gar als propositionales Wissen formuliert. Vielmehr hat es den Charakter eines sich in unseren Praxen manifestierenden Sich-Verstehens-auf, eines praktischen Wissens, ohne das Kooperation allenfalls zufällig zustande käme. Fehlte ein solches praktisches Wissen um den anstehenden Typ von Kooperation, hätte gemeinsames Handeln eher den Charakter eines chaotischen Durcheinanders als eines aufeinander abgestimmten Tuns. Was z. B. eine Konzertsituation auszeichnet und welche Rolle dabei die Beteiligten zu spielen haben oder welcher Art Situationen sind, in denen Kommunikation mit anderen erwartet oder gar gefordert wird, das müssen wir bereits verstehen, um eine konkrete Situation als eine zu erfassen, in der bestimmte Kooperationshandlungen zu realisieren sind, indem wir je individuell eine spezifische Rolle übernehmen. Und wir verstehen solche Regeln und die mit ihnen gegebenen Möglichkeiten und Grenzen zumindest implizit, wenn wir ein Verhalten als der Situation angemessen oder unangemessen charakterisieren.

Üblicherweise urteilen die Beteiligten selbst über die situative Angemessenheit eines Handelns. Da jedoch die Grundlage solcher Urteile ein überindividuelles kollektives Verstehen ist, ist es möglich, dass ein kooperativ defizitäres oder sogar Kooperationsstandards verletzendes Handeln auch unabhängig von den Urteilen und Intentionen der in einen Handlungskontext involvierten Akteure bestimmt werden kann. Insofern wäre der oben skizzierte Einwand gegen das Konzept eines individualistischen Verstehens hier nicht zu wiederholen. Denn mit Berufung auf unser soziales Bewusstsein können wir Situationen auch dann als Kooperationssituationen verstehen, wenn die tatsächlich beteiligten Akteure zu einem solchen Verständnis nicht oder nicht hinreichend in der Lage sind. Der Tatbestand einer unterlassenen Hilfeleistung erlischt nicht aufgrund des Umstandes, dass die in der konkreten Situation involvierten Akteure sich nicht als zur Hilfe verpflichtete Akteure verstehen. Offenbar bietet das Konzept holistischen Verstehens eine methodische Orientierung, die es ermöglicht, den, dem individuellen Verstehen vorgegebenen, überindividuellen Charakter von Situationen des kooperativen Handelns angemessen zu bestimmen.

Allerdings sind auch Versuche eines holistischen Verstehens kooperativer Handlungen und ihrer Situationen mit den oben skizzierten Phänomenen des innovativen oder kreativen Handelns zu konfrontieren, d. h. mit Handlungen, in denen in der Interaktion der Akteure miteinander ein Typ von Kooperation erzeugt wird, der die Ausgangssituation neu bestimmt. Bliebe nämlich unser Verstehen von Situationen kooperativer Handlungen auf das kollektive Bewusstsein des in der jeweiligen Situation gewöhnlich anstehenden Handelns beschränkt, könnten Situationen nicht so umgedeutet werden, dass in ihnen ein für die Gruppe der miteinander Agierenden neues oder gar neuartiges Handeln möglich wird. Kooperationen wären dann nur möglich im Rahmen des im kollektiven Bewusstsein gegebenen Vorverständnisses der jeweiligen Handlungssituation. Umstrukturierungen einer Handlungssituation hätten lediglich den Charakter von Missverständnissen, von Fehlern, deren gelegentlicher Erfolg allenfalls als eine merkwürdige kontingente Tatsache verstanden werden könnte.

Ebenso wie Ansätze eines individualistischen Verstehens schließen holistische Verstehenskonzepte darüber hinaus die oben angedeutete Möglichkeit aus, dass kooperative Handlungen auch ohne individuelles oder kollektives Verstehen der in sie Involvierten zustande kommen können. Es gibt jedoch Handlungssituationen, die bestimmte Formen äußerlicher Kooperation nahelegen, ja mitunter geradezu erzwingen. Zu denken ist hier an das bereits erwähnte Mitlaufen in einer Masse, das Durchlaufen der einzelnen Kontrollstationen beim Betreten eines besonders gesicherten öffentlichen Bereichs oder das durch die Musik einer Blaskapelle geforderte Gehen im Gleichschritt, dem sich zu verweigern einer besonderen willentlichen Anstrengung bedarf.

(3) Auf Einwände der zuletzt genannten Art antworten holistische Konzepte des sozialen Verhaltens, die im Unterschied zu Ansätzen des *Verstehens* das soziale Geschehen von einem externen Standpunkt aus zu *erklären* versuchen. Die holistische Erklärung führt soziale Phänomene in letzter Instanz zurück auf kollektive Strukturen, soziale Systeme, sozioökonomische Determinanten, Institutionen, Mechanismen und funktionale Zusammenhänge. Beispiele für solche Erklärungen bieten etwa Niklas Luhmanns Versuch, soziale Phänomene auf die Kommunikation sozialer Systeme zurückzuführen, oder, um Hollis' Beispiel zu nehmen (vgl. 1994: 6/19), Karl Marx' Gedanke, dass sich die gesellschaftlichen Bewusstseinsformen aus den Produktionsverhältnissen ableiten lassen. Im Rahmen solcher Ansätze werden die kollektiven Strukturen und Mechanismen herausgestellt, die im je besonderen Fall im Hintergrund des Zusammenhangs kooperativer Handlungen wirksam sind. Anders als in den vorher skizzierten Konzepten sehen holistische Erklärungen von der handlungskonstitutiven Rolle der Akteure

insgesamt, und d.h. sowohl von ihrem individuellen als auch kollektiven Verstehen, ab. Nicht ›ich‹ und ›du‹, nicht ›wir‹ und ›ihr‹ tun etwas miteinander. Es sind vielmehr die sozialen Verhältnisse, die Determinanten und Mechanismen der sozialen Welt, die miteinander kommunizierenden Systeme usw., die unsere Formen von Kooperation hervorbringen und bestimmen.

Da letztlich alle Handlungen eingebettet sind in solche übergreifenden sozialen Zusammenhänge, kann es den einleitend erwähnten Fall von anfänglich individuellen Handlungen, die aufgrund besonderer Umstände als kooperative Handlungen weitergeführt werden, eigentlich gar nicht geben. Dem entspricht auf der anderen Seite jedoch kein verstärktes Interesse an Handlungen, die von Vornherein wesentlich kooperativ sind. Es liegt vielmehr in der Natur solcher Erklärungen von oben nach unten, dass sie insbesondere dann zur Anwendung kommen, wenn es um Funktionsanalysen sozialer Institutionen bzw. ganzer Gesellschaftssysteme geht oder wenn große sozialhistorische Zusammenhänge wie gesellschaftliche Umbrüche und Wandlungen durch Revolutionen und Reformbewegungen, Zuspitzungen und Lösungen von Spannungen und Konflikten, Institutionalisierungsprozesse usw. analysiert werden. Einzelne kooperative Handlungen wie eine konkrete politische Debatte, eine gerichtliche Entscheidung oder gar ein gemeinsamer Umzug haben in dieser Perspektive allenfalls nachgeordnete Bedeutung. Situationen sind im Rahmen solcher makroskopischen Analysen im Grunde lediglich Konstellationen im Kontext übergreifender sozialer Zusammenhänge, denen die theoretische Aufmerksamkeit gilt. Konstitutiv für das soziale Geschehen sind daher auch nicht besondere Handlungssituationen, sondern bestimmte strukturelle, kausale oder funktionale Gesetzmäßigkeiten.

Dennoch liegt der holistischen Erklärung eine auch für die Analyse von Kooperationssituationen und -handlungen wichtige Intuition zu Grunde: Soziale Geschehnisse im Allgemeinen und kooperative Handlungen im Besonderen können nämlich nur dann hinreichend erfasst werden, wenn sie auch im Kontext eines überindividuellen Zusammenhangs bestimmt werden, der unabhängig von unserem individuellen und kollektiven Verstehen ist. Damit hat die holistische Erklärung ihre Stärke genau dort, wo individualistische und holistische Verstehensansätze ihre systematische Schwachstelle aufweisen. Gemeinsames Handeln kommt durchaus auch aufgrund anonym wirksamer Mechanismen, Strukturen oder funktionaler Zusammenhänge zustande, die unabhängig vom individuellen und kollektiven Verstehen der Akteure wirksam sind.

Allerdings ist in anderer Hinsicht die holistische Erklärung gerade deswegen unbefriedigend, weil sie die Rolle handelnder Individuen in der Handlungsanalyse und mit ihr die handlungskonstitutive Bedeutsamkeit des individuellen Verstehens kooperativer Handlungssituationen ausschließt. Wiederum ist auf die Probleme zu verweisen, die sich insbesondere bei der Bestimmung innovativer oder kreativer Kooperationshandlungen ergeben. Verdanken innovative und kreative Leistungen ihre Bestimmtheit der Tatsache, dass die Regeln, denen die beteiligten Akteure zu folgen gewohnt sind, überschritten werden, dann schließt der definitorische Sinn innovativer und kreativer Handlungen einen Perspektivismus notwendig ein. In Situationen einer Neubestimmung des Handelns werden die im Verständnis der Akteure sich anbietenden vertrauten Formen des Handelns preisgegeben und in eine neue, nicht gewöhnliche und vielleicht sogar neuartige Art des Handelns transformiert. Ein solcher Perspektivismus wird jedoch in holistischen Erklärungen aus prinzipiellen Gründen ausgeschlossen. Denn die gesuchte Erklärung zielt gerade auf die Analyse von übergreifenden objektivierbaren Gesetzmäßigkeiten, die die thematisierten sozialen Zusammenhänge insgesamt bestimmen und nicht auf die individuelle oder kollektive Perspektive von Akteuren bezogen sind. Demgegenüber sind es jedoch gerade die im Erklärungsholismus nicht thematisierbaren individuellen Handlungsinitiativen, die im Kontext eines gegebenen strukturellen Rahmens nicht erwartbar sind, die in bestimmten Situationen zu Modifikationen oder Überschreitungen bestehender Handlungsroutinen führen.

Aber auch unabhängig vom Problem der Erklärung der Situation innovativer oder kreativer Kooperationshandlungen gerät die holistische Erklärung überall dort in Erklärungsnot, wo es um die Frage der Handlungsinitiative geht, insofern die Priorisierung der Bedeutung von Handlungsträgern hier theoretisch nicht vorgesehen ist. M. a. W. die Strategie holistischer Erklärungen, die konkrete Handlungssituation aus dem Kontext übergreifender Zusammenhänge zu untersuchen, wird den mit der Wirksamkeit individueller Akteure verbundenen Bestimmtheiten kooperativer Situationen nicht gerecht, die quer zu den übergreifenden Zusammenhängen handlungskonstitutive Relevanz gewinnen – wenn sich beispielsweise jemand institutionellen Zwängen erfolgreich widersetzt, sich in einem vorgegebenen Rahmen nicht erwartungsgemäß verhält und Innovationen anstößt usw.

(4) Die Handlungsinitiativen individueller Akteure bringen demgegenüber Konzepte individualistischer Erklärungen sozialer Phänomene in Anschlag. In diesem Zusammenhang wird aus der Beobachterperspektive ein Mechanismus expliziert, der das soziale Verhalten im Rekurs auf die individuellen Bedürfnisse und Interessen der Akteure erklärt. Solche Erklärungen greifen vorzugsweise auf das Modell des homo oeconomicus zurück, d. h. auf die Einführung idealtypisch bestimmter individueller Bedürfnisbefriediger und Nutzenmaximierer, denen in ökonomischer Perspektive ein durchgängig zweckrationales Verhalten allgemein unterstellt wird, das sich, den vorauszusetzenden individuellen Präferenzen entsprechend, genau kalkulieren lässt. Mit Hilfe dieses Modells können in individualistischen Erklärungen kooperative Handlungen aus objektivierbaren Annahmen

über die Determinanten individuellen Handelns abgeleitet werden. Das klassische
Beispiel einer solchen Konzeption bietet die Anthropologie, die Thomas Hobbes
im Rahmen seiner Legitimation politischer Gewalt entwickelt.[13]

Im Grunde orientieren sich individualistische Erklärungen an einem einzigen
Handlungstyp: dem individuellen zweckrationalen Handeln, dessen besondere
Ausformung aufgrund der individuellen und gegebenenfalls interindividuellen
Konstellationen von Präferenzen sehr variabel ist. Die Bestimmung der Situation
kooperativer Handlungen ergibt sich dabei als bloße Folge der Präferenzen der
beteiligten zweckrational handelnden Individuen, insofern sich bestimmte individuelle Handlungsziele nur erreichen lassen, wenn Individuen mit anderen Individuen kooperieren. So lässt sich nach Maßgabe des Modells zweckrationalen
Handelns z. B. errechnen, dass Peter Paul beim Umzug hilft, wenn dieser seinerseits Unterstützung beim Streichen von Peters Wohnung zugesagt hat.

Auch individualistische Handlungserklärungen bleiben aus naheliegenden
Gründen theoretisch defizitär, wenn es um die Aufklärung von Strukturen von
Situationen geht, die nicht mehr auf kalkulierbare Zusammen- und Wechselwirkungen zwischen den verschiedenen individuellen Präferenzen der Akteure zurückgeführt werden können. Zu erinnern ist hier an die oben angedeuteten Fälle
einer als Kooperationssituation verstandenen Situation, deren Charakter sich gerade nicht aus entsprechenden kooperativen Absichten der Akteure ableiten lässt.
Darüber hinaus setzen individualistische Erklärungen Erklärungsprinzipien voraus, deren anthropologische Grundlage, wird sie verabsolutiert, zu kritisieren ist.
Denn menschliche Akteure verfügen nicht nur über die von Hobbes bis zur Spiel-
theorie unterstellte, im Dienste ihrer Bedürfnisbefriedigung eingesetzte instrumentelle Mittel-Zweck-Rationalität, sondern sind auch zu nicht-zweckrationalen
Bewertungen ihrer Zielsetzungen in der Lage. Dies ist wiederum relevant, wenn
man nachvollziehen möchte, wie innovative bzw. kreative Kooperationshandlungen möglich sind, die den Rahmen des bisherigen Handelns verändern oder
grundsätzlich überschreiten. Denn es ist gerade das nicht kalkulierbare individuelle Verhalten einzelner Akteure, das die Situationen von Handlungen bestimmt,
in denen Strukturen der Kooperation modifiziert, revidiert und neu geschaffen
werden. Damit schließt sich die Erörterung zu einem Reigen, der wieder an die
theoretische Ausgangsposition des individualistischen Verstehens anknüpft.

Angesichts der charakteristischen Stärken und Schwächen der einzelnen so-
zialtheoretischen Zugänge scheint es sinnvoll, über eine Kombination der verschiedenen Analyseansätze nachzudenken. Da die konzeptionellen Defizite aller
vorgestellten Zugänge insbesondere am Phänomen innovativer bzw. kreativer Ko-

---

13 Hollis selbst verweist auf das sechste Buch von John Stuart Mills »A System of Logic« (vgl.
    1994: 10 f./24 f.).

operationshandlungen sichtbar werden, dürfte es hilfreich sein, auf diese Phänomensphäre besonders zu achten, um die Leistungsfähigkeit des nun zu skizzierenden Vorschlags zu testen.

III Versuch einer Integration verschiedener Aspekte der Situation kooperativen Handelns

Ulrich Baltzer hat in seiner sozialontologischen Studie zum Gemeinschaftshandeln (1999) einen fruchtbaren Vorschlag für die Analyse des Zusammenwirkens der Akteure im kooperativen Handeln gemacht, der sich m. E. dadurch auszeichnet, dass er in der Lage ist, verschiedene sozialtheoretische Methoden in ein Konzept des kooperativen Handelns zu integrieren. Danach sind für gemeinsames Handeln so genannte ›Anschlusshandlungen‹ von zentraler Bedeutung.[14] Kooperationen kommen nicht durch individuelle Intentionen, sondern dadurch zustande, dass andere Akteure die Handlungsinitiative aufnehmen und den Handlungszusammenhang fortsetzen. Dafür dass etwa die kooperative Handlung der Verabredung zu einem Kinobesuch ausgeführt wird, ist nicht der Vorschlag, sondern die Zusage der anderen entscheidend. Der Kinobesuch selbst wiederum konstituiert sich als gemeinsame Handlung nicht durch die Verabredung, sondern durch den gemeinschaftlichen Besuch der Vorstellung usw.[15] Die folgenden Ausführungen versuchen, das Konzept des Anschlusshandelns so zu entwickeln, dass deutlich wird, wie die zuvor skizzierten methodischen Alternativen in der Analyse des kooperativen Handelns und seiner spezifischen Situation miteinander verbunden werden können. Dabei orientiere ich mich an der bisherigen Reihenfolge der Darstellung.

(1) Handlungen, sowohl individuelle als auch kooperative, sind Handelnden in besonderer Weise bewusst. Mögen sich Handlungen – und dies dürfte der Normalfall sein – allererst vor dem Hintergrund eines Geschehens als Handlungen etablieren, so entspricht es doch unserer Handlungserfahrung, dass Handlungen unserer Kontrolle unterstehen. Wer sich nicht bloß verhält, sondern handelt, richtet seine Aufmerksamkeit auf sein Verhalten und macht es zum Gegenstand

---

14 Den Begriff übernimmt Baltzer von Luhmann, versteht ihn seinerseits aber nicht systemtheoretisch.

15 Siehe dazu Baltzer (1999: 177): »Ein bestimmtes Gemeinschaftshandeln kann man demnach nicht vorhaben oder erwarten wie eine individuelle Handlung. Daß eine Handlung eine gemeinschaftliche ist, setzt voraus, daß die im Einzelfall erfolgenden Teilhandlungen tatsächlich aufeinander abgestimmt sind. Sind sie dies nicht, scheitert das Gemeinschaftshandeln. ›Gemeinschaftlichkeit‹ ist unter diesem Blickwinkel ein Erfolgsprädikat, das durchgängig nur im konkreten Prozeß zu haben oder zu verfehlen ist.«

einer gezielten Lenkung.[16] Dabei verfolgen Handelnde gemäß der handlungstheoretischen Standardauffassung eine bestimmte Absicht hinsichtlich dessen, was sie
tun. Der verstehende Rekurs auf die Intentionen der miteinander Handelnden ist
nun auch bei der Bestimmung der initialen Situation des kooperativen Handelns
unverzichtbar. Denn damit in einer Situation kooperative Handlungen möglich
werden, bedarf es in der Regel zunächst individueller Handlungen, auf die andere Handlungen überhaupt im Sinne des Anschlusshandelns bezogen sein können. An dieser Stelle kommen individuelle Akteure ins Spiel – mit ihren Einstellungen und Absichten.

Baltzer gibt ein schönes Beispiel, das in der Ich-Perspektive beginnt, dann aber
in einer Wir-Perspektive endet: »Ich sitze in meiner Stammkneipe am Tresen und
schiebe mein geleertes Bierglas von mir, weil ich zahlen und dann aufbrechen will.
Der Wirt nimmt das Glas und füllt es erneut, weil er das Wegschieben des Glases
als Bestellung aufgefaßt hat. Nun sind mehrere Varianten denkbar. (I) Ich protestiere, etwa mit dem Hinweis: ›Du weißt doch, daß ich niemals mehr als zwei Bier
trinke, wieso schenkst du dann noch nach?‹ Der Wirt lenkt ein, weil er seinen
Fehler einsieht, und kassiert lediglich zwei Bier. (II) Anders läge der Fall, wenn ich
wie in Variante (I) gegen das Nachschenken protestiere, der Wirt aber sagt: ›Du
gehst doch sonst nicht so früh.‹ Nach einem erstaunten Blick auf die Uhr trinke
ich das soeben eingeschenkte Bier, weil es einfach zu früh ist, um schon zu gehen. (III) Eine dritte Variante beginnt wie Variante (II) mit meinem Protest und
mit dem Hinweis auf die frühe Stunde seitens des Wirts, endet dann jedoch damit,
daß mir der Wirt das eingeschenkte Bier als Freibier ausgibt, das ich der Freund-
lichkeit des Wirts halber dann auch trinke.« (1999: 193 f.)

Das Beispiel zeigt, wie in einer Kooperationssituation Handlungsinitiativen als
Offerten für Anschlusshandlungen ihre Bedeutung gewinnen. In diesen Offerten
spiegeln sich die in einer bestimmten Situation leitenden Absichten der handelnden Individuen. So spielt etwa neben der Absicht des Gastes, seine Rechnung zu
begleichen und nach Hause zu gehen, die, auf der Einschätzung des Gastes und
seiner Gewohnheiten beruhende, gegenläufige Absicht des Wirtes, dem Gast ein
weiteres Bier auszuschenken, eine wichtige Rolle. Dabei zeigt der weitere Verlauf,
dass Kooperation durchaus in einer Weise zustande kommen kann, die der individuellen Situationserfassung der beteiligten Akteure nicht entspricht. Man kann
sich in Variation von Baltzers Beispiel sogar den Fall denken, dass eine nicht als
Kooperationsofferte verstandene individuelle Handlungsinitiative im Verlauf des
Anschlusshandelns den Charakter einer solchen Offerte bekommt. So könnte es

---

16   Dieses Moment hat Harry G. Frankfurt (1978) in seinem *guidance*-Konzept einzufangen ver-
     sucht.

sein, dass der Gast das leere Bierglas von sich schiebt, um Armfreiheit zu gewinnen, schließlich aber durch das Nachschenken des Wirtes und eine entsprechende Diskussion des Gastes mit dem Wirt die kooperative Gesamthandlung ›Ausgeben eines Freibieres‹ zustande kommt. Kooperationssituationen können demnach nicht nur anders realisiert werden, als sie von den beteiligten Akteuren zunächst intendiert sind, sondern auch im Anschluss an ein bloß individuelles Handeln überhaupt erst entstehen.

Gehen wir von den Intentionen der Akteure aus, dann stellt sich eine Kooperationssituation allerdings nur dann ein, wenn sich die Akteure auf ein Miteinander einlassen. So kann die gestische Aufforderung zur Zahlung als Initiative einer Kooperation ins Leere gehen, wenn der Wirt überhaupt nicht reagiert. Ähnliches gilt, wenngleich dies konkret schwerer vorzustellen ist, für das Nachschenken des Wirtes. Diese Handlung bliebe möglicherweise eine bloß vermeinte Antwort auf eine vermeinte Offerte, wenn der Gast nicht in der Lage oder nicht willens wäre, die Handlung des Wirtes als einen Anschluss auf sein Wegschieben des Glases zu akzeptieren.[17] Gemäß dem Konzept des Anschlusshandelns bedeutet dies, dass es zu einer kooperativen Situation faktisch erst dann kommt, wenn eine Offerte oder die Deutung eines Handelns als Offerte durch das sich anschließende Handeln bestätigt wird. Damit soll der Umstand berücksichtigt werden, dass auch bei Handlungen, die nicht als Offerten intendiert, aber als Offerten verstanden werden, Kooperation von *vermeinter Kooperation* unterschieden werden muss.

Zu einer Kooperationssituation wird das Zusammenspiel von Handlungsinitiativen und Anschlusshandlungen nur dadurch, dass mehrere an der kooperativen Handlung beteiligte Akteure eine kooperative Einstellung haben; d.h. bei einigen der beteiligten individuellen Akteure muss eine grundsätzliche Bereitschaft bestehen, in der gegebenen Situation etwas mit anderen zusammen zu tun. Eine kooperative Einstellung hat daher kein Akteur für sich allein; es handelt sich vielmehr um eine Einstellung, die sich unter den Beteiligten erst in einer bestimmten Praxis des Miteinanders zeigt.

(2) Kooperative Einstellungen lassen sich als mit anderen geteilte Einstellungen nicht als lediglich individuelle Absichten, etwas miteinander zu tun, verstehen. Sie rekurrieren daher ihrerseits auf ein überindividuelles kollektives Verstehen, gemäß dem das in einer bestimmten Situation geforderte kooperative Handeln konkret bestimmt ist. Wer kooperiert, versteht die konkrete Situation als Kooperationssituation für ein bestimmtes Miteinander; und er versteht die Re-

---

17 Dass es dazu im gewählten Beispiel unter normalen Bedingungen kaum kommen kann, dürfte mit den später unter (3) skizzierten institutionellen Vorgaben der Situation (am Tresen in der Kneipe) zusammenhängen.

gel bzw. das Muster dessen, was er mit anderen tut und andere mit ihm zusammen tun. Dabei kann es hinsichtlich der Bestimmtheit des situationsangemessenen Tuns durchaus zu Missverständnissen kommen. Dies macht Baltzers Beispiel deutlich, insofern die unterschiedlichen individuellen Absichten von Wirt und Gast und ihre Bereitschaft, miteinander zu agieren, sehr unterschiedlich konkretisiert werden und zunächst zu einer Form der Interaktion führen, die im Gesamthandeln irritierend ist.

Neben der Möglichkeit des Scheiterns eröffnet eine durch solche Irritationen charakterisierte kooperative Situation Möglichkeiten eines innovativen oder kreativen Anschlusshandelns, auf die es im gegebenen Beispiel ankommt. Zunächst liegen in der Situation Bestimmungen des Handelns nahe, die an ein Regelverstehen von Routinen und Gewohnheiten wie ›Aufforderung zur Zahlung‹ oder ›Nachbestellen‹ anknüpfen. In der durch die Irritation hervorgerufenen veränderten Situation wird der Rekurs auf ein geteiltes Regelwissen erforderlich, mit dem zunächst weniger naheliegende Handlungen wie ›Ausgeben eines Freibiers‹ oder beim kreativen Handeln sogar erst in der nachtäglichen Beurteilung zu etablierende Handlungstypen ins Spiel kommen (vgl. dazu Mertens 1999 und 2012). Solches Regelverstehen ist für gelingende Kooperation unverzichtbar, da die miteinander Agierenden mit Blick auf das kooperative Gesamthandeln die Kooperationshandlung als einen in sich geordneten Zusammenhang von Teilhandlungen erfassen, die von den beteiligten Akteuren ausgeführt werden müssen. Darüber hinaus können Situationen aufgrund des kollektiv verankerten Regelwissens sogar dann als kooperative Situationen verstanden und bewertet werden, wenn ein entsprechendes Anschlusshandeln ausbleibt. Beispiele dafür bieten die anfangs angedeuteten Fälle unangemessener oder unterlassener Kooperationen. Davon müsste eine lediglich vermeinte unterlassene Kooperation als Form eines Missverstehens unterschieden werden, d. h. als ein nicht im sozialen Bewusstsein verankertes oder zu verankerndes Verstehen einer Situation des Miteinanders.

(3) Nun wurden zuvor allerdings auch die Grenzen der verstehenden Analyse deutlich. Es gibt nämlich Fälle, in denen einzelnen Akteuren die kooperative Handlungssituation, in die sie involviert sind, und ihr Mitwirken in einer kooperativen Handlung durchgängig – d. h. sowohl im Verlauf als auch nach Abschluss des Handelns – verschlossen bleiben kann. Auch wenn die Analyse kooperativer Situationen auf das individuelle und kollektive Verstehen von Teilnehmern einer Gesamthandlung nicht gänzlich verzichten kann, so kann es Kooperationen geben, die das Verstehen einiger Beteiligter grundlegend übersteigen. Kooperative Situationen sind daher nicht exklusiv aus der Perspektive der beteiligten Akteure zu bestimmen, sondern auch Gegenstand einer externen Analyse.

In dieser Betrachtungsweise verhalten sich Individuen gemäß bestimmten objektiven sozialen Determinanten. Solche Situations- und Verhaltensdeterminanten sind auch dort im Spiel, wo wir – wie in Baltzers Beispiel – durchaus mit der Verstehensperspektive der Akteure rechnen können. Denn die Bestimmtheit der Kooperationssituation, der in ihr anstehenden Gesamthandlung und ihrer Auffächerung in Teilhandlungen verdankt sich ihrerseits gesellschaftlichen Institutionen und Mechanismen, die den Ablauf konkreter Kooperationsprozesse regeln, ohne dass diese den einzelnen Akteuren transparent sein müssen. So sind die von Baltzer beschriebenen Aktionen in der angedeuteten Situation hintergründig wesentlich mitbestimmt von institutionellen Vorgaben, die das Bewusstsein der einzelnen kooperativ handelnden Akteure wesentlich übersteigen. Zu denken ist hier an Strukturen und Mechanismen, wie sie mit einer bestimmten Freizeitkultur, gastronomischen und betriebswirtschaftlichen Erfordernissen und nicht zuletzt dem Wirtschaftssystem verbunden sind. Für die Untersuchung kooperativer Handlungen bieten sich daher auch die Instrumentarien holistischer Erklärung an.

Holistische Erklärungen müssen demnach nicht notwendig die skizzierten gesellschaftlichen Großaufnahmen liefern. Sie können auch fokussiert werden auf die institutionelle oder funktionale Analyse einer bestimmten Form der Kooperation. Dabei könnte man mit Baltzers Beispiel zeigen, wie innerhalb eines bestimmten institutionellen Rahmens, der durch die Situation des Ausschanks am Tresen festgelegt ist, durchaus konkretisierende Verständigungen über die genaue Form des institutionell geregelten Handelns möglich sind. Institutionen können sogar im Handlungsprozess allererst geschaffen werden, etwa in dem Fall, in dem erstmalig die zunächst im institutionellen Kontext nicht vorgesehene Institution des Freibiers eingeführt wird. Bei innovativen oder kreativen Handlungen ist im Grunde eine Bestimmung der Situation und der in ihr ausgeführten Transformation des Handelns nur ex post möglich. Hinterher wissen wir mehr. Es ist dann zu sehen, was Handelnde im Miteinander getan und erreicht haben und was die Rolle bestimmter Einzelhandlungen beim Zustandekommen der kooperativen Gesamthandlung war. Damit kommen Strukturen und Mechanismen in Spiel, über die wir in externer Perspektive sprechen, d. h. es geht um das, was der klassische Erklärungsbegriff ins Spiel bringt.

(4) Die Analyse des kooperativen Handelns muss schließlich auch individuelle Handlungserklärungen berücksichtigen. In diesem Fall wird die Situation des Miteinanders im Rekurs auf einen sozialen Mechanismus erklärt, der von kalkulierbaren Präferenzen der an einer Kooperation beteiligten Individuen ausgeht. So argumentieren wir etwa in einer Hobbes'schen Weise: Weil Individuen bestimmte Bedürfnisse haben und weil sie bei der Befriedigung ihrer Bedürfnisse rational vorgehen, kooperieren sie miteinander. Kooperation bringt individuelle Vorteile.

Auch auf diese Weise lassen sich relevante Aspekte der in Baltzers Beispiel skizzierten Situation analysieren, die in den anderen Zugängen nicht thematisch

werden. So ist die Interaktion zwischen Gast und Wirt mitbestimmt von dem Umstand, dass beide auf eine Weise handeln, die der Befriedigung ihrer unmittelbaren, aber auch langfristigen Interessen und Bedürfnisse dient. Der Gast entscheidet z. B. angesichts der durch die Irritation veränderten Situation ein zweites
Mal über seine Präferenzen – soll er am Wunsch festhalten, nach Hause zu gehen,
oder soll er sich auf das zweite Bier einlassen? Dabei mag auch die Erwägung, es
sich mit dem Wirt nicht zu verscherzen, eine Rolle spielen. Umgekehrt lassen sich
auch die kooperativen Teilhandlungen des Wirtes im Rahmen seiner mittelfris-
tigen ökonomischen Interessen nachvollziehen. Denn die ihm möglichen Handlungen müssen sich letztlich für ihn wirtschaftlich auszahlen. Hierbei spielen z. B.
besondere Rücksichten auf den Stammgast eine wichtige Rolle. Das heißt, wir erklären die Handlungssituation im Rückgang auf den individuellen rationalen Ego-
ismus der kooperierenden Akteure.

Situationen kooperativer Handlungen sind aus der Perspektive sowohl handelnder Individuen als auch handelnder Gemeinschaften zu untersuchen, insofern Kooperationshandlungen einen Sinn aufweisen, den wir nur verstehen
können, weil wir selbst Handelnde sind. Zugleich aber übersteigen kooperative
Handlungen die Perspektive verstehender Akteure. Insofern sind Situationen kooperativen Handelns auch in externer Perspektive zu erklären. Dabei können
zwei Varianten externer Analyse unterschieden werden: In der *individualistischen*
Spielart dieser Erklärung sind die Träger kooperativer Handlungen idealtypisch
bestimmte individuelle Vorteilssucher, deren Verhalten im Rekurs auf die Dritte
Person Singular bzw. Plural erklärt werden kann. In der *holistischen* Spielart wird
die Kooperationssituation durch anonym wirksame soziale Mechanismen, Institutionen und Strukturen bestimmt, die den Spielraum möglicher Kooperationen
festlegen.

Welche Aspekte der Situation sind also bei kooperativen Handlungen in Rechnung zu stellen? Es kommt darauf an, welche analytische Absicht wir verfolgen
und welche Problemlage wir im Blick haben. Es gibt kooperative Handlungen, deren Situation wir primär als Konstellation individueller Einstellungen und Absichten der miteinander Kooperierenden erfassen. Das Interesse, die konkrete
Situation aus dem Zusammenkommen einer Vielfalt individueller Kooperations-
absichten zu verstehen, steht dabei neben der externen Verrechnung präferen-
zieller akteurbezogener Einstellungen der kooperierenden Individuen. Andere
Kooperationssituationen bzw. andere Aspekte der Handlungssituation versuchen
wir zu begreifen, indem wir auf ein sie ermöglichendes kollektives Bewusstsein rekurrieren, sei es das der in die Gesamthandlung involvierten Akteure selbst oder
das von Dritten, die die Situation beurteilen. Darüber hinaus können wir Kooperationssituationen auch erfassen, indem wir die sie bestimmenden sozialen Institutionen und Mechanismen ins Spiel bringen. Die philosophische Analyse scheint

daher gut beraten, wenn sie keine fundamentalistische Lösung dieses komplexen Phänomens anstrebt, sondern sich von der Vielgestaltigkeit unserer alltäglichen Erfahrungen und Reden leiten lässt.[18]

Literatur

Baltzer, Ulrich (1999): Gemeinschaftshandeln. Ontologische Grundlagen einer Ethik sozialen Handelns. Freiburg; München: Karl Alber.

Bratman, Michael E. (1992): Faces of Intention. Selected Essays on Intention and Agency. Cambridge: Cambridge University Press.

Frankfurt, Harry G. (1978): The Problem of Action. In: American Philosophical Quarterly, Jg. 15/H 2, S. 157–162.

Hollis, Martin (1991): Rationalität und soziales Verstehen. Wittgenstein-Vorlesungen der Universität Bayreuth. Übers. v. Joachim Schulte. Hg. v. Wilhelm Vossenkuhl. Frankfurt a. M.: Suhrkamp.

Hollis, Martin (1994): The Philosophy of Social Science. An Introduction. Cambridge: Cambridge University Press; dt. 1995: Soziales Handeln. Eine Einführung in die Philosophie der Sozialwissenschaft. Aus dem Englischen übers. v. Joachim Schulte. Berlin: Akademie Verlag.

Mertens, Karl (1999): Kreativität ohne Absicht? Bemerkungen zum Verstehen kreativer Leistungen. In: Phänomenologische Forschungen N. F. 4, S. 22–42.

Mertens, Karl (2005): Wer handelt, wenn wir handeln? In: Kober, Michael (Hg.): Soziales Handeln. Beiträge zu einer Philosophie der 1. Person Plural. Ulm: Humboldt-Studienzentrum, Universität Ulm, S. 10–26.

Mertens, Karl (2012): Soziale und individuelle Aspekte produktiven und kreativen Handelns. In: Breeur, Roland/Melle, Ullrich (Hg.): Life, Subjectivity & Art. Essays in Honor of Rudolf Bernet. Dordrecht; Heidelberg; London; New York: Springer, S. 255–276.

Nisters, Thomas (1992): Akzidentien der Praxis. Thomas von Aquins Lehre von den Umständen des menschlichen Handelns. Freiburg; München: Karl Alber.

Schmid, Hans Bernhard (2005): Wir-Intentionalität. Kritik des ontologischen Individualismus und Rekonstruktion der Gemeinschaft. Freiburg; München: Karl Alber.

Schütz, Alfred (1932): Der sinnhafte Aufbau der sozialen Welt. Eine Einleitung in die verstehende Soziologie. Frankfurt a. M.: Suhrkamp ²1981.

Searle, John R. (1990): Collective Intentions and Actions. In: Cohen, Philip R. et al. (Hg.): Intentions in Communication. Cambridge, Mass. u. a.: Bradford Books, MIT Press, S. 401–415; dt. 2009: Wir-Absichten. In: Schmid, Hans Bernhard/Schweikard, David P. (Hg.): Kollektive Intentionalität. Eine Debatte über die Grundlagen des Sozialen. Frankfurt a. M.: Suhrkamp, S. 99–118.

---

18 Ingo Günzler und Jörn Müller danke ich herzlich für ihre kritische Lektüre einer frühen Fassung dieses Artikels.

Searle, John R. (1995): The Construction of Social Reality. London; New York u. a.: The
    Free Press; dt. 1997: Die Konstruktion der gesellschaftlichen Wirklichkeit. Zur
    Ontologie sozialer Tatsachen. Deutsch von Martin Suhr. Reinbek: Rowohlt.
Stoutland, Frederick (1997): Why are Philosophers of Action so Anti-Social? In:
    Alanen, Lilli et al. (Hg.): Commonality and Particularity in Ethics. Basingstoke:
    Macmillan Press LTD, St. Martin's Press, Inc., S. 45–74; dt. 2009: Warum sind
    Handlungstheoretiker so antisozial? In: Schmid, Hans Bernhard/Schweikard,
    David P. (Hg.): Kollektive Intentionalität. Eine Debatte über die Grundlagen des
    Sozialen. Frankfurt a. M.: Suhrkamp, S. 266–300.
Tuomela, Raimo/Miller, Kaarlo (1988): We-Intentions. In: Philosophical Studies,
    Jg. 53/H 3, S. 367–389; dt. 2009: Wir-Absichten. In: Schmid, Hans Bernhard/
    Schweikard, David P. (Hg.): Kollektive Intentionalität. Eine Debatte über die
    Grundlagen des Sozialen. Frankfurt a. M.: Suhrkamp, S. 72–98.
Weber, Max (1921/22): Wirtschaft und Gesellschaft. Grundriss der verstehenden Sozio-
    logie. Tübingen: J. C. B. Mohr (Paul Siebeck) ⁵1972.
Wertheimer, Max (1945): Productive Thinking. New York; London: Harper & Brothers
    Publishers; dt. ²1964: Produktives Denken. Frankfurt a. M.: Waldemar Kramer.
Winch, Peter (1958): The Idea of a Social Science and its Relation to Philosophy. Lon-
    don; New York: Routledge 2008.
Wittgenstein, Ludwig (1971): Philosophische Untersuchungen. Frankfurt a. M.: Suhr-
    kamp.

Soziologische Strukturlogiken der Situation

Andreas Ziemann

I Einleitung

Ein zentrales Problem der Soziologie ist und bleibt das empirische Verhältnis von menschlichem Handeln und Gesellschaftsstruktur und das nachfolgende analytische Verhältnis von Handlungstheorie und Gesellschaftstheorie. Ein entsprechender Fragenkomplex lautet: Wie kommt eine Handlung zustande, und wie bilden sich Handlungserfolge mit Anderen respektive soziale Ordnung – nicht zuletzt nach Maßgabe dessen, dass einerseits jeder Akteur in sozialen Prozessen und spezialisierten Vergesellschaftungsbereichen hochgradig von Anderen abhängig ist, dass aber andererseits verschiedene Akteure divergierende Interessen und Ziele verfolgen und unterschiedliche (affektive) Einstellungen haben? Diese Ausgangsfragen führen mich zur Situationstheorie[1], in der Persönlichkeit(en) und Gesellschaft aufeinandertreffen oder, genauer und komplexer besehen: die vier zentralen Bezugsgrößen von *Ego, Alter, Kultur* und *Gesellschaft* zusammenkommen.[2] Die Strahlkraft aller vier Größen wirkt auf die Situation ein; und umgekehrt manifestiert die Situation als ihr integratives Zentrum deren wechselwirkende Interdependenzen.

Einerseits ist die Situation Resultat individueller Motive, spezifischen Werkzeug- und Objektgebrauchs, sozialer Handlungsketten und gesellschaftlicher Ver-

---

[1] Am Rande bemerkt, bieten sich damit zahlreiche Anschlüsse an das Programm der akteurtheoretischen Soziologie an, beispielsweise in der Ausprägung durch Schimank (2007). Bezeichnenderweise fehlt dort aber der Situationsbegriff; stattdessen beobachtet und generalisiert Schimank auf »Konstellationen« hin. Ähnlich das Desiderat, obgleich ebenfalls von *structures* und *practices/actions* her beobachtend und argumentierend, bei Giddens (1988). Dort ist (nur) von »Kontexten« die Rede. Demgegenüber sei daran erinnert, dass bei Parsons (1986) die Verbindung von Handeln und Struktur zwingend zur »Situation« geführt hat.

[2] Siehe zu ersten Überlegungen: Ziemann (2011a).

hältnisse. Andererseits ist die Situation Bedingung wie Anlass für Handeln und Kommunikation und für sowohl Reproduktion und Restabilisierung von Strukturen, Werten, Normen als auch für deren Veränderung und Wandel. Aber nicht weniger ist die Situation Ort und (Aktions-)Feld für das Bekämpfen oder Verhandeln unterschiedlicher, konkurrierender Absichten, Einstellungen, Pläne und Ziele. Die situationstheoretisch relevanten Fragen lauten dann also: (a) Was will der Einzelne, und welches Wissen hat er von hintergründig normativen *und* vordergründig situativen Verhaltensstilen? (b) Wie operationalisieren wir In-Situation-Seiend mit Anderen kognitive, normative und anderweitig thematisch relevante Aspekte, wie verhalten diese sich zueinander, und wie kommt es schließlich zur (erwartbaren) Ordnung der Situation und zur Lösung des sozialen Handlungsanlasses respektive Handlungsproblems?

Diese Fragen nehmen soziologiegeschichtlich ihren Anfang bei William I. Thomas, der das »Anpassungsstreben« von Individuen zum zentralen Problem der Sozialforschung erhoben hat.[3] Im Gegensatz zu einem naturwissenschaftlichen Denken und Erklären im Modus der (gesetzmäßigen) »Verursachung« votiert Thomas für die vereinfachende Forschungsfrage: »what antecedents have what consequences?« (1951c: 296) Damit kann er die verschiedenen Grade der Anpassung von Verhalten und Persönlichkeit untersuchen, sowohl normale als auch abnormale Aspekte einer Situation bzw. in Situationen festhalten. Respezifiziert für die konkrete Situationsanalyse lässt sich die allgemeine Ereignis/Folge-Frage dann in der doppelten Ausrichtung auf Persönlichkeit einerseits und Kultur andererseits stellen: »›Individuals differentiated in what ways and placed in what situations react in what patterns of behavior, and what behavioral changes follow what changes in situations?‹ The question is not *why* but *how* actions follow and relationships obtain.« (Thomas 1951c: 296)

In weiterer Hinsicht schließen diese Fragen an die Forschungen und Studien Goffmans an, insofern es um die »Aufdeckung der relevanten konstitutiven Regeln des Alltagsverhaltens« (1977: 13) geht, um die persönlichen und gesellschaftlichen Organisationsprinzipien, mit und nach denen Menschen Situationen wahrnehmen, gestalten und gemeinsam definieren (vgl. auch 1971). »Was geht hier eigentlich vor?« – damit hatte Goffman (1977: 16) eine gleichermaßen kurze wie nachhaltige Frage formuliert, die nicht nur seine eigenen Interaktions- und Situationsanalysen motiviert, sondern deren Antwort auch allen Akteuren[4] in der Alltagswelt selbst als (geradezu apriorisches) Wissen abverlangt wird. Unter dem Aspekt der Dynamik des Sozialen beinhaltet diese Frage darüber hinaus auch das

---

3   Siehe weiterführend zum situationstheoretischen Ansatz von Thomas und der Chicago School insgesamt den Aufsatz von Anna Echterhölter im vorliegenden Sammelband.
4   Und auch allen Beobachtern und unbeteiligten Dritten!

Wissen oder aktuelle Aushandeln und Abstimmen darum, wer das bestimmt (und legitimer- oder anerkannterweise bestimmen darf) und was dann der Einzelne und alle Anderen richtigerweise zu tun haben.

Je nach Erfahrungshintergrund und Erwartungsbestand haben wir es also mit der graduellen Abstufung zu tun zwischen hoch vertrauten und deshalb unproblematischen Relevanzen und Kontexten oder wenig bis überhaupt nicht vertrauten und deshalb problematischen Relevanzen und Kontexten. Spätestens beim letzten Aspekt kann sich eine Offenheit der Situation ergeben, können Unerwartetes, Überraschendes, Neuartiges jede vorab gegebene und geschlossene Ordnungslogik der Situation unterminieren. Wenn man diesen Aspekt systematisch berücksichtigen will, dann führt eine egologisch fundierte und vom (reflexiv rationalen) Akteur her argumentierende Situationstheorie nicht sonderlich weit. Gerade solche Theorieaussagen, dass die Ausgangssituation mitsamt den Motiven und Maximen des (strategisch) Handelnden bereits die Endsituation festlegt und alle Prozesse determiniert (vgl. etwa von Kempski 1964: 299 f.), scheinen gegenüber der sozialen Wirklichkeit unterkomplex und auch aufgrund der sozialen Lebenserfahrung inadäquat.[5] Anders formuliert: Die häufig vertretene Annahme, dass Akteure *vor* jeder Situation bereits einen klaren subjektiven Plan und eine passende Definition entworfen haben und durchzuhalten imstande sind, verkennt erstens die soziale und vor allem dynamisch-emergente Bedeutungslogik der Situation und zweitens jene Fälle, in denen man erst zum Ende bzw. nach der Situation weiß oder ahnt, was der Fall war, um was es ging und wie sich Handlungsketten wechselseitig motiviert und rekursiv strukturiert haben. Zur Debatte stehen damit die sequenzielle Genese von Frames, der soziokulturell emergente Sinn von Situationen und eine Heuristik sozialer Störung.

Ich werde mich nun in einem ersten Schritt von einer subjektivistischen Situationstheorie absetzen, wie sie durch Thomas und Znaniecki (1927) begründet[6] und zu Teilen von Esser (1996, 1999; vgl. auch Kroneberg 2005) fortgeführt wurde – und wie sie, ohne ausführlich darauf eingehen zu wollen, einen absurden Höhe-

---

5   Kritisch zu einer solchen Art ›Modellplatonismus‹ auch Habermas (1982: 150).

6   Vorsichtigerweise sollte ich besser formulieren, dass die soziologische wie sozialpsychologische Rezeption(sgeschichte) William I. Thomas so (monolithisch) ausgelegt hat. Denn eine ausführliche Auseinandersetzung mit seinen vielfältigen Studien zeigt durchaus auch die Beeinflussung der Situation durch Andere, durch Institutionen und Kultur und entsprechend auch die soziale Dynamik und kulturelle Veränderung von Situationen und Situationsdefinitionen (vgl. dazu besonders Thomas 1951a). Interessant ist auch die kursorische Verbindung der Situation(sdefinition) mit ›Krise‹, die andeutet, dass Gewohnheit, Routine und striktes Rollenhandeln jenseits von Situationen anzusiedeln sind; eine Situation sich vielmehr erst aufgrund von Ängsten, Problemen, Konflikten, Kämpfen und anderen Krisen einstellt (vgl. Thomas 1909: 17 ff.). Systematisch ausgearbeitet zu einer konsistenten soziologischen Situationstheorie hat Thomas dies alles aber leider an keiner Stelle.

punkt bei Jürgen Markowitz (1979) gefunden hat.[7] In einem zweiten Schritt schlage
ich eine Systematik der Situation vor, die (von Parsons und Goffman stimuliert)
ihre grundlegende soziale Struktur- und Prozesslogik erhellt und damit auch wesentliche Merkmale notwendigen Wissens der beteiligten Akteure selbst benennt.[8]
Und in einem dritten Schritt problematisiere ich den Fall der empirischen Offenheit einer Situation und den Einbruch des Unerwarteten. Eine Hauptreferenz ist
dabei Boltanskis und Thévenots Studie »Über die Rechtfertigung« (2007).[9] Zu-
sammengefasst lauten Rahmung und Anliegen meines Beitrags: Parallel zu subjektiven Handlungsintentionen und egologischer Situationsdeutung – und vor allem entgegen dieser – auf die (oft unterschätzte) Führung der Situation durch die
Anderen aufmerksam zu machen und dieses Alteritätsprinzip der Situationstheorie einzuschreiben.

---

7   Erstens bin ich gegenteiliger Auffassung – in theoriegeschichtlicher Hinsicht wie auch aus
    systematischen Gründen – bezüglich seiner Diagnose: »Soziologische Theoretiker haben
    sich bisher standhaft geweigert, Situation vom Subjekt her zu begreifen« (Markowitz 1979:
    16). Das ist einfach falsch und trifft bereits für die Gründerszene mit und um William I.
    Thomas nicht zu. Zweitens präsentiert Markowitz eine merkwürdige Verkürzung, wenn er
    Situation als Orientierungskonzept deklariert, das »in Form von Erwartungen soziales Han-
    deln begleite[t] und vorbereite[t]« (1979: 17), und es demzufolge für verfehlt hält, »soziale
    Situationen als den Orientierungsbereich von mehr als einem [!] Subjekt zu interpretieren«
    (1979: 16). Die einzelne personale Systemreferenz wird derart hypostasiert, dass sie allein
    die Situation – auch die soziale – trägt (vgl. Markowitz 1979: 195). In eine Situation sind
    bei Markowitz deshalb auch nie mehrere involviert und integriert; vielmehr ist die sozia-
    le Situation immer »die Situation des je einzelnen in *Gegenwart* anderer einzel-
    ner oder Gruppen oder nur vorgestellter einzelner oder Gruppen.« (1979: 194) Man muss
    die kritische Anfrage stellen, worin dann eigentlich die Qualität und Dimension *des Sozia-
    len* in der Situation besteht – und das auch eingedenk des expliziten Titels seiner Studie »Die
    soziale Situation«. Unterstützt wird diese Frage dadurch, dass alle sachlichen, technischen,
    raumzeitlichen und sozialen Aspekte (kurz: jegliche *Fremdrepräsentanz*) bei Markowitz der
    »Umgebung« zugeschrieben werden (vgl. 1979: 177 ff.). Und drittens bleiben analytisch wie
    empirisch die Grenzen mindestens der drei Zentralbegriffe von Umgebung, Situation und
    Situationsverkettung unscharf. Dies zeigt sich beispielsweise daran, dass einerseits keine Si-
    tuation ohne Umgebung denkbar ist (vgl. Markowitz 1979: 177), dass aber andererseits die
    Umgebung selbst ein »gegliederter Zusammenhang von Situationsverkettungen« ist (Mar-
    kowitz 1979: 183).
8   Dies bedeutet auch eine Einlösung dessen, was bei vielen Soziologen bezüglich spezifischer
    Akteurkompetenzen nur vage Angabe bleibt, aber gleichwohl als notwendige Unterstellung
    firmiert.
9   Auch sie stellen sich dezidiert gegen die subjektivistischen Situationstheorien und die An-
    nahme einer vorgängigen Selbststeuerung von Individuen mittels mentaler Pläne und Pro-
    gramme. Ihr eigener Ansatz rückt stattdessen das Moment und den Modus der *Unsicherheit*
    aller in einer Situation Handelnden in den Vordergrund (vgl. Boltanski/Thévenot 2007: 291).

II Klassische Situationstheorie und das Problem der subjektivistischen Engführung

Jedes menschliche Verhalten und Handeln findet in Situationen statt, die Wünsche und Ziele hervorbringen und Reaktionen bedingen. Gleichwohl, so William I. Thomas, ist die (bewusste wie unbewusste) Entscheidung zum konkreten Verhalten oder auch Nichthandeln von einer vorgängigen subjektiven Definition der Situation abhängig (vgl. 1937: 8). »The definition of the situation, that is, the more or less clear conception of the conditions and consciousness of the attitudes«; so formulieren Thomas und Znaniecki in ihrer Studie zum »Polish Peasant« (1927: 67 f.) die dritte notwendige Bedingung für einen Handlungsvollzug – neben einem inneren Anlassproblem und Handlungswillen und neben äußeren, objektiven Gegebenheiten. Die subjektive Situationsdefinition legt damit den Handlungsplan und die zu koordinierenden Handlungsphasen fest und rahmt in selektiver Weise die eigene Einstellung und rollenförmige Selbstfestlegung wie auch die Erwartungen an Andere. Jegliches Handeln ist demzufolge motiviert durch ein Problem, findet aber, so nun die pointierte Auslegung durch Hartmut Esser, erst dann faktisch und wirksam statt, »wenn der Akteur aufgrund der gegebenen äußeren *wie* inneren Bedingungen der Situation zu einer eigenen, selektiven und systematisierenden, dann subjektiv das Geschehen vollkommen beherrschenden *Definition* der Situation kommt. Gibt es eine solche subjektive Definition der Situation einmal, dann ist der Akteur einstweilen ganz von ihr gefangen« (Esser 1999: 61; vgl. auch 1996: 5). Die Situationsdefinition geht dem Handeln also konstitutiv voraus und bestimmt dann auch alle weiteren Konsequenzen und Nebenfolgen (für Andere).

Worauf Esser hier weitergehend anspielt, ist das so genannte *Thomas-Theorem*:[10] »If men define situations as real, they are real in their consequences.« (Thomas/Thomas 1928: 572) Menschen bzw. typisierte Akteure entwerfen sich also mal mehr, mal weniger bewusst auf eine spezifische Situation innerhalb eines Realitätsausschnitts hin, rekurrieren dabei auf Frames und Skripte, bedenken dortige Folgen und bewerten vor diesem Hintergrund die Alternativen (vgl. Esser 1999: 402 f.). Paradigmatisch wird hier der autonome Akteur in eine Situation gestellt, in der er seine egoistischen Interessen und Wünsche relativ frei, je nach den zuhandenen Ressourcen, verfolgt und verwirklicht. Parallel dazu sucht dieser idealtypische Akteur soziale Wertschätzung und/oder physisches Wohlbefinden – »[b]eide Bedürfnisse müssen *ununterbrochen* und *fortwährend* erfüllt werden« (Esser 1999: 95) – und generiert dabei und deshalb eine subjektive, ver-

---

10 Begriffsprägend wirksam hier: Merton (1949: 179 ff.); ergänzend zur (Diskussion der) Zitationsgeschichte und Identifikation des »partial citation phenomenon«, bei dem Thomas' Mitautorin und zweite Ehefrau übergangen und vergessen wird: Merton (1995).

einfachende Definition der Situation, die zur »rahmende[n] und orientierende[n] und handlungsleitende[n] Kraft« (Esser 1999: 69) seiner Bedürfniskonstellation und Problembewältigung wird. Der Clou bei Esser – und parallel mein Problem damit – besteht nun darin, dass erstens Menschen in Situationen grundsätzlich nach dem *Prinzip der subjektiven Vernunft* handeln und deshalb im Sinne der Wert-Erwartungstheorie, der *subjective*-expected-utility-theory, in verständlicher und vorhersagbarer Weise (vgl. Esser 1996: 4, 1999: 403) und dass zweitens *monadisches* Handeln die basic unit der Situation darstellt, von dem aus auf aggregierte Handlungsfolgen und das Soziale der Situation geschlossen wird (vgl. 1996: 26).[11] Für Esser sind interessanterweise die Gesetze des Handelns und jene der sozialen Interaktion identisch (vgl. 1996: 29).

Die sozialen (divergierenden) Erwartungen der Mitmenschen (jenseits ihrer kooperativen Verfügungsgewalt und Kontrolle über Ressourcen), die Zuhandenheit bestimmter Techniken und Mittel oder die prozesshafte Dynamik kollektiven Geschehens und gesellschaftlich emergenter Ereignisse – diese Momente und Variablen bleiben bei Esser und zahlreichen anderen Ausarbeitungen einer soziologischen Situationstheorie (vgl. etwa Thomas 1951a; Thomas 1969; Schütz 1971b; Friedrichs 1974; Markowitz 1979; Kroneberg 2005) eigentümlich unterbestimmt[12] und motivieren zu einer anderen Perspektive auf die soziale Situationslogik: eben zu einer ergänzenden Beschreibung unter offenen Verhältnissen der Sinnproduktion, der Handlungsabfolgen und der gesellschaftlichen wie historischen Konsequenzen. Ich bestreite nicht, dass für zahlreiche soziale Situationen *vorab* eine Bedeutung und konkrete Erwartungsstrukturen subjektiv entworfen und daraufhin Pläne bezüglich des anvisierten Ziels entwickelt und fixiert werden. Ich halte es aber für falsch, dies zum allgemeinen Grundprinzip der Situation zu erheben. Der erste Nachteil besteht darin, dass die situative Interdependenz von (sozialem) Handeln und gesellschaftlichen Strukturen unberücksichtigt bleibt – eben das, was Giddens (vgl. 1988: 222 ff.) mit der (rekursiven) *Dualität der Struktur* bezeichnet hat. Entgegen der situationstheoretischen Vorannahmen eines grundlegend waltenden Harmonieprinzips auf Seiten der Akteure und eines reibungslosen Kontakts mit Anderen steckt hierin ein entscheidendes, mir wichtiges Krisen- und Konfliktpotenzial. Wollen und Sollen passen inmitten der gesellschaftlichen Komplexität eben oft nicht zusammen. Der zweite Nachteil be-

---

11 Siehe ausführlich zur Methodik Essers und seiner Auslegung der Situationslogik: Greshoff (2007, 2008).

12 Es soll nicht unerwähnt bleiben, dass Esser durchaus auch das (von mir präferierte) interaktionistische bzw. interpretative Paradigma und die Annahme offener, neuer Situationen berücksichtigt (vgl. beispielsweise 1986: 315 und 323). Dies hat allerdings keine Konsequenzen für seine (RC-)Handlungstheorie; weder begrifflich noch argumentativ wird dort und dadurch etwas ergänzt oder renoviert.

steht darin, dass man Unvorhergesehenes, Nicht-Intendiertes, historische Zufälle und egoistische Unlustprinzipien und Aggressionstriebe außer Acht lässt und deren Relevanz bei der autonomen Verkettung von Kommunikationsereignissen weder in die Situationsbeschreibung einbeziehen noch gar die Eigenlogik der Gesellschaft und die Interaktionsdynamik *in situ* mit erklären kann.

Genauerhin zeigen erst der Abschluss oder Abbruch einer Situation ihre historische Ordnungseinheit an. Man kann und man muss einerseits mit allem rechnen, mit gleich wahrscheinlichen *problematischen Möglichkeiten* (vgl. Schütz 1971a: 44 f.); und man unterbricht andererseits diesen misslichen Reflexionszirkel mit der gezielten Referenz auf Institutionen und ihre Entlastungsmechanismen (Handlungsroutinen, Rollenmodelle, geschlossene Wissenshaushalte und Relevanzsysteme). Aber diese institutionengläubige Einstellung bedeutet im Verbund mit der Zukunftsoffenheit der Situation letztlich immer nur eine *empirische Wahrscheinlichkeit* (vgl. Schütz 1971a: 115). So wie kognitive Gewissheit nur retrospektiv möglich ist,[13] so ist auch die Gewissheit der Situationsdefinition und -ordnung nur ex post feststellbar und im Nachhinein davon abhängig, dass erstens alle Beteiligten die identische Situationsrahmung und Wertbindung vorgenommen haben und dass zweitens die bisherigen gesellschaftlichen wie kulturellen Hintergrundstrukturen Gültigkeit hatten.[14]

III Eine soziologische Systematik der Situation

Die kritisierte subjektivistisch ausgerichtete Situationstheorie hat vergessen, was Parsons ihr ins Stammbuch geschrieben hatte. Er hat sich zwar erst einmal von der biologischen Forschung inspirieren und beeinflussen lassen und die analytische Analogie zur Soziologie hergestellt. Daraus resultiert die Übersetzung der biologischen Basisbegriffe von Organismus und Umwelt in die soziologischen von Aktor und Situation (vgl. Parsons 1986: 60 ff.). Parsons hat aber zugleich und sehr deutlich darauf hingewiesen: »Die [...] wesentliche Differenz gegenüber dem Schema der Biologie besteht hinsichtlich der Rolle des ›Sozialen‹ im Handeln.« (1986: 66) Dies erfordert nachdrücklich für die Situationsanalyse die Berücksichtigung aller anderen beteiligten Aktoren und der relevanten, ›äußerlichen‹ normativen Muster (vgl. Parsons 1986: 67 f.).

---

13 Zur »retrospektiven Erfahrungskontrolle« siehe auch Buba (1980: 188 f.).
14 Hier liegen auch für Esser (vgl. 1996: 9) die zwei paradigmatischen *sozialen* Probleme der Situation(sdefinition): erstens die richtige Rahmung und Codierung von Seiten aller Akteure und zweitens die Stabilität von bisher erworbenen Kapitalsorten.

Vorrangig liegt der Schwerpunkt bei Parsons auf der kognitiven und normativen Orientierung des Aktors vor und in Situationen. Dies gibt ihm die Möglichkeit, seine rationalistische Handlungstheorie fundieren. Parallel werden aber Handlungs- wie Situationstheorie um die Dimensionen des *Affekts* und der *Alterität* ergänzt. Die konstitutive Verbindung von kognitiver und affektiver Orientierung führt auf die Frage (vgl. Parsons 1986: 90 ff.), warum ein Ziel verfolgt werden soll (Rechtfertigungsproblem). Der Einbezug anderer Aktoren und ihrer Handlungsziele führt zur Frage, wer auf wen Einfluss nimmt und wie und wann soziale Beeinflussung und Kontrolle legitim und integrativ sind (vgl. Parsons 1986: 140 ff.). Die Situationsanalyse führt so die Warum- und Wie-Frage zusammen. Insgesamt wird aber die Handlungstheorie nicht nur durch diese Strukturkomponenten der Situationsbeschreibung und -theorie fundiert (vgl. Parsons 1986: 111), sondern auch um die Kategorie der Persönlichkeit angereichert, die im besten Falle in soziale Systeme harmonisch integriert ist und zu deren Stabilität beiträgt (vgl. Parsons 1986: 174 ff.). Das *emotionale Gleichgewicht* gibt darüber Aufschluss – oder das Ungleichgewicht indiziert Erwartungsenttäuschungen (vgl. Parsons 1986: 94 f. und 164 ff.): in Form des Leidens (bei Enttäuschung von Lustgefühlen), in Form des Bösen (bei Enttäuschung moralischer Standards) oder in Form des Hasses (bei Enttäuschung nicht erwiderter Liebesgefühle). Solche affektiven Orientierungen und Einstellungen gegenüber sozialen Situationen bedeuten für Parsons als entscheidende Konsequenz, dass es »zu den wichtigsten Zielen und Zwecken von Individuen gehört, erwünschte Erwiderungen anderer Aktoren zu erlangen und unerwünschte zu vermeiden.« (1986: 154) Eben dieses Theorem, bekanntermaßen ja auch ausgiebig von Freud diskutiert, wird aber unter Bedingungen der Einwirkung von Anderen, ihren konträren Interessen und ihrer ausbleibenden Anerkennung wie auch unter Bedingungen unvorhersehbarer Ereignisse zum Problem.[15]

Von Parsons kann man also lernen, dass die Situation entgegen einer egologischen Perspektivierung maßgeblich vom Anderen her zu beschreiben ist. Die drei Orientierungsmodi des einzelnen Akteurs: kognitiver, teleologischer und affektueller Art[16], sind genauer besehen nur relativ zu denken zu allen Gegebenheiten und Einflüssen innerhalb und außerhalb der Situation, also konkret in Bezug auf Objekte, Andere und Kultur.[17] Bisweilen entwirft sich der Aktor mit bestimmten Zielen auf eine Situation hin und interveniert dann (teleologisch) handelnd, je nachdem welche positiven Bedingungen oder welche Hindernisse und Wider-

---

15 Im hinteren Teil dazu mehr.

16 Siehe zur Rekonstruktion und Diskussion kategorialer Verschiebungen des Ästhetischen respektive Affektiven in der Entwicklung der Handlungstheorie Parsons': Staubmann (1995).

17 Anschlussfähig ist hier Sartres Beschreibung der Situation, die grundsätzlich drei ›Realitätsschichten‹ besitzt, die zusammen wirken: Utensilien, Ego (in seiner Selbstwahrnehmung und mit seiner Identität) und den/die Anderen (vgl. 1994: 879).

stände in der Situation gegeben sind (vgl. Parsons 1986: 73 f.). Nicht selten sind es aber auch umgekehrt die Interessen und Handlungen der Anderen, die uns zu Reaktionen veranlassen; und die Anderen sind es deshalb, die uns Handlungsmotive und Situationsdeutung vorgeben bzw. mitgeben. Methodisch bedeutet dies, die Erklärung des Handelns auf die Orientierung an Anderen einzustellen und an der »Entwicklung eines Systems von ›Erwartungen‹« (Parsons 1986: 121) auszurichten.[18]

Inspiriert von Parsons und auf der Basis anderer bekannter Situationstheorien verlege ich mich nun auf eine neuerliche Systematisierung zentraler Situationsmerkmale in soziologischer Engführung. Die generalisierten Merkmale ermöglichen und bilden einen Beobachtungsrahmen für jedes menschliche In-der-Welt-Sein, Sich-Befinden und soziale Handeln. Das Ziel liegt dann erst einmal in der Ermöglichung strukturierter Vergleichbarkeit verschiedener Situationstypen.[19] Gleichermaßen ist es aber auch Ziel, die unterschiedlichen Perspektivierungen, Beschreibungen und Urteilsfolgen einer Situation, die verschiedene Sozialwissenschaften nach ihren eigenen Prämissen vollziehen, aus ihrer fachgebundenen Isolation zu befreien und einem kontrollierten wie kritischen Vergleich zuzuführen. Als Disziplinen übergreifende Bezugseinheit leistete die Situation dann verbesserte Verständigung und Übersetzung fachfremder Erkenntnisse in der scientific community. Für die Außenstruktur der Situation[20] bedeutet das: Sie ist konstitutiv umgeben vom Habitus und der Persönlichkeit des einzelnen Akteurs einerseits und den Kulturwerten und Gesellschaftsstrukturen andererseits. In weiterer Hinsicht gehören zur Strukturlogik der Situationen: Objektbezug und ineins damit Aspekte der Verräumlichung, Zeitlichkeit und die Sachdimension des thematischen Zentrums. Und schließlich sind zwei weitere Strukturaspekte bezeichnend, die selten expliziert werden: erstens Deutungshoheit und Handlungs-/Kommunikationsmacht und zweitens Ausdrucksmanagement und gemeinsame Choreografie. Über die empirische Operationalisierbarkeit hinaus bezeichnen diese Aspekte im Übrigen allesamt auch genau jene Anforderungen bzw. Erwartungen an die (teils habitualisierte, teils reflexive) Wissenskompetenz sozialisierter Akteure – wenn Situationsordnung und Handlungserfolg möglich sein sollen. Im Einzelnen:

(1) Thema: Das Thema macht den Problemaspekt und den geltenden Wirklichkeitsbezug der Situation manifest. Es dient der gemeinsamen Koordination von Beiträgen ebenso wie der von wechselseitigen Handlungsphasen und Hand-

---

18 Beste alltagsweltliche Beispiele für alteritätsgeführte oder -orientierte Situationen, in denen grundsätzlich das soziale Problem und die Handlungsmotivation Egos vom Anderen herrühren, führt Goffman auf der Basis von Zeitungsberichten an (vgl. 1977: 341 ff.).
19 So bereits auch die methodische Intention bei Thomas (1969) und Goffman (1977).
20 Siehe dazu auch meinen Einleitungsbeitrag dieses Sammelbandes.

lungsfolgen. Typisch korreliert das Thema entweder mit einer Tätigkeit bzw. Arbeitsaufgabe oder mit einem Gesprächs- bzw. Verhandlungsinhalt. Notwendigerweise müssen alle Beteiligten demselben Thema folgen und Einvernehmen seiner aktuellen Geltung besitzen, wenn die Situation stabil und erfolgreich sein soll. Oft reicht dafür allerdings bereits die gemeinsame Unterstellung der Kongruenz der Situationsdefinition aus. Prozesse der Auslegung und Aushandlung sind eher Zeichen einer offenen und unbestimmten Situation(srahmung). Insofern impliziert ein manifestes Thema Strukturstärke, ein latentes oder unklares demgegenüber Strukturschwäche. Im ersten Fall wissen die Beteiligten, was erwartet wird und was zu tun ist; im zweiten Fall ist dies auf einer Metaebene (noch) zu klären (»Was geht hier eigentlich vor?« »Und was ist der Fall?«) ebenso wie die daraus folgende Aufgaben- und Rollenverteilung der Anwesenden. Die Erwartung bestimmter Themen wie auch die Führung durch Themen markiert einen Unterschied der Situation durch die Sachdimension. Andere Situationen haben und machen etwas anderes zum Thema, so wie auch ein neues Thema (zumeist, aber nicht notwendig) eine neue Situation anzeigt und andere Einstellungen sowie Handlungspraktiken hervorruft. Insofern bildet und bindet jedes Thema auch die Situationsgeschichte. Es ermöglicht, mit Luhmann gesprochen, »*gemeinsame Erinnerbarkeit*« (1975: 27).

(2) Zeitdimension: Jede Situation ist als zeitlich strukturiert aufzufassen, insofern sie beeinflusst ist von einem Davor, einem (prozessualen) Mitten-In und einem Danach. Das Davor bestimmt unsere Gegenwart, es strukturiert und limitiert die aktuellen Möglichkeiten der Situation. Das Danach bestimmt die Zukunft anderer, neuer Situationen, in denen nicht mehr alles möglich, geschweige denn wünschenswert oder relevant ist. Und das Mitten-in-Situation-Seiend handelt dies alles aus und generiert und legitimiert den bis auf Weiteres verbindlichen und bindenden Sinn. Die Handlungs- und Kommunikationspraxis geht in diesem Sinne der Reflexion ihrer Sinnproduktion voraus. Nachgerade die Spontaneität von Handlungssequenzen wird damit ins Recht gesetzt. Der zeitlich-praktische Hauptmodus der Situation scheint mir jener der *Wiederholung*. Wiederholung, Imitatio oder Mimesis – auf der Basis des *observational learning* (vgl. Esser 1996: 27; Siegrist 1970; aber auch Luhmann 2004: 141) – reproduzieren und legitimieren aufs Neue bisherige Tätigkeiten, Handlungsweisen, gesellschaftliche Sinnformen und kulturelle Werte; sie geben Sicherheit und sie ermöglichen überhaupt erst mehr oder minder gezielte Selektionen auf ein bestimmtes Handlungsziel hin. Wiederholung schafft also Strukturbildung und Situationsgewissheit – und zwar, indem wir sie mit Anderen generalisieren und individuell respezifizieren.[21]

---

21 Siehe dazu Luhmann (2004: 107): »Die Besonderheit der Strukturbildung scheint darin zu bestehen, dass man zunächst einmal wiederholen muss, das heißt, irgendeine Situation als

Die Abfolge von Wiederholungshandlungen und Ereignissequenzen ist dabei, wie Buba betont, »an das Prinzip der ›first things first‹ gebunden: Bestimmte Situationen sind (aufgrund ontologischer Bedingungen oder gesellschaftlicher Festlegung) in nur ganz bestimmter [und eigenständig gewichteter] Reihenfolge sinnvoll zu verknüpfen« (1980: 179) und erfolgreich zu realisieren. Dieser logische Prozessverlauf untersteht einerseits der (arbeitsteilig koordinierten) Mitwirkung Anderer am Situationsziel und andererseits den bedeutsamen und verschieden wichtigen Relevanzen der Lebenslage und Lebenspläne des/der Einzelnen.

(3) Objektdimension: Keine Situation geht in der Beteiligung von mindestens zwei Akteuren, deren Interessen und Machtmöglichkeiten und dem Wirken eines symbolischen Hintergrunduniversums auf. In sachlicher und technischer Hinsicht sind vor allem auch je zuhandene Dinge, ihre instrumentelle Bedeutung und ihr eigenständiger Wirkungsgrad zu berücksichtigen. Kurz: Dinge ermöglichen soziale Praktiken und wirken an kommunikativen Wechselwirkungen ebenso mit wie am Aufbau der Situationsbedeutung.[22] Bereits Parsons (vgl. 1986: 136 f.) hatte die Bedeutung der Dinge in Situationen berücksichtigt – neben den drei anderen Variablen von Aktor, sozialen Anderen und Kultur –, sie allerdings ausschließlich in die affektive Orientierung verlegt und als »Kathexis« ausgewiesen.[23] Auch Boltanski/Thévenot weisen die Relationierung von Personen- und Ding*zuständen* als *das* Charakteristikum von Situationen aus (vgl. 2007: 11). Und prominenten Status haben die Dinge nicht zuletzt mit Latour gewonnen. Zahlreiche nicht-menschliche Akteure übernehmen einst menschliche Aufgaben, sind – beispielsweise als Werkzeuge, Büroutensilien, Sprechanlagen, Computersysteme oder als Möbelanordnung – an der Verwirklichung zahlloser Kooperationen mit beteiligt, bilden damit eine ›gerahmte Interaktion‹ und sorgen im Großen und Ganzen überhaupt erst für gesellschaftliche Stabilität (vgl. Latour 1996, 2006).[24] Wenn Dinge uns die situative Bewältigung von Problemen ermöglichen und erleichtern, so vermitteln sie dabei immer auch ein symbolisches Universum ihrer eigenen

---

Wiederholung einer anderen erkennen muss. Wenn alles immer komplett neu ist, könnte man nie etwas lernen […]. Um überhaupt wiederholen zu können […], müssen wir wieder erkennen, das heißt, wir müssen zweierlei Dinge tun können: erstens identifizieren […] und zweitens in dem Sinne generalisieren, dass wir trotz der Andersartigkeit der Situation und trotz manchmal sehr erheblicher Abweichungen die Identität wieder benutzen können.«

22 Einzuordnen wären hier im Übrigen auch die so genannten »MacGuffins«, jene legendäre Erfindung Hitchcocks, die als eigenständige wie eigensinnige Objekte Handlungsträgerschaft übernehmen und Handlungsmotivation produzieren, ohne selbst von nennenswertem Interesse zu sein. Sie sind gleichermaßen sinnstiftende Agenten der filmischen Diegese wie auch alltagsweltlicher Situationen ›in real life‹. Siehe dazu Truffaut (1966).

23 Vgl. weiterführend zur affektiven Besetzung von Objekten: Tilmann Habermas (1999).

24 Siehe ausführlich und kritisch zu Latours Soziologie *zirkulierender Entitäten* und *Assoziationen*: Ziemann (2011b).

Bedeutung und ihres kulturellen Produktionshintergrunds. Da wir nicht alleine sind oder als Monaden existieren und Welt wie Gesellschaft eine Vergangenheit und (Kultur-)Geschichte haben, begegnen wir in der Welt der Dinge immer auch kulturellen Gepflogenheiten und Vorschriften ihres Gebrauchs (vgl. ähnlich Reichertz 2009: 145). Ja, wir finden uns im Umgang mit Dingen, wie sich mit Sartre sagen lässt, in eine immer »*schon bedeutende* Welt engagiert vor, die mir Bedeutungen reflektiert, die ich nicht hineingelegt habe.« (1994: 880)

Die (gelernte) zielführende Aneignung und Instrumentalisierung von Dingen und Utensilien zur Situationsbewältigung bezeichnet aber nur die eine Seite. Zu berücksichtigen ist ganz grundsätzlich auch deren Widerständigkeit oder Nicht-Zuhandenheit, die unsere (gemeinsamen) Handlungsentwürfe und Situationsziele torpediert und zum Aufgeben oder zum Nachdenken und zur neuen Planung bzw. Entscheidung führt. Solcher Art wohnt dem gesamten Arsenal von Gebrauchsgegenständen und der Welt der Dinge ein Irritationspotenzial und eine unvorhersehbare Dynamik inne, die sie zu autonomen Faktoren macht, welche die Situation(sordnung) stören, destabilisieren oder ändern können. Nicht nur die Anderen intervenieren also in Situationen und sind bisweilen eine Störgröße, sondern auch dingliche Wirklich- und Widrigkeiten können subjektive wie soziale Pläne und Handlungsabfolgen modifizieren oder nichten.[25]

(4) Handlungskontrolle und Kommunikationsmacht: Situationen implizieren immer besondere Erwartungsstrukturen, Machtverhältnisse und Kontrollmechanismen. Entweder sind sie (vermittelt) als Rollen(bestandteile) und adäquates Rollenwissen den Situationen vorgängig und strukturieren wie stabilisieren diese auf funktionale Weise; oder die genannten Aspekte entstehen erst in der Situationsgegenwart. Der hier entscheidende Punkt hinsichtlich einer tiefenscharfen Situationsanalyse ist nicht, dass andere Individuen beteiligt sind, sondern dass und wie sie mit ihren eigenen Interessen und Absichten beschäftigt sind und entsprechend Einfluss ausüben und prinzipielle Asymmetrien hervorbringen. Die Erwartungen der Mitmenschen, konstatiert Parsons (1964: 55), »bilden ein wesentliches Merkmal der Situation, in die sich jeder Handelnde gestellt sieht. Es bringt Folgen für ihn mit sich, ob er diesen Erwartungen entspricht oder nicht: im einen Fall Anerkennung und Belohnung, im anderen Ablehnung und Bestrafung.«[26] Es ist deshalb notwendig, ein Wissen darüber zu erlangen, wer welches

---

25 Auch diesen Umstand greife ich noch einmal weiter hinten bei exemplarischen Situationen des Unvorhergesehenen auf.

26 Und Parsons ergänzt für solche Erwartungen, dass sie einen grundlegenden Teil der eigenen Persönlichkeit des Handelnden bilden respektive beherrschen. »Im Verlauf des Sozialisierungsprozesses nimmt er – in mehr oder weniger starkem Maße – die Verhaltensmaßstäbe und Ideale der Gruppe in sich auf. Auf diese Weise werden sie, unabhängig von äußeren Sanktionen, zu wirksamen Motivierungskräften für sein eigenes Verhalten.«

Ziel verfolgt; und es ist notwendig, kontrollieren zu können, wer die eigenen Ziele unterstützt und dafür als Mittel von Bedeutung ist (vgl. Parsons 1986: 140 f.).

Vordringlich wird in Situationen die Einflussnahme auf fremdes Handeln dadurch erreicht, dass man die (Hintergrund-)Informationen und die Situationsdefinition kontrolliert. Diese Kontrolle und »Kommunikationsmacht« (Reichertz 2009) ist nach Parsons im Spektrum von wahrer Aufklärung, gezielter Desinformation oder Betrug angesiedelt (vgl. 1986: 142 f.). Entsprechend variieren das Mitmachen und die Unterstützung durch die Anderen zwischen Freiwilligkeit, Opportunismus, Überredung bzw. Bekehrung, Zwang und Nötigung. Weil aber Gesten, Worte, Argumente und die dabei mitgeteilten Informationen nicht von sich aus Macht haben und wirkmächtig zum Füreinander- oder Miteinanderhandeln motivieren, bedarf es einer zusätzlichen (institutionalisierten) Kommunikationsmacht, welche das ermöglicht und sicherstellt. Gewalt, Herrschaft bzw. Autorität, Liebe, Geld und andere äquivalente ›Steuerungsmedien‹ sind solche institutionalisierten Einrichtungen, die einen in die Lage versetzen oder legitimieren, die Anderen nach eigenen Intentionen folgen und mitmachen zu lassen. Gleichermaßen sind diese Steuerungsmedien es aber auch, die einen selbst dazu veranlassen, den Absichten und Wünschen eines anderen Sprechers bzw. kommunikativen Akteurs nachzugeben und affirmativ zu folgen. Wenn einer das Handeln anderer nicht in seinem Sinne beeinflussen und kontrollieren kann, dann sind deren Handlungsziele jene konditionierenden Aspekte der Situation, denen er sich zu unterwerfen hat und an die er sich handelnd anpassen muss (vgl. Parsons 1986: 142).[27] Genauerhin werden in jeder Situation also zwei Ziele verfolgt: das manifeste Ziel der Problemlösung und das latente Ziel der Herstellung und sozialen Anerkennung der eigenen Kommunikationsmacht. Gleichwohl ist zu berücksichtigen: »Diese Steuerungs-, Kontroll- und Modifikationsprozesse sind [in erster Linie] nicht auf das Erreichen einer optimalen, sondern einer zufriedenstellenden Handlungsabsicht ausgerichtet und konstituieren bzw. bestätigen gegebenenfalls die Diskrepanz zwischen Wünschenswertem und Realisierbarem« (Buba 1980: 189).

(5) Die letzte Dimension der systematischen Situationsbestimmung firmiert unter dem Stichwort der *Kommunikationsinszenierung* bzw. der expressiven Anzeige und choreografischen Steuerung eigener und fremder Rollenerwartungen (vgl. hierzu Goffman 1977: 611 ff.; Soeffner 1989: 140–157). Bei der Organisation der Situation müssen Zeichen und Anzeigehandlungen gegeben werden, welche Handlungen beabsichtigt werden, wer welchen Part übernimmt, welches Selbst-

---

(Parsons 1964: 55) *Fremdzwang wird in Selbstzwang übersetzt* – lautet die dazu passende einschlägige Formel des Zivilisationsprozesses nach Elias (1997).

27 Siehe ergänzend zu gemeinsam geteilten versus (autokratisch) durchgesetzten Situationsdefinitionen: Schulz-Schaeffer (2009).

verständnis aktuell vorliegt und wie ein eindeutiger, für alle stimmiger sozialer Sinn zu erzielen ist. Dazu bedienen wir uns idealtypisch der Sprache und anderer, ähnlich konventionalisierter Ausdruckspraktiken.[28] Das situative Handeln und Steuern ist demzufolge auf eine (relativ) verbindliche, allen bekannte semiotische Hintergrundstruktur angewiesen und rekurriert auf kulturelle Basisregeln, die für unsere Wahrnehmung, Körperbewegung, Sprachpraxis, Interaktionsstile u. a. m. gelten (vgl. Cicourel 1973; Goffman 1974: 10 ff.; Buba 1980: 188 ff.).

In zweiter Hinsicht erforderlich ist – neben der sprachlichen Identifizierung und Verständigung über die kollektive Situationsbedeutung und ihre (Neben-) Folgen – die Übernahme einer idealtypischen Regiefunktion durch einen anwesenden Akteur. Nicht selten fungiert der als Regisseur, der qua Amtsautorität oder rhetorisch erworbener Kommunikationsmacht die anderen Situationsrollen dominiert. Dieser vermittelt und organisiert *expressiv verbis* (das Wissen um) die Perspektivenübernahme, die Redeanteile, die Verfahrensrituale, die Rollenhierarchie, das zeitliche Framing und anderes mehr und trägt so schließlich wesentlich zur Konsistenz der Darstellungsweisen und des Ausdrucksmanagements aller Beteiligten bei. Man kann sich die Regie einer gemeinsamen Choreografie, die dann den Gesamtentwurf und die Definition der Situation unterstützt und trägt, am Beispiel von Richtern, Auktionatoren[29], TV-Moderatoren, Übungsleitern oder Professoren, die Prüfungen abnehmen, deutlich machen. Es ist für die genannten Rollen typisch und es gehört zu ihren wichtigsten Aufgaben, im Perspektivwechsel Nichtwissen und Inkompetenz der anderen Beteiligten anzunehmen und deshalb ausführlich und verständlich den kommenden Verlauf, persönliche Erwartungen (und gegebenenfalls Sanktionen für den Enttäuschungsfall) und das gemeinsame Ziel und Ende mitzuteilen. Exemplarisch für Gerichtsverhandlungen, wo legitimierte Professionsrollen und Laien aufeinander treffen und gemeinsam das Situationsziel der Rechtsprechung zu erarbeiten haben, führt Soeffner aus (1988: 28 f.): »Eine erfolgreiche Interaktion [und Situationsbeherrschung] – auf der Basis der Angleichung von Ereignis- und Verfahrenswissen – setzt also voraus, daß der Richter in seiner Doppelfunktion als Akteur und Regisseur den Laien als ›Mitspielern‹ die für ihre adäquate Teilnahme am Interaktionsgeschehen notwendigen Informationen über das Verfahrenswissen und die durch es bedingte Handlungsstrukturierung vermittelt: daß er ihnen klar macht, was – warum – gerade jetzt (und später nicht mehr) – verhandelt wird.«

---

28 So auch Essers Auffassung: »Die wirksamste Form des interaktiven ›Anzeigens‹ von prototypischen Modellen der Situation und des wechselseitigen observational learning und der dadurch erzeugten Aktivierung und Übernahme von Modellen der Situation ist ohne Zweifel die Sprache.« (1996: 28)

29 Ausführlich zur Regierolle eines Auktionators: Goffman (1977: 617 ff.).

Eine Situation ist nach alledem ein raum-zeitlich[30] eingefasstes, soziales Aktionsfeld[31] mit spezifischen Objektkonstellationen bzw. zuhandenen Dingen und mit zwei oder mehr sich wechselseitig reflexiv beobachtenden Akteuren und deren (widerstreitenden) Interessendynamiken, Machtmöglichkeiten und Kontrollmechanismen in Bezug auf ein Handlungsziel. In ihrem prozesshaften Gegenwartsbezug untersteht jede Situation einer vorstrukturierenden historischen Vergangenheit und von dorther einwirkenden Themen, Basisregeln, Werten, Normen, Rollenerwartungen und Wissens- wie Symbolsystemen. Die Handlungssequenzen selbst aber bilden erst den aggregierten, typisierten Sinnzusammenhang, kurz: die Definition der Situation.[32] Wenn die zur Debatte stehenden Probleme gelöst sind und das Handlungsziel erreicht ist, dann hat die Situation ihr Ende gefunden.[33]

Eine offene Flanke bleibt bei dieser Situationsbestimmung bestehen: Wie und warum kommen Wertbindungen, normative Prämissen und soziale Erwartungen bisweilen ins Wanken? Was ist mit den Unwahrscheinlichkeiten, Anomien und Störungen, die eine Situation betreffen und alle (subjektiv) vorselegierten Ziele unterlaufen können? Was passiert, wenn rationales Handeln auf irrationa-

---

30 Für Friedrichs (1974: 47) ist die raum-zeitliche Einheit des (sozialen) Handelns das dominante Situationsmerkmal.

31 Diesen Begriff entlehne ich von Hartmann (1933: 133), der das Hineingeraten in Situationen, ihre Unausweichlichkeit und den dort gebotenen (freien) Entscheidungszwang besonders betont – mit Folgenreichtum für jede Praktische Philosophie. Weniger programmatisch taucht der Begriff singulär auch bei Sartre auf (vgl. 1994: 871). Im Kontext von Arbeits- und Führungssituationen, exemplarisch auch für Universitätsseminare und das Autofahren, hat Löffler (1991) das »Aktionsfeld« neulich zur Erinnerung gebracht und analytisch eingesetzt.

32 Gegenüber seiner stark subjektivistischen und monadischen Fokussierung auf die Situation(sdefinition) gesteht auch Esser in den Passagen seiner interaktionstheoretischen Analyse der Situation ein: »Das Handeln erzeugt [...] sein Motiv und die Definition der Situation, die es dann selbst wieder leiten.« Dies bedeutet konsequentermaßen, »daß dem Handeln *keine* innere intentionale Entscheidung *vorausgehe*« (1996: 27). Ein fulminanter Gegenpunkt zu den »Anomalien der Theorie des rationalen Handelns« (Esser 1996: 2), wonach die selektive Situationsdefinition mit Präferenzen und Erwartungen jedem Handeln vorgeschaltet ist und dieses motiviert wie steuert. Auch wenn Esser dadurch der Dominanz des Typus rationalen Handelns plausibel entgegenwirkt, so bleibt als Kritikpunkt, dass er den Unterschied zwischen subjektivem und sozialem Handeln nivelliert und die durch Interaktion/Kommunikation (ungeahnt) ausgelösten Konsequenzen für das makrologische Gesellschaftsniveau verkennt. Kultureller Wandel und Transformation von Gesellschaftsstrukturen können so weder fokussiert noch erklärt werden.

33 Explizit argumentieren in diese Richtung der (zeitlichen) Abhängigkeit einer Situation von einer jeweiligen Problemstellung und -lösung Thomas/Znaniecki (1927: 79): »When a situation is solved, the result of the activity becomes an element of a new situation, and this is most clearly evidenced in cases where the activity brings a change of a social institution whose unsatisfactory functioning was the chief element of the first situation.«

les Erleben stößt? Ich laboriere mit diesen Fragen, wie einleitend gesagt, am systematischen Einbezug des Unvorhergesehenen und des Ausnahmefalls, durch den die Ordnung der Situation wie auch der Kultur und Gesellschaft im Generellen scheinbar ausgesetzt wird und *in actu* neu verhandelt bzw. hergestellt werden muss.

IV Das Unerwartete und die soziale Prüfung der Situation

Gegeben sei der prototypische Normalfall einer Pressekonferenz. Ein Politiker tritt vor einem journalistischen Publikum auf, bedient sich zuhandener Objekte und Medientechnologien (Rednerpult, Mikrofon, Typoskript) und bezieht Stellung zu einem tagesaktuellen Thema. Und nun fliegen plötzlich entweder zwei Schuhe; so geschehen am 14. Dezember 2008 in Bagdad. Oder es fliegt während eines Parteitags der Grünen im Mai 1999 in Bielefeld ein Farbbeutel auf den damaligen Außenminister Joschka Fischer. Oder es fliegen Eier und Tomaten; so etwa geschehen am 10. Mai 1991 in Halle, als der damalige Bundeskanzler Helmut Kohl auf Einladung des Stadtrats ein im Protokoll nicht vorgesehenes »Bad in der Menge« nimmt.

Abbildung 1   Politische Objektwürfe

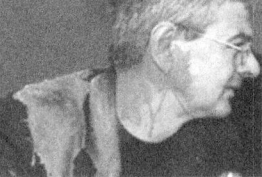

Quelle: CNN und RTL-Nachrichten

Gemeinsam ist allen drei Beispielen, dass jeweils Objekte geworfen werden, dass jeweils ein politischer Amtsträger (im wahrsten Sinne des Wortes) ›betroffen‹ ist, dass dieses Ereignis subjektiv wie kollektiv unerwartet und unvorhersehbar war, dass Normalerwartungen negiert werden und dass schlussendlich die vorherige Situationsrahmung wieder hergestellt und durchgesetzt werden muss.

Um solche Situationen zu erklären – und auf Goffmans programmatische Frage zu antworten: *Was geht hier eigentlich vor?* –, ist zu rekurrieren auf: erstens die Maßnahmen der situativen Restabilisierung. Im Normalfall, d.h. im Rückgriff auf institutionalisierte Mechanismen, werden die Angegriffenen geschützt, die Angreifer physisch überwältigt und eine Rhetorik entäußert, die Ruhe gebietet, das bisherige Programm wieder aufgreift und rechtfertigt und die Störung als Nicht-Rechtfertigung deklariert. Nicht unwichtig für die Regulierung der Situationsordnung ist darüber hinaus die nachträgliche juristische Strafverfolgung und Verurteilung: Der Schuhwerfer Montasser al-Saidi wird zu drei Jahren Gefängnis verurteilt. Der Farbbeutelwerfer Samir Fansa erhält eine Geldstrafe in Höhe von 3 600 Mark. Der Hallenser Störenfried bleibt unbehelligt.

Zweitens sind der Einsatz und die Funktionalisierung der Dinge zu beschreiben. Hier taucht die Schöpfung des Neuen durch den ›Missbrauch‹ der Dinge auf. »Mit Lebensmitteln spielt man nicht« – sagen die einen; »eben doch« – sagen die anderen. Und seit der Bush-Bewerfung sieht man auch in westlichen Ländern neuartige Protestformen und -symbole mittels hoch gehaltener Schuhe. In besonderer Weise zeigen die Fallbeispiele zudem, wie die Eigenmacht der Dinge den persönlichen Entwürfen und sozialen Zielen der jeweiligen politischen Veranstaltung entgegenwirkt. Für diesen Gedankengang lohnt ein kurzer Exkurs mit Sartre.[34] Er konstatiert nämlich: »Nichtsdestoweniger wird mein Aktionsfeld fortwährend vom Erscheinen und Verschwinden von Gegenständen durchquert, an dem ich völlig unbeteiligt bin.« Deshalb kann »die plötzliche Veränderung oder das plötzliche Erscheinen eines Utensils zu einer radikalen Verwandlung der Situation beitragen« (Sartre 1994: 871 f.). Sartre hält aber konsequent daran fest, dass die Umgebung die *generelle Wahl- und Entwurfsfreiheit* des Einzelnen weder begrenzt noch aushebelt – kurzfristig problematisch wird nur die Freiheit des Ziels, die Freiheit, etwas zu erreichen. Der Totalität unserer Freiheit und all unseren Weltentwürfen ist immer schon die Idee eingeschrieben, dass etwas sich anders verhalten, störend und hinderlich sein kann.[35] Wir leben und handeln also fortwährend mit der *Erwartung* des Unerwarteten. Damit kommt von Seiten Sartres eine neue Perspektive auf das Unvorhergesehene, Offene und Neue ins Spiel, das mich beschäftigt – und im vorliegenden Sammelband generell zur Debatte steht. Sartre negiert letztlich jede Überraschung, weil sie der Weltkomplexität wie auch all unseren Entwürfen und Erwartungen per se mitgegeben ist. Seine Schlussfolgerung ist nur allzu deutlich: »Es gibt in der Welt nie etwas, was in Erstaunen setzt, nichts, was überrascht, außer, wir bestimmen uns selbst zum Erstaunen.« (Sartre 1994: 876)

---

34 Siehe ausführlich zu Sartres Erörterungen des Zusammenhangs zwischen Handeln-Situation-Gruppe respektive zu werkimmanenten Veränderungen seines Situationsbegriffs und seiner Situationstheorie: Jens Bonnemann im vorliegenden Sammelband.

35 »Jeder Entwurf impliziert in seiner Struktur das Verständnis der ›Selbständigkeit‹ der Weltdinge.« (Sartre 1994: 875)

Drittens gilt es die Reaktion und Anschlusshandlungen der Betroffenen zu beobachten. Jenseits der These Sartres ist allen (anhand der Fernseh- und Presse-
bilder) eine Form des Erstaunens ablesbar. Keiner hatte mit diesen An- und
Übergriffen gerechnet. Nachdem sich Bush geschickt weggeduckt und von der
Überwältigung seines Angreifers überzeugt hat, witzelt er über die Schuhgröße
und geht unbeirrt davon aus, bei der irakischen Bevölkerung willkommen zu sein.
Fischer versucht, sich von den Farbspuren zu befreien, und geht dann – ungeach-
tet des später diagnostizierten Risses des rechten Trommelfells – zu seiner vorge-
sehenen Rede mit einer fulminanten Rechtfertigung der deutschen Beteiligung
am Kosovo-Einsatz der NATO über. Kohl wiederum treibt der Furor, und er will
kurzfristig die Absperrung durchbrechen, um den Attentäter dingfest zu machen.
Danach folgt die vorgesehene protokollarische Ordnung und seine Teilnahme an
der Hallensischen Ratsversammlung.

Viertens gilt es die Handlungsmotive der Störer zu ergründen und zu explizieren. Im besten Falle ist dafür sprachliche Kommunikation mit den Akteuren
zu betreiben. Verhindert wird diese ideale Methode der Datenerhebung und Ver-
stehenskontrolle zumeist allerdings durch örtliche Unerreichbarkeit oder existenzielles Nicht-mehr-Sein.[36] Die Protesthandlung des irakischen Fernsehjournalis-
ten al-Saidi ist – belegbar anhand eines späteren Interviews mit der irakischen
Nachrichtenagentur ISNA – als Reaktion auf die Besetzung durch die USA zu verstehen, genauerhin als Gegenposition zur freundlichen Aufnahme des US-Prä-

---

36 Siehe zu dieser methodischen Wünschbarkeit Parsons (1965: 50): »Im Prinzip wäre es immer
    wünschenswert, wenn das Objekt für Interviews erreichbar wäre; schriftliche Aussagen von
    ihm selbst, Berichte über ihn etc. sind immer erst in zweiter Linie angemessen – so wäre die
    Möglichkeit, Brutus über Cäsars Tod zu interviewen, [...] höchst wünschenswert.« Interes-
    sant ist, dass auch der Gründervater der Situationsanalyse: William I. Thomas, persönliche
    Lebens- und Verhaltensdokumente – teils selbst geplante Aufzeichnungen, teils durch ande-
    re motivierte und fremd veranlasste Erlebnisberichte – als unverzichtbaren Bestandteil der
    empirischen Sozialforschung und Sozialpsychologie deklariert, insbesondere im Bereich der
    Kriminologie (vgl. 1951b; vgl. auch Thomas/Thomas 1928: 572 f.). Solche Dokumente schaffen
    schlussendlich erst die Möglichkeit, die subjektiven Elemente und Wahrnehmungsprozes-
    se der Situationsdefinition zu erschließen und komparativ zu anderen Personen, Situatio-
    nen und Kulturen auszulegen. Gegenüber Parsons bevorzugt Thomas allerdings in erster
    Linie persönliche Schriften und Berichte (Briefe, Tagebücher, Autobiografien) und erst in
    zweiter Linie geplante mündliche Berichte (etwa therapeutisch oder richterlich initiiert und
    begleitet). Fälschung und gezieltes Auswählen und Vergessen seien beim zweiten Dokumen-
    tentypus höher. Siehe zur notwendigen methodischen Ergänzung des *Symbolverstehens* der
    Akteure und ihrer sozialen Handlungen durch den Sozialwissenschaftler auch: Habermas
    (1982: 158 f.). Wenn man den wünschenswerten Zugriff auf Interviews mit dem Problem
    kombiniert, wie im Rahmen der verstehenden Feldforschung kontrolliert Unerwartetes pro-
    duziert werden kann, so ist grundsätzlich auch ein reflexiver Perspektivwechsel angeraten,
    der in folgender Frage aufgeht: »Welche Frage würden Sie von einem Soziologen gerne und
    wichtiger Weise an sich selbst gestellt sehen?«

sidenten durch die Bevölkerung und als Erinnerung an alle durch die US-Streit-
kräfte Getöteten (und ihre Hinterbliebenen). »Als ich den US-Präsidenten mit
meinen Schuhen bewarf, wollte ich seine Behauptungen, die irakische Bevölkerung hätte ihn mit Blumen in Empfang genommen, dementieren.« Und in weiterer Hinsicht weist er in diesem Interview seine persönliche Betroffenheit aus:
»Die Amerikaner haben mich im Gefängnis gefoltert und mir Elektroschocks gegeben. Sie haben mir mit einer Eisenstange die Zähne, den Kopf, die Füße und die
Nase zertrümmert.« Zu seinem Fischer-Attentat erläutert demgegenüber Samir
Fansa, dass sich aus seiner Perspektive damals ein Angriffskrieg gegen Jugosla-
wien abgespielt habe; und dieser ist und bleibe völkerrechts- und grundgesetz-
widrig. Die Grünen hätten sich mit ihrer Zustimmung zum Kosovokrieg auf fatale
Weise von der linken Tradition des Pazifismus und Humanismus verabschiedet. Er
habe deshalb den Farbbeutel mit der Absicht geworfen, Fischer »blutrot zu markieren« und als Kriegstreiber zu demaskieren; eine Verletzung habe er allerdings
weder beabsichtigt noch erwartet. Im Falle der Besudelung Kohls sind die Motive
unbekannt.

Anschlussfähig sind diese drei Beispiele an Boltanskis und Thévenots (Inter-
aktions-)Studien zur modernen Rechtfertigungsordnung.[37] Ihrer Auffassung nach
droht prinzipiell jede Situation jederzeit zu entgleisen (vgl. Boltanski/Thévenot
2007: 190). Der Grund liegt in der sozialen Umgebung und den situativ appräsen-
tierten (konkurrierenden) Weltmodellen. Um Konflikt, Unordnung und Instabilität zu vermeiden, müssen deshalb entweder die situativen Verhältnisse für alle
klar und kohärent sein – und dies schließt ein, dass bereits im Vorhinein eindeutige Verfahren gegeben und anwendbar sind, welche die Richtigkeit und Gerechtigkeit der Situation ausweisen und legitimieren. »Eine stimmige Situation ist also
für die Prüfung gewappnet« – schreiben Boltanski/Thévenot (2007: 191). Oder es
muss eine mehrheitliche bis kollektive, konventionelle Modulation der Situation
initiiert und legitimiert werden. Dabei kommt eine andere Welt in die Situation –
mitsamt deren Gesetzmäßigkeiten und Rechtfertigungsweisen. Sehr einleuchtend
und hilfreich argumentieren Boltanski/Thévenot im Übrigen in die Richtung,
dass die subjektiven und also grundsätzlich nicht beobachtbaren Rahmungen der
Situation durch konkrete Handlungen, durch fixierte Berichte, durch explizite
Rechtfertigungen oder auch durch beobachtbar ausgetragene Konflikte in soziale

---

37 Obgleich ein expliziter Hinweis fehlt, so sind einige grundlegende Argumente von Boltan-
ski/Thévenot in hohem Maße ähnlich bis deckungsgleich mit Goffmans Beschreibungen in
seiner »Rahmen-Analyse« (1977); etwa mit seinen Ausführungen zu Konventionen, insbesondere raum-zeitlichen Klammern für soziale Aktivitäten, zu situativen Mehrdeutigkeiten
im Allgemeinen oder zu Rahmungsirrtümern im Besonderen. Weitergehend zur »Soziologie der Konvention« auch die kritischen Ausführungen von Gregor Bongaerts hier im Sammelband.

Ereignisse überführt werden; oder anders: dass Rahmung und Sinn der Situation je immer schon sozial *sind*. Folgerichtig wird jede Situationsanalyse zum *soziologischen* Deutungsgeschäft – jenseits irgendeines (benötigten) Psychologismus.

Grundsätzlich sind es wohl affektive Divergenzen, vor allem aggressive Einstellungen[38], sachliche Meinungsverschiedenheiten oder die kritische Umdeutung eines Vergesellschaftungsbereichs bzw. einer kulturellen Wertreferenz (besser: Wert*präferenz*), die zum Anlass für Offenheit, Unerwartetes und aktuelle Instabilität einer Situation werden. Wenn dem so ist, müsste eine soziologische Struktur- und Prozesslogik der Situation systematisch ergänzt werden durch verschiedene Arten ihrer Störung und ihres Unordnungsgefüges. Ich sehe als Ansatz einer »Heuristik der Störung« drei Modi und Formen, die sich unterscheiden lassen: (1) Infragestellung einer Situation: das bedeutet in der Konsequenz Streit; (2) Ignoranz oder Inkompetenz der Beteiligten: das bedeutet entweder Unterbrechung oder Abbruch und Ende der Situation; (3) Modulation bzw. Transformation: das bedeutet die Sinn- und Zielverschiebung einer Situation durch die Einführung (und Geltung) anderer Weltperspektiven und Rechtfertigungsordnungen.

Für den interessanten dritten Fall geben Boltanski/Thévenot folgendes Beispiel (vgl. 2007: 310). Ein Orchesterchef gibt in Paris vor ausverkauftem Haus ein Konzert. Er selbst kommt aus einem Land, in dem ein Terrorregime regiert und die Menschenrechte mit Füßen getreten werden. Während des Konzerts nun entert ein Zuhörer die Bühne, unterbricht die Aufführung und fordert die Freilassung eines politischen Gefangenen. Dadurch, so Boltanski/Thévenot, enthüllt er den wahren Hintergrund dieser künstlerischen Veranstaltung (politisches Propagandamanöver) und erklärt die schweigenden Zuhörer zu Kollaborateuren. Die Denunziation zielt darauf ab, den Sinn der Situation *umzukehren* und damit auch die Teilnehmer aus der Welt der Musik in eine staatsbürgerlich-solidarische zu überführen.

Zwei Anschlussszenarien sind nun für Boltanski/Thévenot vorstellbar: Entweder siegt und restabilisiert sich die Welt der Konzertaufführung, wenn der Demonstrant alleine bleibt und nichts anderes als seine singuläre Stimme und moralische Überzeugung wirkt. Sein Verhalten wird als anormal abqualifiziert und er selbst aus dem Konzertsaal geführt.[39] Oder es entwickelt sich eine eigene staatsbürgerliche Welt, indem die anderen Anwesenden in die politische Überzeugung einstimmen und mit protestieren. Neben einer politisch-moralischen Einstellung

---

38 Siehe dazu etwa Parsons (1964: 223–255).

39 Aus der Theorieperspektive von Parsons lässt sich die kollektive Abwehr der staatsbürgerlichen Welt durch die Akteure und das Publikum der Konzertwelt dahingehend positiv begründen, dass es »vorteilhaft für ein soziales System [ist], wenn einige Individuen, deren Handeln den funktionalen Erfordernissen nicht entspricht, gehaßt oder moralisch mißbilligt werden.« (1986: 162)

gilt als Bedingung dieser erfolgreichen Situationsumkehrung der so genannte »Nachklang einer vorausgegangenen Situation« (Boltanski/Thévenot 2007: 311). Je schwächer die Anwesenden auf die aktuelle Situation konzentriert und von ihr eingenommen sind, um so höher die Wahrscheinlichkeit des Mitvollzugs einer Wendung und Transformation dieser Welt.

Dieses Fallbeispiel hat ein Korrelat in der Wirklichkeit gefunden.[40] Am 1. September 2011 stören rund 30 pro-palästinensische Demonstranten aus der Gruppierung *Palestinian Campaign for the Academic and Cultural Boycott of Israel* (PACBI) nachhaltig ein Konzert des Israel Philharmonic Orchestra in der Royal Albert Hall, indem sie unter anderem Beethovens »Ode an die Freude« intonieren und Protestplakate hochhalten. Ihr Motiv war Kritik an der Verbindung des Orchesters zur israelischen Armee sowie an dessen Unterstützung der israelischen Propaganda(politik). Musikinstrumente würden fälschlicher- und fatalerweise zu Waffen gegen Palästina; »Israel fiddles while Palestine burns«. Deshalb sollte die Welt der Kunst durch jene der Politik bzw. Staatsbürgerlichkeit gestört und gerichtet werden. Das BBC-Radio 3 setzte aufgrund des Vorfalls seine Live-Übertragung zeitweise aus, um dem Protest keine massenmediale Bühne zu bieten. Zubin Mehta aber ließ konsequent weiterspielen und äußerte später in einem »Kulturzeit«-Interview auf 3sat: »Es war am Anfang schockierend, aber wir haben auf der Bühne nicht geantwortet. Wir haben stillgehalten und uns nicht auf ihr Niveau begeben. Je mehr sie geschrien haben, desto mehr wir mitgespielt haben, desto mehr war es unser Sieg im Saal.«[41] Mehta betreibt damit genau das, was Boltanski/Thévenot mit Klugheit, Würde und Größe ausweisen (vgl. 2007: 313 ff.): vollkommen in der Situation aufzugehen, ganz in ihr engagiert zu sein und zu bleiben, was auch immer in der Umgebung und zeitgleich geschehen mag. In besonderer Weise haben weltkluge Personen die Augen geschlossen (in der Konzentration auf ihre Angelegenheit und Tätigkeit) *und* offen (für die Beobachtung der fremden Weltwesen und ihrer Geltungsansprüche). Kurzfristig koexistieren also an jenem Abend in der Royal Albert Hall zwei Aktionsfelder: die künstlerische Konzert- und die staatsbürgerliche Protestwelt. Dann aber werden die Störer aus dem Konzertsaal geführt und ohne weitere Prüfung die Geltungshoheit und Ordnungsmacht des Konzerts bestätigt und durchgesetzt.

Es gibt unbestritten größere Ausnahmefälle und konfliktreichere Situationen als all jene hier geschilderten. Es ist aber meines Erachtens schon viel gewonnen,

---

40 Siehe dazu etwa die (Online-)Berichterstattung der Süddeutschen Zeitung vom 2. September 2011 (http://www.sueddeutsche.de/kultur/buhrufe-fuer-israelisches-orchester-keine-freude-an-der-ode-1.1138114) sowie von 3sat in der Sendung »Kulturzeit« vom 13. September 2011 (http://www.3sat.de/page/?source=/kulturzeit/tips/156758/index.html).

41 Das Fernseh-Interview mit Zubin Mehta ist abrufbar unter: http://www.3sat.de/mediathek/?display=1&mode=play&obj=26892 (zuletzt aufgerufen am 15.10.2012).

die damit verbundenen Probleme und offenen Fragen gezielt an die Situationstheorie und empirische Situationsanalyse zu delegieren. Sie sind Brücke und Bindeglied zwischen soziologischer Handlungs- und Gesellschaftstheorie einerseits
und sozialen Welten und persönlichen Lebenslagen andererseits.

Literatur

Boltanski, Luc/Thévenot, Laurent (2007): Über die Rechtfertigung. Eine Soziologie der
    kritischen Urteilskraft. Hamburg: Hamburger Edition.
Buba, Hans Peter (1980): Situation. Konzepte und Typologien zur sozialen Situation
    und ihre Integration in den Bezugsrahmen von Rolle und Person. Berlin: Dun-
    cker & Humblot.
Cicourel, Aaron (1973): Basisregeln und normative Regeln im Prozeß des Aushandelns
    von Status und Rolle. In: Arbeitsgruppe Bielefelder Soziologen (Hg.): Alltags-
    wissen, Interaktion und gesellschaftliche Wirklichkeit. Band 1: Symbolischer
    Interaktionismus und Ethnomethodologie. Opladen: Westdeutscher Verlag,
    S. 147–188.
Elias, Norbert (1997): Über den Prozeß der Zivilisation. Soziogenetische und psycho-
    genetische Untersuchungen. Zweiter Band. Wandlungen der Gesellschaft. Ent-
    wurf zu einer Theorie der Zivilisation. Frankfurt a. M.: Suhrkamp.
Esser, Hartmut (1986): Können Befragte lügen? Zum Konzept des »wahren Wertes«
    im Rahmen der handlungstheoretischen Erklärung von Situationseinflüssen
    bei der Befragung. In: Kölner Zeitschrift für Soziologie und Sozialpsychologie,
    Jg. 38/H 2, S. 314–336.
Esser, Hartmut (1996): Die Definition der Situation. In: Kölner Zeitschrift für Soziolo-
    gie und Sozialpsychologie, Jg. 48/H 1, S. 1–34.
Esser, Hartmut (1999): Soziologie. Spezielle Grundlagen. Band 1: Situationslogik und
    Handeln. Frankfurt a. M.; New York: Campus.
Friedrichs, Jürgen (1974): Situation als soziologische Erhebungseinheit. In: Zeitschrift
    für Soziologie, Jg. 3/H 1, S. 44–53.
Giddens, Anthony (1988): Die Konstitution der Gesellschaft. Grundzüge einer Theorie
    der Strukturierung. Frankfurt a. M.; New York: Campus.
Goffman, Erving (1971): Verhalten in sozialen Situationen. Gütersloh: Bertelsmann.
Goffman, Erving (1974): Das Individuum im öffentlichen Austausch. Mikrostudien zur
    öffentlichen Ordnung. Frankfurt a. M.: Suhrkamp.
Goffman, Erving (1977): Rahmen-Analyse. Ein Versuch über die Organisation von All-
    tagserfahrungen. Frankfurt a. M.: Suhrkamp.
Greshoff, Rainer (2007): Situationsdefinitionen und Wissensmuster im ›Modell der so-
    ziologischen Erklärung‹. In: Schützeichel, Rainer (Hg.): Handbuch Wissensso-
    ziologie und Wissensforschung. Konstanz: UVK Verlagsgesellschaft, S. 418–432.
Greshoff, Rainer (2008): Verstehen und Erklären bei Hartmut Esser. In: ders. et al.
    (Hg.): Verstehen und Erklären. Sozial- und kulturwissenschaftliche Perspekti-
    ven. München: Fink, S. 413–443.

Habermas, Jürgen (1982): Zur Logik der Sozialwissenschaften. Erweiterte Ausgabe. Frankfurt a. M.: Suhrkamp.

Habermas, Jürgen (1984): Erläuterungen zum Begriff des kommunikativen Handelns. In: ders.: Vorstudien und Ergänzungen zur Theorie des kommunikativen Handelns. Frankfurt a. M.: Suhrkamp, S. 571–606.

Habermas, Tilmann (1999): Geliebte Objekte. Symbole und Instrumente der Identitätsbildung. Frankfurt a. M.: Suhrkamp.

Hartmann, Nicolai (1933): Das Problem des geistigen Seins. Untersuchungen zur Grundlegung der Geschichtsphilosophie und der Geisteswissenschaften. Berlin: de Gruyter.

Kempski, Jürgen von (1964): Der Aufbau der Erfahrung und das Handeln. In: ders.: Brechungen. Kritische Versuche zur Philosophie der Gegenwart. Reinbek: Rowohlt, S. 295–309.

Kroneberg, Clemens (2005): Die Definition der Situation und die variable Rationalität der Akteure. Ein allgemeines Modell des Handelns. In: Zeitschrift für Soziologie, Jg. 34/H 5, S. 344–363.

Latour, Bruno (1996): On Interobjectivity. In: Mind, Culture, and Activity, Jg. 3/No. 4, S. 228–245.

Latour, Bruno (2006): Technik ist stabilisierte Gesellschaft. In: Belliger, Andréa/ Krieger, David J. (Hg.): ANThology. Ein einführendes Handbuch zur Akteur-Netzwerk-Theorie. Bielefeld: transcript, S. 369–397.

Löffler, Reiner (1991): Die Definition von Arbeitssituationen. Plädoyer für eine neue Arbeitssoziologie. Göttingen; Augsburg: Cromm.

Luhmann, Niklas (1975): Einfache Sozialsysteme. In: ders.: Soziologische Aufklärung 2. Aufsätze zur Theorie der Gesellschaft. Opladen: Westdeutscher Verlag, S. 21–38.

Luhmann, Niklas (2004): Einführung in die Systemtheorie. Zweite Auflage. Heidelberg: Auer.

Markowitz, Jürgen (1979): Die soziale Situation. Entwurf eines Modells zur Analyse des Verhältnisses zwischen personalen Systemen und ihrer Umwelt. Frankfurt a. M.: Suhrkamp.

Merton, Robert K. (1949): Social Theory and Social Structure. Toward the Codification of Theory and Research. Glencoe, Ill.: The Free Press.

Merton, Robert K. (1995): The Thomas Theorem and The Matthew Effect. In: Social Forces, Jg. 74/H 2, S. 379–424.

Parsons, Talcott (1964): Beiträge zur soziologischen Theorie. Neuwied am Rhein; Berlin: Luchterhand.

Parsons, Talcott (1965): Wertgebundenheit und Objektivität in den Sozialwissenschaften. Eine Interpretation der Beiträge Max Webers. In: Stammer, Otto (Hg.): Verhandlungen des 15. Deutschen Soziologentages. Max Weber und die Soziologie heute. Tübingen: Mohr, S. 39–64.

Parsons, Talcott (1986): Aktor, Situation und normative Muster. Ein Essay zur Theorie sozialen Handelns. Frankfurt a. M.: Suhrkamp.

Reichertz, Jo (2009): Kommunikationsmacht. Was ist Kommunikation und was vermag sie? Und weshalb vermag sie das? Wiesbaden: VS Verlag für Sozialwissenschaften.

Sartre, Jean-Paul (1994): Das Sein und das Nichts. Versuch einer phänomenologischen Ontologie. Reinbek: Rowohlt.

Schimank, Uwe (2007): Handeln und Strukturen. Einführung in die akteurtheoretische Soziologie. 3. Auflage. Weinheim; München: Juventa.

Schulz-Schaeffer, Ingo (2009): Handlungszuschreibung und Situationsdefinition. In: Kölner Zeitschrift für Soziologie und Sozialpsychologie, Jg. 61/H 2, S. 159–182.

Schütz, Alfred (1971a): Das Problem der Relevanz. Frankfurt a. M.: Suhrkamp.

Schütz, Alfred (1971b): Das Wählen zwischen Handlungsentwürfen (1951). In: ders.: Gesammelte Aufsätze I. Das Problem der sozialen Wirklichkeit. Den Haag: Nijhoff, S. 77–110.

Siegrist, Johannes (1970): Das Consensus-Modell. Studien zur Interaktionstheorie und zur kognitiven Sozialisation. Stuttgart: Enke.

Soeffner, Hans-Georg (1988): Strukturanalytische Überlegungen zur gerichtlichen Interaktion. Kurseinheit 1: Interaktionstyp › Recht-Sprechen ‹. Hagen: Studienbrief der Fernuniversität-Gesamthochschule Hagen.

Soeffner, Hans-Georg (1989): Auslegung des Alltags – Der Alltag der Auslegung. Zur wissenssoziologischen Konzeption einer sozialwissenschaftlichen Hermeneutik. Frankfurt a. M.: Suhrkamp.

Staubmann, Helmut (1995): Handlung und Ästhetik. Zum Stellenwert der »affektiv-kathektischen Handlungsdimension« in Parsons' Allgemeiner Theorie des Handelns. In: Zeitschrift für Soziologie, Jg. 24/H 2, S. 95–114.

Thomas, Konrad (1969): Analyse der Arbeit. Möglichkeiten einer interdisziplinären Erforschung industrialisierter Arbeitsvollzüge. Stuttgart: Enke.

Thomas, William I. (1909): Introductory. In: ders. (Ed.): Source Book for Social Origins. Ethnological Materials, Psychological Standpoint, Classified and Annotated Bibliographies for the Interpretation of Savage Society. Chicago: University of Chicago Press, S. 3–26.

Thomas, William I. (1937): Primitive Behavior. An Introduction to the Social Sciences. New York; London: McGraw-Hill.

Thomas, William I. (1951a): The Behavior Pattern and the Situation (1927). In: ders.: Social Behavior and Personality. Edited by Edmund H. Volkart. New York: Social Science Research Council, S. 59–69.

Thomas, William I. (1951b): The Relation of Research to the Social Process (1931). In: ders.: Social Behavior and Personality. Edited by Edmund H. Volkart. New York: Social Science Research Council, S. 86–97.

Thomas, William I. (1951c): Outline of a Program for the Study of Personality and Culture (1933). In: ders.: Social Behavior and Personality. Edited by Edmund H. Volkart. New York: Social Science Research Council, S. 289–318.

Thomas, William I./Thomas, Dorothy Swaine (1928): The Child in America. Behavior Problems and Programs. New York: Knopf.

Thomas, William I./Znaniecki, Florian (1927): The Polish Peasant in Europe and America. A Classic Work in Immigration History. Volume 1. 2nd Edition. New York: Knopf.

Truffaut, François (1966): Le Cinéma selon Hitchcock. Paris: Laffont.

Ziemann, Andreas (2011a): Handlung und Kommunikation – eine situationstheoretische Reformulierung. In: Schröer, Norbert/Bidlo, Oliver (Hg.): Die Entdeckung des Neuen. Qualitative Sozialforschung als Hermeneutische Wissenssoziologie. Wiesbaden: VS Verlag für Sozialwissenschaften, S. 117–132.

Ziemann, Andreas (2011b): Latours Neubegründung des Sozialen? In: Balke, Friedrich et al. (Hg.): Die Wiederkehr der Dinge. Berlin: Kadmos, S. 103–114.

Formung des Engagements
Zur Situationslogik der Soziologie der Kritik

Gregor Bongaerts

1 Einleitung

Es erscheint durchaus reizvoll, das theoretische Programm der ›Soziologie der Kritik‹ heranzuziehen, um den Stellenwert des Situationsbegriffs, seine theoretischen Problembezüge und Potenziale, aber auch Grenzen als Kategorie soziologischer Theoriebildung zu bestimmen. Schließlich verwendet die Soziologie der Kritik, die mittlerweile unter dem Titel »Soziologie der Konventionen« zu einer allgemeinen Sozialtheorie ausgeweitet wird (vgl. Diaz-Bone 2011), den Begriff ›Situation‹ zur Konstruktion des Gegenstandsbereichs der Soziologie insgesamt. ›Situation‹ wird mithin zur Basiskategorie einer allgemeinen Theorie, die sich als Fortführung einer Handlungstheorie in der Tradition des Pragmatismus versteht. Handeln und Situation werden aufeinander bezogen, und damit ist als Fragestellung das Verhältnis von beiden Begriffen aufgeworfen: Welcher Stellenwert kommt dem Begriff ›Situation‹ zu, um sozio-logisch Handeln verständlich und möglicherweise auch erklärbar zu machen? Umgekehrt stellt sich die Frage danach, in welcher Weise Handeln und Handlungen Situationen erst hervorbringen bzw. inwiefern Handeln und Situation sich wechselseitig konstituieren. Einen weiteren Reiz für das diesen Sammelband leitende Thema »Offene Ordnungen« verspricht die Soziologie der Kritik dadurch, dass in ihr vor allem Situationen der Unbestimmtheit und Ungewissheit in den Blick genommen werden. Wie und ob dies alles beantwortet und umgesetzt werden kann, lässt sich klären, sobald herausgearbeitet worden ist, wie die Soziologie der Kritik ihre Begriffe begründet und mit welchem theoretischen Erkenntnisinteresse und auf welchem empirischen Hintergrund die Theoriebildung bislang erfolgt ist.

Im Folgenden konzentriere ich mich auf die Soziologie der Kritik im engeren Sinne,[1] weil die Theorie und Empirie der Soziologie der Konventionen weitgehend am Beispiel der Ordnungen der Kritik und Rechtfertigungen in unterschiedlichen sozialen Situationen entwickelt und durchgeführt worden ist. Zudem
ist der Ausgang von der Soziologie der Kritik insofern instruktiv, als mit ihr eine
Absetzbewegung von der für Frankreich bis in die 1980er und 1990er Jahre do-
minanten Soziologie Pierre Bourdieus zu beobachten ist, die sowohl die Auswahl
und Eingrenzung des Forschungsgegenstandes, also »Kritik und Rechtfertigungsordnungen«, als auch die Wahl der »Situation« als zu analysierender Formation
begründet.[2]

Ausgehend von der Rekonstruktion der Kritik an Bourdieus Theorie der Praxis, folgt in einem zweiten Schritt die Darstellung der Programmatik. In einem
dritten und vierten Schritt werden die sechs Gemeinwesen des gerechtfertigten
Handelns vorgestellt, und anhand ausgewählter Beispiele wird die Reichweite des
Situationsbegriffs der Soziologie der Kritik herausgearbeitet. Abschließend wird
in einem fünften Schritt nach den Problembezügen des Situationsbegriffs für die
soziologische Theorie gefragt.

II Kritik der Kritik

Die Theorie der Praxis wird von der Soziologie der Kritik als Prototyp einer kritischen Soziologie gelesen. An ihr beobachten Boltanski und Thévenot drei Charakteristika, die letztlich für jede Variante einer kritischen Soziologie zutreffen
sollen. Kritisiert wird zum Ersten, dass kritische Soziologen für sich eine privilegierte Beobachterposition in Anspruch nehmen, von der aus die Totalität der Gesellschaft in den Blick geraten soll (vgl. Boltanski 2010: 24 ff.). Es sind nicht nur
die blinden Flecken der Akteure im Alltag, die dem kritischen Soziologen zugänglich sind, sondern auch die normativ richtige Orientierung, der ihr Handeln möglichst folgen soll. Nur der kritische Soziologe weiß demnach, warum Akteure tun,
was sie tun; und zudem weiß er, was sie tun und lassen sollten. Zum Besserwisser
und Vormund gerät der kritische Soziologe laut der Soziologie der Kritik dadurch,
dass er für sich eine unmöglich einzunehmende Beobachterposition beansprucht:

---

1   Die Traditionslinie der *Ökonomie der Konventionen* blende ich in diesem Text aus. Die
    grundbegrifflichen Entscheidungen werden in der Kritik der Kritik besonders deutlich.
2   In diesem sehr französischen Theoriediskurs wiederholt sich im Grunde die Theoriebewe-
    gung, die sich in den 1960er Jahren zwischen Parsons' normativ strukturfunktionalistischer
    Theorie und der interpretativen Soziologie vollzogen hat.

eine Position, die außerhalb der Gesellschaft zu verorten sein muss, obwohl doch auch die Soziologie nur ein Teil des gesellschaftlichen Ganzen sein kann.[3]

Der Vorwurf einer Gesellschafts- als Totalitätsbeobachtung kehrt in den beiden weiteren zentralen Kritikpunkten jeweils wieder. Kritisiert wird zum Zweiten der Herrschaftsbegriff der kritischen Soziologie. Jede soziale Ordnung wird der Kritik gemäß als Herrschaftsordnung konstruiert, und mithin ist auch jede soziale Ordnung potenziell kritikwürdig (vgl. Boltanski 2010: 40 ff.). Wenn Ordnung nur als Herrschaft zu denken ist, dann kann eine Theorie, die in dieser Weise optiert, nicht so etwas wie »herrschaftsfreie Situationen« denken. Selbst wenn Akteure die Situationen, in denen sie sich bewegen, nicht als Herrschaftsausdruck begreifen, kann die kritische Soziologie laut Boltanski (vgl. 2010: 40) nicht anders, als diese Situationen dennoch als Herrschaftsformen zu konstruieren, die hinter dem Rücken der Akteure wirken. Erneut kehrt die Figur des Soziologen als Besserwisser wieder, und dementsprechend kann die Soziologie der Kritik auch in einem Herrschaftsbegriff, der als »Alles-und-nichts-Kategorie« auftritt, nichts anderes sehen als eine Art Immunisierungsstrategie, die die Position der kritischen Soziologie selbst gegen Kritik absichert und den Anspruch bewahrt, die Gesamtgesellschaft in den wertenden Blick zu nehmen.

Zum Dritten wird schließlich beanstandet, dass die kritische Soziologie soziale Akteure systematisch unterschätze, wenn sie sie nicht als aktive Handelnde *(acteurs)*, sondern als passive Handlungsträger *(agents)* begreift (vgl. Boltanski 2010: 43). Festgemacht wird dies vor allem am Habitusbegriff, mit dem sie den primären Modus des Handelns in die Dimension des Nicht-Bewussten schiebt. Nicht die Akteure erscheinen als Urheber ihrer Handlungen, sondern die sozialen Strukturen, durch die deren Habitūs erzeugt worden sind. Dies kann wiederum nur der privilegiert beobachtende kritische Soziologe wissen, der in einem Zuge mit dieser Form der Entmündigung sozialer Akteure »als Getäuschte, Hintergangene oder als ›cultural dopes‹ (Harold Garfinkel)« (Boltanski 2010: 41) ihre Fähigkeiten zu kreativem und reflexivem Handeln systematisch unterschätzt. Der Fokus auf die handlungsregulierenden Strukturen sichert erneut die totalisierende Betrachtungsweise der kritischen Soziologie ab, schließlich lässt sich der Anspruch auf die Kritik des gesamtgesellschaftlichen Herrschaftszusammenhangs nur dann aufrecht erhalten, wenn den Handelnden selbst keine kritischen und reflexiv-distanzierenden Kompetenzen gegenüber ihren sozialen Lebensbezügen

---

3 Deutlich ist, dass die Kritik gerade nicht die Theorie der Praxis trifft, weil diese doch Wissenschaft und damit Soziologie als ein relativ autonomes soziales Feld neben anderen konstruiert und somit mitten im Nexus des Feldes der Macht positioniert. Zu beobachten ist an dem ersten Kritikpunkt dementsprechend die Art und Weise der Konstruktion eines theoretischen Gegners, dem gegenüber die eigene Theoriebildung profiliert werden kann.

eingeräumt werden. Räumt man den Handelnden solche Kompetenzen ein, dann kann die kritische Soziologie für sich weder eine privilegierte Beobachterposition noch die einzig wahre Sicht auf die Gesellschaft beanspruchen, weil sie mit alternativen Beschreibungen und Bewertungen gesellschaftlicher Zusammenhänge rechnen müsste.

III Soziologie der Kritik

Die Programmatik der Soziologie der Kritik lässt sich als Absetzbewegung von den genannten drei Kritiken an der kritischen Soziologie begreifen. Die Kritik liefert dabei nicht nur die Motivation für einen alternativen Entwurf, sondern sie prägt die pragmatisch orientierte Handlungstheorie der Soziologie der Kritik bis in ihre Aspektstruktur. Dies ist vor allem an dem theoretischen Einsatzort und der begrifflichen Fassung der Begriffe »Akteur« und »Situation« zu beobachten. Die Soziologie der Kritik geht zunächst grundsätzlich davon aus, dass die fundamentale Kompetenz sozialer Akteure in ihrer Reflexions- und Deutungsfähigkeit besteht, die das Handeln in Situationen orientiert. Insbesondere Laurent Thévenot hat in den vergangenen Jahren im Rekurs auf die pragmatistische Handlungstheorie die sozialphilosophischen Grundlagen der Soziologie der Kritik herausgearbeitet. Vom Pragmatismus wird die Annahme übernommen, dass Reflexivität und reflexive Bewusstheit nicht der Grundmodus, sondern selbst eine Phase des Handelns sind (vgl. Joas/Knöbl 2004: 188). Darüber hinaus finden sich Anleihen bei einer ›existenzialistischen Sozialontologie‹, wie sie von Sartre (1993) her bekannt ist.[4] Dies ist merklich, wenn Thévenot die zwischen Mensch und Umwelt fundamentale »wechselseitige Abhängigkeit« (2011b: 258) herausstellt. Die »Koordination« mit der Welt erfolgt zudem als *Engagement,* durch das die Abhängigkeit in Kontrolle des Weltverhältnisses überführt werden soll (vgl. Thévenot 2011a: 231). Gerade dass das Handeln als Engagement des situierten Akteurs beschrieben wird, stellt eine Kontinuität zu Sartre her (vgl. 1993: 828) – weniger zum Pragmatismus. Schließlich verfolgt die Soziologie der Kritik ein ganz aufklärerisches Interesse, das die Akteure letztlich in ihrer Möglichkeit stärken soll, Kritik zu üben. Auch wenn die Soziologie der Kritik nicht kritische Soziologie im klassischen Verständnis sein will, so klingt alles doch nach Mündigkeit und Emanzipation. Die Rechtfertigungsordnungen, die das Ergebnis empirischer Erhebungen der kritischen Kompetenzen von Akteuren im Alltag sind, stellen schließlich verdichtete Formen legitim geübter Kritik dar; und sie sollen am Ende dazu dienen, Hemm-

---

4   Vgl. zum Verhältnis von Handlungsfreiheit und sozialen Zwängen bei Sartre auch den Beitrag von Jens Bonnemann in diesem Band.

nisse der potenziell bei sozialen Akteuren verteilten Kritikfähigkeit zu identifizieren (vgl. Boltanski 2010: 215 ff.). Bevor aber die sechs Rechtfertigungsordnungen
im Einzelnen vorgestellt werden, geht es um die weiteren grundlegenden Annahmen der Handlungstheorie der Soziologie der Kritik.

Thévenot bestimmt die Koordination mit der Welt durch ein Engagement in
unterschiedlichen Handlungsregimen. Diese grundlegenden Handlungsregime
bilden letztlich die Basis für alle weiteren, also auch diejenigen der Kritik und
Rechtfertigung. Das Engagement in der Welt ist demnach nicht beliebig von Akteur zu Akteur zu definieren, sondern es folgt historisch entstandenen Formun-
gen. Reflexivität und Kreativität kommt entsprechend nicht jedem Handeln zu,
sondern sie werden in den verschiedenen Regimen in unterschiedlichem Maße
reguliert und mithin erwartet. Grundlegend wird zwischen einem pragmatischen
und einem metapragmatischen Regime unterschieden, die jeweils weiter unter-
teilt werden (vgl. Thévenot 2011b: 270). Dem pragmatischen sind die Regime des
Engagements im Vertrauten und des planenden Handelns zugeordnet. Im Regime
des Vertrauten zählt der Akteur als Gesamtpersönlichkeit, Dinge sind Ausdruck
seiner Persönlichkeit und bestätigen im Verbund mit anderen die Vertrautheit im
Rahmen von Freundschaften und Intimbeziehungen. Im Regime des planenden
Handelns geht es hingegen um die Realisierung von Zielen unter Abwägung von
Mitteln, und andere erscheinen als Kooperationspartner, mit denen Interessen abgestimmt und Verträge geschlossen werden können. Das metapragmatische Regime wird als Regime des rechtfertigungsfähigen Handelns spezifiziert, in dem
Akteure an öffentlichen Interessen orientiert sind sowie Dinge und das Handeln
anderer Akteure dahingehend bewerten (qualifizieren), dass sie prüfen, ob es ge-
rechtfertigt und rechtfertigungsbedürftig ist. Dieses letzte Regime steht im Folgenden im Fokus.

Die pragmatischen Regime leiten weitere Überlegungen zu einer Verallgemei-
nerung der Befunde für alle möglichen Handlungsbereiche an (vgl. Dodier 2011).
Keines der Regime schließt Reflexivität aus. Sie begleitet in unterschiedlicher Ausprägung jegliches Handeln. Im metapragmatischen Regime, in dem Akteure explizit und versprachlicht Kritik an Situationen und anderen üben, ist Reflexivität
jedoch in hohem Maße präsent und erwartet.

IV Situation

Die sechs Rechtfertigungsordnungen bzw. sozialen Welten, die Boltanski und
Thévenot für das metapragmatische Regime unterscheiden, lassen sich unmittel-
bar mit der Auslotung des Situationsbegriffs der Soziologie der Kritik verknüpfen.
Der Situationsbegriff gerät in seine prominente Stellung, weil er weit gefasst als

Supplement für den in der Auseinandersetzung mit der kritischen Soziologie als untauglich befundenen Begriff der »Gesellschaft« fungiert. »Situation« ist folglich *die* Analyseeinheit der Soziologie der Kritik, nicht »Gesellschaft«. Dies ist die Konsequenz aus der Einsicht in die Unmöglichkeit, die Totalität sozialer Wirklichkeit wissenschaftlich beobachten zu können. Stattdessen wendet sich die Soziologie der Kritik explizit und mit begründeter Notwendigkeit Situationen zu, die gleichsam einen Ausschnitt aus einer nur denkbaren und deshalb nicht analysierbaren Totalität bilden. Unter »Situation« verstehen Boltanski und Thévenot recht weit gefasst »das Verhältnis zwischen […] ›Personenzuständen‹ und ›Dingzuständen‹« (2007: 11). Die Personen- und Dingzustände werden ausgehend von den Ordnungen des Engagements bestimmt, in diesem Fall von Gemeinwesen (cités) bzw. sozialen Welten. Sechs Gemeinwesen werden im Hinblick auf verschiedene Modi unterschieden, durch die Personen und Dingen ein Wert zugemessen und die Handlungskoordination geleistet wird. Es finden sich Angaben zu übergreifenden Wertbezügen, durch die jemandem oder etwas in einer der Welt tatsächlich ein Wert zukommen kann, sowie Listen von typischen Personen, Objekten und auch Koordinations- und Beziehungsformen. Unterschieden werden konkret die Welt der Inspiration (1), die häusliche Welt (2), die Welt der Meinung (3), die Welt des Staatsbürgertums (4), die Welt des Marktes (5) und die Welt der Industrie (6).

Ad (1): In der Welt der Inspiration wird die Wertigkeit einer Person durch außeralltägliche Quellen als Gnade zugewiesen. Ausdruck der Gnade sind z. B. Heiligkeit und Kreativität. Relevante Personen und Objekte sind »Geister, verrückte Menschen, Künstler und Kinder« (Boltanski/Thévenot 2011: 58). Typische Handlungsweisen sind »Träumen, der Gebrauch der Phantasie, die Rebellion und die lebendige Erfahrung« (Boltanski/Thévenot 2011: 58).

Ad (2): Die Wertigkeit eines Menschen wird durch seinen »Rang in einer Vertrauenshierarchie« (Boltanski/Thévenot 2011: 58) erzeugt. Handlungen werden vor allem in vis-à-vis-Beziehungen koordiniert und durch Traditionen und Respekt anderen gegenüber reguliert (vgl. Boltanski/Thévenot 2011: 59). In dieser Welt geht es jeweils um die gesamte, auch körperlich verfasste Person, die sich von dem verwandtschaftlichen oder verwandtschaftsähnlichen Status (Stand) nicht trennen lässt. Typische Gegenstände sind etwa Visitenkarten, Präsente, Vermögen, Häuser.

Ad (3): Innerhalb der Welt der Meinung wird die Wertigkeit von Personen ausschließlich durch die Anerkennung durch andere Akteure bestimmt (vgl. Boltanski/Thévenot 2011: 59). Personentypen sind »Personen des öffentlichen Lebens, Stars, Meinungsführer, Journalisten« (Boltanski/Thévenot 2011: 60). Als typische Gegenstände werden »Marken, Abzeichen, Sender und Empfänger von Botschaften, Presseerklärungen und Werbebroschüren« (Boltanski/Thévenot 2011: 60) aufgelistet. Soziale Beziehungen konstituieren sich durch Einfluss, Berufung auf andere sowie Klatschen und Tratschen (vgl. Boltanski/Thévenot 2011: 60). Recht erhält eine Person gleichermaßen durch die Anerkennung von anderen, sodass ein »Erfolg gibt Recht« als Prinzip von Gerechtigkeit erscheint.

Ad (4): In dieser Welt beruht sozialer Friede auf der Autorität eines Souveräns als Garant des Gemeinwohls (vgl. Boltanski/Thévenot 2011: 60). Konkretisiert wird die Welt des Staatbürgertums, sobald Akteure ihre Individualinteressen dem Gemeinwohl unterordnen. Als Personentypen finden sich vor allem Mitglieder oder Repräsentanten einer formal organisierten Gruppe (Gewerkschaften, Gewerkschaftsführer, öffentliche Körperschaften usw.). Typische Gegenstände können »immaterieller Art, wie etwa Regeln, Gesetze und Verfahren, oder materiell, wie Gewerkschaftsbüros oder Wahlurnen« (Boltanski/Thévenot 2011: 61), sein. Die politische Mobilisierung von Individuen und Gruppen erscheint als zentrale soziale Beziehung und Koordination von Handlungen (vgl. Boltanski/Thévenot 2011: 61).

Ad (5): Die Wertigkeit wird in der Welt des Marktes durch Besitz, Reichtum und Preise bestimmt. Personentypen sind Käufer und Verkäufer, die über entsprechendes Vermögen verfügen, opportunistisch sind und rational kalkulierend handeln (vgl. Boltanski/Thévenot 2011: 62).

Ad (6): In der Welt der Industrie wird Wertigkeit durch Effizienz als Ausdruck professioneller Kompetenz erzeugt und zweckrational planend organisiert (vgl. Boltanski/Thévenot 2011: 62). ›Experten‹ sind die typischen Personen, und als Gegenstände werden »Werkzeuge, Methoden, Kriterien, Pläne, Grafiken, Schemata etc.« (Boltanski/Thévenot 2011: 62) aufgelistet.

Gewonnen sind die sechs Welten durch die Auswertung unterschiedlicher Textkorpora. Die Unterscheidungen der Welten im Hinblick auf die jeweils geltenden Wertigkeiten bzw. Größen, die zugleich die Grundlage für Gerechtigkeitsvorstellungen bilden, sind aus Klassikern der Politischen Philosophie gewonnen worden.[5] Da die Rechtfertigungsordnungen nicht nur als theoretische Möglichkeiten gedacht sind, sondern als reale Kompetenzen, muss argumentativ die Verknüpfung der Texte mit den faktischen Akteuren begründet werden. Das Kernargument lautet sinngemäß, dass in den politisch philosophischen Texten systematisch die prinzipiell möglichen Wertigkeits- und Gerechtigkeitsannahmen als Rechtfertigungsordnungen idealtypisch verdichtet sind, die in der sozialen Wirklichkeit faktisch vorkommen (vgl. Boltanski/Thévenot 2011: 52 f.). Die typischen Ordnungen und Anordnungen von Personen und Dingen sind aus Ratgeberliteraturen

---

5 Für die Welt der Inspiration wird etwa auf Augustinus' »De civitate dei« zurückgegriffen; für die Welt des Hauses auf Jacques Bénigne-Bossuets »La Politique tirée des propres paroles de l'Ecriture sainte«.

extrahiert, die einen zweiten Textkorpus bilden und wiederum idealtypische Annahmen über die verschiedenen sozialen Welten umfassen.[6]

Expliziert werden die Kompetenzen der Akteure mithin durch Wissensbestände: Akteure wissen von Ordnungen und Anordnungen typischer Personen
und Dinge. Sie sind in der Lage, Situationen an der personellen und dinglichen
›Rahmung‹ zu erkennen und das eigene Verhalten und Handeln an den mit einer
Welt verbundenen Erwartungen zu orientieren. Schließlich ermöglichen es die typischen Wissensbestände, innerhalb der unterschiedlichen Welten, mitsamt der
in ihnen geltenden Konventionen, Störungen zu erkennen – *Unordnung* also. Der
Soziologie der Kritik geht es bei alledem nicht darum, soziale Welten als faktisch
ausdifferenzierte und autonome Sphären herauszustellen, sondern als spezifische
Handlungsorientierungen, die in unterschiedlichen Situationen, an verschiedenen
Orten zugleich aktualisiert werden und auch in Konflikt zueinander geraten können (vgl. Thévenot 2011b: 257).[7] Als Beispiel dienen etwa Unternehmen, in denen
Akteure von Situation zu Situation in unterschiedlichen sozialen Welten agieren
oder auf Unordnung von Welten treffen können (vgl. Boltanski/Thévenot 2007:
211 ff.). In Unternehmen als ein primärer Ort der Welt der Industrie (Effizienz)
lassen sich versuchte Regulierungen kreativen Handelns als Logik der Welt der
Inspiration gleichermaßen beobachten wie Logiken der Welt des Hauses (hierarchische Beziehungen, informelle Strukturen), Logiken der Welt des Staatsbürgertums (Kollektivvertretungen wie Personal- oder Betriebsräte), der Welt des
Marktes (Umsatz/Gewinn) und der Welt der Meinung (Image) (vgl. Boltanski/
Thévenot 2007: 211 ff.). Solcherlei Situationen aus verschiedenen sozialen Welten
können dabei nacheinander und geordnet ablaufen; oder die Welten können sich
vermischen, und es entstehen unordentliche Verhältnisse, die darauf drängen, in
irgendeiner der dann möglichen Arten und Weisen wieder geordnet zu werden.

---

6   Für die Welt der Inspiration wird zum Beispiel auf das Buch »La créativité en pratique« re-
    kurriert, für die Welt des Staatsbürgertums auf »Pour élire ou désigner les délégués«, Rat-
    geber für Gewerkschaftsgliederungen »La section syndicale« usw. Idealtypisch sind die
    Annahmen, weil in solchen Literaturen in der Regel milieuspezifische Wissensbestände der
    jeweiligen Autoren repräsentiert sind, die zudem ein »Sein-Sollen« beschreiben. Vergleich-
    bar könnte auch die typische Schreibarbeit im Verlauf eines universitären Studiums durch
    die Auswertung von Ratgebern über das Schreiben im Studium erhoben werden. Inwiefern
    diese Typisierungen und auch die typischen Problemkonstellationen, für die sie eine prakti-
    sche Lösung darstellen sollen, tatsächlich die soziale Wirklichkeit der jeweiligen Welten tref-
    fen, bleibt für weitere Forschung offen.
7   Dieser Aspekt markiert einen grundlegenden Unterschied zu dem bekannten Konzept der
    »sozialen Welten« von Anselm Strauss. Jener bestimmt soziale Welten durch Tätigkeiten,
    deren Zusammenhänge sowie durch Orte und Technologien, die für die Welten spezifisch
    sind. Beispiele sind die soziale Welt des Bergsteigens oder des Forschens usw. (vgl. Strauss
    2010: 212).

Durch Vermischungen, in denen Elemente (Wesen) einer Welt in eine andere hineingeraten, wird von der Soziologie der Kritik die Entstehung von Konflikten verständlich gemacht. Solche Konflikte lassen sich entweder dadurch auflösen, dass eine der Welten der anderen gegenüber dominant gesetzt und die Situation ›gereinigt‹ wird; oder es finden sich ›Kompromisse‹, durch die die beteiligten Welten miteinander arrangiert werden können.[8]

V Situiert oder situativ?

Die Spannweite des Begriffs der ›Situation‹ und des Konzepts der ›sozialen Welten‹ lässt sich am besten durch den Rückgriff auf Beispiele ermessen, die für die Soziologie der Kritik prototypisch sind. Dadurch, dass der Situationsbegriff als Ersatzbegriff für ›Gesellschaft‹ fungiert, bleiben die Phänomene, die mit ihm gemäß der Definition durch den Zusammenhang von Person- und Dingzuständen verbunden werden können, relativ unbestimmt. Letztlich ist jeder Handlungszusammenhang als situiert zu begreifen; unabhängig davon, welche soziale Ordnung mit ihm verbunden ist. Für soziale Handlungszusammenhänge bedeutet dies mithin, dass offenbar immer dann eine soziale Situation vorliegt, wenn Handlungen von mindestens zwei Akteuren aneinander orientiert sind und miteinander koordiniert werden – wie auch immer dies genau geschieht, wie und wodurch auch immer dies vermittelt ist.

Das erste Beispiel kommt sicherlich der Vorstellung am nächsten, die mit dem Begriff der Situation alltagssprachlich verbunden wird. Das Beispiel dient Boltanski und Thévenot dazu, hybride Situationen zu illustrieren, in denen ein benachteiligter Akteur bewusst versucht, die Rechtfertigungsordnung einer sozialen Welt geltend zu machen, die eigentlich nicht primär die gegebene Situation bestimmt. Ein Chef will gemäß den Prinzipien der industriellen und marktförmigen Welten einen Angestellten entlassen (vgl. Boltanski/Thévenot 2007: 292). Die Situation ist durch das Chefbüro zunächst klar bestimmt, bis der Angestellte das Familienfoto auf dem Schreibtisch zum Anlass nimmt, um auf seine eigene Familie und das Desaster hinzuweisen, das eintritt, sollte er tatsächlich entlassen werden. Die Logik der häuslichen Welt wird auf diese Weise in die Situation gebracht; und die Situation selbst wird hybrid bzw. sie verliert ihre »Natürlichkeit« (vgl. Boltanski/Thévenot 2007: 292).

Das zweite Beispiel ist eine ländervergleichende Studie von Laurent Thévenot, Michael Moody und Claudette Lafaye über »Formen der Bewertung von Na-

---

8 Konflikte lassen sich zudem durch Vergeben und Vergessen auflösen (vgl. Boltanski/Thévenot 2011: 67 f.).

tur« (Thévenot et al. 2011). Die Autoren haben öffentliche Debatten über das Für und Wider zweier Bauprojekte mit Hilfe des analytischen Instrumentariums der sozialen Welten untersucht. Ein Bauprojekt in Frankreich und eines in den USA wurden mit Blick auf die Rechtfertigung des Vorhabens und die als legitim erachtete Kritik untersucht und kulturvergleichend einander gegenübergestellt. Quellen sind Interviews, öffentliche Stellungnahmen und andere Texte (vgl. Thévenot et al. 2011: 129). Die Untersuchung ist als Mehrebenenanalyse durchgeführt worden, in der die Diskurse in einen »institutionellen, technischen, rechtlichen und materiellen« (Thévenot et al. 2011: 125) Kontext gestellt worden sind. Primär geht es um die Rekonstruktion der »Pragmatik von Öffentlichkeit und öffentlichem Diskurs« (Thévenot et al. 2011: 135), worunter offenbar die Herausstellung der verschiedenen Handlungsregime und deren institutionellen und materiellen Stützen verstanden wird. Letztlich stellen sich die Genese eines neuen Wertigkeitsprinzips: *grüne Größe* (vgl. Thévenot et al. 2011: 133), sowie Unterschiede mit Blick auf die politischen Kulturen in Frankreich und den USA heraus – etwa wenn tendenziell in Frankreich eher auf die Wertigkeitsprinzipien der Welt des Hauses (Tradition) und in den USA eher auf solche der Welt des Marktes rekurriert werden (vgl. Thévenot et al. 2011: 125).

Das dritte Beispiel dient Boltanski und Thévenot dazu, einen Kompromiss zwischen mehreren Welten zu illustrieren. ›Arbeitnehmerrechte‹ stellen einen solchen Kompromiss zwischen der staatsbürgerlichen Welt und der industriellen Welt dar. ›Recht‹ ist ein Element der ersten und ›Arbeitnehmer‹ sind eines der zweiten, der industriellen Welt. Der Kompromiss ist dadurch charakterisiert, dass einerseits nicht auf die Reinigung der Situation in Richtung einer Welt hingearbeitet wird und dass andererseits Partialinteressen der beteiligten Parteien einem Allgemeininteresse subordiniert werden (vgl. Boltanski/Thévenot 2007: 368). Vorausgesetzt wird somit ein Prinzip des Gemeinwohls, das beide Welten umfasst. Die Akteure und Elemente beider Welten bleiben nebeneinander bestehen, werden allerdings in Bezug auf ein Drittes befriedet. Das Konfliktpotenzial bleibt jedoch erhalten und kann unter veränderten Bedingungen erneut zu einer Streitsituation führen, die in einen neuen Kompromiss überführt werden kann usw.

Betrachtet man diese drei Beispiele im Hinblick auf den »Situationsbegriff«, so wird deutlich, dass dieser keine spezifische soziale Ordnung bezeichnet. Im ersten Beispiel hat man es mit einer *Interaktionsordnung* (vgl. Goffman 2001), im zweiten mit einer *Diskursordnung* und im dritten Beispiel mit *Institutionenordnung* (Recht und Gewerkschaften) zu tun. Die Ordnung von Situationen wird mithin theoretisch offen gehalten und am Ende empirisch bestimmt. Parallel dazu erscheint der Bezug von ›Situation‹ und ›Handeln‹ theoretisch unbestimmt. Aus den Beispielen wird nicht ersichtlich, wie genau Situationen Handeln bestimmen und umgekehrt. Es lässt sich eine wechselseitige Definition vermuten, wenn im ersten Beispiel die Deutung der Situation durch den Einbezug des Fotos verändert wird. Das Handeln des einen Akteurs stellt die vordergründige Definition durch die Welt der Industrie in Frage und versucht, die Geltung der Prinzipien der Welt des Hauses durchzusetzen. Das bloße Vorhandensein des Familienfotos auf dem Schreibtisch ist Anlass und Gelegenheit dazu. Warum diese Gelegenheit aber ausgerechnet in dieser Situation wahrgenommen wird, bleibt unklar und wahrscheinlich für Boltanski und Thévenot eine weitere empirische Frage. Ohnehin erscheint das, was die Autoren jeweils als die Pragmatik der Situationen bezeichnen, die Bedingungen der Möglichkeit des beobachteten Handelns zu meinen. Dies ist auch im zweiten Beispiel ersichtlich, wenn die Autoren primär nach den »pragmatischen Voraussetzungen fragen, deren es bedarf, um auf der Bühne der Öffentlichkeit überhaupt etwas behaupten zu können« (Thévenot et al. 2011: 125). Die Autoren scheinen nicht nur die Rechtfertigungsordnungen empirisch gewinnen zu wollen, sondern auch die ihnen korrespondierende Handlungstheorie. Diese wird offenbar durch die Rekonstruktion der Kompetenzen ausgeführt, über die Akteure verfügen müssen, wenn sie im Durcheinander der Welten trotzdem handeln können sollen. Deutlich wird dies etwa, wenn Boltanski und Thévenot indirekt auf die Fähigkeiten von Akteuren schließen:

»Die Fähigkeit, die Augen offen zu halten oder zu verschließen, sich von der Natur der Situation ergreifen zu lassen oder sich ihr zu entziehen, wird nicht nur in der Kritik greifbar. Sie ist jedes Mal auch dann am Werk, wenn die Personen den Übergang zwischen Situationen, die zu unterschiedlichen Welten gehören, bewerkstelligen müssen. [...] Die Kunst, den Übergang zwischen zwei Situationen zu bewältigen, zeigt sich etwa in den antizipierenden Verhaltensweisen, die von einer Sensibilität für die Vorzeichen einer Veränderung der Ressourcenausstattung über das Erahnen der vorhersehbaren Winkelzüge der anderen bis hin zu solchen Manövern gehen, die durch die Einführung neuer Ressourcen bei den beteiligten Personen einen Stimmungswandel bewirken wollen.« (Boltanski/Thévenot 2007: 315)

Zusammenfassend lässt sich der handlungstheoretische Entwurf zunächst dahingehend begreifen, dass die Rekonstruktion der verschiedenen sozialen Welten als Wissens- und Symbolordnungen (Konventionen) soziale Ordnung und entsprechendes Handeln verständlich machen soll. In den Fähigkeiten der Akteure, mit unordentlichen Situationen umgehen zu können, kommt hingegen die Handlungskompetenz zum Ausdruck, die darüber hinausgeht,[9] Situationen zu prüfen und einer der sozialen Welten zuzuordnen. In kritischer Abgrenzung von Bourdieus Habituskonzept, das als handlungstheoretischer Determinismus (letzt-

---

9   Diese Fähigkeit erscheint in der Formulierung als »Kunst«, eine »Kunst des Handelns« wie mit de Certeau gesagt werden kann (vgl. 1988), der Bourdieu gleichermaßen einen starren und tendenziell deterministischen Habitusbegriff vorwirft.

lich miss-)verstanden wird, erscheinen Akteure als prinzipiell frei gegenüber den
sozialen Verhältnissen, die durch die Pluralität der Welten und ihrer Situationen
konstruiert werden. Die Freiheit wird dabei als Handlungsspielraum durch die
Möglichkeiten erzeugt, die sozialen Welten miteinander zu konfrontieren und zu
versuchen, die Geltung einer Welt durchzusetzen oder aber Kompromisse zwischen Welten herzustellen. Die Konventionen regulieren jedoch nicht die Kompetenzen, dazu in der Lage zu sein. Erneut erscheint die Nähe zu Sartres exis-
tenzialistischer Deutung des Handelns sehr deutlich.[10] Auch wenn Boltanski und
Thévenot mit ihren sozialen Welten ein differenzierteres Bild sozialer Wirklichkeit
zeichnen, als dies für den späten Sartre in einer marxistischen Tradition möglich
gewesen ist, so ist doch die Denkfigur einer nicht sozialisierten, gleichsam wilden
Handlungskompetenz durchaus vergleichbar, die sich in Auseinandersetzung mit
sozialen Situationen ausdrückt. Eine solche Theorieoption erkauft man sich allerdings dadurch, dass soziologisch die Varianzen im Umgang mit vergleichbaren Problemen des Handelns nicht mehr verständlich und erklärbar gemacht werden können.

Genau dies kann aber die kritisch und resolut zurückgewiesene Habitustheo-
rie Bourdieus, welche den generativen Mechanismus des Handelns soziologisch
konstruiert, ohne dabei in einen Determinismus zu geraten (vgl. etwa 1987: 101 ff.;
siehe ausführlich auch Bongaerts 2008 und 2012). Die Ableitung der habituellen
Dispositionen aus den Erfahrungsräumen der Akteure ermöglicht die Konstruktion von historisch kontingenten Handlungspräferenzen. Die Räume der Erfahrung regulieren die Sozialisationsgeschichte der Akteure und variieren jeweils mit
deren sozialer Position. Letztere wird bei Bourdieu strukturtheoretisch mit den
Konzepten des sozialen Raumes und des sozialen Feldes erfasst. Die derart be-
stimmbaren Präferenzen sind es, die wiederum soziologisch verständlich und erklärbar machen können, dass Akteure in vergleichbaren Situationen zu verschie-
denem Handeln disponiert sind. Habituelle Disposition kann man in diesem
Sinne als historische Gesetzmäßigkeiten des Handelns begreifen. Unterscheidbar
werden dadurch kollektive Abweichungen von singulären; etwa wenn sich empirisch beobachten lässt, dass Akteure eines spezifischen Milieus regelmäßig versuchen, sich gegen ihre Entlassung aus einem Arbeitsverhältnis durch die Umdeutung der Situation zu stemmen, und Akteure eines anderen Milieus (oder einer
anderen Schicht) dies regelmäßig nicht tun.[11] Darüber hinaus markiert der Hinweis, dass die entsprechenden Kompetenzen nur dann notwendig sind, wenn
mehrere soziale Welten bestehen, das handlungstheoretische Desiderat, herauszu-

---

10 Siehe dazu nochmals Jens Bonnemann in diesem Sammelband.
11 Diese oder vergleichbare Fragen geraten erst gar nicht in den Blick, wenn man sich weigert,
    das Habituskonzept oder ähnliches zu berücksichtigen.

arbeiten, wie durch die Partizipation an den Welten die entsprechenden Kompetenzen erzeugt werden. Letztlich markiert der Verweis auf die Kunst, zwischen Situationen wechseln zu können, eine Leerstelle, die mit einer Handlungstheorie zu füllen wäre, die Akteure mit mehr oder minder wandelbaren Dispositionen, mit Habitūs[12] ausstattet.

Gleichermaßen wie das Verhältnis von Handeln und Situation bleibt bei Boltanski und Thévenot zudem unklar, aus welcher Beobachterposition heraus Situationen bestimmt werden. Die Kriterien ergeben sich aus den konstruierten sozialen Welten mitsamt ihren Rechtfertigungsordnungen. Diese werden als den Akteuren verfügbare und irgendwie institutionell und materiell gestützte Wissens- bzw. Symbolordnungen erfasst. Es bleibt allerdings offen, ob Situationen aus der Teilnehmerperspektive rekonstruiert oder aus der Perspektive eines externen Beobachters konstruiert werden. Im ersten angeführten Beispiel hat man es mit einer klassischen Interaktionssituation zu tun, die aus der Teilnehmerperspektive beschrieben wird. Im zweiten ländervergleichenden Beispiel über Umweltdebatten sind es Diskurse, die zumindest auch aus einer Beobachterperspektive untersucht werden. Die situative Orientierung der Akteure selbst wird offenbar nicht ausschließlich in den Blick genommen. Im dritten Beispiel der Arbeitnehmerrechte schließlich sind es institutionelle Arrangements, die beobachtet werden. Selbstverständlich können die konkreten Verhandlungsprozesse untersucht werden und auch aus der Situation der Teilnehmer rekonstruiert werden, allerdings interessieren Boltanski und Thévenot an dieser Stelle die ›objektiven‹ Bedingungen der Möglichkeit von Kompromissen. Man könnte argumentieren, dass die Handlungsergebnisse Ausdruck der Situationsdeutung der Akteure sind und mithin deren Perspektive dadurch automatisch mitberücksichtigt wird – wie gebrochen auch immer.

Dass die beiden Beobachtungsperspektiven nicht systematisch auseinandergehalten werden, zeigt sich schließlich daran, dass in der Definition des Situationsbegriffs nur sehr allgemein der Zusammenhang von Person- und Dingzuständen genannt wird und kein Unterschied zwischen den objektiven und den subjektiven Gegebenheiten sowie deren Interpretation gemacht wird. Der Unterschied der objektiven und der subjektiv erfassten Gegebenheiten, der Unterschied zwischen Situation und Situationsdefinition also, wird nicht berücksichtigt (vgl. dazu Esser 1999: 35 ff.). Gerade dies macht aber einen Kern der in der Tradition von William I. Thomas stehenden Soziologien der Situationsanalyse aus. Das Handeln kann mit einer Situation dadurch verknüpft werden, dass man zunächst die äußeren Gegebenheiten, inklusive der materiellen Objekte sowie die inneren Einstellungen der

---

12 Es kann auch ein anderes, aber doch dahingehend vergleichbares Konzept verwendet werden, dass die soziobiografische Regulierung der Handlungskompetenz betont wird.

Akteure oder einer Gruppe von Akteuren herausarbeitet, um dann von beidem die Situationsdefinition eines Akteurs abzuheben, also seine mehr oder minder bewusste Deutung der äußeren Gegebenheiten und inneren Einstellungen (vgl. Esser 1999: 36 f.). Nur durch eine solche unterscheidende Bestimmung der äußeren und inneren Gegebenheiten der Situation und der subjektiven Deutung dieser Gegebenheiten lässt sich systematisch die Situation mit Handeln verknüpfen – streng genommen lässt sich nur so beides auch unterscheiden.[13]

Eine treffende Bezeichnung für den Unterschied zwischen Beschreibungen einer Situation ohne und mit Berücksichtigung der Situationsdefinition(en) lässt sich bei Goffman mit der Unterscheidung von *Situiertheit* und *Situativität* gewinnen. Obgleich diese Unterscheidung bei Goffman vor allem verwendet wird, um das Besondere von Interaktionssituationen hervorzuheben, so lässt sich doch schnell sehen, dass das Situative etwas mit der Situationsdefinition vergleichbares meint. Bei Goffman bezeichnet das Situierte alles, »was zufällig in einer sozialen Situation verortet ist (und was ohne größere Schwierigkeiten außerhalb angesiedelt werden könnte)« (2001: 56 f.). Das Situative hingegen meint jene Gegebenheiten und Sachverhalte, die nur in Interaktionssituationen auftreten können. Verallgemeinert gesagt, meint das Situative also jene Gegebenheiten, die für die Akteure in einer sozialen Situation relevant sind. Das erste Beispiel verdeutlicht diesen Unterschied, wenn das Familienfoto des Vorgesetzten von Seiten des Angestellten einbezogen und erst dadurch *situativ* wird.

Diese Unterscheidung ist bei Boltanski und Thévenot nicht zu greifen. Sie fokussieren bei der Explikation handlungstheoretischer Annahmen auf die Situativität – auch wenn sich dies in der Empirie nicht unbedingt wiederfindet. Berücksichtigen wollen sie sehr zu Recht die Regulierung der Handlungsanforderungen durch die Situationen, wozu die unterschiedlichen Handlungsregime expliziert werden. Sie wollen dabei zudem die »Orientierungspunkte« in den Blick nehmen, »mittels deren der Akteur seine Umwelt erfasst und im Verlauf des Prozesses der Überprüfung und Neuerschaffung den Erfolg dieses Engagements bewertet« (Thévenot 2011a: 233). Der handlungstheoretische Anspruch ist dabei, die Dynamik des Handlungsverlaufs zu bedenken, auch dass die Situationen jeweils ihre Akteure mit hervorbringen und dass sich zudem die Handlungsziele im Verlauf des situativen Handelns verändern können (vgl. Thévenot 2011a: 233). Die Explikation der Regime jedoch, durch die Wissensformen und Symbole, die letztend-

---

13 Auch Bourdieus Theorie der Praxis (vgl. 2000: 87 ff.) kennt eine vergleichbare Konzeption, die weder durch Thomas noch durch Popper vermittelt ist, wenn sie die ›objektiven Möglichkeiten‹ von den ›subjektiven Hoffnungen‹ der Akteure unterscheidet und durch die Verwendung dieser Unterscheidung am Beispiel der Empirie der Kabylei ihren *sensus* für einen Habitusbegriff gewinnt, der das Handeln durch schwer veränderbare und deshalb dauerhaft das Handeln orientierende Dispositionen verständlich und erklärbar macht.

lich die Prüfung der Situation durch die Akteure anleiten, scheinen mir hinter diesen Theorieansprüchen zurückzubleiben (vgl. dazu Thévenot 2011a: 238 ff.) – so spannend die Empirie im Einzelnen auch sein mag und so spannend der Versuch sich darstellt, eine Alternative zu gängigen soziologischen Handlungstheorien zu formulieren. Letztlich werden die Situationen und Handlungskompetenzen zur Prüfung und Beurteilung durch die Konventionen bestimmt und die kreativen Umgangsweisen mit Unordnung als Ausdruck des Akteurs gelesen. Aber Fragen danach, wie genau ein solcher Akteur *sozio*-logisch hervorgebracht wird, bleiben – wenn ich recht sehe – unbeantwortet.

Der nicht herunterzuspielende Gewinn dieses groß angelegten Forschungsprogramms ist es allerdings, die spezifischen Wissensordnungen und Symbolordnungen zu erforschen, mit denen Akteure die Welt einteilen, sowie die notwendigen Bedingungen für legitimes und in den Handlungsregimen erfolgversprechendes Handeln empirisch herauszuarbeiten.[14] Der theoretische Gewinn liegt zudem darin, an eine Handlungstheorie den Anspruch anzulegen, die nötigen Handlungskompetenzen und Akteursmerkmale (wobei zunächst offen bleiben kann, wer und was als Akteur gilt) aus den Situationen des Handelns herzuleiten und variabel zu denken.

VI Abschließende Überlegung zur Situation der Soziologie

Welcher Stellenwert dem Situationsbegriff im Rahmen der Soziologie der Kritik zukommt, kann nun abschließend als Ausgangspunkt dafür genommen werden, nach seinem Stellenwert in der theoretischen Soziologie insgesamt zu fragen. Die Bestimmung soll an dieser Stelle systematisch erfolgen: zum Ersten im Hinblick auf seine Funktion als Kontrastbegriff zum Gesellschaftsbegriff, zum Zweiten mit Blick auf Formen sozialer Ordnung und zum Dritten in Bezug auf das Verhältnis von Situation und Handeln bzw. Modi des Handelns.

Ad (1): Den Situationsbegriff als Alternative zum Totalitätsbegriff »Gesellschaft« einzuführen, birgt das Problem, dass er theoretisch diffus bleibt. Letztlich ist jedes soziale Phänomen und damit jede soziale Ordnung als Situation zu konstruieren. Im Kontrast zum Gesellschaftsbegriff wird nicht deutlich, wie theo-

---

14 In Bezug auf öffentlich wirksames Handeln schreibt Thévenot. »Die Analyse der Gemeinschaft anhand von Regimes von Engagements hilft uns zunächst bei der Klärung der Frage, welche Wege gebahnt werden müssen, damit eine Rechtsnorm oder eine politische Intervention in größtmöglicher Nähe der betroffenen Personen Anwendung finden kann und – im umgekehrten Sinn – welchen Anforderungen im Hinblick auf die Entwicklung von einem Engagement zum anderen eine Person gerecht zu werden hat, um ihre Stimme öffentlich zu Gehör zu bringen« (2011a: 235).

retisch soziale Strukturen bestimmt werden können, die sich nicht ohne Weiteres aus den Konventionen ablesen lassen, wie sie in den Personen und Objekten verkörpert sind. Will man alle sozialen Ordnungszusammenhänge letztlich aus Wissensbeständen der Akteure im Verbund mit objektivierten Symbolordnungen verständlich und erklärbar machen, wird es schwierig, die Bedingungen der Entstehung genau dieser Ordnungen zu erklären. Boltanski und Thévenot fragen primär nach den Konventionen, die Situationen *als* natürliche Situationen hervorbringen, sowie nach den Bedingungen, die diese Natürlichkeit in Frage stellen und Kritik provozieren. Nach den Bedingungen der Genese dieser Konventionen fragen sie nicht. Erst eine Strukturtheorie, die von den Teilnehmerperspektiven abstrahiert, könnte die Ordnungszusammenhänge herausarbeiten, die diese spezifischen Wissensbestände bzw. Konventionen, mithin auch die unterschiedlichen Welten hervorbringen.[15] Eine Theorie, die ›lediglich‹ auf die Handlungskompetenzen im hier verwendeten Sinn abhebt, verweist folglich indirekt immer auf eine Strukturtheorie, mit der die Genese und Spezifik dieser Kompetenzen verständlich und erklärbar gemacht werden kann – wie auch immer diese konkret ausgeführt wird: ob als Theorie gesellschaftlicher Differenzierung oder als Theorie sozialer Ungleichheit usw.

Deutlich wird dieses Desiderat am Beispiel des oben angeführten Ländervergleichs. Um die makrologischen Einheiten zu bestimmen, die die komparative Analyse von verschiedenen Rechtfertigungskulturen anleiten sollen und die zugleich als struktureller Grund für diese kulturellen Varianzen angeführt werden, wird auf Nationalstaaten zurückgegriffen. Dies ist letztlich eine politische und keine wissenschaftliche Kategorie, für die zumindest zunächst zu hinterfragen wäre, ob sie die relevante Einheit im Sinne der wenigstens notwendigen Bedingung für die Unterschiede bildet – zumal Staatsgrenzen nicht notwendig Kulturgrenzen bilden usw.

Ad (2): Die Probleme, die damit verbunden sind, den Situationsbegriff unter Verzicht auf einen Begriff von Gesellschaft oder ein äquivalentes Konzept für die Konstruktion makrologischer sozialer Gebilde zu verwenden, leiten unmittelbar zur Bestimmung des Verhältnisses von Situation und Formen sozialer Ordnung über. Durch die sehr weite Definition bleibt offen, auf welche Ordnungszusammenhänge sich Situationen im Rahmen der Soziologie der Kritik beziehen. Offensichtlich sollen die situativen Gegebenheiten und damit die Situation aus der

---

15 In vergleichbarer Weise kritisiert Habermas (1981: 205) die der Soziologie der Kritik durchaus ähnlichen Theorien von Schütz sowie von Berger und Luckmann als »*kulturalistische Verkürzung des Konzepts der Lebenswelt*«. Durchaus interessant wäre es auch mit Blick auf die Soziologie der Kritik, das Konzept der Lebenswelt zu diskutieren; ein weiterer Begriff, der gegenüber einzelnen Situationen eine letztlich notwendig anzunehmende Totalität bezeichnet.

Sicht der Akteure rekonstruiert werden. Eine soziale Situation ist dann dadurch zu bestimmen, dass mindestens zwei Akteure ihre Handlungen wechselseitig koordinieren. An dem Beispiel der Debatte um die Bauprojekte in den USA und in Frankreich wird ersichtlich, dass genau diese mikrologische Interaktionsordnung nicht notwendig in den Blick genommen wird. Auch schriftliche, teils massenmedial vermittelte Auseinandersetzungen, wie jene um die beiden Projekte, müssen als Situationen verstanden werden – zumindest müssen sie als Ausdruck der Situationen erfasst werden, in denen Akteure engagiert sind. Den Autoren der Studie kommt es jedoch vor allem auf die Argumentationsstrukturen an, allerdings unter Berücksichtigung institutioneller und weiterer Rahmenbedingungen (vgl. Thévenot et al. 2011: 125).

Deutlich wird die eingeengte Perspektive der Soziologie der Kritik auch am Beispiel des Unternehmens als eines Ortes, an dem alle sozialen Welten das Handeln regulieren können. Die Spezifik des Unternehmens wird lediglich durch die Effizienzorientierung und deren Widerspiegelung durch eine »technische Ausdrucksweise« (Boltanski/Thévenot 2007: 212) in der Ratgeberliteratur berücksichtigt, die für die Rekonstruktion der Welten herangezogen worden ist. Das Unternehmen als eine spezifische Organisation, die – letztlich quer zu den Welten liegend – besondere Situationen erzeugt, wird in dieser Weise nicht berücksichtigt. Lediglich der Begriff der »Institution« wird von Boltanski angeführt, um situationsübergreifende soziale Ordnungszusammenhänge zu bezeichnen. Den Ansprüchen der Soziologie der Kritik entsprechend, können Institutionen nur in inkorporierter Form »durch Sprecherinnen und Sprecher, die sie in Situationen praktisch werden lassen«, begriffen werden. Als ›körperloses Sein‹ (vgl. Boltanski 2010: 115) werden sie mit Blick auf ihre semantische Funktion in den theoretischen Rahmen integriert, die darin besteht, »Richtwerte« festzulegen, die normativ in wechselnden Situationen mitsamt deren Zufälligkeiten durchgesetzt werden können (vgl. Boltanski 2010: 123 f.). An dieser Stelle findet sich auch ein Bezug zum Organisationsbegriff. Organisationen sind ›Mittel‹, durch die Institutionen in die Körper der Sprecherinnen und Sprecher gelangen können.[16] Offenbar gibt es einen *sensus* für die Probleme der situationsübergreifenden Ordnungen, die angenommen werden müssen, wenn man die Regelhaftigkeit und Stabilität von situativem Handeln verständlich und erklärbar machen will – inklusive der Aneignung der entsprechenden Handlungskompetenzen. Die Logik des konkreten Handelns in sozialen Situationen muss mithin an rahmende Strukturen zurückgebunden werden. Diese werden zwar in der Situation aktualisiert, können auf diese jedoch nicht reduziert werden. Zudem steht für die Soziologie der Kritik noch die Frage

---

16 Ich spare mir an dieser Stelle kritische Überlegungen dazu, worin der Unterschied zwischen Institutionen und Konventionen bestehen soll.

nach genau dieser Logik der Situation wie auch nach den rahmenden Strukturen aus. Der Fokus auf das metapragmatische Regime hat möglicherweise zu stark die verbal diskursive Auseinandersetzung in den Vordergrund gerückt. Anschlüsse an die Ethnomethodologie oder auch an Goffmans Forschungsprogramm zur Interaktionsordnung sind jedoch ausgehend von der Differenzierung der Regime des Vertrauten und des planenden Handelns möglich und, wie es scheint, auf dem Weg (vgl. etwa Dodier 2011).

Insbesondere Dodier versucht, die Soziologie der Kritik als allgemeine Handlungstheorie zu generalisieren. Bei ihm finden sich entsprechende Ausführungen zur Integration spezifisch interaktionstheoretischer Ansätze. Das interaktive Geschehen kann jedoch als ein Geschehen *sui generis* bzw. als ein emergentes Phänomen, wie im Rekurs auf die Luhmann'sche Systemtheorie formuliert werden kann, nicht systematisch auf die rahmenden Strukturen, also andere Formen sozialer Ordnung bezogen werden. Das konstitutiv Interaktive, also das Situative im Sinne Goffmans, gerät lediglich als »minimales wechselseitiges Verstehen« (Dodier 2011: 76) in den Blick und kann dann nur noch in seinem Zusammenspiel mit den anderen Handlungsregimen untersucht werden.

Ad (3): Auch im Hinblick auf das Verhältnis von Handeln und Situation lässt sich vermuten, dass der Fokus auf gerechtfertigtes Handeln die Verhältnisbestimmung verkürzt hat. Die expliziten und explizierbaren Wissens- und Symbolordnungen leiten das konkrete Handeln an, solange keine Abweichungen auftreten. Ist dies der Fall, dann werden wiederum Deutungsprozesse aufgerufen, durch die die Ordnung der Situation wiederhergestellt oder eine hybride Situation als Kompromiss für alle Beteiligten akzeptabel gemacht werden. Oder es wird, wie im Falle eines Streits, ein Ende durch Vergeben und Vergessen gefunden. Welche dieser Handlungsmöglichkeiten gewählt wird, ist dann (und darüber hinaus) eine empirische Frage. Dies liegt auch daran, dass die von der Soziologie der Kritik herausgestellte prinzipielle Unbestimmtheit von Situationen theoretisch nur im Hinblick auf das Abweichen der situativen Gegebenheiten von den subjektiv verfügbaren Konventionen erfasst werden kann. Die Art und Weise des Umgangs mit spezifischen Abweichungen lässt sich deshalb nur als Ausdruck der gleichsam wilden, weil nicht durch Konventionen erfassten Fähigkeiten seitens der Akteure begreifen. Diese Logik wird schließlich auch nicht verlassen, wenn andere Handlungsregime als das gerechtfertigte Handeln berücksichtigt werden. Es sind gleichermaßen Konventionen, die für die Definition der Situationen im Rahmen der Regime des Vertrauten und des Geplanten herausgearbeitet werden (vgl. Thévenot 2011b: 266 ff.).

Dies ist völlig unproblematisch, solange man keine Fragen nach regelmäßig auftretenden Varianzen stellt, die beim Umgang mit situativen Unbestimmtheiten beobachtet werden können. Gemeint sind Unterschiede in der konkreten Ausführung des Handelns, die etwa Bourdieu durch sein Konzept des klassenspezifischen Habitus in den Blick gebracht hat. Mit Goffman gesprochen, bietet die Soziologie der Kritik dadurch, dass sie nicht hinreichend zwischen dem *Situierten* und *Situativen* unterscheidet, keine Möglichkeit, einen entsprechenden Zusammenhang zu bestimmen und Fragen danach aufzuwerfen, wie das Situierende im Sinne von Klassenherkunft, Milieubezug, rahmenden Ordnungsformen (z. B. Organisationen, sozialen Feldern) usw. in das Situative der Interaktionsordnung hineinragt. Gleichermaßen schränken die idealtypisch konstruierten Welten als Heuristiken die Beobachtung ein. Das Modell öffnet sich im Grunde nicht gegenüber einer Fülle von möglichen Abweichungen von den einzelnen Welten.[17] Dies kann man jedoch produktiv nutzen, wenn die Einschränkung verwendet wird, um empirisch die Grenzen des Modells herauszuarbeiten und so systematisch eine Erweiterung nicht nur der Welten, sondern auch eine Differenzierung von Situationen innerhalb und zwischen ihnen zu gewinnen. Gelingt dies nicht, dann bleibt die aus der Perspektive der Soziologie der Kritik konstruierbare Wirklichkeit relativ arm an sozialen Phänomenen. Der Fokus ist durch die Definition der Situation vor dem Hintergrund der Welten, die einen relativ geschlossenen Sinnzusammenhang bilden, stark eingeschränkt. Ungewissheit wird zwar als konstitutiv für jede Situation angenommen, aber konstruiert werden ungeordnete Situationen vor allem dadurch, dass Elemente anderer Welten in sie hineinragen. Demgegenüber müsste eigentlich empirisch offen gehalten werden, wie die Aushandlungsprozesse in den Situationen ablaufen und die Situation definiert wird. Die pragmatistische Idee, dass Reize im Verlauf des Handelns erst hervorgebracht werden und die Deutung der Situation mithin konstitutiv mit dem konkreten Handeln zusammenhängt, bleibt tendenziell gegenüber der Konzeption einer dem Handeln vorgängigen Deutung zurück.[18] Als Grund dafür kann man vermuten, dass die Ziele des

---

17 Es ist ja nicht zuletzt dieser Aspekt, der dem vorliegenden Sammelband zugrunde liegt und zu verschieden gelagerten Theorieoptionen und Erklärungsbewegungen motiviert hat.

18 Gerade das Beispiel für eine Interaktionssituation, das Andreas Ziemann (in diesem Band) anführt, um herauszustellen, dass die Soziologie der Kritik im Unterschied etwa zu Essers so genanntem »egologischem Ansatz« die ›Eigenlogik‹ der Situation erfasst, belegt, dass Boltanski und Thévenot an diesem Punkt *theoretisch* keinen Schritt weiter sind als die Theorie der Frame-Selektion – ginge man ins Detail, fielen sie meines Erachtens sogar dahinter zurück. Die von einem politischen Aktivisten gestörte Orchesteraufführung lässt sich schließlich unproblematisch als Sequenz von Frame-Selektionen konstruieren. Das Situative der Interaktionsordnung bleibt gegenüber den ›egologischen‹ Frame-Selektionen ausgeblendet. Die Situation wird im Beispiel dadurch definiert, dass zunächst der Frame »Orchesteraufführung« vom Großteil der Akteure automatisch selektiert wird, bis ein weiterer Akteur, der aus bestimmten Gründen einen anderen Frame selektiert hat, diese Rahmung in Frage stellt. Die Akteure wechseln dann in den bewussten RC-Modus der Frame-Selektion und versuchen, die Störung vor dem Hintergrund ihrer kulturellen Rahmungsmöglichkeiten neu zu definieren usw. Die Soziologie der Kritik expliziert mögliche Frames, die dann legitimer-

Handelns durch die Ordnungen der Welten von Vornherein begrenzt erscheinen und mithin nur konventionelle Formen des Handelns in den Blick der Soziologie der Kritik geraten können. Vielleicht liegt hierin auch ein normatives Moment, denn eine Kritik von Situationen in verschiedenen Welten und vor allem von Situationen *zwischen* verschiedenen Welten, ist nur dann möglich, wenn lediglich eine begrenzte Zahl von Bewertungskriterien zugelassen wird. In einem Zuge ist damit auch die Zahl möglicher Situationen und ihrer Definition begrenzt. Davon gehen Boltanski und Thévenot offenbar aus, wenn sie in der politischen Philosophie die möglichen Größen der legitimen Rechtfertigung ausformuliert vorzufinden meinen.[19]

Nimmt man nun diese drei Aspekte und ihre Kritik zusammen, dann wird deutlich, dass die Soziologie der Kritik den Situationsbegriff für die Zwecke einer allgemeinen Handlungstheorie unzureichend bestimmt hat. Zudem verweisen die einzelnen Kritikpunkte darauf, dass der Situationsbegriff systematisch um weitere Theoriekonzepte ergänzt werden muss, um dem Anspruch zu genügen, eine alternative Theoriekonzeption zu der zurückgewiesenen kritischen Soziologie, aber auch zu jeder anderen Gesellschaftstheorie zu sein. Zum Ersten verweist die Rekonstruktion von Situationen auf strukturelle Zusammenhänge, die das Situative jeweils überschreiten, aber es dennoch regulieren. Das situative Handeln weist auf situierende Gegebenheiten, die etwa durch ein Konzept des Habitus oder auch äquivalenter Konzepte in der Analyse berücksichtigt werden können. Solche Gegebenheiten können soziale Felder, Institutionen, Klassen, Milieus usw. sein. Dementsprechend bleibt eine reine Soziologie der Situation unvollständig, wenn sie die Unterscheidung von *Situation* versus *Gesellschaft* nicht mitmacht. Die Einführung dieser Unterscheidung bedeutet ganz entgegen der Argumentation von Boltanski nicht, dass eine naive Außenposition eingenommen wird. Eine Theorie gesellschaftlicher Differenzierung kann durchaus gesamtgesellschaftliche Strukturen beschreiben und dennoch die gesellschaftliche Position bestimmen, von der aus diese Beschreibung erfolgt – etwa aus dem Feld der Wissenschaft.

Zum Zweiten ist der Situationsbegriff unterbestimmt, weil er nicht als eigenständige soziale Ordnungsform begriffen wird. Dieser Sachverhalt hängt unmittelbar mit der fehlenden Unterscheidung von Situation und Gesellschaft zusammen. Nur wenn soziale Situationen begrifflich enger gefasst und als Interaktionsord-

---

weise gewählt werden können. Das ist ihre primäre Leistung. Über eine Erfassung der Situation durch die »Prüfungen« der Akteure, mit Esser würde man von einem *match* oder *mismatch* der Erwartungen sprechen, kommen deshalb auch Boltanski und Thévenot handlungstheoretisch nicht hinaus.

19 Dass eine »grüne Größe« als weiterer Kandidat hinzugefügt wird, schränkt dieses Argument letztlich nicht ein. Das »allgemeine Menschsein« wird dadurch gleichsam durch die Ökologie dieses Seins erweitert.

nungen eingeführt werden, können die unterschiedlichen Ordnungsformen sozialen Geschehens davon unterschieden werden – z. B. Organisationen, Institutionen und erneut Klassen, Milieus usw.

Zum Dritten ist das Verhältnis von Situation und Handeln nicht hinreichend
bestimmt, wenn letztlich Handeln als Ergebnis der Situationsdefinition gesehen
wird und dabei entgegen der theoretischen Deskription die Situationsdynamiken
sowie die Relevanz des konkreten Handelns für die Definition von Zielen sowie
die Interpretation von situativen Gegebenheiten tendenziell zu wenig berücksichtigt werden.

Für den Situationsbegriff lassen sich vor dem Hintergrund des Gesagten für
eine allgemeine soziologische Theorie drei Problembezüge ausmachen. Der Situationsbegriff bezeichnet den Ordnungszusammenhang, in dem das konkrete
Handeln konkreter Akteure hervorgebracht wird und der durch soziale Strukturen reguliert ist, die dieses Geschehen transzendieren. Insofern realisiert sich ›Gesellschaft‹ in Situationen, ohne auf diese reduziert werden zu können. Das meint
nun nicht, dass der Situationsbegriff auf das alte Problem der Vermittlung von
Individuum und Gesellschaft reagiert, im Sinne einer ›situation formerly known
as role‹. Vielmehr sind Individuum und Gesellschaft niemals im klassischen Verständnis zu trennen, weil situierte Akteure von Beginn an sozialisierte und mithin
vergesellschaftete Akteure sind. Es geht eher um die Verknüpfung von makrolo-
gisch (situierend) und mikrologisch (situativ) zu konstruierenden sozialen Struk-
turformen. Dies führt zum zweiten Problembezug des Situationsbegriffs: Situationen erscheinen gegenüber den situierenden Strukturen als eigenständige soziale
Ordnungsformen, die spätestens seit Erving Goffmans Arbeiten oder auch der
Ethnomethodologie Garfinkels als Gegenstandsbereich der Soziologie erschlossen sind. Zum Dritten dient die Deskription typischer Situationen dazu, die Bedingungen zu explizieren, unter denen unterschiedliche Handlungsweisen aktualisiert werden. Diesen dritten Aspekt bearbeitet die Soziologie der Kritik primär,
wenn sie die verschiedenen Handlungsregime konstruiert. Es ist vor allem die Unterscheidung der Regime des Vertrauten, des geplanten und des gerechtfertigten
Handelns, die mit Handlungsmodi verknüpft werden können. In Situationen des
Regimes des Vertrauten ist nicht bewusst geplantes, habituell-traditionales Handeln verstärkt zu erwarten, in Situationen des Regimes des geplanten Handelns ist
zweckrationales und strategisches Handeln verstärkt zu erwarten, und in Situationen des Regimes des gerechtfertigten Handelns ist kommunikatives Handeln
verstärkt zu erwarten. Eine Theorie, die auf der Ablehnung eines spezifischen Ge-
sellschaftsbegriffs gründet, muss offenbar mit einer gewissen Notwendigkeit die
ersten beiden Problembezüge ausblenden.

Literatur

Boltanski, Luc (2010): Soziologie und Sozialkritik. Frankfurter Adorno-Vorlesungen 2008. Berlin: Suhrkamp.

Boltanski, Luc/Thévenot, Laurent (2007): Über die Rechtfertigung. Eine Soziologie der kritischen Urteilskraft. Hamburg: Hamburger Edition.

Boltanski, Luc/Thévenot, Laurent (2011): Die Soziologie der kritischen Kompetenzen. In: Diaz-Bone, Rainer (Hg.): Soziologie der Konventionen. Grundlagen einer pragmatischen Anthropologie. Frankfurt a. M.; New York: Campus, S. 43–68.

Bongaerts, Gregor (2008): Verdrängungen des Ökonomischen. Bourdieus Theorie der Moderne. Bielefeld: transcript.

Bongaerts, Gregor (2012): Inkarnierter Sinn und implizites Wissen. In: Loenhoff, Jens (Hg.): Implizites Wissen. Epistemologische und handlungstheoretische Perspektiven. Weilerswist: Velbrück Wissenschaft, S. 129–149.

Bourdieu, Pierre (1987): Sozialer Sinn. Kritik der theoretischen Vernunft. Frankfurt a. M.: Suhrkamp.

Bourdieu, Pierre (2000): Die zwei Gesichter der Arbeit. Interdependenzen von Zeit- und Wirtschaftsstrukturen am Beispiel einer Ethnologie der algerischen Übergangsgesellschaft. Konstanz: UVK.

de Certeau, Michel (1988): Kunst des Handelns. Berlin: Merve.

Diaz-Bone, Rainer (Hg.) (2011): Soziologie der Konventionen. Grundlagen einer pragmatischen Anthropologie. Frankfurt a. M.; New York: Campus.

Dodier, Nicolas (2011): Konventionen als Stützen der Handlung: Elemente der soziologischen Pragmatik. In: Diaz-Bone, Rainer (Hg.): Soziologie der Konventionen. Grundlagen einer pragmatischen Anthropologie. Frankfurt a. M.; New York: Campus, S. 69–97.

Esser, Hartmut (1999): Soziologie. Spezielle Grundlagen Band 1: Situationslogik und Handeln. Frankfurt a. M.; New York: Campus.

Goffman, Erving (2001): Die Interaktionsordnung. In: ders.: Interaktion und Geschlecht. Frankfurt a. M.; New York: Campus, S. 50–104.

Habermas, Jürgen (1981): Theorie des kommunikativen Handelns Band 2. Zur Kritik der funktionalistischen Vernunft. Frankfurt a. M.: Suhrkamp.

Joas, Hans/Knöbl, Wolfgang (2004): Sozialtheorie. Zwanzig einführende Vorlesungen. Frankfurt a. M.: Suhrkamp.

Sartre, Jean-Paul (1993): Das Sein und das Nichts. Versuch einer phänomenologischen Ontologie. Reinbek: Rowohlt.

Strauss, Anselm L. (2010): Continual Permutations of Action. Third printing. New Brunswick; New York: Aldine Transaction.

Thévenot, Laurent (2011a): Die Person in ihrem vielfachen Engagiertsein. In: Diaz-Bone, Rainer (Hg.): Soziologie der Konventionen. Grundlagen einer pragmatischen Anthropologie. Frankfurt a. M.; New York: Campus, S. 231–253.

Thévenot, Laurent (2011b): Die Pluralität kognitiver Formate und Engagements im Bereich zwischen dem Vertrauten und dem Öffentlichen. In: Diaz-Bone, Rainer (Hg.): Soziologie der Konventionen. Grundlagen einer pragmatischen Anthropologie. Frankfurt a. M.; New York: Campus, S. 255–274.

Thévenot, Laurent et al. (2011): Formen der Bewertung von Natur: Argumente und Rechtfertigungsordnungen in französischen und US-amerikanischen Umweltdebatten. In: Diaz-Bone, Rainer (Hg.): Soziologie der Konventionen. Grundlagen einer pragmatischen Anthropologie. Frankfurt a. M.; New York: Campus, S. 125–165.

»Auf einmal platzte ein Reifen.« Oder: Kommunikatives Handeln und Situation[1]

Jo Reichertz

I Die Situation

Alle Ereignisse, aber auch alle Fotos von Ereignissen haben einen Vordergrund, einen Hintergrund und einen Horizont. Dieser Artikel bemüht sich, über das Thema ›Vordergrund‹ und ›Hintergrund‹ am Beispiel von ›Kommunikation‹ und ›Situation‹ nachzudenken, also darüber, ob die ›Situation‹ der Hintergrund der Kommunikation oder deren Vordergrund ist. Deshalb möchte ich mit der Beschreibung des vermeintlichen Vordergrunds beginnen – also der *Situation*, den äußeren Gegebenheiten, die aus Sicht des Alltags Kommunikation rahmen, ihr einen Ort und eine (soziale) Zeit geben, sie situieren. Und obwohl es *die* Situation nicht gibt, werde ich anfangs versuchen, sie so darzustellen, wie sie sich von *außen* für einen scheinbar interesselosen ›Situationstheoretiker‹[2] darstellt, und so, wie sie im Alltag wie selbstverständlich gefasst wird.

(1) Ein Unfall und die Ordnung der Dinge

Fast wären der Kleinwagen und mit ihm sein Fahrer in den See (oder breiten Fluss) gestürzt. Erst knallte der weiße Simca rechts mit dem Kotflügel gegen eine massive Felswand, dann schleuderte er quer über die schmale Straße zwischen einem 220er Mercedes und einem Ford Taunus nach links in Richtung See, touchierte leicht den Taunus an der Vorderfront und wurde nur von einem dünnen

---

1   Für Kritik und Anregungen danke ich Carina Englert, für die gewissenhafte Durchsicht auch Christina Toussaint.
2   So auch Hans-Georg Soeffner im vorliegenden Sammelband.

Metallgeländer davor bewahrt, in den See zu stürzen. Die beiden Vorderreifen und der linke Hinterreifen des Kleinwagens schweben in der Luft. Die Frontscheibe ist zerstört, die Motorhaube steht offen und die linken Seitenholme sind eingedrückt. Das Auto selbst ist eingequetscht zwischen dem dünnen Geländer und der Straßenrandbefestigung: offensichtlich ein Totalschaden. Die Schleuderspur ist mit weißer Kreide auf dem Asphalt der Straße sichtbar gemacht worden, was dafür spricht, dass die Polizei vor Ort ist. Menschen sind auf den ersten Blick nicht zu sehen. Nur wenn man den Blick vom Vordergrund des Fotos abzieht und auf den Hintergrund scharf stellt, sieht man weitere Autos und drei Gruppen von Menschen: Einige beobachten die Ereignisse und warten darauf, weiterfahren zu können, andere kommunizieren offensichtlich miteinander.

Zu sehen ist all dies auf einem Schwarz-Weiß-Foto, das (wie eine spätere Nachfrage ergab) vom Schweizer Polizeifotografen Arnold Odermatt geschossen wurde. Wann und wo sich das Ganze zugetragen hat und wer die Menschen im Hintergrund sind und was sie sagen und tun und wie der Ablauf der Ereignisse war, kann der Betrachter nicht erkennen, sondern nur vermuten. Manches (nämlich die Nummernschilder der Autos) spricht dafür, dass es sich um ein Foto aus den 1960er Jahren handelt, dass die Ereignisse in der Schweiz, möglicherweise in der Nähe von Luzern (was bedeuten würde, dass es sich um den Vierwaldstätter See handelt), stattgefunden haben und dass der Blick des Fotografen sich für die Ordnung der Dinge interessiert und diese fixieren möchte. Aber sicher ist dies nicht – muss es auch nicht sein; zumindest nicht für die hier vorgenommenen Betrachtungen.

Gegenstand der Betrachtungen wurde das Foto erst einmal auf der von Andreas Ziemann veranstalteten Tagung in Weimar.[3] Für mich wurde das Foto wegen seiner Betonung der Ordnung der Dinge und der gleichzeitigen Marginalisierung der kommunizierenden Menschen zum ›Symbol‹ für einen wesentlichen Aspekt von Kommunikation, der ansonsten in der Soziologie wie in der Kommunikationswissenschaft vernachlässigt oder gar gänzlich übersehen wird: nämlich die *Situation*. Anhand dieses Fotos möchte ich plausibilisieren, weshalb einerseits Kommunikation immer nur *in* Situationen stattfinden kann und dass andererseits bei jedem kommunikativen Handeln die ›Ordnung der Dinge‹ oder, genauer gesagt: deren *Deutung* eine gewichtige Rolle spielt. Insofern rückt das Foto die Verhältnisse zurecht. Es geht also im Folgenden weder um eine Interpretation der auf diesem Foto zu sehenden Ereignisse noch um eine Interpretation der Handlung des Zeigens (also der Handlung des Fotografen) unter Zuhilfenahme des Fotos.

---

3   Es zierte das Plakat zu dieser Tagung im Februar 2012 an der Bauhaus-Universität und stellt eine unbestritten gelungene Exemplifizierung der »offenen Ordnung« durch Christian Werner (Berlin) dar.

Abbildung 1   Ausschnitt Tagungsplakat 2012

Plakatentwurf des Gestalters Christian Werner (Berlin) unter Verwendung einer (Polizei-)Fotografie von Arnold Odermatt aus den 1960er Jahren (Bildquelle, aus dem Kontext der Ausstellung »Glück – welches Glück«: http://www.dhmd.de/fileadmin/user_upload/gluecksmedia/19_Glueck_Odermatt.jpg; zuletzt aufgerufen am 20.11.2012).

Das Foto dient lediglich als immer wiederkehrendes Illustrationsmittel. Es soll nichts beweisen oder erklären – es soll (nur) etwas zeigen.

(2) Von Vor-Urteilen

Manche Sozialforscher behaupten gerne, sie gingen ohne Vorurteile und ohne Vorwissen an ihren Forschungsgegenstand, würden sich dumm stellen und somit auf jede theoretische Bedeutungszuschreibung des Untersuchungsgegenstandes und der Untersuchungssituation verzichten. Das würde – nähme man es ernst – bedeuten, dass dem Forscher sein Gegenstand nichts mehr bedeuten, also auch nichts mehr sagen würde. Eine solche Forschungssituation lässt sich empirisch nicht nur *nicht* herstellen, sondern sie wäre, würde man sie herstellen, völlig unproduktiv. So wie das alltägliche Leben immer in Situationen stattfindet, findet auch der Alltag der Forschung immer nur in Situationen statt. Ohne gedeutet zu haben, in welcher Lage man sich als Wissenschaftler im Hinblick auf seinen Gegenstand befindet, weiß man nicht, was los ist.

Wenn man in einem Forschungsprozess dennoch versuchte, eine theoretische ›Entleerung‹ des Gegenstandes anzustreben, würde man sich nur seinen selbstverständlich gewordenen und damit unsichtbaren alltagstheoretischen Ansichten überlassen – wie z. B. der Annahme, dass ein Nachfolgendes die Folge des Vorangegangenen sei. Was manchmal zutrifft, manchmal jedoch blanker Unsinn ist. So könnte z. B. in unserem Beispiel ein Autoreifen geplatzt sein, nachdem der Fahrer mit seiner Beifahrerin gesprochen hatte. Zu vermuten, der Reifen wäre geplatzt, weil der Fahrer gesprochen hat, ist Unsinn. Was Ursache und was Folge ist, sieht man meist erst dann, wenn man sich die Situation genauer ansieht.

Andere Sozialforscher überlassen sich bei ihrer Forschung gerne dem wissenschaftlichen Common Sense. Wenn man das tut, hat bereits alles eine bestimmte Bedeutung. Dann sitzen wir z. B. in Autos, die selbst Technik sind, die von Personen gefahren werden, die dafür ausgebildet worden sind, etc. Wenn man das tut, bleibt alles beim Alten, zumindest im Hinblick auf die Struktur des Wissens, während einige Elemente des Wissensbestandes sich jedoch ändern können.

Man kann sich aber auch dem wissenswissenschaftlichen Common Sense zuwenden und aus dem ansonsten implizit Unterstellten eine explizite Theorie machen – z. B. durch rationale Reflexion auf das Wesen von Natur, Mensch und Kultur und daraus eine Theorie der Daten und Dateninterpretation machen. Aber aufbrechen kann man den Kreis, dass man nur etwas sieht, wenn man schon etwas weiß, und nur etwas weiß, wenn man etwas gesehen hat, so nicht.

Ein vierter Weg besteht darin (und den möchte ich im Weiteren einschlagen), den wissenschaftlichen Common Sense in der Forschungsarbeit systematisch zu erweitern und dann dessen Gültigkeit zu verflüssigen. Erhöht wird durch dieses Vorgehen die Anzahl der Möglichkeiten, etwas zu verstehen. Vielleicht sieht man auch mehr. Wenn man diesen Weg geht, ergibt sich daraus zum einen erst einmal, was das Wahrgenommene sein soll, und zum anderen, wie das Wahrgenommene zu interpretieren ist. Ob diese Sicht der Dinge Bestand hat, bleibt dann abzuwarten.

(3) Situationsbeschreibungen

Menschen neigen im Alltag dazu, sich bei der Beobachtung von Ereignissen nicht mit der Ordnung der Dinge zufrieden zu geben, sondern nach dem Sozialen in der Ordnung der Dinge zu suchen, nach den Menschen also – weshalb ein Betrachter des o. a. Fotos die an den Unfall sich anschließende menschliche Kommunikation sucht und bei genauerer Betrachtung diese im Hintergrund findet. Menschen sind in der menschlichen Wahrnehmung nämlich meist das Zentrum von Ereignissen (umgeben von Dingen).

Zur Situation gehören in einer (nicht mehr nur) alltäglichen Sicht meist der raum-zeitliche Rahmen der Ereignisse, die vorhandenen Dinge, deren Ordnung, das Wetter, die in der Situation relevanten mechanischen und technischen Abläufe, die rechtlichen und institutionellen Regelungen, die Moral, die Traditionen, die Gepflogenheiten u. v. a. m. – und natürlich auch die jeweilige Sprache. Die klassische, dem amerikanischen Pragmatismus zuzurechnende Formulierung lautet hierzu: »The situation in which the person finds himself is taken as containing the configuration of factors conditioning the behavior reaction: of course, it is not the spatial material situation which is meant; but the situation of social relationships. It involves all the institutions and more – family, gang, church, school, the press, the movies, and the attitudes and values of other persons with which his own come in conflict or co-operation« (Thomas 1931: 176 f.).

Aber: Die Situation ist nicht die *Lage,* in der jemand an einem bestimmten Raum-Zeit-Punkt (objektiv) ist, sondern ›Situation‹ ist die subjektive Wahrnehmung und *Deutung* all der oben genannten Faktoren zu einem bestimmten Raum-Zeit-Punkt. All diese Faktoren sind relevant, weil und soweit sie mit den Sinnen (Ohr, Auge, Nase, Haut) der menschlichen Akteure direkt und indirekt wahrgenommen, gespeichert (also erinnert!) und meist zuerst vom Körper, dann auch vom Bewusstsein gedeutet werden. In der Situation ist demnach auch das präsent, was von den Beteiligten erinnert werden kann, also die vergangenen Erfahrungen und das erworbene Wissen. Wissen wie Erfahrungen müssen aber in der Situation von den Beteiligten kommunikativ aufeinander bezogen werden.

Neben den bereits genannten Faktoren sind auch der Berg, der See, die Autos, die Straße, das Geländer, aber auch die Straßenverkehrsordnung, Versicherungsbedingungen etc. *in der* und *für die* Situation relevant. »Mit dem Terminus *Situation* bezeichnen wir diejenige räumliche Umgebung, und zwar in ihrem ganzen Umfang, welche jede in sie eintretende Person zum Mitglied der Versammlung macht, die gerade anwesend ist (oder dadurch konstituiert wird). Situationen entstehen, wenn gegenseitig beobachtet wird, sie vergehen, wenn die zweitletzte Person den Schauplatz verlässt« (Goffman 1971: 29). Situationen sind also zwingend an Aufmerksamkeit und die damit verbundenen Zuwendungsprozesse gebunden. In einer Situation sieht sich eine Person »überall den Sinneswahrnehmungen aller anderen ›Anwesenden‹ ausgeliefert [...], die sich ihrerseits auf gleiche Art ihrem Gegenüber ausgeliefert sehen« (Goffman 1982: 202). Dieser aufmerksamen Zuwendung kann man sich nicht durch ›innere Emigration‹ entziehen – nur dadurch, dass man den Wahrnehmungsraum der Anderen verlässt. Aber es gilt auch – und das ist eine entscheidende Erweiterung: Zur Situation gehört »mehr als die von allen unmittelbar Anwesenden überblickte Szene« (Goffman 1977: 16).

Situationsbeschreibungen sind in dieser Deutung erst einmal *sinnenorientiert*, oder genauer: *sensorenorientiert*, und zugleich *aufmerksamkeitsgebunden*. Damit sind sie ausdrücklich *nicht* an körperliche Kopräsenz gebunden, also an das vis-à-vis-Erlebnis, obwohl dieses wohl das Standardmodell in nicht-mediatisierten Gesellschaften ist. In mediatisierten Gesellschaften (vgl. Krotz/Hepp 2012) können die Akteure auch mit Hilfe *skopischer* Medien[4] neue Formen von Situationen: »synthetische Situationen« (Knorr-Cetina 2012a: 167), schaffen und damit auch eine Form der ›Intersituativität‹, also »Teleinteraktionen jenseits von Mikro und Makro« (Hirschauer 2012: 1).

Mit der Bindung der Situation an *aktivierte* Wahrnehmungssensoren (= Aufmerksamkeit) und nicht an die körperliche Kopräsenz ist all das in einer Situation relevant, für das die in der Situation versammelten Akteure einen (auch medialen) Sensor haben *und* das für sie mit Hilfe von Deutungsprozessen Sinn ergibt. In der Regel ergibt sich die Situationsbeschreibung (und damit deren Definition durch die Beteiligten) also aus der *Sensorausstattung* (und deren technische Verstärkungen und Ergänzungen) des sinnhaft handelnden Menschen und zugleich aus dessen selektiver *Aufmerksamkeit* zu bestimmten Elementen. Diese Elemente, denen

---

4   »Der Begriff *skopische Medien* steht für Beobachtungs- und Bildschirmtechnologien, die distante bzw. unsichtbare Phänomene situational präsent machen und die damit neue Beobachtungsräume sowie Informationswelten erschließen sowie die Grenzen zwischen Situation bzw. System und Umwelt kontinuierlich verschieben. Durch skopische Medien werden der Hypothese nach soziale Situationen in synthetische Situationen transformiert, das heißt zum Beispiel *Face-to-Face*-Beziehungen zu *Face-to-Screen*-Beziehungen ersetzt oder ergänzt« (Knorr-Cetina 2012a: 168; vgl. auch Knorr-Cetina 2012b).

er sich zuwendet, deutet der Mensch, sei er in das Geschehen involviert oder sei er ein Beobachter der Situation (wie z. B. der Wissenschaftler).

In der jeweiligen Situation gehen die Subjekte, so die klassische, im amerikanischen Pragmatismus verankerte Bestimmung, von ihrer Deutung der Welt und der Anderen aus und orientieren sich in ihrem Handeln an dieser selbst bestimmten Deutung und Definition der Situation. Oder wie es bereits in den Frühzeiten der Soziologie formuliert wurde: »We must put ourselves in the position of the subject who tries to find his way in this world, and we must remember, first of all, that the environment by which he is influenced and to which he adapts himself is his world, not the objective world of science« (Thomas/Znaniecki 1927: 1846 f.).

Zu dieser Deutung und Definition der Situation kann auch gehören, dass die Situation gerade noch nicht fix definiert ist, sondern sie sich noch entwickelt und verschiedene Richtungen einschlagen kann. Situationen werden nämlich in der Regel nie mit einem Akt der Deutung am Beginn von den Beteiligten festgestellt, sondern die Deutungen müssen laufend überprüft und gegebenenfalls abgeändert werden.[5] Kurz: Die Situation ist jedem erst einmal aus seiner Perspektive gegeben und damit für jeden einzigartig, oft auch nicht genau bestimmt, sondern nur vorläufig oder vage, und die Deutungen sind entwicklungsoffen. Und es gilt auch: Die Situation ist dem menschlichen *Körper,* den man hat, anders gegeben als dem menschlichen ›empfindenden‹ *Leib* (vgl. Lindemann 2008; Hirschauer 2008).

Alfred Schütz betont bei seiner, der deutschen Phänomenologie verpflichteten Interpretation der ›Situation‹ nicht die Sensorenabhängigkeit, sondern die *Bewusstseinsabhängigkeit* – was keineswegs das Gleiche ist (siehe auch Hitzler 1999 sowie Soeffner 2000 und seinen Beitrag im vorliegenden Sammelband). Natürlich ist für Schütz die Situation nicht ein unabhängiges ›Außen‹, das den Akteuren als Bedingung des Handelns auferlegt ist, sondern nach seiner Sicht der Dinge (er-)schaffen die beteiligten Akteure, indem sie mittels Bewusstseins-Erlebnisse ein Einander-zugekehrt-Sein schaffen, aus der *Umwelt* eine (gemeinsame) *Mitwelt.* Die Umwelt ist von der Mitwelt dadurch unterschieden, dass das Ego sich mittels *Bewusstseinsakt* intentional auf ein mitweltliches Alter Ego richtet und im weiteren Handeln daran auch ausrichtet (vgl. Schütz 2004: 333). Zentrum dieser mitweltlichen Begegnung sind (wie Alfred Schütz dies am Beispiel der Begegnung beim Geschlechtsakt und Gespräch erläutert) eindeutig und exklusiv Ego und Alter Ego (und nicht die Dinge etc.): »Nicht nur *ich* erlebe das *Wir* beide Male in anderen tiefen Schichten *meines* Bewusstseins, nicht nur mein Selbst wird beide Male in Sphären verschiedener Intimität Zentrum dieser Erlebnisse, sondern ich

---

5 Diese These deckt sich voll und ganz mit der programmatischen Einleitung von Andreas Ziemann zu diesem Sammelband und der dadurch veranlassten Suche bzw. Reflexion des Offenen, Unerwarteten, Neuen.

erlebe auch *dich* als fremdes Selbst in verschiedenen Tiefenschichten beide Male dieses *deines* Selbst« (Schütz 2004: 320).

Natürlich wird auch in dieser Auffassung von Situation gesehen, dass die einzelnen Akteure eine Geschichte mit der Welt und miteinander in die jeweilige Situation einbringen. Doch es ist die Geschichte *der Akteure*, die ihre Sichtweise geschaffen hat und auch verstehbar werden lässt und die sie in der Situation orientiert und leitet. Es sind die jeweiligen *Binnenperspektiven* der beteiligten Akteure, die sich in der mitweltlichen Begegnung miteinander verschränken bzw. aufeinanderprallen. »Der einzelne betritt die Situation nie völlig ›unvoreingenommen‹ und erfasst deren thematische Gegebenheiten nie in ihrer absoluten, aktuellen Einzigartigkeit. Er bringt in die Situation bestimmte Einstellungen, Pläne, Handlungsentwürfe sowie einen Vorrat an vorgefundenen Typisierungen und Auslegungen mit; kurzum, er betritt die Situation mit einem System von Interpretations- und Motivationsrelevanzen. Von diesem System hängt nicht nur ab, wie er die thematischen Gegebenheiten erfasst, sondern bis zu einem gewissen Grad auch, was er an thematischen Gegebenheiten innerhalb der Situation überhaupt erfasst. Das ›mitgebrachte‹ subjektive System der Interpretations- und Motivationsrelevanzen bedingt, was in der aktuellen Situation als selbstverständlich und routinemäßig und was als problematisch, auslegungs- und bewältigungsbedürftig erfahren wird« (Schütz/Luckmann 2003: 348).

Nie greifen (betrachtet von dieser theoretischen Position) die Dinge in die Handlung ein – oder gar Strukturen oder Systeme. Die Dinge (Naturereignisse, Erlebnisse in der Jugend, religiöse und kulturelle Zugehörigkeit, in die Sprache und in Deutungsmustern eingelassene Weltinterpretationen) können nur in der Situation wirken, weil alledem von dem Handelnden eine Bedeutung beigegeben wurde. Was das Subjekt aus der Mannigfaltigkeit der ihn umgebenden Welt in einer Situation im Einzelnen herausgreift, um es bedeutungsvoll zu machen (z. B. das Wetter, die Sicht, die Müdigkeit etc.), und welche Bedeutung das Gewählte erhält, ist nicht Ergebnis blinden Zufalls oder gedankenloser Willkür – das ist sicherlich unstrittig. Denn wo sollte ein solcher Weltenerschaffer seine Maßstäbe hernehmen? Die vor allem von überzeugten Interaktionisten vertretene Vorstellung vom freien, die Welt aus sich selbst spinnenden Subjekt, enthält zwar ein gutes Maß an romantischer Wehmut, jedoch wenig Überzeugungskraft. Denn das Subjekt ist in eine historische und soziale Welt hineingeboren. Diese bildet die quasi-natürliche Umwelt, das *soziale Apriori* des Menschen (vgl. Schütz/Luckmann 2003); in ihr existiert ein komplettes Universum von Bedeutung, das in der Regel durch lebenslange Sozialisation an das einzelne Handlungssubjekt weitergegeben wird und das vom Subjekt durch eigenes Handeln für sich selbst und andere permanent verändert wird. Der Einzelne legt einerseits immer das bereits vorgefundene historisch gewachsene Universum von Bedeutungen aus und findet sich darin wieder, andererseits produziert er durch sein Handeln eine soziale Welt, welche wieder auf ihn zurückwirkt.

Dieser Sachverhalt, dass die ›Situation‹ von jedem erst einmal aus seiner Wahrnehmungsperspektive und in seiner Deutung konstruiert wird, könnte das Missverständnis nahelegen (was in der Geschichte der Sozialwissenschaft auch wiederholt geschehen ist), dass jedes Individuum aufgrund seiner Individualität und seiner Orts- und Zeitgebundenheit eine eigene, nur individuelle Situation konstruiert, die so nur für es alleine gilt. Alle wären dann in jeder Situation für sich alleine, und letztlich wäre dann Handlungskoorientierung nur zufällig möglich. Diese Sicht teilt Schütz gerade nicht – obwohl sie ihm gelegentlich zugeschrieben wird. Auch für Schütz ist die Situation sozial vermittelt und sozial situiert.

Sehr viel deutlicher findet sich die Position der sozialen Situierung der Situation allerdings bei Goffman. Für ihn ist fundamental, dass jede Handlung auch »sozial situiert« (Goffman 1994: 56), also auch gebahnt ist. »Diese Situiertheit nimmt ein derartiges Ausmaß an, daß Handlungen, die in völliger Einsamkeit vollzogen werden, schon oftmals allein durch dieses Merkmal ausreichend charakterisiert sind« (Goffman 1994: 56). In jeder Situation finden sich die Beteiligten situiert durch Formate, Sprache, Typiken und Ordnungen, die sie zwar deuten müssen, die sie aber nicht beliebig deuten können, da sie gemeinsame Muster der Deutung haben. Ähnliches schreibt Blumer: »Usually, most of the situations encountered by people in a given society are defined or ›structured‹ by them in the same way« (1962: 145).

Letzteres, nämlich dass man nicht alles beliebig wahrnehmen und deuten kann, sondern dass man sich nicht nur in einer ›gemeinsamen Situation‹ befindet und dass man diese auch in vergleichbarer Weise strukturiert, das ›verdankt‹ man der Kommunikation, ohne die keine Situation situativ gedeutet und somit erst geschaffen werden kann. In der Situation wird das Situierte mittels *Kommunikation* situativ gedeutet. Das *Situative* ist also von dem *Situierten* zu unterscheiden. Die Situation wird nämlich nicht monologisch in einem einsamen Wahrnehmungs- und Deutungsakt von jedem Beteiligten definiert, sondern die *Situation wird immer Schritt für Schritt in und mit Kommunikation geschaffen* – und zwar ständig neu und unberechenbar, weshalb es oft gut ist, mit einer Bedeutungsfestlegung zu warten, bis man weiß, was los ist. Weil also erst mit der Zeit eine gemeinsame Deutung entsteht, hat nicht jeder seine eigene, nur *ihm* eigene Situation, sondern deshalb haben die Beteiligten in der Regel eine *gemeinsame* Situation. Niemand lebt in seiner eigenen Welt, sondern die Welt ist auch in interkultureller Kommunikation immer auch die Welt der anderen.[6] Deshalb ist auch die Situation die

---

6   Bis auf wenige Ausnahmen: beispielsweise die von Sahlins (1992) mehrfach analysierten Situationsdefinitionen, die zum Tod von Captain Cook führten.

basale Untersuchungseinheit aller Sozial- und Kommunikationswissenschaft (vgl. Reichertz 2009: 111; auch Soeffner 2000: 22 und Ziemann 2011: 118), nicht das Handeln oder das Handlungssubjekt. »Action is not enough. Our analytic focus needs to be fully on the situation of inquiry broadly conceived« (Clarke 2003: 556) – eine Einsicht, die Clarke dazu veranlasst hat, einen eigenständigen Ansatz der Situationsanalyse zu entwickeln (vgl. 2012), der im Übrigen (wie Diaz-Bone 2012 zeigt; siehe auch Tolhurst 2012) die Tradition des amerikanischen Pragmatismus mit dem französischen Poststrukturalismus vereint.

Man kann jedoch die Situationsbeschreibung, die im Alltag in der Regel um das Wahrnehmungssystem der im Feld Agierenden und bei der Analyse um das Sensorium der Betrachtenden gruppiert ist, auch um die in der Situation vorhandene *Technik* (Dinge) bzw. um deren Sensoren gruppieren. Man würde dann all das in den Datenbestand aufnehmen, was die Technik aufnimmt und was der Technik gegeben wird bzw. wie die Daten die Technik ändern (also z. B. das, was eine im Auto eingebaute Kamera oder ein Wärme- oder Geräuschmesser von der Situation erfasst). Aber auch dann würde nicht die Technik in ihrem ›Wesen‹ sichtbar, sondern nur das, was der Mensch aus der Vergangenheit mit seinen vergangenen Bedürfnissen und Hoffnungen der Technik an Wahrnehmungssensoren und damit Wahrnehmungswertem mitgegeben hat. Und unklar bliebe, wie man solche Daten interpretieren sollte. Weil das so ist, sollen hier und weiterhin die Menschen, deren Deutungen und deren kommunikative Handlungen als Ausgangspunkt und zentrale Situationsreferenz dienen.

(4) Auch Wissenschaftler definieren Situationen

Aber nicht nur die Subjekte *in* der Situation deuten und artikulieren für sich, in welcher Situation sie sich befinden, sondern auch die Wissenschaftler deuten und artikulieren für sich, in welcher Situation sich (nach ihrer Ansicht der Dinge) alle befinden. In der wissenschaftlichen Untersuchungssituation gehen die Wissenschaftler nämlich in der Regel von *ihren* Deutungen der Situation aus (und nicht von der Deutung und Definition, welche die in der Situation befindlichen Akteure teilen) und richten ihre Datenerhebung und auch ihre Datenauswertung an dieser Deutung der Situation aus.

Eine mögliche wissenschaftliche Deutung der auf dem Foto gezeigten Situation könnte so lauten: Bei der Situation (Autounfall) handelt es sich um eine sozial (Autofahren auf der Straße) und institutionell (Gesetze, Praxis) und maschinell (Eigenschaften der Dinge) gebahnte Situation. In dieser institutionell, sozial und maschinell gebahnten typischen Situation treffen die durch den Unfall miteinander verbundenen Menschen (Unfallbeteiligte, Zuschauer, Zeugen, Polizei) zufällig aufeinander, die wahrscheinlich keine eigene Geschichte miteinander haben, die jedoch vielleicht durchaus über eine solche gemeinsame verfügen könnten.

Auch das muss man wissen, um die Situation zu verstehen. Diese umfassende Bahnung der Situation bzw. deren kommunikative Aneignung und Deutung ist handlungsleitend für die Akteure in der Situation. Aber sie ist den Interpreten meist unbekannt – was dazu führt, dass die Interpreten sich diese Bahnung durch eigene Recherchen, den Rückgriff auf eigene Erfahrungen oder Experten verfügbar machen müssen, notfalls auch mit Hilfe moderner Informationstechnologien.

Diese gezeigte Situation ist auch sozial, institutionell und maschinell vorgedeutet – mit typischen Wahrnehmungen und typischen Relevanzen, die ebenfalls den Interpreten in der Regel unbekannt sind. Diese handlungsorientierenden Bahnungen sind in der wissenschaftlichen Interpretation der Situation zu erheben, durch welche Quelle auch immer. Diese Informierung stellt keinen Verstoß gegen das Gebot der Kontextfreiheit dar, sondern ist die notwendige Bedingung, die Handlungen zu verstehen und zu erklären. Denn ohne dieses Wissen bliebe das Handeln der Akteure in dieser Situation bedeutungslos und könnte letztlich nur auf Universalien zurückgeführt werden, die jedoch für das Verstehen der Situation nutzlos sind.

Die gezeigte Situation (Autounfall) ist zudem nicht ›normal‹ – zumindest nicht für das gewöhnliche, mehr oder weniger ruhig fließende Alltagsleben. Die Situation ist jedoch ›normal‹ für eine Ausnahmesituation, für eine existenzielle Grenzsituation, die in dieser Form immer wieder im Alltag vorkommt und in die prinzipiell jeder verwickelt werden kann. Insofern ist sie nicht repräsentativ für den Alltag von Menschen, sondern repräsentativ für Grenzsituationen, in die Menschen kommen können. In solchen Situationen werden die menschlichen Akteure auf ihre Existenz zurückgeworfen und antworten aus ihrer persönlichen Betroffenheit heraus. Die Situation ist in vielerlei Hinsicht außerordentlich – vor allem für die Betroffenen, weil die Situation sie in Lebensgefahr brachte. Damit einher geht eine dramatische Veränderung des Zeithorizonts der Beteiligten. Aus der Binnenperspektive der im Auto befindlichen Personen betrachtet, änderte sich der Zeitstrahl von dem Attribut »endlos« mit einem Schlag hin zur der Beschreibung »nur noch wenige Augenblicke«. Die Veränderungen, die mit einer solche Verkürzung der Lebenszeit einhergehen, kann man nur erfassen, wenn man den Fahrer und die im Auto Sitzenden nicht mehr nur als Akteure, oder als *Agency,* auffasst, die Handlungsprobleme zu lösen haben, sondern auch als nicht endlos lebende menschliche Subjekte, die Hoffnungen und Befürchtungen haben und aufgrund ihres bisherigen Lebens gelernt haben, damit umzugehen bzw. nicht damit umzugehen.

Aus Sicht eines Sozialwissenschaftlers stellt sich die ›Situation mit Foto‹ anders dar als für die Beteiligten. Erst einmal und grundsätzlich: Für den Wissenschaftler handelt es sich um eine gänzlich andere Situation. Er ist an einer ganz anderen Raum-Zeit-Stelle. Ihm ist nicht kalt, und er muss nicht erklären, wie er in die Ereignisse verstrickt ist, ob er Zeuge oder zufälliger Passant ist. Er sitzt in seinem warmen Zuhause am Schreibtisch und hat ein Schwarz-Weiß-Foto vor sich. Daneben viele andere Gegenstände, die relevant für die Situation sind: Laptop, Telefon, Bücher, Stifte, Papier, einen Blumentopf und den Blick in den Garten u. v. a. m. So sitzend fragt sich der Wissenschaftler, was er mit diesem Foto tun soll. Soll er es überhaupt verwenden, und wenn ja, für welche Zwecke? Wenn er darüber schreibt, dann spricht er auch mit seinen Kollegen/innen über dieses Foto und zugleich über seine Fähigkeit, wissenschaftlich angemessen mit Fotos umzugehen. Insofern riskiert er sich (bzw. seinen Ruf), wenn er schreibt – wie immer. Kann er gegenüber seinen Kollegen vertreten, wie er das Foto benutzt, wahrnimmt und ausdeutet? Seine Situation ist also auch die Eingebundenheit in einen Konkurrenzdiskurs mit seinen Berufskollegen/innen. Seine Situation ist also definitiv nicht das Unfallgeschehen.

In dieser Situation kann er sich in dem Diskurs mit seinen Kollegen/innen das Foto als *Handlung des Fotografen* ansehen, kann also deuten, was der Fotograf weshalb zum Vordergrund und was er weshalb zum Hintergrund ›gemacht‹ hat. Er kann sich auch über die Professionsstandards des damaligen Fotografierens in der Schweiz informieren oder aber nach den landestypischen Standards der Polizeifotografie – genau darum handelt es sich nämlich auch. Oder er kann sich das Foto ansehen, sich auf das Dargestellte als Abbildung von ›wirklichen‹ Ereignissen einlassen und sich die Situation imaginieren, in der sich seiner Ansicht als Sozialwissenschaftler nach damals die Beteiligten befunden haben.

Demnach muss die mit dem Foto gezeigte Situation auch von allen Beteiligten gedeutet werden: um einerseits Normalität wieder herzustellen, um andererseits die Haftungsfragen zu klären. Die beteiligten Autofahrer sind genötigt, für sich und die anderen zu klären, was (aus ihrer Sicht) hier eigentlich los war; und die Polizisten, als professionelle Deutungsexperten für solche Situationen, sind gefordert festzuhalten, was vor Ort zu sehen war und was von den Beteiligten geäußert wurde. In dem gezeigten Fall gehe ich davon aus, dass der Fahrer des Simca allen, die es wissen wollten, erklärte: »Auf einmal ist der Reifen geplatzt.« Auch wenn das nicht stimmen sollte, ist doch für alle klar, was in diesem Fall der Fall gewesen wäre. Würde der Simcafahrer sagen: »Ich war kurz eingenickt«, wäre etwas anderes der Fall gewesen. Es wird später, nämlich notfalls vor Gericht, kommunikativ ausgehandelt werden, was offiziell als der Fall gelten soll. Unabhängig davon, ob diese Aushandlung zur Deutung ›Sekundenschlaf‹ oder ›geplatzter Reifen‹ führt, ist die Situationsfestlegung Ergebnis menschlicher Kommunikation. Weder der

Berg noch das Auto, noch der Reifen werden sich an dieser Aushandlung beteiligen, selbst dann nicht, wenn Experten in Expertisen den Reifen oder den Berg oder das Auto ›zum Sprechen bringen‹ sollten. Kommunikativ hergestellter und zugeschriebener Sinn ist in dieser Sicht eines Sozialwissenschaftlers das Wesentliche am Geschehen und nicht die Ordnung der Dinge.

II Die Kommunikation

In der hier zur Betrachtung stehenden Situation *auf dem Foto* bildet die Ordnung der Dinge den Vordergrund, während die menschliche Kommunikation, sonst stets der Vordergrund sozialwissenschaftlicher Analyse, nur im Hintergrund (des Bildes) sichtbar wird. Dieser Logik folgt die weitere Darstellung, wenn sie erst jetzt, also nach der auf dem Foto gezeigten Ordnung der Dinge, das menschliche kommunikative Handeln und deren kommunikativ eingebetteten Deutungen der Situation ›von *innen*‹ in den Blick nimmt. Allerdings sollen hier nur andeutungsweise die Blicke und die Deutungen der in den oben beschriebenen Unfall involvierten Subjekte (re-)konstruiert werden. Deren Blicke und Deutungen sind für den Interpreten letztlich zu fern und zu lange vergangen, um sie hier ernsthaft rekonstruieren und analysieren zu können.

Es kommt mir stattdessen vor allem darauf an, die Situation aus der allgemeinen (theoretischen) Bestimmung von Kommunikation heraus zu entwickeln; denn Kommunikation und Situation sind (wie bereits oben beschrieben) ineinander verwoben und erschaffen sich gegenseitig. Alles, was in einer Situation bedeutsam ist, muss direkt oder indirekt von den Beteiligten kommunikativ bedeutsam gemacht werden. So ist in der hier interessierenden Situation der Berg nicht als Gesteinsformation relevant oder als bergsteigerische Herausforderung, sondern als gefährliches Hindernis, das man als Autofahrer tunlichst nicht touchieren sollte.[7] Oder wie Soeffner formuliert (2000: 22): »Das Erleben rezeptiver und/oder kommunikativer Prozesse ist gleichursprünglich mit dem Erleben der mit diesen Prozessen geschaffenen ›Situationen‹: d. h. jede Deutung rezeptiver und/oder kommunikativer Aktivitäten rekurriert auf die Interpretation der in diesen Aktivitäten geschaffenen und in ihnen ›zugeordneten Situationen‹. Eine isolierte ›Situation‹ kann ebenso wenig gedacht werden wie eine isolierte Interaktion: ›Situationen‹ werden *produziert* im Wahrnehmungs- und Handlungszusammenhang – und in*terpretiert* im Verweisungs- und Zuschreibungszusammenhang – mit einem Netz-

---

7   Zur relativen Wahnehmung von etwas (und seinem Widrigkeitskoeffizienten) auf der Basis von Plänen und freien Weltentwürfen siehe auch die ausführliche Erörterung Sartres durch Jens Bonnemann im vorliegenden Sammelband.

werk (ebenfalls produzierbar) vorangegangener oder antizipierter ›Situationen‹
und der mit ihnen verbundenen Wahrnehmungs- und Handlungsprozesse«.

(1) Wozu dient Kommunikation?

Kommunikation ist nie allein das Mittel, mit dem sich Menschen absichtsvoll
Botschaften zukommen lassen und versuchen, andere zu steuern. Das ist Kommunikation sicherlich auch, aber nicht allein und noch nicht einmal wesentlich.
Stattdessen ist Kommunikation oder vielmehr kommunikatives Handeln immer
auch die menschliche Praktik, mit der zugleich Identität (Wer bist Du, und wer
bin ich?), Beziehung, Gesellschaft und Wirklichkeit (Was ist hier los?) in zwei-
facher Weise ›festgestellt‹ werden: Sie werden zum einen als ›so-existent‹ erfasst
und zum anderen zugleich dadurch auch fixiert. Kommunikation dient in diesem
Verständnis nicht allein der Übermittlung (von Informationen), sondern vor allem der Konstruktion sozialer Identität, sozialer Ordnung und Kultur. Kurz: Kommunikatives Handeln ist die basale Praktik für die Konstruktion von Wirklichkeit
(vgl. Berger/Luckmann 1969; Reichertz 2009; Keller et al. 2013).

Auch nach dem Autounfall muss geklärt werden, was los war: ob der Fahrer
betrunken war, ein Hase über die Straße gelaufen ist, ein überholendes Auto auf
der Gegenfahrbahn oder ein geplatzter Autoreifen für die Ereignisse verantwortlich war. All das wird mittels kommunikativem Handeln ausgehandelt, oder genauer: konstruiert. Fast nebenbei erfahren dabei alle etwas über die Identität der
Beteiligten und die materielle und soziale Beschaffenheit von Welt und festigen
ihr bereits vorhandenes Wissen. So platzen z. B. manchmal Autoreifen, was dazu
führt, dass die Autos zu der Seite des geplatzten Reifens ziehen, dass die Kolli-
sion mit einem massiven Felsen ein Auto schleudern lässt und dass normale Menschen ein schleuderndes Auto kaum kontrollieren können. Alle Beteiligten erfahren auch etwas über Straßenverkehrsämter, die glücklicherweise Geländer an
gefährlichen Stellen anbringen lassen, über die Praktiken der Polizei, Unfallstellen
abzusperren und zu kennzeichnen, die Arbeitsweisen von Versicherungen und
die Veränderung kommunikativen Handelns nach einem Schock und die Beson-
derheiten einer Kommunikation, in der Fremde ihr Handeln aneinander koorien-
tieren müssen.

Kommunikation ist also immer Wirklichkeitskonstruktion und Versuch der
Handlungskoorientierung zugleich. Um diese Koorientierung zu erreichen, bedienen sich Menschen, die einander wahrnehmen, vornehmlich folgender Medien: der Stimme, der Sprache und des Körpers. Darüber hinaus setzen sie bei
der Anstrengung, sich aufeinander abzustimmen, Kleidung, Gegenstände, Formate, situative Rahmungen und Sequenzierungen u. v. a. m. ein. Über Zeit und

Raum ausdehnen können sie die Reichweite der Koorientierungsbemühungen durch Medien wie Schrift, Radio, Kameras, Handys, Fernsehen und Laptop/Computer (siehe erneut Knorr-Cetina 2012a und 2012b; aber auch Krotz/Hepp 2012). Mit Hilfe all der oben genannten Medien, derer sich die Kommunizierenden bedienen, werden soziale Zeichen, Symbole aller Art – also sprachliche wie nicht-sprachliche, natürliche, ähnliche wie arbiträre – wahrnehmbar gemacht, die innerhalb einer Interaktionsgemeinschaft eine (nicht beliebige) Handlungsbedeutung haben.

(2) Kommunikationsprozess und Situationsentwicklung

Viele kommunikationswissenschaftliche Ansätze tun so, als begegneten sich die Menschen zum Zwecke der Kommunikation. Zutreffender ist, dass Kommunikation immer ein Teil von sozialen Situationen ist, in denen sie eine Rolle spielt. Kommunikation ist immer in soziale Situationen eingebettet und gestaltet diese. Kommunikation ohne Situation kann nicht vorkommen. Deshalb ist die Situation die Untersuchungseinheit und nicht ihr sprachlicher Teil. Oder, wie es Goffman formuliert, man muss »die Vorstellung einer gesprächsartigen Begegnung zugunsten der einer sozialen Situation aufgeben, in der die Begegnung erfolgt« (2005: 54). Ähnlich argumentiert auch Stanley Fish: »Die Antwort ist in allem, was ich bisher gesagt habe, enthalten und läuft darauf hinaus, dass Kommunikation in Situationen stattfindet; dass in Situationen zu sein zugleich heißt, im Besitz dieses oder jenes Gerüsts von Annahmen zu sein (was aktiv und passiv gemeint sein kann), im Besitz von Praktiken, die als relevant für bereits vorhandene Absichten und Zwecke verstanden werden; und schließlich, dass es dieses Gerüst von Annahmen ist, innerhalb dessen jede Äußerung sofort gehört wird« (2011: 48).

Zu sagen, in der Kommunikation würden zwei Subjekte sich allein mit dem begegnen, das sie selbst, jeder für sich individuell geschaffen haben und über das sie bewusst und strategisch verfügen, ist genauso unterkomplex wie die Vorstellung, in der Kommunikation würden die Personen ihre jeweiligen sozialen Rollen und Positionen füreinander aufsagen. Oft trifft man in der Literatur auch die Engführung der Kommunikation auf einen festen ›Zeit-Raum‹, auf die *face-to-face*-Begegnung und das Nacheinander von dyadischer Kommunikation.

Deshalb ist Kommunikation ein Prozess, der sich seinen eigenen Pfad schafft, und deshalb ist jede Stelle des Weges immer abhängig vom zurückgelegten Pfad. Kommunikation ist also immer *pfadabhängig* (vgl. Ortmann 2009: 126). »Hinzu kommt, daß eine Konversation ein Eigenleben hat und ihren eigenen Gesetzen folgt. Es ist ein kleines soziales System, das zur Erhaltung seiner Grenzen tendiert;

es ist ein kleines Gefüge aus Verpflichtungen und Loyalität, mit seinen eigenen Helden und Schurken« (Goffman 1975: 124 f.).

Es gibt eine *fundamentale Unberechenbarkeit* dessen, was der Andere als nächstes tun wird und wie ich auf seine Antwort antworten werde. »Jede Unterhaltung [...] vermag sich aus eigener Kraft zu entwickeln, vermag ihren Teilnehmern etwas zu bieten, worauf sie eindreschen können, wobei dann der gesamte Prozess als Referenz einer Nebenbemerkung erkoren werden kann und diese Nebenbemerkung, ihrerseits eine scherzhaft gemeinte Weigerung, ihr keine Beachtung zu schenken, als Reaktion hervorruft« (Goffman 2005: 149). Eine Kommunikation zu beginnen ist in einem gewissen Sinne (also nicht in jedem Sinne) wie das Öffnen der Büchse der Pandora. Was einmal ›draußen‹ (entäußert), also kommuniziert ist, ist draußen; und niemand weiß sicher, wie es weitergehen wird.

Deshalb entstehen immer wieder neue Formen und neue Folgen. Die Folgen kommunikativen Handelns wie die Folgen einer Situation sind unvorhersehbar. Und deshalb gleichen kommunikatives Handeln wie auch die Situation dem Fluss, in den man laut Heraklit nie zweimal steigt.[8] Diese neuen Formen entstehen entweder aus Zufall oder aber auch gewollt. Sie entstehen aufgrund der immer vorhandenen Kreativität der Kommunizierenden, deren Rationalität oder deren moralisch motiviertem Wunsch, es in dieser Situation besser, humaner zu machen; sie entstehen, weil die Beteiligten in der Situation über ihr Tun nachdenken, es reflektieren und beschließen, es künftig anders zu machen; sie entstehen auch aufgrund des Willens zur Macht und des Kampfes um die Macht und die Dinge, die bei der Kommunikation ihre eigenen Rollen spielen, und weil die Dynamik der Praxis kommunikativen Handelns und die Dynamik der Situation immer wieder neue Formen und Folgen schaffen. Das Neue verdankt sich also nicht *einer* Quelle, sondern vielen.

Sind die neuen kommunikativen Formen und Folgen einmal in der Welt, dann werden sie, so sie denn in irgendeiner Weise ›erfolgreich‹ waren, von denen, die daran beteiligt sind, in ihrer weiteren kommunikativen Geschichte, also im weiteren kommunikativen Handeln und Tun, erprobt, abgeändert und, so sie denn weiter ›erfolgreich‹ sind, auch ausgearbeitet, bewahrt und immer wieder eingesetzt. Und nicht nur die direkt Beteiligten tun es, sondern auch andere – wenn sich diese kommunikativen Praktiken auch bei ihnen bewähren. Und bald tun es auch noch weitere, sodass sich die Praxis kommunikativen Handelns und Tuns immer wieder neu gestaltet und später auf die beschriebene Weise dann institu-

---

8   Diese Metapher geht auf eine Bemerkung von Iris Därmann (Berlin) zurück, der ich dafür danke.

tionalisiert.[9] ›Spiegelverkehrt‹ gilt das Gesagte, wenn kommunikative Praktiken scheitern. Denn auch das Scheitern lehrt. Es gibt keine Habitualisierung des Erfolglosen und auch keine Institutionalisierung.

III Kommunikation – Situation – Dinge

Lange Zeit fand die Situation in der Sozialwissenschaft kaum Beachtung – was in den 1970er Jahren übrigens anders war und was sich jetzt, angesichts der Herausforderungen durch die Arbeiten von Latour und der Praxisforschung (vgl. Schatzki et al. 2000; Hörning/Reuter 2004; Latour 2010; Latour/Woolgar 1986), langsam wieder ändert. Latour und in dessen Spur auch andere qualitativ arbeitende Sozialwissenschaftler wollen die *Asymmetrie*[10] zwischen den Dingen und den menschlichen Akteuren beseitigen, wollen die Bedeutung der Dinge in der Situation sichtbar machen und damit den Dingen auch die Bedeutung, die ihnen zukommt, zurückgeben. Mit der wachsenden Bedeutung der Dinge rückt auch die Situation wieder mehr in den sozialwissenschaftlichen Blick, sind es doch die Dinge und deren Ordnung, die sich am augenfälligsten in einer Situation zu Wort melden. Wegen dieser neuen Bedeutung der Dinge möchte ich im Weiteren der Frage nachgehen, ob der Latour'sche Dingbegriff eine systematische Revision des Situationsbegriffs erfordert.

Auch wenn der Dingbegriff und dessen Fähigkeit, ›Agency‹ zu sein, in den Schriften von Latour changiert, möchte ich seine Position bzw. die Position, gegen

---

9   Bei diesem Prozess spielen die Medien (Buch, Zeitschrift, TV, Internet) eine besondere und besonders wichtige Rolle: Nicht nur, weil in den Medien und hier insbesondere in bestimmten Formen der Mediennutzung (Literatur, Werbung, PR-Kommunikation) oft und gerne neue Formen und Folgen der Kommunikation auftauchen, sondern weil sie zudem auch mittels Medien fixiert, gespeichert und an jedem Ort dieser Welt verbreitet werden können.

10   Auch wenn der gewünschten Beseitigung der Asymmetrie keine moralische Stellungnahme, sondern die epistemologische Entscheidung zugrunde liegt (ausführlich Latour 2002), nicht vorschnell und vorab den Menschen einen bestimmten Wesenskern und damit zugleich das Handlungsprimat einzuräumen (und damit den Sprachgebrauch der Menschen vorschnell der Wissenschaft zugrunde zu legen), also nicht bereits theoretisch imprägniert nur noch das zu sehen, was man schon zu wissen glaubt, so liegt auch der Entscheidung, auf eine prinzipielle Unterscheidung zwischen Dingen und Menschen zu verzichten und stattdessen auf deren Relationen zu setzen, ebenfalls eine theoretische Imprägnierung zugrunde – einfach deshalb, weil es keinen ›Sprung‹ in das Vorsoziale, das Ungedeutete geben kann. Auch die Umstellung vom ›Wesenskern der Akteure‹ zur ›Relation der Akteure‹ ist letztlich essenzialistisch begründet; und ihr liegt das Vor-Urteil zugrunde, dass alle Akteure schon immer in Bewegung waren und diese Bewegung in ihren Netzen immer nur weitergeben (vgl. Hirschauer 2012: 20).

die ich argumentiere, mit folgenden Bestimmungen Latours umgrenzen:[11] Es ist »jedes Ding, das eine gegebene Situation verändert, indem es einen Unterschied macht, ein Akteur, oder, wenn es noch keine Figuration hat, ein Aktant« (Latour 2010: 123). Ein Hammer, ein Wasserkessel, ein Korb, Kleider, Fernbedienungen, aber auch Autos, Bremsen und auch Reifen sind in diesem Verständnis Objekte, die »entsprechend unserer Definition Akteure oder genauer *Beteiligte* am Handlungsverlauf« (Latour 2010: 123 f.) sind.

Das scheint eindeutig zu sein, aber der Teufel liegt im Detail: Denn was bedeutet die Formulierung, »dass jedes Ding, das eine Situation verändert, ein Akteur ist«? Ohne Zweifel hat der geplatzte Reifen die Ereignisse auf unserem Foto verändert. Ohne Zweifel hat er einen Unterschied gemacht, der einen Unterschied macht. Ist also der Reifen der Akteur und sein Platzen ein Tun oder Handeln? Ist, um die Sache noch weiter zuzuspitzen, der Reifen geplatzt oder ist die Luft im Reifen explodiert oder hat ein spitzer Stein auf der Straße den Reifen zerstört? All das wären bei dieser Sicht der Dinge Kandidaten für den Akteurstatus – natürlich sind sie keine *human beings,* sondern *non-humans,* die am Handeln beteiligt sind und die man bei einer Wissenschaft des Sozialen notwendigerweise berücksichtigen muss.[12]

Gewiss muss man hier unterscheiden: Nicht alle Dinge, die wir ›Dinge‹ oder ›Objekte‹ nennen, sind gleich. Einige Objekte entstammen der Natur, und andere Dinge haben die Menschen erzeugt, um damit irgendwelche Handlungsprobleme zu bearbeiten. Diesen Satz können natürlich auch Sozialkonstruktivisten sagen, auch wenn und auch weil die Unterscheidung zwischen Natur und Kultur eine sozial konstruierte ist. Zur ersten Sorte von Dingen gehören die *Vulkane,* zur zweiten Sorte gehört die *Violine* (zu dieser Art von Objekten zählen auch Autos, Bremsen, Reifen und natürlich auch Zäune und Flugzeuge). Auch wenn Vulkane und Violinen einiges gemeinsam haben, sie sind nämlich ›Dinge‹ (wenn auch nicht geschaffen vom gleichen Akteur), sind sie doch kategorial zu unterscheiden: die einen in der Natur entstanden (Vulkane), die anderen sind von Menschen gemacht (vgl. auch Linde 1972). Gewiss haben beide Auswirkungen auf die Handlungen von Menschen und gewiss stoßen beide bestimmte Handlungen an. So geht von dem Vulkan die Drohung von Feuer und Tod aus, aber auch das Verspre-

---

11   Ausführlich zur ANT von Latour: Schmidgen (2011) und Mathar (2012).

12   »ANT ist nicht die leere Behauptung, dass Objekte etwas ›anstelle‹ der menschlichen Akteure tun: Sie sagt einfach, dass eine Wissenschaft des Sozialen nicht einmal beginnen kann, wenn die Frage, wer und was am Handeln beteiligt ist, nicht zunächst einmal gründlich erforscht ist, selbst wenn das bedeuten sollte, Elemente zuzulassen, die wir, in Ermangelung eines besseren Ausdrucks, *nicht-menschliche Wesen (non-humans)* nennen könnten« (Latour 2010: 124).

chen auf fruchtbare Erde und neues Wachstum. Aber obwohl der Vulkan die Felder der Menschen fruchtbar machen kann, ist er keine Ausweitung der menschlichen Hand – wie z. B. der Pflug oder der Kunstdünger. Sowohl die ›natürlichen‹ als auch die ›gemachten‹ Dinge legen bestimmte Handlungen der Menschen nahe, machen ein ›Angebot‹ oder ›verbieten‹ etwas, ermöglichen etwas oder schließen es aus: Autos können nicht fliegen oder durch Felsen hindurch fahren, Menschen ertrinken im Wasser oder schlafen bei Müdigkeit ein. Diese ›Offerten‹ und ›Imperative‹ der Dinge und Körper gehen nicht auf eine irgendwie erkennbare *Agency* der Dinge zurück, sondern resultieren aus deren kommunikativ konstruierten ›Eigenschaften‹. Insofern sind die Offerten und Imperative letztlich Offerten und Imperative der Menschen, die sie gedeutet haben und in der Sprache und Kultur institutionalisiert haben.

Die Violine ist im Vergleich zum Vulkan eine »extension of man« (McLuhan 1968) und enthält deshalb einen Imperativ, der sich in einer Art Reflexivität auf sich selbst bezieht. Dieser Imperativ lautet: »Benutze mich auf eine besondere Weise!« Wenn der Vulkan ausbricht, dann bewegt sich zwar sehr viel (es kommt zu einer massiven Aktion), aber die Bewegung hat nichts mit Menschen zu tun; und alles, was passiert, passiert ohne Sinn, ist allein durch die Gesetze, die von der Physik beschrieben werden, bestimmt und erklärbar. Aber wenn die Violine ›spielt‹, dann findet eine Aktion statt, dessen Urheber ein Mensch ist; und alles, was passiert, passiert mit Sinn. Auch wenn der Ton vollständig durch die Gesetze der Natur erklärbar ist, geht die Melodie auf den sinnhaft handelnden Menschen zurück – vor allem wenn der spielende Mensch sein Werkzeug beherrscht, also wenn er die Praktik des richtigen Spielens nicht mehr bewusst ausübt, sondern sie sich aus seinem geübten Körper ›ergibt‹.

Ohne Zweifel ›ist‹ (= bedeutet) das Werkzeug sehr viel mehr, als seine Erschaffer absichtsvoll ›hineingetan‹ haben – und zwar auf dreifache Weise: (1) Das Werkzeug hat einen *Bedeutungsüberschuss,* welcher von seinen Erschaffern in der Regel nicht wahrgenommen wird. Die soziale Bedeutung eines Werkzeugs zeigt sich erst in der Geschichte seines Gebrauchs und der Praxis der menschlichen Aneignung. Hier kann es durchaus passieren, dass das Werkzeug letztendlich zu anderen Zwecken genutzt wird, als von seinen Erschaffern beabsichtigt. (2) Auch die *Materialität* des Werkzeugs hat Folgen über die Absichten der Erschaffer hinaus. In der Regel sorgt die Materialität des Dings dafür (bei einem Hammer der eiserne Kopf und der hölzerne Stiehl), dass ein bestimmtes Problem (Nagel einschlagen) in der Welt gelöst wird. Aber die Materialität des Werkzeugs sorgt auch dafür, dass die Welt, in der der Hammerbenutzer lebt, sich nachhaltig ändert: Bäume müssen gefällt, Eisenerz muss abgebaut und Eisen erzeugt werden. Dafür müssen Handwerker ausgebildet, Maschinen erbaut und Verteilungswege geschaffen werden. All dies verändert die Welt. (3) Aber das Werkzeug hat über die Absichten der

Erschaffer hinaus auch noch deshalb *unbeabsichtigte Wirkungen,* weil jedes Werkzeug immer auch auf den Werkzeugbenutzer zurückwirkt und sowohl ihn als auch die Gesellschaft, in der er lebt, verändert: So verschafft der Hammer dem Hammerbenutzer nicht nur Schwielen an der Hand, eine andere Armmuskulatur und damit letztlich auch einen anderen Körper(bau), sondern durch die Hammerbenutzung wird der Hausbau billiger, damit für sehr viel mehr Menschen erwerbbar, was die Wohnsituation und damit die Art des Zusammenlebens der Menschen massiv verändert.[13]

Insofern erwecken Dinge – weil sie weit mehr ›sind‹ und sehr viel mehr Folgen haben, als die Erschaffer im Sinn hatten, und weil sie den Menschen deshalb manchmal als etwas Naturhaftes von außen entgegenzutreten scheinen – manchmal den Anschein, als würden sie etwas von sich aus, manchmal auch autonom tun. Aber der Hammer, die Violine, das Auto, der Reifen, der Zaun und das Flugzeug bleiben immer nur Dinge, mit denen Menschen agieren. Insofern sind sie *Werkzeuge* von Akteuren, aber nicht selbst Akteure. Manche dieser Dinge sind dem Menschen äußerlich, mit manchen ergänzt er seinen Körper (Brillen, Prothesen) und manche nimmt er nach innen (Herzschrittmacher). Aber auch dann, wenn der Mensch mit diesen Dingen verwächst und somit eine Einheit bildet, die nur in dieser Einheit so funktioniert oder nur so überleben kann, auch dann sind diese Dinge nicht autonom, sondern immer Werkzeuge von Menschen für Menschen. Nur die intentionalistische Sprache, oder besser: unser intentionalistischer Sprachgebrauch, macht diese Dinge zu Akteuren.

Menschen schlugen sich zu Beginn ihrer Geschichte in massiven Konfliktfällen mit den Fäusten und konnten sich so aus dem Feld schlagen oder sogar töten. Heute tun sie Vergleichbares mit automatischen Maschinengewehren, die in der Lage sind, mehr als 1 200 Schuss pro Minute abzufeuern. Damit sind diese Maschinen sehr viel schneller, als ein menschlicher Finger sich krümmen kann. Menschen benutzten in früheren Zeiten Katapulte, um Menschen hinter Mauern zu vernichten. Heute setzen sie elektronisch gesteuerte Drohnen ein, die in der Lage sind, tief in feindliches Terrain einzudringen und gezielt einzelne Menschen zu töten. Obwohl also Maschinengewehre oder Drohnen ›Aktionen‹ bewirken können, zu denen kein Mensch in der Lage ist, macht es keinen Sinn zu sagen, Maschinengewehre und Drohnen seien eigenständige Akteure und würden Krieg führen. Auch wenn Menschen sehr intensiv an Gewehren wie Drohnen trainieren

---

13 Wie sehr die Materialität der geschaffenen Dinge auf den Menschen und dessen Leistungen zurückwirkt, kann man auch in vielen Sportarten beobachten: So ›verwachsen‹ z. B. Tennisspieler oder auch Skifahrer oft so sehr mit ihrem Sportgerät, dass sie dessen Materialität als eigenständig und widerständig erfahren. Dennoch würde kein Sportler ernsthaft sagen, der Schläger spielte Tennis oder der Ski fahre eigenständig.

müssen und sich damit auch auf diese Geräte einstellen, bilden sie dennoch keine hybriden (Handlungs-)Einheiten. Menschen beschließen, andere zu töten, nicht die Maschinen. Jene werden ›nur‹ eingesetzt.

Besonders sichtbar wird diese sprachlich verursachte Fehlinterpretation, wenn in der Fachliteratur davon gesprochen wird, Navigationssysteme würden uns führen, leiten, lenken oder sogar warnen (vgl. Laux 2011: 285 ff.). Denn sicher ist, dass nicht das Navigationsgerät den Autofahrer führt, auch nicht die dort implementierte Software oder gar das Display, auf dem eine graphische Abbildung der Straßenführung zu sehen ist. Es sind die Vorgaben der menschlichen Erschaffer von Navigationsgeräten, die als Anweisungen dem Betrachter als Vorschläge aufscheinen, die der Autofahrer im Übrigen jederzeit missachten kann und oft auch tut. Niemand fährt in einen See, nur weil das Navigationssystem das vorgibt.

IV Die medial bedingte Vergessenheit der Situation

Die qualitative Sozialforschung ist in den 1970er Jahren (nicht nur) in Deutschland mit dem Anspruch angetreten, dem Subjekt zu seinem Recht zu verhelfen, seinen Hoffnungen und seinen Befürchtungen einen Ausdruck zu geben. In Frontstellung zur quantitativen Sozialforschung, die sich allein für das Äußere des Subjekts interessierte, hielt es die qualitative Sozialforschung für wichtig und notwendig, die Binnensicht der Subjekte zu berücksichtigen, wollte man deren Agieren verstehen und erklären. Ganz zentral war dabei das Thomas-Theorem: »If men define situations as real, they are real in their consequences« (Thomas/Thomas 1928: 572), und die Bedeutung, die dieses Theorem dem subjektiven Empfinden und der subjektiven Deutung der Handelnden und ihrer Situation zuweist.

Der qualitativen Sozialforschung ging es um den *Sinn* der Subjekte – wobei allerdings von Anfang an zwei Richtungen darüber miteinander stritten, was mit ›Sinn‹ eigentlich gemeint ist bzw. sein soll. Die eine, eher *verstehend* orientierte Richtung ging davon aus, dass das Handeln der Subjekte nur dann verstanden und erklärt werden kann, wenn das sinnhafte (bewusste) Tun der Handelnden dabei maßgeblich berücksichtigt wird. Dieser *subjektive Sinn* war es, den es zu ermitteln galt, weil nur so das Verhalten der Subjekte adäquat erfasst werden kann.

Einer anderen, eher *kritisch* orientierten Richtung der Sozialforschung ging es zwar auch um die Sinnhaftigkeit von Handeln, aber sehr viel mehr um die Erreichung eines *sinnvollen* Lebens und um die Aufhebung von Entfremdung. Ziel dieser Art der qualitativen Forschung war nicht nur, die Sinnhaftigkeit des Handelns der Subjekte zu erkennen, sondern auch zu fordern, dass mehr ›Sinn‹ im Leben der Subjekte sein solle. Die bestehenden Verhältnisse wurden entsprechend kritisiert; und es galt, diese entweder zu überwinden oder das Leiden daran zu therapieren.

Beide Richtungen der qualitativen Sozialforschung wandten sich anfangs der gesamten Komplexität menschlichen Handelns zu (Gestik, Mimik, Haltung, Situierung, Sprechen etc.), mussten jedoch bald feststellen, dass die Medien der Fixierung dieses Handelns (also die damaligen Methoden der Datenerhebung) nicht das gesamte komplexe Handeln erfassen konnten, sondern nur bestimmte Ausschnitte: also vor allem das, was sich mittels der damaligen Aufzeichnungsmedien (= Tonbänder) festhalten ließ. Zwar wurde anfangs auch vereinzelt versucht, die Situation als ganze, z.B. mittels analoger Kameras, abzubilden, das stellte sich jedoch bald als sehr schwierig und nicht handhabbar heraus – eine Einschätzung, die sich angesichts neuer digitaler Aufzeichnungs- und Transkriptionsmedien aktuell ändert.

Da die Tonbandgeräte nur Töne und hier vor allem nur den sprachlichen Teil des kommunikativen Handelns festhalten konnten, wurden die Verschriftlichungen des Sprechens, also *Texte,* zum zentralen Datum qualitativer Forschung. So wurde in der qualitativen Sozialforschung schon sehr früh aus kommunikativem Handeln *Text,* was keineswegs identisch ist, sondern sich bedeutsam unterscheidet. Für viele Sozialwissenschaftler wurde die Welt so zum Text, und die qualitative Sozialforschung geriet vielen zur Textwissenschaft. Nach dieser Etablierung des Textes als entscheidendes Datum und der maschinellen Tonaufzeichnung als zentrales Datenfixierungsmedium konzentrierte sich die Sozialforschung auf diese Verfahren der Datenerhebung und der Datenauswertung – und dünnte die Komplexität der Situation und die der Kommunikation drastisch aus.[14]

War Anfang der 1970er Jahre wenigstens (noch) die nur ausschnitthafte Erfassung der sozialen Situation durch die Untersuchungsmedien im Alltag der Forschung präsent, so geriet sie zunehmend ganz in Vergessenheit. Bei einigen bestand die soziale Wirklichkeit oft nur noch aus Text (z.B. Garz/Kraimer 1994), was zur Folge hatte, dass die Medien auf den Gegenstand zurückwirkten und die Medien vom Gegenstand der qualitativ orientierten Sozialwissenschaft (also dem sinnhaften Handeln) nur noch Teile, nur noch kleine Ausschnitte zeigten bzw. sichtbar machten, speicherten und fixierten und damit überhaupt einer Analyse zugänglich machten. All dies führte, so die hier vertretene These, sowohl zur Ausbildung eines ›dünnen‹ Handlungsbegriffs als auch zur Ausbildung eines ›dünnen‹ Akteurbegriffs als auch zum weitgehenden Verschwinden des Situationsbegriffs aus der Sozialforschung. Soziales sinnhaftes Handeln wurde auf diese Weise reduziert auf den Modus: ›eine Wirkung haben‹; und der Akteur wurde redu-

---

14 Eine sehr gute Beschreibung der Wechselwirkung der Sozialforschung mit dem jeweiligen Stand der Medien liefert Ziegaus (2009).

ziert auf den Ausgangspunkt dieser Wirkungsentfaltung. Vor allem die doppelte Ausdünnung von ›Handlung‹ und ›Akteur‹ (im Zusammenspiel mit einer intentionalistischen Sprache und der Belebung von Strukturen und Systemen in der theoretischen Soziologie) machte es möglich, dass auch andere ›Entitäten‹ den Anschein erwecken konnten, sowohl Akteure zu sein als auch zu handeln. Den Zäunen wurde ihr Stehen und den Flugzeugen ihr Fliegen als Handlung zugerechnet, was eine massive Reduktion bedeutet und zu einer Verarmung sozialwissenschaftlicher Analysen geführt hat und führt. Man hat den Begriff des Akteurs so ausgedünnt (als Agency), dass er jetzt auch noch auf einige andere Entitäten passt; und man hat den Begriff des Handelns so entleert, dass er jetzt für viele Operationen passt. Nicht die Dinge haben sich geändert oder zeigen sich aufgrund von neuem Wissen in einem neuen Licht, sondern die Dinge werden neu subsumiert, weil man die Definition der Kategorien geändert hat.

Menschen sind dagegen immer mehr als nur ›Akteure‹, die etwas bewirken (wollen). Sie lassen sich nur unter Einbüßung der Angemessenheit der Beschreibung auf ein Akteur-Sein reduzieren. Menschliche Subjekte sind insofern immer auch mehr, als sie in soziale Beziehungen und soziale Situationen eingebettete Individuen sind, die fühlen, hoffen und fürchten, denken, entscheiden und sich dem Leben hingeben. Gegenstand der Sozialforschung und der Soziologie ist nicht die Einheit, die etwas bewirkt, sonst wäre ihr Gegenstand der Körper; sondern ihr Gegenstand ist die leiblich-geistige Einheit, die sinnhaft handelt, also aufgrund des sozialen Sinns, den die Welt und die Anderen für diese Einheit haben. Völlig unzureichend erscheint allerdings die Verengung von Intentionalität auf das bewusste Gestalten von Handlungen und Kommunikation auf das Hier und Jetzt (vgl. Reichertz 2009). Interaktion und Kommunikation sind nämlich selbst dann noch sinnhaft, wenn dieser Sinn von den Agierenden nicht (mehr) im Bewusstsein realisiert wird. In Situationen, also spezifisch situierten Interaktionen und Kommunikationen, treffen die Beteiligten auf Objekte, Institutionen und Menschen, die sie in ihrem Handeln beschränken oder aber ihnen Angebote unterbreiten. So treffen sie auf natürliche oder soziale Bahnungen, die bestimmte Handlungen erleichtern oder erschweren, sie finden dort typische Motive vor, die geneigt machen, bestimmte Entscheidungen zu treffen, und sie begegnen Anderen, die von ihnen erwarten, eine bestimmte Wahl zu treffen.

Dennoch – ob bewusst oder im Vollzug praktischen Handelns: Nur Menschen können Situationen als Situationen schaffen, indem sie für- und miteinander kommunizieren, was für sie jeweils in der Situation los ist. Nur Menschen können den jeweils für sie geltenden Rahmen artikulieren und damit angeben, was für sie jeweils der Fall ist. Auch wenn die Technik in bestimmten Situationen den Anschein erweckt, den Menschen diese Artikulation der Situation abzunehmen (z. B. bei Notfallsystemen), so hat der Mensch auch hier immer das letzte

Wort – selbst dann, wenn er Unrecht hat. Menschliche Subjekte handeln immer
vor dem Hintergrund einer kommunikativ erarbeiteten, also gemeinsam artiku-
lierten Situation: Menschen stellen für sich und für andere fest, was jeweils der
Fall ist, und diese Artikulation der Situation ist ganz entscheidend für das weitere
Handeln. Nur Menschen stellen verbindlich fest, was für alle in der Situation gegeben ist – alles andere ist nicht verbindlich, und dies kann weder Technik noch
ein Biosystem leisten.

Dinge und natürlich auch Technik sind in dieser wissenssoziologischen Sicht
›Organ-Ausweitungen‹ des Menschen, geschaffen von Menschen, um ihnen selbst
und den nachfolgenden Generationen die Bewältigung von Problemen zu erleichtern (vgl. Schulz-Schaeffer 2008). Technik ist immer der Ersatz von Organleis-
tungen, deren Ausweitung oder deren Überbietung (vgl. Gehlen 1986). Technik
eröffnet Handlungsmöglichkeiten aus der Vergangenheit für die Zukunft, macht
Angebote oder begrenzt den Möglichkeitsraum. Geschaffene Techniken (Objekte,
Dinge) sind ›Gesten‹ (vgl. Flusser 1994; auch Reichertz 2007b) aus der Vergangenheit. Die vergangenen Generationen sind die Feldherren, welche eine (die jeweilige Technik nutzende) Generation nicht nur in einem bestimmten Schritt
vorwärts gehen lässt, sondern sie haben diese auch mit bestimmten ›Waffen‹ (Mitteln) ausgerüstet und gegen einen bestimmten ›Feind‹ (Probleme) geführt. Jede
Technik ist so gesehen der ›Krieg der Alten‹ gegen alte Probleme – nicht mehr,
aber auch nicht weniger. In jeder solchen ›Geste‹ sind die Erfahrungen der jeweiligen Produzentengeneration fixiert und aufbewahrt und somit auf Dauer gestellt.
Objekte sind gehärtete, materialisierte Gesten, welche das vergangene Weltwis-
sen in sich tragen und weitergeben. Und wenn sie von späteren Generationen an-
geeignet und verändert werden, dann tragen sie auch deren Imperative durch die
Zeit und heben sie auf (vgl. MacGregor 2011: 20 f).

In dieser Sicht der Dinge platzte (um wieder auf das Eingangsbild zurückzukommen) bei dem weißen Simca ein Vorderreifen. Dem menschlichen Akteur,
also dem Fahrer, entglitt so die Macht, die Ereignisse, also auch das Auto in der
gewünschten Bahn zu halten. Das Auto prallte stattdessen, getrieben von der ihm
inhärenten Bewegungsenergie, mit einer bestimmten Masse und einer bestimmten Geschwindigkeit gegen ein sehr träges Hindernis (den Berg), was dazu führte,
dass das Auto auf einer bestimmten Bahn über die Straße geschleudert wurde, ein
anderes Auto touchierte, dabei Geschwindigkeit verlor und aufgrund der Trägheit des Geländers zum Stehen kam. Allerdings hielt nicht das Geländer das Auto
auf und rettete so dem Fahrer sein Leben, sondern es waren die Konstrukteure
und Erbauer des Geländers, die in weiser Voraussicht, was an solchen Stellen alles
passieren kann, dort ein so massives Geländer im Boden verankerten, das in der
Lage war, aus der Bahn gekommene Fahrzeuge bis zu einer gewissen Bewegungsenergie aufzufangen. Der Fahrer hat also nicht dem Geländer zu danken, sondern

den Menschen, die für den Bau des Geländers verantwortlich waren. Das ›sieht‹ aber meist nicht der gerettete Fahrer so, sondern erst die sozialwissenschaftliche Betrachtung.

Literatur

Berger, Peter L./Luckmann, Thomas (1969): Die gesellschaftliche Konstruktion von Wirklichkeit. Eine Theorie der Wissenssoziologie. Frankfurt a. M.: Fischer.

Blumer, Herbert (1962): Society as Symbolic Interaction. In: Rose, Arnold (Hg.): Human Behavior and Social Processes. Boston: Houghton-Mifflin, S. 300–307.

Clarke, Adele E. (2003): Situational analyses: Grounded theory mapping after the postmodern turn. In: Symbolic Interaction, Band 26 (4), S. 553–576.

Clarke, Adele E. (2005): Situational analysis: Grounded theory after the postmodern turn. Thousand Oaks, CA: Sage.

Clarke, Adele E. (2007): Grounded theorizing using situational analysis. In: Bryant, Antony/Charmaz, Kathy (Hg.): The Sage Handbook of Grounded Theory. London: Sage, S. 363–397.

Clarke, Adele E. (2012): Situationsanalyse. Grounded Theory nach dem Postmodern Turn. Wiesbaden: Springer VS.

Diaz-Bone, Rainer (2012): Review Essay: Situationsanalyse – Strauss meets Foucault? [21 Absätze]. In: Forum Qualitative Sozialforschung/Forum: Qualitative Social Research, 14(1), Art. 11 (http://nbn-resolving.de/urn:nbn:de:0114-fqs1301115; zuletzt aufgerufen am 03. 12. 2012).

Fish, Stanley (2011): Das Recht möchte formal sein. Frankfurt a. M.: Suhrkamp.

Flusser, Vilém (1994): Gesten. Versuch einer Phänomenologie. Frankfurt a. M.: Fischer.

Garz, Detlef/Kraimer, Klaus (Hg.) (1994): Die Welt als Text. Theorie, Kritik und Praxis der objektiven Hermeneutik. Frankfurt a. M.: Suhrkamp.

Gehlen, Arnold (1986): Urmensch und Spätkultur. Philosophische Ergebnisse und Aussagen. Wiesbaden: Aula.

Goffman, Erving (1971): Verhalten in sozialen Situationen. Strukturen und Regeln der Interaktion im öffentlichen Raum. Gütersloh: Bertelsmann.

Goffman, Erving (1975): Interaktionsrituale. Frankfurt a. M.: Suhrkamp.

Goffman, Erving (1977): Rahmen-Analyse. Ein Versuch über die Organisation von Alltagserfahrungen. Frankfurt a. M.: Suhrkamp.

Goffman, Erving (1982): Die vernachlässigte Situation. In: Sprenger, Horst (Hg.): Anwendungsbereiche der Soziolinguistik. Darmstadt: Wissenschaftliche Buchgesellschaft, S. 199–205.

Goffman, Erving (1994): Interaktion und Geschlecht. Frankfurt a. M.; New York: Campus.

Goffman, Erving (2005): Rede-Weisen. Formen der Kommunikation in sozialen Situationen. Konstanz: UVK.

Habermas, Jürgen (1991): Charles S. Peirce über Kommunikation. In: ders.: Texte und Kontexte. Frankfurt a. M.: Suhrkamp, S. 9–34.

Hirschauer, Stefan (2008): Körper macht Wissen – für eine Normalisierung des Wissensbegriffs. In: Rehberg, Karl-Siegbert (Hg.): Die Natur der Gesellschaft. Teil 2. Frankfurt a. M.; New York: Campus, S. 974–984.

Hirschauer, Stefan (2012): Intersituativität. Teleinteraktionen jenseits von Mikro und Makro. (Manuskript) Mainz.

Hitzler, Ronald (1999): Konsequenzen aus der Situationsdefinition. In: ders. et al. (Hg.): Hermeneutische Wissenssoziologie. Konstanz: UVK, S. 289–308.

Hörning, Karl (1995): Technik und Kultur. Ein verwickeltes Spiel der Praxis. In: Halfmann, Jost et al. (Hg.): Technik und Gesellschaft. Frankfurt a. M.; New York: Campus, S. 131–151.

Hörning, Karl/Reuter, Julia (Hg.) (2004): Doing Culture. Zum Begriff der Praxis in der gegenwärtigen soziologischen Theorie. Bielefeld: transcript.

Keller, Reiner et al. (Hg.) (2013): Kommunikativer Konstruktivismus. Theoretische und empirische Arbeiten zu einem neuen wissenssoziologischen Ansatz. Wiesbaden: Springer VS.

Knorr-Cetina, Karin (1981): The manufacture of knowledge: An essay on the constructivist and contextual nature of science. Oxford: Pergamon Press.

Knorr-Cetina, Karin (2012a): Skopische Medien. In: Krotz, Friedrich/Hepp, Andreas (Hg.): Mediatisierte Welten. Wiesbaden: Springer VS, S. 167–196.

Knorr-Cetina, Karin (2012b): Von Netzwerken zu skopischen Medien. In: Kalthoff, Herbert/Vormbusch, Uwe (Hg.) (2012): Soziologie der Finanzmärkte. Bielefeld: transcript, S. 31–62.

Krotz, Friedrich/Hepp, Andreas (Hg.) (2012): Mediatisierte Welten. Wiesbaden: Springer VS.

Latour, Bruno (2002): Wir sind nie modern gewesen. Versuch einer symmetrischen Anthropologie. Frankfurt a. M.: Fischer.

Latour, Bruno (2010): Eine neue Soziologie für eine neue Gesellschaft. Einführung in die Akteur-Netzwerk-Theorie. Frankfurt a. M.: Suhrkamp.

Latour, Bruno/Woolgar, Steve (1986): Laboratory life: The social construction of scientific facts. Princeton, NJ: Princeton University Press.

Laux, Henning (2011): Latours Akteure. In: Lüdtke, Nico/Matsuzaki, Hironori (Hg.): Akteur – Individuum – Subjekt. Wiesbaden: VS Verlag für Sozialwissenschaften, S. 275–300.

Linde, Hans (1972): Sachdominanz in Sozialstrukturen. Tübingen: Mohr.

Lindemann, Gesa (2008): Lebendiger Körper – Technik – Gesellschaft. In: Rehberg, Karl-Siegbert (Hg.): Die Natur der Gesellschaft. Teil 2. Frankfurt a. M.; New York: Campus, S. 689–704.

MacGregor, Neil (2011): Eine Geschichte der Welt in 100 Objekten. München: Beck.

Mathar, Tom (2012): Akteur-Netzwerk Theorie. In: Beck, Stefan et al. (Hg.): Science and Technology Studies. Eine sozialanthropologische Einführung. Bielefeld: transcript, S. 173–190.

McLuhan, Marshall (1968): Die magischen Kanäle. Düsseldorf: Econ.

Ortmann, Günther (2009): Management in der Hypermoderne. Wiesbaden: VS Verlag für Sozialwissenschaften.

Peirce, Charles Sanders (1993): Semiotische Schriften. Band 3. Herausgegeben und übersetzt von Christian Kloesel und Helmut Pape. Frankfurt a. M.: Suhrkamp.

Reichertz, Jo (2009): Kommunikationsmacht. Wiesbaden: VS Verlag für Sozialwissenschaften.

Reichertz, Jo (2010): Das sinnhaft handelnde Subjekt. In: Griese, Birgit (Hg.): Subjekt – Identität – Person. Wiesbaden: VS Verlag für Sozialwissenschaften, S. 21–48.

Reichertz, Jo (2011): Communicative power is power over identity. In: Communications. The European Journal of Communication Research, Band 36 (2), S. 147–168.

Reichertz, Jo (2012a): Kommunikationsforschung als Hermeneutik des Sozialen. In: Hartmann, Dirk et al. (Hg): Methoden der Geisteswissenschaften. Eine Selbstverständigung. Weilerswist: Velbrück, S. 125–147.

Reichertz, Jo (2012b): Kommunikation – Vom Verstehen zur Wirkung. In: Renn, Joachim et al. (Hg.): Lebenswelt und Lebensform. Zum Verhältnis von Phänomenologie und Pragmatismus. Weilerswist: Velbrück, S. 247–271.

Sahlins, Marshall (1992): Inseln der Geschichte. Hamburg: Junius.

Schatzki, Theodor et al. (Hg.) (2000): The practice turn in contemporary theory. London: Routledge.

Schmidgen, Henning (2011): Bruno Latour zur Einführung. Hamburg: Junius.

Schütz, Alfred (2004): Der sinnhafte Aufbau der sozialen Welt. Eine Einleitung in die verstehende Soziologie. Werkausgabe. Konstanz: UVK.

Schütz, Alfred/Luckmann, Thomas (2003): Strukturen der Lebenswelt. Werkausgabe. Konstanz: UVK.

Schulz-Schaeffer, Ingo (2008): Technik als sozialer Akteur und als soziale Institution. In: Rehberg, Karl-Siegbert (Hg.): Die Natur der Gesellschaft. Teil 2. Frankfurt a. M.; New York: Campus, S. 705–719.

Soeffner, Hans-Georg (2000): Rezeption – Kommunikation – Situation. In: auslegen. essener schriften zur sozial- und kommunikationsforschung. Band 4. Essen: Universität Essen.

Soeffner, Hans-Georg/Luckmann, Thomas (1999): Die Objektivität des Subjektiven. In: Hitzler, Ronald et al. (Hg.): Hermeneutische Wissenssoziologie. Konstanz: UVK, S. 171–187.

Thomas, William I. (1931): The Relation of Research to the Social Process. In: Lyon, Leverett S. et al. (Hg.): Essays on Research in the Social Sciences. Washington: NY: Kennikat Press, S. 175–194.

Thomas, William I./Thomas, Dorothy Swaine (1928): The Child in America. Behavior Problems and Programs. New York: Knopf.

Thomas, William I./Znaniecki, Florian (1927): The Polish Peasant in Europe and America. 2 Vols. 2nd Edition. New York: Knopf.

Tolhurst, Edward (2012): Grounded Theory Method: Sociology's Quest for Exclusive Items of Inquiry [44 paragraphs]. In: Forum Qualitative Sozialforschung/ Forum: Qualitative Social Research, Jg. 13(3), Art. 26 (http://nbn-resolving.de/ urn:nbn:de:0114-fqs1203261; zuletzt aufgerufen am 02.10.2012).

Ziegaus, Sebastian (2009): Die Abhängigkeit der Sozialwissenschaften von ihren Medien. Grundlagen einer kommunikativen Sozialforschung. Bielefeld: transcript.

Ziemann, Andreas (2011): Handlung und Kommunikation – eine situationstheoretische Reformulierung. In: Schröer, Norbert/Bidlo, Oliver (Hg.): Die Entdeckung
des Neuen. Qualitative Sozialforschung als Hermeneutische Wissenssoziologie.
Wiesbaden: VS Verlag für Sozialwissenschaften, S. 117–132.

Kollektive Intention und Definition der Situation

Wil Martens

I Einführung

1. Soziologische Theorien, wie die Praxistheorie, die Frame-Selektionstheorie, die Strukturationstheorie, die Institutionentheorie und die Systemtheorie, enthalten in ihrem kategorialen Rahmen alle die Idee, dass gewisse Merkmale der Umwelt und Mitwelt eines Handelnden die damit korrespondierenden Schemata, Frames oder Wissensstrukturen dieses Handelnden ›automatisch‹ hervorrufen.[1] Diese Schemata, die Handelnde auf der Grundlage vorhergehender Erfahrungen in Psyche und Körper festhalten, werden bei Bestimmungen von »Situationen« und »Handlungen« automatisch-kreativ angewendet; und im Rahmen ihrer Anwendung werden sie nicht selten schließlich auch reflektiert und interaktiv getestet. Die automatisch-kreative, reflexiv und interaktiv vermittelte Schemaverwendung führt zur Definition der Situation und zum Handeln, das soziale Strukturen (re-) produziert.

2. Der Gedanke einer automatisch durch Schemata orientierten Produktion von Situationsdefinitionen und Handlungen scheint mir ein wichtiger Baustein der Soziologie. Er sollte aber, so meine ich, an einigen wesentlichen Punkten korrigiert und ergänzt werden. Korrekturbedürftig ist vor allem die Konzentration auf den einzelnen Akteur, der aus seiner Perspektive seine Situation definiert und seine Handlung vollzieht. Ich schlage hier deshalb vor, erstens den theoretischen Aufmerksamkeitsfokus auf durch kollektive Intentionen orientierte Kooperation

---

[1] Im weiteren Text werde ich meistens abkürzend nur von »Schemata« sprechen. Dass die Systemtheorie die gespeicherten Schemata nur als bestimmend für das Handeln nimmt und letzteres als Voraussetzung und nicht als Moment des Sozialen versteht, ist im Kontext dieses Aufsatzes nicht weiter wichtig.

zu richten und entsprechend die Definition der Situation und die Produktion der Handlung in diesem Rahmen zu verstehen. Auf dieser Grundlage ist es zweitens möglich, die übliche Beschränkung der Erörterung der Produktion der »Definition der Situation« auf die Genesis der (als solchen unanalysierten) Schemata zu vermeiden. Die Definition der Situation wird dann nicht länger als eine stets tradierte – und gleichzeitig modifizierte – Gegebenheit betrachtet, sondern sie wird auf ihre Konstitution hin befragt: Wie erhalten die Gegenstände und Ereignisse einer Situation ihren Sinn? Die Antwort, die ich hier zu geben versuche, betont, dass der Bezug auf kollektive Intentionen bei der Herstellung bzw. Zuschreibung von Sinn eine zentrale Rolle spielt.

3. Im folgenden Abschnitt (II.) werden typische Merkmale des bestehenden soziologischen Theoretisierens der Definition der Situation so weit ausgelegt, dass die Aufgaben, die im weiteren Verlauf dieses Beitrags in Angriff genommen werden, als Lösungen für Lücken und Probleme bestehender Ansätze verstanden werden können. Der anschließende Abschnitt (III.) erörtert kollektive Intentionen und zeigt, wie deren Integration ins soziologische Denken bei der Erklärung sozialer Strukturen – und insbesondere bei der Rolle der Definition der Situation – zu Akzentverschiebungen und Ergänzungen in diesem Denken selbst führt.[2] Im IV. Abschnitt wird dann die kollektive Konstitution der Definition der Situation diskutiert und kurz mit der üblichen Theoretisierung der Definition der Situation kontrastiert. Abgeschlossen (V.) wird mit einem Blick auf die Folgen, die ein geändertes Verständnis der Definition der Situation für die Idee einer Erklärung sozialer Strukturen hat.

II Was meint »Definition der Situation«? Umrisse eines Konsenses

1. Im Alltag verwenden wir ständig das Wort Situation und wissen intuitiv, was z. B. mit »Gesundheitssituation der Mutter« oder »finanzieller Situation der Familie« gemeint ist. Wir wissen auch, dass die Begrüßung eines Gastes und das Warten im Zimmer des Arztes besondere Situationen sind. Mit »Situation« meinen wir offenbar so etwas wie einen Zustand eines Ausschnitts der Welt, der bestimmte, aus einer spezifischen Perspektive beobachtete Merkmale eines Gegenstandes oder eines Komplexes von Gegenständen besitzt bzw. betrifft. Situationen sind uns dabei nicht egal, sondern sind Zustände der Welt, die uns etwas bedeu-

---

2   Siehe ergänzend aus *philosophischer* Perspektive den Beitrag von Karl Mertens im vorliegenden Sammelband.

ten, die wir bewerten und dann womöglich mit Handeln verbinden. Situationen gibt es, kurz gesagt, aus der Perspektive eines durch die Lage der Welt berührten Menschen.

2. Sozialwissenschaftler haben die intuitive Bedeutung von »Situation« als Ausgangspunkt für die Aufklärung über sozialwissenschaftlich interessierende Fragen genommen. Solche Aufklärungsversuche sind durchgängig handlungs- bzw. akteurtheoretischer Art.[3] Es geht darum, »soziale« oder »kollektive« Phänomene durch den Rückgang auf das Handeln individueller Akteure in bestimmten Situationen zu erklären. Handeln gilt dabei als Grund oder Ursache von sozialen Strukturen und ihren Änderungen. Die nächste Frage ist dann, wie die Produktion und Auswahl von Handlungen, die die sozialen Strukturen »verursachen«, stattfindet. Bei einer Beantwortung dieser Frage kommt »die Situation« als ein Ganzes, das für den Handelnden Sinn besitzt, in den Blick; die Produktion und die Auswahl von Handlungen werden durch die Situation, das heißt durch die strukturierten sinnhaften Umstände (mit-)bestimmt (vgl. Greshoff 2009: 463).

3. Die jeweils ›gemeinte‹ und (zu) beeinflussende Situation ist keineswegs eine einfache objektive Gegebenheit. Einerseits präsentiert sie sich und drängt sich den menschlichen Sinnen auf;[4] andererseits wird aber das, was als »Situation« gegeben ist oder endet, auch vom Menschen bestimmt. Zunächst gibt es hier die »Natur« des Menschen: Situationen für die wir keinen Sinn haben, können wir nicht erfahren; sie bestehen für uns nicht. Dazu kommt die historisch-sozial-kulturell variable Erfahrungskompetenz der Handelnden. Auf ihrer Grundlage konstituieren und selektieren wir die Situation, in der wir handeln. Die Situation des Handelns ist vor allem in diesem letzteren Sinne eine »interpretierte« oder »definierte« Situation, ein von uns als sozial-kulturelle Wesen produziertes Phänomen. Eben diese Produktion einer Definition der Situation ist ein wichtiges Moment in der Produktion einer Handlung.

4. Die soziologische Konzeptionalisierung der »Definition der Situation« soll dazu beitragen zu verstehen, wie die Handlungen verschiedener Akteure zusammen bestimmte soziale Einheiten, soziale Strukturen und Merkmale derselben produzieren. Man fängt an zu verstehen, wie das gehen könnte, wenn man formuliert,

---

3   So u. a. Ball (1972: 68); siehe dazu auch Andreas Ziemanns Einführung zu diesem Sammelband.
4   Nur auf dieser Grundlage kann man auch verstehen, dass es verschiedene Schemata gibt; dass es Irritationen gibt, weil Schemata versagen; dass eine Situation jeweils als eine konkrete, besondere erfahren wird, mit der kreativ umgegangen wird. Ich komme darauf weiter hinten ausführlich zu sprechen.

dass die Handelnden die Situation, in der sie verkehren, mit Hilfe von allgemeinen Schemata, Wissensstrukturen usw.[5], die sie in der Vergangenheit in bestimmten sozialen Kontexten erworben haben, »konstituieren«.[6] Durch Erfahrung von
und Teilnahme an sozialen Praktiken – in denen vor allem Interaktionen mit anderen Menschen uns Bedeutungen, Bewertungen und Verhaltensweisen übermitteln[7] – werden gängige kontextspezifische Vorgehensweisen der Interpretation,
der Bewertung und des Handelns von den teilnehmenden Menschen internalisiert und inkorporiert.[8] Gegenstände und/oder Ereignisse, die in sozialen Kontexten als Symbole fungieren – wie bestimmte Handlungen, Redewendungen,
Kleidungsstücke, Wohnaccessoires oder Gebäudeornamente –, werden dadurch
wieder erkannt. Sie rufen bestimmte Bedeutungen, Ideen, Bewertungen und
Handlungsabläufe hervor, die beim Handelnden, auf der Grundlage vorhergehender zusammenhängender Erfahrungen von symbolischen Gegenständen und mit
ihnen verbundenen Kontexten, im Gedächtnis gespeichert worden sind. Wenn
ein symbolischer Gegenstand vorliegt, wird der Sinn seines üblichen Kontextes
(mehr oder minder) automatisch aus dem Gedächtnis in Erinnerung gerufen; er
wird, phänomenologisch gesprochen, *appräsentiert* (siehe z. B. Esser 2011: 51, 55;
Luhmann 1996; Bourdieu 1980: 90 ff., 1987: 24; Giddens 1984: 4, 46 ff.).

Die hervorgerufenen Schemata für Deutung, Bewertung und Handeln sorgen dafür, dass die Akteure über im sozialen Kontext passende Gedanken-, Gefühls- und Handlungsvorgänge verfügen. Solange die als Symbol wirkenden Objekte und Ereignisse in Kreisen relevanter Akteure mit den gleichen Bedeutungen,
Gedanken und Handlungen verbunden bleiben, rufen die Symbole, zumindest in

---

5   Es gibt durchaus verschiedene Namen für ähnliches: »Frames« bei Goffman (1977) und Esser
     (1999, 2011), »Schemata« bei Bourdieu (1980, 1987) und Luhmann (1996), »Wissensstrukturen« bei Berger/Luckmann (1969), Schütz/Luckmann (1979), Giddens (1984) und Reckwitz
     (2003).
6   Reckwitz (2003: 287–288) nennt Theorien, die die Ordnungsleistung von Schemata, Wissensstrukturen usw. – die die Zuschreibung von Bedeutungen und ihr Verstehen regulieren –
     betonen, *Kulturtheorien*. Sein Vorschlag, die in verschiedenen Hinsichten auch differenten
     Theorien in dieser basalen Hinsicht als identisch zu betrachten, scheint mir sinnvoll. Reckwitz betont weiterhin auch die Unterschiede. Diese werden in meinem Beitrag allerdings
     vernachlässigt, weil es mir um die grundsätzliche Logik dieses Modells geht, die meines Erachtens so nicht gehandhabt werden kann. Anders als er glaube ich, dass soziale Ordnung
     eben auf der Grundlage von (kollektiven) Intentionen verstanden werden kann, wo die Bildung derselben eine allgemeine menschliche Disposition darstellt.
7   Siehe dazu z. B. Goffman (1983: 2), der darauf hinweist, dass Interaktionen auch über Telefon
     und Post stattfinden. Jetzt gibt es zusätzlich die (neuen) elektronischen Medien.
8   Dass die Genese von Schemata oder Mustern eine »soziale« Angelegenheit ist, wird gleichermaßen vom Praxistheoretiker Bourdieu, Selektionstheoretiker Esser und Systemtheoretiker
     Luhmann betont.

gewissen Hinsichten, in sozialen Kontexten passende Bedeutungen, Bewertungen und Handlungen hervor. Kurz: Wenn die Schemata passen, reproduziert das Handeln eine bestehende soziale Struktur.

5. Im oben zusammengefassten Theoriemodell der Produktion des Handelns auf der Grundlage einer durch Schemata dominierten Definition der Situation gibt es einige Gedanken, die ein mögliches Verständnis von »Automatismus« als »Mechanismus« nahe legen – was allerdings angesichts unserer Erfahrung des menschlichen Handelns als unangemessen erscheinen muss. Dies gilt insbesondere für die Modi von *erstens* der »Kreativität« oder »Improvisation« des Handelns und *zweitens* der Reflexion bei Abweichung von Schema und Erfahrung.

6. *Kreativität.* Angenommen wird, dass die Verwendung von Schemata zwar automatisch abläuft, aber keine genaue Wiederholung betrifft. Es gibt immer eine »Kluft« zwischen den Schemata oder Wissensstrukturen und den Situationen, in denen sie angewendet werden. Manchmal heißt es: Die Schemata sind allgemein, betreffen typische Zusammenhänge und Abläufe, die Situationen dagegen sind immer besondere.[9] Oder man formuliert, wie das bei Bourdieu und Giddens geschieht, dass die in der Schemaverwendung enthaltene Antizipation von Deutung, Bewertung und Handeln nicht mechanisch zu einer Wiederholung des Früheren führt, sondern unter Berücksichtigung der konkreten Umstände eine Änderung der in die Zukunft projizierten Vergangenheit erfolgt. Die Anwendung von Schemata bedeutet immer Improvisation, Phantasie, Differerance, Kreativität und Unberechenbarkeit. Handeln bedeutet daher in den hier dargestellten soziologischen Diskursen immer sowohl Reproduktion als auch (infinitesimale) Änderung sozialer Strukturen.

7. *Reflexion.* Für das Verständnis eines situationsgerechten, schemageführten Weitergehens ist ein gewisser Begriff der Reflexivität des Handelns nötig. Ohne eine basale Reflexion, die Schema und Umstände verknüpft und vergleicht, ist es unmöglich wahrzunehmen, *ob* ein Schema passend ist und *wie* es den besonderen Umständen angepasst werden kann.[10] Anders gesagt, Kreativität und Improvisation setzen Reflexion voraus. Weiter wird der Reflexion eine Rolle zugeschrieben für den Fall, dass die hervortretenden Schemata und die Umstände weit auseinanderklaffen. Dann entstehen Irritationen – ein anderes Wort dafür, dass die aktu-

---

9 Wer den Regelbegriff verwendet, wie die Autoren, die mit dem Begriff der » Wissensstruktur« arbeiten, ist automatisch dem Gegensatz von Allgemeinheit der Regel und Besonderheit der Situation verhaftet.

10 Giddens (1984: 5 f.) nennt dieses Vorgehen »reflexive monitoring«.

ellen und die erwarteten Erfahrungen verschieden sind. Die selbstverständlichen
Schemata sind offenbar ungeeignet. Akteure fangen in solchen Fällen explizite
Reflexionsprozesse an und ersetzen daraufhin ihre Schemata; oder sie versuchen,
neue zu produzieren (so u.a. bei Polanyi 1985; Bourdieu/Wacquant 2006; Esser
2011; Joas 1992; Ortmann 2008). Die Angemessenheit der erneuerten Schemata
wird getestet, indem auf die praktischen Reaktionen anderer Akteure geachtet
wird. Das geschieht, bis ein neues praktisches Gleichgewicht besteht.

8. Bei aller Verschiedenheit (in) der verwendeten Terminologie (Schema/Frame/
Muster/Wissen usw.) besteht meines Erachtens bei den oben angedeuteten soziologischen Theorien ein weitgehend ähnliches Modell der Produktion sozial pas-
sender, Ordnung produzierender Handlungen. Sie werden auf der Grundlage
einer Definition der Situation hergestellt, die hauptsächlich durch die Verwendung von vorher im Rahmen sozialer Praktiken erworbener, inkorporierter Schemata und von den symbolischen Zügen einiger anwesender Gegenstände und
Ereignisse hervorgerufen wird. Bei der Definition der Situation – und der Bestimmung des Handelns auf deren Grundlage – spielen Reflexion und Kreativität insofern eine wichtige Rolle, als sie für die Konkretisierung der Schemata unter den
jeweils besonderen Umständen sorgen oder die Unangemessenheit der Schemata
angesichts der Umstände bewältigen. Auf dieser Grundlage, so könnte man meinen, werden sowohl die Reproduktion von Ordnung als auch ihre Änderung theoretisch erfasst.

9. Können wir nun sagen, dass die Soziologie sich mit dem oben rekonstruierten
»Akteur-Situation-Handlung-Modell« (ASH-Modell) eine befriedigende, allgemein akzeptable Grundlage für das Verstehen und das Erklären sozialer Einheiten,
sozialer Strukturen und Eigenschaften derselben geschaffen hat? Das glaube ich
nicht. Die Begriffe »Schema«, »Reflexion« und »Kreativität« bieten vielleicht die
Möglichkeit zu verstehen, wie ein Akteur unter jeweils besonderen Umständen
»weiß«, wie er adäquat und erwartbar interpretieren, bewerten und handeln soll.
Möglicherweise ist das ASH-Modell angemessen für ein Verständnis von sozialer Ordnung als Reproduktion und Änderung von Bündeln von Handlungsweisen.[11] Es verfehlt jedoch völlig das Verständnis der gerichteten Kooperation von
Handlungen, die zusammen, aufeinander bezogen und auf der Basis einer kollektiven Intention einen vorher repräsentierten Zustand der Welt zu realisieren versuchen. Natürlich werden bei auf Intentionen gerichtetem kooperativem Handeln
Schemata verwendet, spielen Reflexion und Kreativität eine Rolle und wird auch

---

11 So etwa formuliert Reckwitz (2003: 289) das Problem von Sozialtheorien, auf das die so ge-
     nannten »Kultur- und Praxistheorien« eine Antwort zu geben versuchen.

soziale Ordnung (re-)produziert. Aber Schemaverwendung, Reflexion und Kreativität beschreiben gerade nicht die Prozesse, die das kollektive Intentionen realisierende Zusammenhandeln als solches erst ermöglichen.

Zusammenhandeln bedeutet, dass wir durch unsere jeweils eigenen Handlungen insgesamt eine kollektive Intention zu realisieren versuchen. Wir versuchen
zusammen, vor dem Handeln mehr oder weniger klar ausgeprägt bestehende Repräsentationen eines Hauses, Autos, Gütertausches, einer Organisation oder gar
eines Nationalstaates zu realisieren. Wenn wir einem gemeinsamen Plan folgen
und unsere individuellen Intentionen koordinieren, um beispielsweise ein Haus
zu bauen, dann kommt – sowohl in der Entwurfs- als auch in der Bauphase – ein
anderes Haus zustande, als wenn jeder für sich selbst – die anderen zwar beobachtend, aber ohne kollektive Intention – an einem Haus bauen würde. Sogar jeder augenscheinlich durch egoistische Interessen angetriebene ökonomische Austausch wird von einer kollektiven Intention getragen. Denn wenn wir, jeweils
eigene, intrinsisch motivierte Ziele verfolgend, kaufen und verkaufen, so tun wir
das doch im Rahmen der kollektiven Intention: erfolgreich einen Austausch zu
realisieren. Die allermeisten unserer Handlungen sind in ähnlicher Weise nur auf
der Grundlage kollektiver Intentionen verständlich.

10. Im Hintergrund werden das Unverständnis oder die schwache Erklärung für
jegliches Zusammenhandeln in den besprochenen Theorien verursacht durch das
Fehlen eines Begriffes für das von Intentionen geleitete Handeln.[12] Bisweilen wird
sogar generell und ganz explizit gegen eine auf Intentionen basierende Theorie
des Handelns polemisiert (siehe z.B. Bourdieu 2001: 176 ff.; Reckwitz 2003: 287,
294; kritisch dazu Bongaerts 2007). Diese Polemik richtet sich faktisch gegen
die Idee, dass mittels Handlungen explizit und reflexiv Ziele selegiert und realisiert werden. Dieser polemische Theorieansatz opfert zugleich aber auch die Idee
eines implizit gerichteten Handelns, welches (mehr oder minder automatisch) auf
einen noch nicht existierenden und sich auch nicht von selbst einstellenden, sondern erst durch eigenes Handeln zu realisierenden Weltzustand abzielt.[13] Ohne
einen Begriff der Intention ist es aber nicht möglich, über kollektive Intentionen
als Rahmen (und Generator) individueller Intentionen nachzudenken.

11. Die Verkennung des kollektiven Handelns im ASH-Modell geht einher mit
einer individualistischen Verkürzung der Theoriekonstruktion. Das Modell re-

---

12   Eine Ausnahme ist Schatzki (vgl. etwa 1997: 302 f.; 2002: 80 ff.), der von »Teleoaffectivity«
     spricht.
13   Ausführlich dazu, mit Bezug auf Bourdieu: Martens (2011). Ich komme auf diesen Punkt im
     nächsten Abschnitt zurück.

konstruiert die Produktion der Definition der Situation und des Handelns aus der
Perspektive des einzelnen Handelnden. Die Frage, die die diskutierten Theorien zu
beantworten versuchen, lautet: Wie kommt ein Akteur zu einer Definition der Situation und zu einem Handeln, das einer vorhandenen sozialen Ordnung – und
das heißt auch bestehenden Erwartungen und Strukturen – entspricht oder diese
(leicht) modifiziert? Natürlich kommen dabei die anderen Akteure und Praktiken,
mit denen die jeweils eigenen Praktiken durch Sozialisierung in der Vergangenheit einerseits, durch Beobachtung der praktischen Ordnung des aktuellen Handelns andererseits, verwoben sind, ausdrücklich ins Bild. Aber jene Beschreibung
betrifft niemals die im Alltag offenbar ständig (immer schon) beantwortete Frage:
Wie kommen *wir*, kollektive Intentionen verfolgende Akteure, zu einer Definition der Situation und zu einem Handeln, das solche Intentionen realisiert? Bei
der Beantwortung dieser Frage spielen die Begriffe »Schema«, »Reflexion« und
»Kreativität« durchaus eine wichtige Rolle; es sind nun aber Schemata, Reflexionen und Kreationen für die Produktion von kollektiven *und* individuellen Intentionen, die zu kollektiven Intentionen beitragen und auf die gemeinsame Definition von Situationen vorbereiten.

12. Wenn es richtig ist, dass wir in der Orientierung auf kollektive Intentionen
handeln, dann gibt es logischerweise *eine Situation für uns*, das heißt eine Definition der Situation aus der Perspektive eines kollektiven Akteurs; eine gemeinsame
soziale Definition der Situation, in die das gemeinsame Handeln eingebettet ist.
Anders gesagt: Die Definition der Situation wird nicht vom Einzelnen in einem
sozialen Kontext geleistet, sondern ist eine genuin kollektive Leistung.[14]
    Die Eröffnung der theoretischen Aufmerksamkeit für die Konstitution von
Bedeutungen von Gegenständen und Ereignissen im Rahmen kollektiver Intentionen schafft die Möglichkeit, die Konstitution von sozial gültigen Bedeutungen
zu verstehen, statt sie als Gegebenheiten vorauszusetzen und nur zu fragen, wie es
zur Aneignung sozial gültiger Bedeutungen und Handlungsweisen kommt, die als
habitualisierte Schemata zur Anwendung gebracht werden. Gemeinsame und geteilte Bedeutungen entstehen im Rahmen gemeinsamer Intentionen; und Gegenstände und Ereignisse haben Bedeutungen in Bezug auf Intentionen, vor allem im
Rahmen kollektiver Intentionen. Das ist eine erste Andeutung dessen, was im Folgenden weiter zu klären ist.

---

14 Diese Auffassung vertritt auch Andreas Ziemann in seinem Aufsatz im vorliegenden Sam-
    melband.

III Kollektive Intention, kollektive Situation

1. Kollektive Intentionen werden seit einigen Jahrzehnten in der Philosophie des Sozialen intensiv diskutiert.[15] Die im Rahmen dieser Diskussion produzierten Thesen und Argumente können hier nicht in einer Form, die dem Reichtum der Diskussion gerecht würde, dargestellt werden.[16] Ich konzentriere mich deshalb im Folgenden zunächst auf einige Hauptthesen, über die weitgehend Einverständnis herrscht. Dann präsentiere ich in Bezug auf die Definitionen vom »Was« und »Wie« der kollektiven Intentionen, die umkämpft sind, meine eigene Position mit einer kurzen Begründung.

2. In den Texten zur kollektiven Intention wird allgemein angenommen, dass wir Menschen handelnde Wesen sind, die durch (körperliche und geistige) Antizipationen von (a) möglichen Zuständen der Welt und (b) Verhaltensweisen, die diese Zustände realisieren, – kurz: durch Bildung von *Intentionen* – auf die Erfahrung von und mit Gegenständen und Ereignissen reagieren. Solche Intentionen versuchen wir dann, durch Handeln zu verwirklichen.

Bezogen auf Handlungen und Intentionen besteht nun die Intuition, dass es einen Unterschied gibt zwischen Handlungen, die rein von individuellen Intentionen orientiert werden und mit »Ich intendiere I« ausgedrückt werden können, und Handlungen, die Momente einer kollektiven Handlung sind, die von einer *kollektiven Intention* geführt werden, und mit »Wir intendieren K« ausgedrückt werden können (vgl. dazu Searle 1990; Bratman 1999; Gilbert 2007). Was Zusammenhandeln oder Kooperieren bedeutet, so die These, können wir erst richtig verstehen, sobald wir die zweite Form der Intention, die so genannte »kollektive Intention« verstehen.

Im Falle einer kollektiven Intention werden mehrere handelnde Individuen von einer umfassenden, gemeinsamen, und das heißt überindividuellen, Intention geführt, welche für die individuellen Intentionen und individuellen Handlungen (mit) bestimmend ist. Deshalb sind soziale Phänomene nicht »einfach« auf Einzelintentionen und Einzelhandlungen reduzierbar. Die meisten individuellen Intentionen sind vielmehr und faktisch Beiträge im Rahmen einer umfassenderen kollektiven Intention. Sie werden in diesem Rahmen konzipiert und können nur innerhalb desselben bestehen. Kollektive Intentionen sind zwar immer an Indivi-

---

15   Einen Überblick und Übersetzungen vieler wichtiger Beiträge bieten Schmid/Schweikard (2010). Ihre Einführung vermittelt eine gute Einsicht in die Themen, die aktuell diskutiert werden. Es fehlt allerdings eine Diskussion von Searles »Making the Social World« (2010), das erst später erschienen ist.

16   Zur produktiven Ergänzung noch einmal der Hinweis auf den Aufsatz von Karl Mertens im vorliegenden Sammelband.

duen und ihre mentalen und leiblichen Operationen und Zustände gebunden; Zusammenhandeln oder Kooperation kann dennoch nur über den Weg kollektiver Intentionen, die individuelle Intentionen orientieren, verstanden werden.

3. Konsequent wird in den grundlegenden Texten zur kollektiven Intention die These vertreten, dass das kollektive intentionale Handeln nicht auf eine Summe oder ein Aggregat von individuellen Intentionen und Handlungen reduziert werden kann (vgl. etwa Searle 2002: 99; Gilbert: 2007: 15; Bratman 2009: 150 f.; Schmid/Schweikard 2010: 11 f.). Eine kollektive Intention ist etwas »anderes« als ein Aggregat solcher individueller Intentionen. »Wir beabsichtigen, zusammen das Haus zu streichen« bedeutet nicht: »Wir beide beabsichtigen, das Haus zu streichen«, sondern »Wir beabsichtigen zusammen, das Haus zu streichen« – so heißt es bei Gilbert (2010: 357). Im Falle einer kollektiven Intention gibt es andere individuelle Intentionen und Handlungen und ein anderes Resultat des Handelns, als wenn Individuen einfach nebeneinander wirken würden. Die gängigen und konkreten Handlungsweisen, Kooperationsformen und Resultate derselben können ohne kollektive Intentionen und eine Bestimmung der individuellen beitragenden Intentionen in der Orientierung auf eine Kollektivintention und auf die Intentionen der Anderen nicht verstanden werden.

4. Es gibt bei den Theoretikern der kollektiven Intention also ein Einverständnis darüber, dass (a) kollektive Intentionen keine Aggregate von individuellen Intentionen, sondern »eigen-artige« Gegenstände sind; (b) die individuellen Intentionen durch kollektive Intentionen (mit-)bestimmt werden; und (c) die kollektiven Intentionen für die Kooperation von Handlungen und die Produktion von Weltzuständen wichtig sind.
    Beträchtliche Meinungsunterschiede bestehen jedoch über das »Was« und »Wie« von »kollektiven Intentionen«. Kurz gefasst, werden zum »Was« kollektiver Intentionen die folgenden drei Alternativen vorgebracht. Kollektive Intentionen sind: (a) individuelle Vorstellungen dessen, was wir zusammen zu realisieren versuchen (Searle); (b) über verschiedene Individuen verteilte, aber zusammenhängende Vorstellungen (Bratman); (c) in den kommunikativ öffentlich gemachten Einstellungen der Individuen, die sich dadurch auf eine bestimmte kollektive Intention verpflichten, verkörpert (Gilbert). Mit diesen drei Ansichten zum »Was« korrespondieren (selbstverständlich) jeweils andere Vorstellungen darüber, »Wie« diese kollektive Intentionen produziert werden. Die angedeuteten Alternativen zum »Was« werde ich nun kurz diskutieren; das »Wie« bleibt unbesprochen.

5. Keine der drei angedeuteten Bestimmungen des »Was« finde ich völlig überzeugend. Mit Searle und Bratman bin ich einverstanden, dass nur die einzelnen
Akteure kollektive Intentionen und darauf basierende kooperative Handlungen
realisieren können; von daher kann Gilberts Lösung, in der die öffentliche Be-
kanntmachung einer kollektiven Intention für die wirkliche Stiftung derselben ge-
nügt, nicht stimmen. Ich halte es aber für falsch, wenn Searle und Bratman, trotz
der Bedenken, die sie selbst äußern, daran festhalten, die kollektive Intention als
solche auf der individuellen Ebene anzusiedeln. Eine individuelle kollektive Intention kann es meines Erachtens prinzipiell nicht geben. Eine kollektive Intention
kann nur als eine über mehrere Akteure verteilte, komplexe Einheit, die bei aller
Verteilung nicht weniger eine Einheit darstellt, bestehen. Diese komplexe Einheit
wird von den Akteuren als eine kollektive Intention *repräsentiert*. Die Repräsentation dient den Akteuren, die ihre individuellen Intentionen zur kollektiven Intention beitragen, als Orientierungsrahmen.

Für das Bestehen einer kollektiven Intention und für daran orientierte individuelle Intentionsbeiträge ist Kommunikation im Sinne eines für die Kollektivität
von Akteuren Sichtbar- und Öffentlichmachens von Intentionen notwendig – worauf vor allem Gilbert hinweist. Eine von einem Akteur produzierte Vorstellung
einer möglichen kollektiven Intention muss den anderen Akteuren vorgeschlagen
werden, damit diese sie akzeptieren, ändern oder ablehnen können. Das kann in
einem beschränkten Ausmaße durch »normales« Handeln geschehen, geht jedoch
viel besser und für mehr Angelegenheiten durch Sprechhandlungen, die eine konventionelle Sprache verwenden.[17]

Kurz und positiv formuliert, heißt das: Eine kollektive Intention ist eine Gesamtheit von über mehrere Individuen verteilten, zusammenhängenden individuellen Intentionen, die diese Individuen als Beiträge zu einer Gesamtheit – um
Momente einer Gesamtintention zu sein – produzieren.[18] Die einzelnen Individuen selbst haben keine kollektiven Intentionen; sie intendieren nur ihre eigenen
Handlungen. Die kollektive Intention besteht erst und nur auf der Ebene des Kollektivs. Die Individuen intendieren die Gesamtintention nicht jeweils für sich, sie
stimmen ihr aber der Bewertung nach zu. Sie haben – vermittelt durch Kommu-

---

17 Die Rolle von Sprechhandlungen und konventioneller Sprache wird in den Abschnitten IV.5
   bis IV.7 erörtert. Das geschieht mit Bezug auf Bedeutungen von Gegenständen und Ereignissen; die dabei angeführten Bestimmungen sind grosso modo aber auch gültig für die Kommunikation von Intentionen.
18 Für eine ausführlichere Beschreibung der Komponenten einer verteilten kollektiven Intention siehe: Bratman (2009: 155 ff.). Ich stimme dieser prinzipiell zu, kritisiere aber Bratmans
   Beschreibung der kollektiven Intentionen bei den partizipierenden Individuen und seine
   fehlende Erfassung des Ganzen der verteilten kollektiven Intention.

nikation – je einzeln eine Vorstellung (nicht unbedingt eine sehr genaue) der Gesamtintention und bewerten diese positiv.[19]

6. Individuelle Intentionen sind mit einer Definition der Situation aus der Perspektive des einzelnen Handelnden verbunden. Kollektive Intentionen werden im Zusammenhang mit einer Definition der Situation aus der Perspektive einer Kollektivität, eines Wir, bestimmt. Für diese stehen, so kann man vermuten, spezielle Schemata zur Verfügung. Individuelle Beitragsintentionen, die im Rahmen einer kollektiven Intention zustande kommen, werden sowohl mit Bezug auf eine individuelle als auch eine kollektive Perspektive bestimmt. Zum Abschluss der bisherigen Erörterungen folgt nun ein Beispiel, um vorläufig zu bestimmen, was eine Definition der Situation in Verbindung mit einer kollektiven Intention bedeutet. Ausgehend von diesem Verständnis, folgt im nächsten Abschnitt (IV.) dann eine detaillierte Analyse der Konstitution von Situationsdefinitionen.

7. Als Beispiel firmiert eine Fußballmannschaft A, die gegen eine konkurrierende Mannschaft B spielt. Die Spieler beider Mannschaften verfügen über eine Repräsentation der kollektiven Intention: »Wir spielen zusammen ein Fußballspiel, bei dem jede Mannschaft gewinnen möchte.« Die Spieler von A haben zudem eine Vorstellung ihrer eigenen kollektiven Intention: »Wir werden versuchen, B zu schlagen, und dazu spielen wir in der folgenden Aufstellung und gemäß der folgenden Spielweise usw.«[20] Im Rahmen dieser Repräsentationen fertigen die Spieler von A ihre beitragenden individuellen Intentionen und Pläne für das Spiel an; beispielsweise: jetzt muss ich den Ball nach vorne spielen, ich muss näher am Außenspieler bleiben usw. Im Verlaufe des Spieles kommt bei einigen Spielern von A die Vermutung auf, dass sie bei unverändertem Spiel eine Niederlage einstecken müssen. Ein Spieler von A, sagen wir X (im Folgenden A(X)), bedenkt: »Wenn wir so weiterspielen, verlieren wir, weil wir den Ball zu schnell dem Gegner überlassen. Wir sollten unsere Taktik ändern. Die Aufgabenverteilung von Verteidigern und Mittelfeldspielern muss geändert werden, und wir müssen insgesamt aggressiver spielen.« Den anderen Spielern von A sind solche Gedanken geläufig, sie haben verschiedene Taktiken mehrfach besprochen und eingeübt. A(X) ruft seinen Mitspielern also zu: »A(Y) und A(Z) müssen weiter vorne spielen, A(P)

---

19 Artifiziell mit einem Zustand der Welt und dazu führenden Handlungen verbundene Anreize *(incentives)* können für diese Bewertung eine durchaus wichtige Rolle spielen. Dieser Punkt und seine schwerwiegenden Folgen für die Definition der Situation können hier leider nicht weiter diskutiert werden.

20 Bei den Spielern von B findet man selbstverständlich Ähnliches; ihre Intentionen, Situationsdefinitionen usw. können hier unerörtert bleiben.

und A(Q) müssen auf den Außenpositionen konsequenter verteidigen, ich selbst nehme B(D) in Manndeckung. Und: Wir müssen schneller angreifen.« Seine Mitspieler verstehen die Botschaft, sind mit der darin steckenden Definition der Situation (wir drohen zu verlieren, weil usw.) einverstanden und glauben auch, die vorgeschlagene Taktik sei gut, um das Match schließlich doch noch zu gewinnen. Sie fangen also alle auf der Grundlage dieser kollektiven Definition der Situation und der neuen kollektiven Intention an, ihre individuellen Intentionen und ihr Spiel(verhalten) anders zu gestalten.

Das Beispiel illustriert die folgenden Punkte mit Bezug auf den Zusammenhang von kollektiven Intentionen und kollektiven Definitionen der Situation:

(a) Kollektive Intentionen gibt es auf verschiedenen Ebenen. Es gibt – bei aller Rivalität zwischen zwei Kollektiven – die kollektive Intention des Fußballspiels und die kollektiven Intentionen der beiden Mannschaften. Letztere bewegt sich im Rahmen der ersten.

(b) Kollektive Intentionen sind mit Definitionen von Situationen verbunden. Weil Mannschaft A – innerhalb der kollektiven Intention ›Fußballspiel‹ – als Kollektiv gewinnen will, wird die Situation aus der Perspektive des Kollektivs gedeutet. Die kollektive Intention gibt den Referenzpunkt für die kollektive Definition der Situation.

(c) Auf der Grundlage einer erneuerten kollektiven Intention – man will immer noch gewinnen, aber man stellt sich dazu andere beitragende Intentionen/ Handlungen und Beziehungen derselben vor – werden auf der individuellen Ebene andere wirksame Intentionen gesetzt und andere Verhaltensweisen und Spielzüge praktiziert.

(d) Bei der Produktion von kollektiven Situationsdefinitionen und Intentionen werden für die kollektive Ebene geeignete Schemata verwendet. Kontinuierliche Ballverluste werden dann als Beitrag zu einer drohenden Niederlage gedeutet; diese ruft den Gedanken einer Taktikänderung hervor, und faktisch wird dann eine alternative Taktik (aus einem schematisierten Set bekannter, eingeübter) ausgewählt und situativ umgesetzt. Das spielt sich alles auf kollektiver Ebene ab.

(e) Die Definition der Situation von Mannschaft A (»Wir werden verlieren«) und der dadurch veranlasste Gedanke einer neuen kollektiven Intention wird jeweils auf der individuellen Ebene (Spieler A(X)) produziert. Sie werden von A(X) als Vorschläge kommuniziert, werden von den anderen Spielern akzeptiert und bestätigt und bestimmen fortan aller individuelle Teilintentionen. Ab dem Augenblick der Akzeptanz gibt es eine neue kollektive Definition der Situation; aber erst durch die Produktion von zum kollektiven Rahmen passenden Teilintentionen gibt es tatsächlich auch eine neue Kollektivintention.

(f) Die individuellen Teilintentionen werden auf der Grundlage von Repräsentationen von kollektiven Situationsdefinitionen und kollektiven Intentionen von den individuellen Akteuren für die kollektiven Intentionen und das kollektive Handeln produziert.

IV Die soziale Produktion der Definition der Situation

1. Die beiden vorangegangenen Abschnitte haben zu zeigen und erklären versucht, dass die individuelle Definition einer Situation und jedes individuelle Handeln nur im Zusammenhang mit kollektiven Intentionen verstanden werden können. Intentionen und Situationsdefinitionen von Individuen kommen mittels Bezügen auf Repräsentationen einer kollektiven Intention zustande und können nur innerhalb einer soziologischen Theorie verstanden und adäquat behandelt werden, welche kollektive Phänomene ernst nimmt.

In diesem Versuch wurden die im ASH-Modell üblichen Begriffe weiterverwendet; sie wurden aber durch die Begriffe der Intention, der kollektiven Intention und der kollektiven Definition der Situation ergänzt. Dabei sind gewisse Unklarheiten und Grenzen, vor allem mit Bezug auf (1) die Bestimmung des Begriffes »Definition der Situation« und (2) die Beziehung zwischen »Definition der Situation« und »Handeln« mitgeführt worden und offen geblieben. Kurz: Die Art und Weise, in der eine Definition der Situation konstituiert wird und dabei logisch an kollektive Intentionen gebunden ist, wurde nicht weitergehend thematisiert. Zunächst werden deshalb nun die Grenzen und Unbestimmtheiten der üblichen soziologischen Begrifflichkeit besprochen. Dann wird ein Versuch unternommen, die Produktion der Definition der Situation näher zu analysieren.

2. Rufen wir kurz die übliche Konzeption in Erinnerung: Darin gibt es eine geteilte Definition der Situation, die durch die Verwendung von Schemata produziert wird. Die Schemata werden von den Individuen, die sie im sozialen Zusammenhang erleben und mit vollziehen, inkorporiert. Sie werden, wenn relevante Symbole vorliegen, automatisch hervorgerufen und neuerlich bzw. erneuert wieder verwendet. Dadurch werden die habitualisierten Vorgehensweisen für die Interpretation und Bewertung der Situation und für das aktuelle Handeln (modifiziert) reproduziert und als Gedächtnisspuren fixiert.

Diese Beschreibung setzt voraus, dass es geteilte Deutungsschemata und designierte Symbole gibt. Sie beschreibt (nur) die fortgesetzte Genesis der immer schon als konstituiert vorausgesetzten Schemata. Sie lässt aber unklar, durch welche Sinnstrukturen Bedeutungen, Deutungsschemata und Symbole als gemeinsame Phänomene konstituiert werden. In diesem Sinne ist die gängige Theoretisierung der Definition der Situation auf einer ungeklärten Basis aufgebaut. Diese Überlegung führt zu den folgenden Fragen: *Erstens,* wie werden die Bedeutungen, die konstitutiv sind für die Definition der Situation, produziert? *Zweitens*, wie werden diese Bedeutungen einer Definition der Situation zu einer kollektiven und sozial verbindlichen?

3. Bedeutungen entstehen, so lautet die hier vorgeschlagene Antwort auf die erste Frage, indem Akteure erstens Gegenstände und Ereignisse kategorisieren, zweitens diesen kategorisierten Gegenständen und Ereignissen im Rahmen ihres Handelns eine Bedeutung verleihen und drittens diese mehr oder weniger regelmäßig wiederholen und handelnd reproduzieren (vgl. Searle 2010: 59, 98; Jansen 2012). Das bedeutet genauerhin:

(ad 1) Kategorien betreffen unsere Ordnung von Gegenständen und Ereignissen als solchen. Wir sagen, das ist: ein Haus, ein Hammer, ein Elefant, ein Schlag, eine Korrektur, Joggen, Spazieren usw., und meinen damit Objekte oder Ereignisse, die im Rahmen von Praktiken unsere Sinne affizieren und Bedeutungen haben, *die alle synthetisiert werden, sodass sie als jeweils spezifische, typische einheitliche Gegenstände und Ereignisse erscheinen.* Dabei können funktionale Bedeutungen – z. B. dass man mit einem Hammer gezielt schlagen kann – durchaus eine Rolle spielen. Kategorien vereinigen Aussehen, Hören, Fühlen und Bedeutungen; sie sind die Formen, mit denen wir verschiedene Gegenstände und Ereignisse der Welt einteilen und mit Worten verbinden (vgl. dazu ausführlich: Martens 2000: 274–285; basierend auf Husserl 1985; Rosch 1978; Lakoff 1990). Diese im Alltag unmittelbar-intuitiv als einheitlich aufgefassten und bezeichneten Gegenstände sind die Substrate für Bedeutungen.

(ad 2) Eine je besondere Bedeutung gewinnen die kategorisierten Gegenstände und Ereignisse im Kontext von individuellen wie auch kollektiven Intentionen. Eine Bedeutung betrifft die hervorgehobene Wirkung eines Gegenstandes oder Ereignisses. So erhalten Gegenstände und Ereignisse wegen der Wirkungen, die sie im Rahmen menschlicher intentionaler Tätigkeiten haben, eine *funktionale Bedeutung.*[21] Funktionale Bedeutungen sind von Intentionen abhängig: Indem wir einen Gegenstand im Rahmen einer (kollektiven) Intention verwenden, bekommt er eine funktionale Bedeutung, die es außerhalb dieses Kontextes nicht gibt. Funktionale Bedeutungen sind folglich ideelle Bedeutungen physischer Gegenstände oder Ereignisse: Dieses Lederobjekt ist ein Fußball, bestimmte Lautkombinationen sind Kommunikationsmittel, für Christen ist das Wasser bei einer Taufe spirituell reinigend und vergemeinschaftend usw. Die funktionalen Bedeutungen sind zwar an physische Gegenstände und Ereignisse gebunden, die wie-

---

21 Searle (2010: 58 ff.) nennt dies »the imposition of function«. Die nun folgenden Bestimmungen funktionaler Bedeutungen und ihrer Konstitution folgen weitgehend Searles Ausführungen.

derum bestimmte Eigenschaften erfüllen müssen, die für die Funktionserfüllung unerlässlich sind; sie werden davon aber nicht bestimmt.[22]

4. Für das Verständnis von Situationsdefinitionen sind aber noch weitere Formen der Sinnkonstitution bedeutsam: (a) Der Beitrag eines Objektes an einer Intention – und daher auch seine Bedeutung – kann direkt oder indirekt sein. Im zweiten Falle liefert es einen Beitrag im Rahmen eines Beitrags mit Bezug auf eine Intention. Wasser ist z. B. wichtig für die Konstruktion und Ästhetik einer Landschaft, die ich spazierend genieße, wenn ich darin zur Erholung verweile; oder ein Tisch dient mir zum Schreiben, und ich schreibe, um Wissen zu verfertigen und zu verbreiten usw. (b) Objekte erhalten nicht nur eine Bedeutung, sondern vielfach werden Objekte geschaffen, die einer Bedeutung gemäß sind. Die Materie dieser Objekte wird derart geformt, dass sie dadurch gewisse Funktionen besonders gut erfüllen können. Grundstoffe, Werkzeuge, Kommunikationsmittel, aber auch Menschen und ihre Kompetenzen werden mit Blick auf eine solche Funktion gebildet. (c) Gegenstände und Ereignisse, die Funktionen erfüllen, u. a. kompetente Menschen, sollen respektiert werden, weil sie einen Wert für die Verwirklichung von gewünschten, positiv bewerteten Sachzuständen haben. Ihr funktionaler »Status« impliziert eine normative Komponente (vgl. Searle 2010: 59). Mit ihrer Bedeutungszuschreibung sind besondere Rechte und Pflichte verbunden.

5. Die bisherige Darstellung der Elemente einer Definition der Situation ist insofern vereinfacht, als sie sich auf basale, vorsprachliche Intentionalität beschränkt. Die besondere, Intentionen und Bedeutungen vermittelnde Form des Handelns: die konventionelle Symbole verwendende Sprechhandlung, ist bislang außer Betracht geblieben. Es wurde so getan, als würden nur »normale« Handlungen und Formen von Objekten Intentionen und Bedeutungen symbolisieren. Alle konventionalisierten Sprechhandlungen bringen Intentionen und Bedeutungen nicht nur im und durch Handeln zum Ausdruck, sondern zielen selbst auf die Kommunikation von Intentionen und Bedeutungen.

---

22 Ich gehe in diesem Beitrag durchgehend davon aus, dass (funktionale) Bedeutungen an Gegenstände und Ereignisse gebunden sind. Ich bezweifle, ob die von Searle (2010: 97–100, insbesondere 99) so genannten »frei schwebenden Status-Funktion-Zuschreibungen«, in denen es eine Status-Funktion ohne Träger gibt, überhaupt bestehen; ich finde elektronisches Geld und Korporation jedenfalls keine überzeugende Beispiele derselben. Ich vermute, dass allgemeine logische Probleme mit einer reinen Bedeutungssetzung verbunden sind (vgl. Martens 2000). Siehe zu frei schwebenden Bedeutungen bei Searle auch: Johansson (2011: 77 f.).

6. Eine »normale« Handlung ist eine komplexe und schwierig zu interpretierende Form der Kommunikation. Einstellungen, Gefühle, Absichten und Bedeutungen werden zwar alle durch Handlungen angezeigt, sie werden aber nicht gesondert und dadurch leichter erkennbar zum Ausdruck gebracht. Das ist insofern nicht weiter verwunderlich, als Handlungen nicht in erster Linie verrichtet werden, um über die Welt und eine entsprechende Einstellung zu informieren. Das geschieht zwar auch, und wir wissen, dass Handlungen diese kommunikative Wirkung haben (vgl. Meggle 2003); aber das Kommunizieren steht (zumeist) nicht im Vordergrund. Bei einer »normalen« Handlung, die eine oder mehrere Intentionen tatsächlich realisiert, ist Kommunikation bloß eine mitlaufende, hintergründige Intention.[23] Demgegenüber haben Sprechhandlungen, die eine entwickelte, ausdifferenzierte Sprache verwenden, die ausdrückliche und primäre Intention zur Kommunikation.

7. Sprechhandlungen sind spezifisch für Kommunikation geeignete Handlungen, in denen konventionelle Sprachsymbole verwendet werden, um Informationen über einen Geisteszustand zu geben, der auf einen Zustand der Welt bezogen ist (vgl. Searle 2010: 71).[24] Sprechhandlungen informieren also sowohl über etwas als auch über die Einstellungen (Intentionen, Direktiven, Behauptungen, Verpflichtungen, Wünsche), die in Bezug darauf bestehen.[25] Sie berichten, wie »normale« Handlungen, über innere intentionale Zustände des Handelnden. Sie tun das aber, erstens, ohne dass diese Handlungen selbst vollzogen werden; und zweitens informieren sie nuancierter über Inhalte und Einstellungen. Die Verwendung der spezifisch für Kommunikation geeigneten Symbole bringt zudem die Intention, Bedeutungen, Ziele, Wünsche usw. kommunizieren zu wollen, selbst zum Ausdruck.

8. Derartige Sprechhandlungen basieren auf einer gängigen Verbindung von Symbol und Symbolisiertem, kurz: auf einer *konventionellen Sprache*. In einer kon-

---

23 Auch einzelne Wörter und Gesten sind kompakt und schwierig zu interpretieren (vgl. Searle 2010: 72; Tomasello 2008: 202 ff.).

24 Anders als Searle (2010: 89) nenne ich hier Handlungen, die sowohl eine »materielle Intention« realisieren (z. B. ich stelle ein Bier auf den Tisch) als auch eine symbolische Bedeutung haben (das Bier ist für eine bestimmte Person), keine Sprechhandlungen.

25 In der Sprachphilosophie wird darauf hingewiesen, dass Sprechhandlungen nicht immer mit der Intention auf Kommunikation hin geäußert werden, das heißt mit der Intention, dass die Intention des Sprechenden vom Hörenden erkannt wird und über diesen Weg einen Effekt beim Hörenden bewirkt. Davis (2003: 8) schlägt deshalb vor, die »intention to produce certain responses in an audience« durch »the intention to produce an indication that one has certain mental states« zu ersetzen. Das halte ich für richtig; ich glaube aber auch, dass Kommunikation im Falle von Sprechhandlungen der paradigmatische Fall ist. Und eben dieser Fall wird hier (exklusiv) in den Blick genommen.

ventionellen Sprache werden die gleichen Sprachsymbole stets für bestimmte Objekte und deren Verwendung im Rahmen einer (kollektiven) Intention gebraucht; und diese Verbindung ist normativ.[26] Für eine feste Verbindung von Sprachsymbol und funktionaler Bedeutung braucht man erstens eine regelmäßige Verwendung eines Objekts im Rahmen einer (kollektiven) Intention und zweitens eine regelmäßige Verbindung eines bestimmten Wortes mit dieser funktionalen Verwendung. Ein Landstreifen z. B. wird nur dann zu einer Grenze, wenn er als solcher betrachtet und behandelt wird und man ihn z. B. als Fremder nicht (ohne Weiteres) überqueren darf. Nur wenn das mehr oder weniger konsequent geschieht, kann mit diesem Weltausschnitt das Wort Grenze verbunden werden. Oder nur wer regelmäßig beauftragt wird, Straßen zu bauen, und diese Tätigkeit auch regelmäßig mit Anderen ausübt, erhält die funktionale Bedeutung und den Namen eines Straßenbauers.

Durch Sprechhandlungen können faktische oder vorgestellte Weltzustände, die Einstellungen, die wir ihnen gegenüber haben, und unsere Kommunikationsintention vor der endgültigen Produktion von kollektiven Intentionen und Handlungen öffentlich erkennbar gemacht werden. Ich kann z. B. andeuten, eine bestimmte Einteilung der Straße für wünschenswert zu halten, und einem anderen Akteur vorschlagen, diesen Zustand durch eine kollektive Intention und kollektives Handeln zu realisieren. Ich kann auch meine eigene Bereitschaft, daran handelnd mitzuwirken, bekannt machen. Und schließlich können die (möglichen) funktionalen Bedeutungen von Gegenständen, Ereignissen und Personen im Rahmen solcher Intentionen thematisiert werden.

9. Zuschreibungen von funktionalen Bedeutungen gegenüber Objekten durch explizite Setzung mittels konventioneller Symbole, nennt Searle *Deklarationen* von Status-Funktionen. Wenn eine Bedeutung sprachlich repräsentiert und einem Gegenstand zugeschrieben wird, erhält dieser Gegenstand eine Status-Funktion (vgl. Searle 2010: 95 und 101). Solche symbolischen Zuschreibungen von Bedeutungen können durch einen Einzelnen oder durch ein Kollektiv stattfinden. Dann kann aus einem Mann ein Liebhaber oder Lehrer, aus einem geprägten Metall Geld, aus Wasser ein Heilmittel oder aus einem Messer eine tödliche Waffe werden.

Die Zuschreibung von funktionalen Objektbedeutungen kann aber nicht völlig entkoppelt von ihren Bedeutungen im Rahmen des (normalen) Handelns bestehen. Erst wenn es regelmäßige Verbindungen von Wörtern und regelmäßig auftretende funktionale Verwendungsweisen von Objekten in Handlungen gibt, kann ein Wort für »Deklarationen« von funktionalen Bedeutungen verwendet werden,

---

26 Auf weitere normative Voraussetzungen konventioneller Kommunikation kann hier nicht eingegangen werden.

in denen von irgendeinem Objekt X symbolisch angedeutet wird, dass es eine funktionale Bedeutung Y erhält. »Deklarationen« bleiben also von entsprechenden funktionalen Verwendungen von Gegenständen und Eigenschaften in Handlungszusammenhängen abhängig.[27]

10. Searle beschränkt seine Diskussion der Deklarationen von Status-Funktionen auf die von ihm so genannten »institutionellen Fakten«. Das sind diejenigen symbolischen Zuschreibungen von funktionalen Bedeutungen, mit denen besondere Verpflichtungen und Rechte (De-Ontologien) verbunden sind. Sie betreffen z.B. die Deklarationen von Personen zu Lehrern oder von Metall zu Geld. Es gibt aber auch, so meint er, Deklarationen, die nicht in institutionelle Fakten münden. In der amerikanischen Kultur sind »being a bore, an alcoholic or an intellectual« keine institutionellen Fakten (vgl. Searle 2010: 92), weil damit keine kollektiv anerkannten De-Ontologien verbunden sind.

Meines Erachtens enthalten jedoch alle akzeptierten funktionalen Bedeutungen Hinweise auf Pflichten und Rechte. Das ist eine Folge der kollektiven Intentionen, mit denen funktionale Bedeutungen verbunden sind. Ich versuche, das an zwei Beispielen klar zu machen.

(a) Wer Lehrer ist, hat eine Funktion, die wegen des gesellschaftlichen Beitrages, die ihr innewohnt – z.B. in Bezug auf die kollektive Intention der Erziehung aller zu kompetenten Bürgern –, positiv bewertet wird. Der Lehrer *soll* seine Funktion mit den dazu gehörigen Rechten und Pflichten ausüben, wenn und soweit er weiß, dass andere Personen sich auf seinen Beitrag zu dieser kollektiven Intention einstellen, und er selbst sein Einverständnis gegenüber dieser Erwartung mitgeteilt hat. Das Sollen ist Resultat einer kollektiven Anerkennung der kollektiven Intention, der Einstellung Anderer auf einen gewissen Beitrag und der Zustimmung des Leistungsträgers selbst. Die Äußerung: »Du bist Lehrer«, kann als Abkürzung dieser Lage gelten und dieses Sollen zum Ausdruck bringen. Es ist jedoch klar, dass die Verpflichtung von X, die funktionale Bedeutung von Y zu übernehmen, nicht nur von der Aussage »X ist Lehrer« herrührt. *Einstellung auf eine und Einverständnis mit einer Funktion im Rahmen einer anerkannten kollektiven Intention – das sind die Grundlagen von Pflichten und Rechten.*

(b) Alkoholiker zu sein kann als eine negative funktionale Bedeutung angesehen werden. Der Alkoholiker versäumt in vielerlei Hinsicht Beiträge zu allgemein anerkannten kollektiven Intentionen, die normalerweise von ihm als Mitglied einer Gesellschaft erwartet werden. Er arbeitet unzuverlässig oder überhaupt nicht, ist ekelhaft in seiner Familie, gibt sich unsolidarisch usw. Er soll diese, jetzt

---

27 Siehe dazu Tuomela (2011: 707), der diese Meinung ebenfalls vertritt, und Searle (2011: 734), der glaubt, dass diese Abhängigkeit nicht besteht.

von ihm negierten funktionalen Bedeutungen aber haben; darauf stellen die anderen Mitglieder seiner Umgebung sich – kontrafaktisch – weiterhin ein. Sobald die betreffende Person der Deklaration, er sei Alkoholiker, zustimmt, gewinnt er seine durch Sucht verloren gegangenen Rechte der Partizipation an sozialen Kreisen und Verbänden, in denen kollektive Intentionen realisiert werden, dadurch und dann zurück, wenn er auch seinen Pflichten (wieder) nachkommt: etwa eine Berufstätigkeit ausübt, sich in Therapie begibt, seine Sucht akzeptiert, ohne ihr neuerlich zu verfallen, schlechte Gewohnheiten aufgibt etc.

Beide Beispiele bestätigen, glaube ich, dass deklarierte funktionale Bedeutungen hinsichtlich ihrer Wirkung immer von akzeptierten kollektiven Intentionen abhängig sind.[28] In beiden Fällen beruht die De-Ontologie von Status-Funktionen auf anerkannten kollektiven Intentionen und auf der Übernahme bestimmter persönlicher Beiträge für diese Intentionen. Von daher können Deklarationen einerseits nie selbstständig De-Ontologien stiften, andererseits gibt es aber auch keine kollektiv akzeptierten Deklarationen funktionaler Bedeutung ohne De-Ontologie.[29]

11. Am Anfang dieses Abschnitts stand die Frage im Raum, wie Bedeutungen, die Situationsdefinitionen stiften, produziert werden. Unklar war auch, wie Deutungsschemata und Symbole, mit deren Hilfe Definitionen von Situationen zustande kommen, als gemeinsame Phänomene konstituiert werden und (wenn sie konstituiert sind) individuell erlernt und inkorporiert werden können. Auf diese Fragen können jetzt die folgenden Antworten gegeben werden.

(a) Die Definition einer Situation geschieht durch Zuweisung funktionaler Bedeutungen auf kategorisierte Gegenstände und Ereignisse. Diese Bedeutungszuweisung wird produziert durch den Bezug von Gegenständen und Ereignissen auf kollektive und individuelle Intentionen. Das ist die Grundstruktur der Produktion von Situationsdefinitionen. Die Bedeutungen von Gegenständen und Ereignissen, die eine Situation definieren, können daher nur in Bezug auf kollektive Intentionen verstanden werden.

(b) Basierend auf der Struktur der Bedeutungskonstruktion, sind die Schemata für Interpretation, Bewertung und Handeln in erster Linie Schemata kollektiver Art. Sie geben an, wie bei einer gegebenen kollektiven Intention kollektiv

---

28 Und kollektive Intentionen sind immer auf Anerkennung/Akzeptanz von den Mitgliedern der betreffenden Kollektive abhängig.

29 Wie man auf der Grundlage dieser Überlegungen die Akzeptanz von Status-Funktion-Deklarationen und damit verbundener Rechte und Pflichten, die von künstlichen Anreizen begleitet werden, verstehen kann, muss hier aus Platzgründen leider unerläutert bleiben. *Incentives* wären aber für ein Verständnis der sozialen Produktion von Situationsdefinitionen ein wichtiges Thema.

(erfolgreich) vorzugehen ist – etwa bei der Aufstellung und Taktik einer Fußballmannschaft. Kollektive Schemata sind an kollektive Intentionen gebunden, und individuelle Schemata sind in kollektive Schemata eingebettet.

(c) Wenn eine konventionelle Sprache besteht, in der Begriffe von Intentionen und Bedeutungen stabilisiert und mit Symbolen verbunden sind, können räumlich und zeitlich von ›normalen‹ Handlungen entkoppelte Sprechhandlungen über weltbezogene kognitive Einstellungen, über (kollektive) Intentionen und über Bedeutungen von Objekten informieren. So kann über (mögliche) Situationsdefinitionen und deren kollektiv intentionale Hintergründe kommuniziert werden – außerhalb von Handlungskontexten. Spezialisierte Kommunikationen stiften folglich Situationsdefinitionen. Die Sprechhandlungen und Kommunikationen bleiben letztendlich aber auf regelmäßig auftretende, normale Handlungen rückbezogen.

(d) Sprechhandlungen, die ohne unmittelbar sichtbaren Bezug auf eine kollektive Intention Objekten ihre funktionale Bedeutung mit den entsprechenden Rechten und Pflichten zuschreiben – die so genannten »Status-Funktion-Deklarationen« –, können z. B. eine Person in den Augen der Mitglieder eines Kollektivs als arbeitsunfähig, als guten Schüler oder als Feind bestimmen. Deklarationen von Status-Funktionen, Rechten und Pflichten basieren letztendlich, allem Anschein zuwider, auf kollektiven Intentionen.

V Situationsdefinition, kollektive Intention und praktische Rationalität

1. Die Änderungen, die in diesem Beitrag in Bezug auf eine theoretische Erfassung der »Definition der Situation« vorgeschlagen werden, sind die Folge einer Umstellung in der allgemeinen Theorie der Produktion sozialer Einheiten und Strukturen durch Handeln. Handeln erscheint, so wurde in Abschnitt II argumentiert, im dominierenden konzeptionellen Rahmen soziologischer Theorien als Schemaerwerb und (kreative) Schemaverwendung von einzelnen Individuen in sozialen Kontexten. Die Definition der Situation, die die Bedeutung von Umständen für den Handelnden festlegt, wird dann zur Schlüsselstelle im Ablauf des Handelns.

Gegen diese Beschreibungsweise wurde eingewendet, dass weder die Kooperation des Handelns mehrerer Individuen noch deren Resultate auf dieser (Theorie-)Grundlage verstanden werden können. Für ein Verständnis von Kooperation bedarf es der Idee und Einsicht, dass jede Handlungsorientierung auf kollektiven Intentionen und damit verknüpften Situationsdefinitionen basiert. Die individuellen Intentionen und Situationsdefinitionen werden dann (und erst) in diesem Rahmen als Beiträge produziert.

2. Diese Umstellung hat, glaube ich, verschiedene wichtige Konsequenzen für die
soziologische Theoriebildung, von denen ich nun zwei zurückblickend und zusammenfassend verfolge.

(a) Die wichtigste Konsequenz ist im Nachhinein wohl, dass die Einsicht in der
Rolle kollektiver Intentionen den Raum eröffnet für die Analyse der Produktion
von Situationsdefinitionen. Durch die Einführung der Kategorien »Intention« und
»kollektive Intention« können Bedeutungen und Schemata, die nach Auffassung
der bisherigen Soziologie einfach gegeben sind und von bekannten Symbolen vertreten bzw. ausgelöst werden, als Phänomene entziffert werden, die von kollektiven Intentionen und daran mitwirkenden individuellen Intentionen abhängen.

Dadurch verlieren Interpretationsschemata und Situationsbedeutungen etwas von der Willkür und Relativität, die sie im gängigen Modell besitzen. Sie sind
nicht einfach da, weil sie in den Praktiken einer bestimmten soziokulturellen Welt
dominant verwendet und daher automatisch inkorporiert werden, sondern weil
sie für bestimmte kollektive Intentionen funktional sind. Dadurch verschiebt sich
die Erklärung hinsichtlich der Akzeptanz soziokultureller Vorgehensweisen. Das
einfache Erlernen und Inkorporieren von Vorgehensweisen ist eine zu einfache
Erklärung. Sie ist zwar nicht falsch, sollte aber grundständig durch die Erkenntnis
ergänzt werden, dass diese Vorgehensweisen auf einer Akzeptanz von kollektiven
Intentionen und ihren konkreten Handlungsbeiträgen beruhen.

(b) Durch diese Verschiebung wird es möglich und sinnvoll, sowohl in der gesellschaftlichen Diskussion als auch in der Soziologie nach der gesellschaftlichen
Rationalität von Schemata und Bedeutungen zu fragen. Die leitende Frage ist: Mit
welchen kollektiven Intentionen sind die gegebenen Bedeutungen und Schemata
verbunden? Das ist, glaube ich, sowohl in beschreibender als auch normativer
Hinsicht eine sinnvolle Frage.

Die Beschreibung von kollektiven Intentionen und ihrer Begründung von
Situationsdefinitionen und Handlungen expliziert, was zwar immer schon geschieht, bislang aber nicht theoretisch reflektiert wird: Wir produzieren unsere
individuellen Intentionen, Situationsdefinitionen und Handlungen (grundsätzlich und immer) im Rahmen kollektiver Intentionen. Dadurch werden Sinnzusammenhänge der gesellschaftlichen Wirklichkeit erfasst, die ansonsten innerhalb
der breiten gesellschaftlichen Diskussion über das, »was der Fall ist«, relativ wenig systematische Aufmerksamkeit bekommen. Die ständig, auch in den sozialwissenschaftlichen Beschreibungen, wiederholte Deklaration, dass wir aus jeweils
eigener – egoistischer – Perspektive Möglichkeiten selegieren, Bedeutungen verleihen und Handlungen realisieren, ist an dieser fehlenden Aufmerksamkeit gewiss mitschuldig. Sie ist aber falsch.

Normativ gehaltvoll ist der hier gemachte Vorschlag, weil die Erklärung von
Situationsdefinition und Handeln durch den Hinweis auf eine wirkmächtige kol-

lektive Intention deutlich macht, dass die von uns selbst »automatisch« produzierte Faktizität nicht aus einem (psychophysischen) Mechanismus resultiert, sondern unter der Führung praktischer Rationalität (re-)produziert wird. Intentionen sind Resultate meistens implizit bleibender praktischer Rationalität. Erinnern wir uns: Intentionen betreffen Repräsentationen von Weltzuständen und von dafür nötigen Verhaltensweisen, die wir für wünschenswert, sinnvoll oder akzeptabel halten und daher realisieren möchten. Kollektive Intentionen betreffen gemeinsam akzeptierte Weltzustände, die durch kooperierendes Handeln hervorgebracht (oder verändert) werden sollen. Eine Erklärung von Situationsdefinitionen, Handlungen und Handlungseffekten, die diese mit (kollektiven) Intentionen verknüpft, bereitet den Boden für eine Diskussion über die Genese und Zuschreibung bestimmter Bedeutungen und das Verfolgen bestimmter kollektiver Intentionen. Sie bereitet Materialien auf, die eine explizite Argumentation und Diskussion über die Akzeptabilität/Rationalität von kollektiven und individuellen Intentionen und von Vorgehensweisen bei der Definition der Situation ermöglichen.

3. Eine Soziologie, die diesen Schritt vollzieht, erinnert uns erstens an die gesellschaftliche Aufgabe von Individuen und Kollektivitäten, richtige kollektive Intentionen und adäquate Einzelbeiträge zu selegieren und zu produzieren. Sie beschreibt zweitens, welche (kollektiven) Intentionen wir jetzt verfolgen, welche Bedeutungen von Objekten daraus resultieren und welche Wirkungen das wiederum ergibt. Das sind durchaus Beschreibungen sozialer Regelmäßigkeiten, aber so beschrieben, dass man weiß, dass sie nur unter der Bedingung bestimmter (kollektiver) Intentionen entstehen. Und in Bezug darauf wird von dieser Soziologie gefordert, weiter nachzudenken und zu diskutieren, um möglicherweise bessere kollektive Handlungsmöglichkeiten zu (er-)finden.[30]

Literatur

Ball, Donald (1972): The Definition of the Situation: Some Theoretical and Methodological Consequences of Taking W. I. Thomas Seriously. In: Journal for the Theory of Social Behaviour, Jg. 2/H 1, S. 61–82.
Berger, Peter L./Luckmann, Thomas (1968): The Social Construction of Reality. A Treatise in the Sociology of Knowledge. London: Allen Lane.
Bongaerts, Gregor (2007): Soziale Praxis und Verhalten. Überlegungen zum Practice Turn in Social Theory. In: Zeitschrift für Soziologie, Jg. 36/H 4, S. 246–260.

---

30 Eine frühere und kürzere Version dieses Aufsatzes erschien in der Festschrift für Hans Doorewaard; vgl. Martens (2013). Danken möchte ich zuletzt Rainer Greshoff für ergiebige Diskussionen und Andreas Ziemann für umsichtiges Redigieren und Korrigieren.

Bourdieu, Pierre (1980): Le sens pratique. Paris: Minuit.

Bourdieu, Pierre (1987): Choses Dites. Paris: Minuit.

Bourdieu, Pierre/Wacquant, Loïc J. D. (2006): Reflexive Anthropologie. Frankfurt a. M.: Suhrkamp.

Bratman, Michael E. (1999): Faces of Intention. Selected Essays on Intention and Agency. New York; Cambridge: Cambridge University Press.

Bratman, Michael E. (2009): Modest Sociality and the Distinctiveness of Intention. In: Philosophical Studies, Jg. 144/H 1, S. 149–165.

Davis, Wayne (2003): Meaning, Expression and Thought. Cambridge: Cambridge University Press.

Esser, Hartmut (1999): Soziologie: Spezielle Grundlagen. Band 1: Situationslogik und Handeln. Frankfurt a. M.; New York: Campus.

Esser, Hartmut (2011): Das Modell der Frameselektion. In Albert, Gert/Sigmund, Steffen (Hg.): Soziologische Theorien kontrovers. Kölner Zeitschrift für Soziologie und Sozialpsychologie. Sonderheft 50. Wiesbaden: VS-Verlag, S. 45–62.

Flynn, Molly Brigid (2012): A Realer Institutional Reality: Deepening Searle's (De) Ontology of Civilization. In: International Journal of Philosophical Studies, Jg. 20/H 1, S. 43–67.

Giddens, Anthony (1986): The Constitution of Society. Cambridge: Polity Press.

Gilbert, Margaret (2007): Searle and Collective Intentions. In: Tsohatzidis, Savas L. (Hg.): Intentional Acts and Institutional Facts. Essays on John Searle's Social Ontology. Dordrecht: Springer, S. 31–48.

Gilbert, Margaret (2010): Zusammen spazieren gehen: Ein paradigmatisches soziales Phänomen. In: Schmid, Hans Bernhard/Schweikard, David P. (Hg.): Kollektive Intentionalität. Eine Debatte über die Grundlagen des Sozialen. Frankfurt a. M.: Suhrkamp, S. 154–175.

Goffman, Erving (1977): Rahmen-Analyse. Ein Versuch über die Organisation von Alltagserfahrungen. Frankfurt a. M.: Suhrkamp.

Goffman, Erving (1983): The Interaction Order. In: American Sociological Review, Jg. 48/H 1, S. 1–17.

Greshoff, Rainer (2009): Strukturtheoretischer Individualismus. In: Kneer, Georg/Schroer, Markus (Hg.): Handbuch soziologische Theorien. Wiesbaden: VS-Verlag, S. 445–468.

Husserl, Edmund (1985): Erfahrung und Urteil. Hamburg: Meiner Verlag.

Jansen, Ludger (2011): Konstitution und Dauer sozialer Kontinuanten. In: Schmechtig, Pedro/Schönrich, Gerhard (Hg.): Persistenz – Indexikalität – Zeiterfahrung. Heusenstamm: Ontos Verlag, S. 103–128.

Johansson, Ingvar (2011): John Searle in the Year 2010 – Reviews. In: Metaphysica. International Journal for Ontology and Metaphysics, Jg. 12/H 1, S. 73–85.

Lakoff, Georg (1990): Women, Fire, and Dangerous Things. What Categories Reveal About the Mind. Chicago; London: University of Chicago Press.

Luhmann, Niklas (1996): Zeit und Gedächtnis. In: Soziale Systeme, Jg. 2/H 2, S. 307–330.

Martens, Wil (2000): Gegenstände und Eigenschaften. Vom Nutzen einer einfachen philosophischen Unterscheidung. In: Merz-Benz, Peter-Ulrich/Wagner, Gerhard (Hg.): Die Logik der Systeme. Zur Kritik der systemtheoretischen Soziologie Niklas Luhmanns. Konstanz: UVK Universitätsverlag, S. 257–302.

Martens, Wil (2010): Handlung und Kommunikation als Grundbegriffe der Soziologie. In: Albert, Gert et al. (Hg.): Dimensionen und Konzeptionen von Sozialität. Wiesbaden: VS-Verlag, S. 173–206.

Martens, Wil (2011): Der Akteur: Habitus, Intention und Reflexion. In: Lüdke, Nico/ Matsuzaki, Hironori (Hg.): Akteur – Individuum – Subjekt. Fragen zu Personalität und Sozialität. Wiesbaden: VS-Verlag, S. 171–198.

Martens, Wil (2013): Die kollektive Produktion von Situationsdefinitionen. In: Achterbergh, Jan et al. (Hg.): Op zoek naar het andere. Een liber amicorum voor Hans Doorewaard. Den Haag: Boom (i. E.).

Meggle, Georg (2003): Kommunikatives Verstehen – Die Grundzüge. In: Richter, Helmut/Schmitz, H. Walter (Hg.): Kommunikation – ein Schlüsselbegriff der Humanwissenschaften? Münster: Nodus, S. 341–352.

Ortmann, Günther (2008): Regeln der Klugheit? In: Scherzberg, Arno et al. (Hg.): Klugheit. Begriff – Konzepte – Anwendungen. Tübingen: Mohr Siebeck, S. 45–92.

Perinbanayagam, R. S. (1974): The Definition of the Situation: an Analysis of the Ethnomethodological and Dramaturgical View. In: The Sociological Quarterly, Jg. 15/H 4, S. 521–541.

Reckwitz, Andreas (2003): Grundelemente einer Theorie sozialer Praktiken. Eine sozialtheoretische Perspektive. In: Zeitschrift für Soziologie, Jg. 32/H 4, S. 282–301.

Rosch, Eleanor (1978): Principles of Categorization. In: dies./Lloyd, Barbara B. (Hg.): Cognition and Categorization. Hillsdale, NJ: Erlbaum, S. 27–48.

Schatzki, Theodore R. (1997): Practices and Actions. A Wittgensteinian Critique of Bourdieu and Giddens. In: Philosophy of the Social Sciences, Jg. 27/H 3, S. 283–308.

Schatzki, Theodore R. (2002): The Site of the Social. A Philosophical Account of the Constitution of Social Life and Change. Pennsylvania: The Pennsylvania State University Press.

Schmid, Hans Bernhard/Schweikard, David P. (Hg.) (2010): Kollektive Intentionalität. Eine Debatte über die Grundlagen des Sozialen. Frankfurt a. M.: Suhrkamp.

Schütz, Alfred/Luckmann, Thomas (1979): Strukturen der Lebenswelt. Band 1. Frankfurt a. M.: Suhrkamp.

Searle, John R. (2002): Collective Intentions and Actions. In: Consciousness and Language. Cambridge: Cambridge University Press, S. 90–105.

Searle, John R. (2010): Making the Social World. The Structure of Human Civilization. Oxford: Oxford University Press.

Searle, John R. (2011): Replies. In: Analysis, Jg. 71/H 4, S. 733–741.

Tomasello, Michael (2008): Origins of Human Communication. Cambridge, Mass.: MIT Press.

Tuomela, Raimo (2011): Searle's New Construction of Social Reality. In: Analysis, Jg. 71/H 4, S. 706–719.

Immer wieder Neues

Neuheit als kognitiver Erwartungsstil
in Arbeitssituationen

Stefan Meißner

I Einleitung

Entgegen anderer Beschreibungsmöglichkeiten wurde eine Komödie aus dem
Jahre 1993 mit Bill Murray dazu auserkoren, ein Phänomen, das jeder kennt, auf
den Begriff, besser: auf das geflügelte Wort zu bringen. Für manche Filmwissenschaftler mag der Film »Täglich grüßt das Murmeltier« weniger interessant sein;
für Soziologen – und gerade jene, die Situationen beobachten und beschreiben –
dagegen umso mehr aufgrund der Tatsache, dass der Filmtitel zumindest in der
deutschen Sprache zum geflügelten Wort wurde. Angespielt wird damit auf eine
sich leicht verändernde, jedoch im Prinzip permanent wiederholende Situation,
der man nicht recht zu entkommen vermag. Besonders häufig wird das im informellen Gespräch auf Arbeitssituationen bezogen, um zu beschreiben, dass bei allem Bemühen um eine Veränderung der Situation diese doch weitgehend gleich
und von Gewohnheit und Automatismen bestimmt bleibe. Warum kommen diese
Situationen, aus denen man nicht rauskommt, gerade Anfang der 1990er Jahre in
den Blick und in den gemeinsamen Wortschatz? Vieles spricht dafür, dass besonders in jenen Zeiten geflügelte Worte gebildet und gefunden werden, zu denen
vormalige Selbstverständlichkeiten als solche sprachlich markiert werden müssen, da sie eben nicht mehr selbstverständlich sind. Reagiert also die Etablierung
der Redewendung auf eine zunehmend gesamtgesellschaftliche Durchsetzung
von neuen, vorwiegend selbstbestimmten Arbeitssituationen und markiert damit
sprachlich die unangenehmen, sich immer wiederholenden und durch Routine
und Gewohnheiten geprägten Situationen?

Die folgende Analyse wird weniger diese Frage weiter untersuchen, sondern
sich besonders den gegenwärtigen Arbeitssituationen zuwenden. Diese sind geprägt – glaubt man den verschiedenen Ratgebern für Unternehmer und Manager,
aber auch empirischen Studien und theoretischen Analysen der gegenwärtigen

Arbeitswelt – durch die Anforderung, permanent nach neuen Möglichkeiten und Chancen Ausschau zu halten. Dies gelte nicht nur für die Arbeitgeber und Organisatoren bzw. Manager von Arbeit, sondern für jeden einzelnen Arbeitnehmer: Neuheit, Veränderung und Innovation werden generalisiert und für jeden positiviert. Arbeitssituationen der Gegenwart scheinen also von großer Offenheit geprägt[1] und können damit nur noch schlecht als typische, sich täglich wiederholende Situationen beschrieben werden.

Vor dieser empirischen Zuspitzung sollen zunächst die theoretischen Grundlagen gelegt werden. Deshalb startet der Aufsatz mit der Rekonstruktion und Diskussion des Situationsbegriffs in der Tradition der bundesrepublikanischen Arbeitssituationsforschung der 1950er und 60er Jahre. Vor diesem Hintergrund wird sodann die gegenwärtige Aktualisierung dieser Forschung durch die beiden Anthologien von Christina Meyn und Gerd Peter (2010, 2012) kritisch diskutiert, um den hier zugrunde gelegten Situationsbegriff zu konturieren (II.). Im nächsten Abschnitt soll mit Hilfe von verschiedenen empirischen Materialien die These plausibilisiert werden, dass die gegenwärtig anzutreffenden Management-Forderungen, Situationen immer als neu ansehen zu sollen, sinnvoll nur als Etablierung und Verbreitung von *Neuheit* als kognitivem Erwartungsstil in der Arbeitswelt verstanden werden kann (III.). Die sich aus dieser Beschreibung gegenwärtiger Arbeitssituationen, als solche der offenen Ordnung, ergebenden Friktionen, Probleme und Konsequenzen einer Situationstheorie werden zum Abschluss, wenn auch nicht abschließend diskutiert (IV.).

II Theorie

(1) Arbeitssituationenanalyse

Wie Joachim Fischer (2006)[2] zu Recht herausgestellt hat, gibt es in der bundesrepublikanischen soziologischen Tradition nicht nur die beiden bekannten Schulen in Frankfurt (Kritische Theorie) und Köln (um René König), sondern zudem auch einen spezifischen Denkzusammenhang, der sich in Göttingen im Umfeld

---

1   Eben dieses Merkmal der Offenheit scheint der Grund für die euphorische Beschreibung selbstbestimmter Arbeitsweisen auf der einen Seite zu sein bzw. auf der anderen Seite Grund für die Kritik gegenwärtiger postfordistischer Herrschaftsverhältnisse, die nicht nur die Arbeitskraft, sondern auch die »Seele« oder das »Selbst« des Arbeitnehmers einfordern und produktiv machen. Offenheit wird dabei ambivalent verstanden: einerseits positiv als Lockerung der Disziplinierung, andererseits negativ als Ausweitung der Kontrolle jenseits aller Disziplinierung.

2   Vgl. auch den Aufsatz von Joachim Fischer in diesem Band.

von Vertretern der Philosophischen Anthropologie formierte. Ohne weiter auf die wirkgeschichtlichen Debatten eingehen zu können, soll direkt auf Hans-Paul Bahrdt und Heinrich Popitz fokussiert werden, besonders auf deren, die Industrie- und Arbeitssoziologie stark beeinflussende Studien in den 1950er Jahren zur Industriearbeiterschaft (Popitz et al. 1957a, 1957b; Bahrdt 1958).

Der Typus des Industriearbeiters war für beide Autoren nicht aufgrund seiner von einigen angenommenen »Verelendungstendenz« oder aufgrund seines von anderen vermuteten »revolutionären Potenzials« interessant.[3] Beide waren vielmehr von der Annahme getrieben, dass insbesondere die Industriearbeiterschaft die zunehmend durch Technik konstituierten gesamtgesellschaftlichen Verhältnisse am ehesten seismographisch spüren könnte (vgl. von Ferber 2010: 170). Ausgangspunkt der Forschungen war also nicht nur eine konkret empirische Fragestellung, sondern die gesellschaftstheoretische These, dass das (Industrie-) Arbeiterbewusstsein als Seismograph für den gesamtgesellschaftlichem Zustand und dessen Entwicklung betrachtet werden könne.[4] Und deswegen wurde in diesem Forschungskontext der Situationsbegriff der phänomenologischen Tradition fruchtbar gemacht, um die konkreten Arbeitssituationen beschreiben zu können. Eine Situation meint dann »das als Jetzt-Ganzheit konstituierte Gefüge materialer Gegebenheiten (einschließlich des Subjekts selbst), in dem das Subjekt jeweils steht« (Bahrdt 2012: 57). Sie ist – analog zu Webers »Idealtypus« – eine wissenschaftliche Konstruktion, um das *typische* subjektive Erleben der sozialen Lage zu beschreiben. Es ging also bei der Analyse der Arbeitssituationen vor allem darum, »die Welt, in der der Beschäftigte in der industriellen Bürokratie lebt, so zu verstehen, wie er sie erlebt, und auf diese Weise auch sein Verhalten zu begreifen« (Bahrdt 1958: 8). Die Situation wird aus der Perspektive aufgeschlossen, wie sie dem Subjekt typisch gegeben ist. Das ist nicht damit zu verwechseln, dass eine »›subjektive‹ Interpretation der Situation vorgenommen wird« (Pöhler 1969: 28),

---

3   Im unveröffentlichten und erst kürzlich in Auszügen abgedruckten Arbeitsplan von beiden heißt es ausführlich: »Nun ist die industrielle Arbeit (dies ist unser Vorurteil, das wir für erwiesen halten) ein besonders fruchtbares Feld für Vorurteile. Da der technische Ablauf des Produktionsprozesses sehr komplex und in jedem einzelnen Fall wieder verschieden ist, liegt es überdies nahe, dass der Industrie-Soziologe sich von einer Erforschung der für ihn wichtigen Phänomene überhaupt abschrecken lässt und sich mit allgemeinen Wendungen wie ›Monotonie der Fließbandarbeit‹, ›Entpersönlichung durch Maschinenarbeit‹, ›Entfremdung der Arbeit durch mangelnden Kontakt zum fertigen Produkt‹ begnügt. Die phänomenologische Beschreibung und Analyse des Arbeitsaktes, die zugleich eine Erschließung der Gegebenheiten der sozialen und der Objektumwelt ist, soll diesem Mangel abhelfen.« (Bahrdt 2012: 55)
4   Diese gesellschaftstheoretische Idee wurde jedoch durch die Forschung falsifiziert, weil »(Arbeits-)Erfahrung und Gesellschaftsdenken nicht zusammen zu bringen waren« (Schumann 2010: 350).

vielmehr sollen die objektiven Elemente der Situation so beschrieben werden, wie sie sich dem Subjekt darstellen und sein Erleben bestimmen.

Diese methodische Novität, welche äußerst luzide und eindrucksvolle Beschreibungen von Arbeitssituationen, wie beispielsweise die des Umwalzens (Popitz et al. 1957b: 94–103) ermöglichte, ist gleichzeitig das Problem der phänomenologischen Arbeitssituationsanalyse. Da sie eigentlich für eine gesellschaftstheoretische These konzipiert wurde, besitzt sie einen Bias hinsichtlich der subjektiven und bewussten Situationsdefinition (vgl. auch von Ferber 2010). Weder anderen Beteiligten in der Situation noch der Situation selbst wird zugestanden, eine eigene Wirkmächtigkeit oder Handlungsfähigkeit zu entwickeln. Der Arbeiter bleibt im Gefüge mit der Maschine verhaftet.

Dies führte schnell zur Einsicht in die Grenzen dieser Forschungen. Schon Willi Pöhler (1969) erkannte das Problem, dass die »Analyse der Kooperationsprozesse mit Hilfe eines phänomenologischen Konzepts« nur dort gelingen könne, »wo der spezifische Charakter dieser Prozesse […] unmittelbar sichtbar« sei (1969: 29). Wenn also der Zusammenhang der verschiedenen Arbeitsweisen selbst schon abstrakt geworden ist, fällt eine phänomenologische Analyse schwer. So beschreibe Popitz in seiner Studie (1957b) die Kooperationsbeziehungen auf nur drei Seiten, während – so ließe sich ergänzen – allein die Vorstudie des Zeitungsabhebens auf ca. 15 Seiten detailliert beschrieben wird (vgl. Bahrdt 2012). Der Vorteil der phänomenologischen Situationsanalyse, zwischen Subjektivität und Objektivität zu vermitteln, »gerät ihr zum Nachteil dann, wenn es geboten ist, die Dimension des dem Subjekt in der Situation Gegebenen zu überschreiten« (Pöhler 1969: 31).

Insgesamt sieht Willi Pöhler drei Grundprobleme der phänomenologischen Situationsanalyse: »Es sind dies einmal die Analyse übergreifender Interaktionsprozesse, die von der einzelnen Situation aus nicht mehr erfaßbar sind; zum anderen die Bindungen der Kommunikation für die phänomenologische Analyse, die selbst nicht mehr thematisiert werden und schließlich die Setzung individueller Autonomie« (1969: 57). Man könnte etwas überspitzt schreiben, dass die in den 1950er Jahren insinuierte phänomenologische Analyse adäquat für ein tayloristisch – sprich: hierarchisch und strikt arbeitsteilig – organisiertes Industrieunternehmen war, jedoch die komplexen und fluiden Interaktionsgeflechte in der Verwaltung und in der aufkommenden Informationsverarbeitung nur bedingt beobachten konnte.[5]

---

5   Bahrdt (2012) führt in seinem Arbeitsplan zur Studie in einem Hüttenwerk selbst nur folgende Grenzen der phänomenologischen Analyse an: (1.) Aussagen über die Realität (jenseits des subjektiven Bewusstseins); (2.) Aussagen über das Unterbewusste; (3.) Aussagen über die gesellschaftlichen Tatsachen; (4.) Akte müssen (für den Beobachter) nachvollzieh-

Nach dieser Kritik folgte eine Rezeptionspause von nahezu zwei Dekaden, ehe Ende der 1980er Jahre wieder das Interesse an den frühen Arbeiten nun im Umfeld der Forschungen zum Thema »Humanisierung der Arbeit« wuchs. Das hintergründige Ziel der Anknüpfung an die (phänomenologische) Situationsanalyse bestand vor allem in der Hoffnung, dass dadurch eine subjektorientierte, im Sinne von menschengerechter Gestaltung von Arbeitsplätzen und -prozessen ermöglicht werde (vgl. dazu u. a. Pöhler 1992). Mit Hilfe der Arbeitssituationsanalyse sollte quasi auf Augenhöhe mit den Arbeitern und Angestellten kommuniziert werden, um Kriterien für das »Humane« im Arbeitsprozess generieren zu können.

Damit wurde ein zentraler Aspekt der phänomenologischen Analyse übernommen: dass sich die beobachteten Akteure in der Beschreibung ihrer Arbeit wiederfinden konnten. Die gesellschaftstheoretischen Hintergrundthesen wurden jedoch komplett ausgeklammert. Das Ziel schien eher, qualitative Beschreibungen des subjektiven Bewusstseins von Arbeitssituationen gegen die kühlen, quantifizierenden arbeitswissenschaftlichen Studien zu positionieren. Gesellschafts*theoretische* Interessen wurden so zu gesellschafts*politischen,* die in der Schaffung und dem Erhalt menschenwürdiger und insofern humanerer Arbeitsplätze bestanden.

Kürzlich erfolgte nun ein erneuter Anschlussversuch an die klassischen Studien der Göttinger Schule. Christina Meyn und Gerd Peter sehen in ihren beiden Anthologien (2010, 2012) die Analyse typischer Arbeitssituationen gar als Voraussetzung für die klassischen, arbeitswissenschaftlichen Untersuchungen und begreifen die Arbeitssituationsanalyse deshalb als »aktuelle Chance« für die »Neuformulierung einer umfassenden interdisziplinären Arbeitsforschung […] in einem Zukunftsszenario subjektivierter Arbeit« – mit dem Ziel: »eine kohärente neue Fundierung einer primären Politik der Reform der Arbeitsgesellschaften« zu ermöglichen (Meyn et al. 2012: 22).

An die Stelle von »Humanisierung der Arbeit« tritt nun ein anderes Schlagwort: das der »subjektivierten Arbeit«, also von Arbeitsweisen, die den Menschen nicht nur körperlich oder psychisch beanspruchen und in seiner Rolle als Arbeitnehmer festlegen, sondern die den Menschen als Person insgesamt fordern (vgl. dazu Moldaschl/Voß 2003). Zu denken ist in diesem Zusammenhang in erster Linie an Tätigkeiten und Berufe (z. B. Flugbegleiter, Verkäufer oder Consultants),

---

bar sein. Besonders der letzte Punkt setzt eine Rahmung der Situation voraus, damit der Beobachter aus vielen einzelnen, konkreten Situationen eine typische Situation zeichnen kann. Bei interaktionsintensiven, raum-zeitlich stark dezentralisierten Arbeitsweisen wird dies in zunehmendem Maße unmöglich. Vielleicht sind diese Beschränkungen der Analyse auch der implizite Grund, warum das stark um die Arbeitssituationsanalyse kreisende Buch von Konrad Thomas (1969) in der Arbeitswissenschaft nicht besonders gut aufgenommen und rezipiert wurde (vgl. Pöhler 1992: 47).

die zunehmend raum-zeitlich und auch sozial entgrenzt werden und schlecht bis überhaupt nicht ausgefüllt werden können, wenn sie nicht als (wichtiger) Teil des Lebens und der gesamten Persönlichkeit begriffen werden.

Mit dieser Verschiebung des Interesses an den phänomenologischen Analysen der Arbeitssituation ist jedoch zum einen der ursprüngliche Anspruch von Bahrdt und Popitz, mehr über das Handlungsgefüge von Mensch und Maschine in konkreten Arbeitssituationen zu erfahren, nur noch am Rande wichtig; zum anderen sind die gesellschaftstheoretischen Hintergrundannahmen nahezu vollständig eliminiert. Gegenwärtiger Anlass für die Aktualisierung der Arbeitssituationsforschung scheint einzig der wahrgenommene Bedeutungsverlust als (ernstgenommener) Akteur bei der (gesellschafts-)politischen Gestaltung von Arbeit zu sein. Dementsprechend sind beide Bände zur Arbeitssituationsanalyse auch als Anthologien gestaltet, ohne die programmatisch angekündigte Neubestimmung der Arbeitswissenschaft auch nur ansatzweise auszutesten. Anscheinend soll der vage Konnex von »subjektivierter Arbeit« auf der einen Seite und einer phänomenologischen, das Subjekt einbeziehenden Situationsanalyse auf der anderen Seite geradezu (selbst) evident sein. Solcher Art verhindert jedoch das Abgleiten von gesellschafts*theoretischen* Problemstellungen zu gesellschafts*politischen* Motivationen eine Neuakzentuierung der Situationstheorie, welche die Analyse sowohl von Handeln als auch Struktur anleitet bzw. die Mikro- und Makroebene verbindet. Eine Rückbesinnung auf die Arbeitssituationsanalysen der 1950er Jahre kann hier weiterhelfen.

(2) Situationsdefinition

Wie schon angedeutet, beschreibt Bahrdt die Situation als »eine Individualität, sowohl in der zeitlichen Dimension als auch in der Dimension des jeweils Gleichzeitigen. *Sie ist das als Jetzt-Ganzheit konstituierte Gefüge materialer Gegebenheiten (einschließlich des Subjekts selbst), in dem das Subjekt jeweils steht.* (Nur ein Wesen, das sich selbst gegeben ist, hat eine Situation.) Umkreis und Ordnung der Situationsgegebenheiten werden bestimmt durch den Modus des ›Sich-in-ihr-Befindens‹. Ihre Ordnungsschemata sind ›hier‹ und ›dort‹, ›jetzt‹ und ›nicht-jetzt‹ (›zukünftig‹ und ›vergangen‹)« (2012: 57).

Damit werden vor allem die Zeitdimension (Jetzt-Ganzheit), die Gegebenheiten (materialer und subjektiver Art) und der aus der Philosophischen Anthropologie bekannte Modus der Selbstdistanzierung in den Mittelpunkt gerückt. Im unmittelbaren Fokus stehen der Bewusstseinsinhalt und die subjektive Definition der Situation. Plausibel ist diese theoretische Konzeptualisierung vor dem Hintergrund der gesellschaftstheoretischen These, dass das (Industriearbeiter-)

Bewusstsein Aufschlüsse über die gesamtgesellschaftliche Entwicklung geben könne. Gleichwohl konnte diese These letztlich nicht gehalten werden. Denn das Bewusstsein des Industriearbeiters von dessen Arbeitssituation kann eben nur äußerst bedingt Auskunft über die (gesamt-)gesellschaftliche Entwicklung geben.

Deswegen wurde im ersten Anknüpfungsversuch an die Arbeitssituationsanalyse von Reiner Löffler (1991) vorgeschlagen, Situationen als *Aktionsfelder* zu begreifen. Statt das Bewusstsein zum wichtigsten Kriterium der Situationsbestimmung zu machen, sollte diese über die Aktionsmöglichkeiten (nicht nur Handeln, sondern auch bloßes Reagieren oder habituelles Agieren) verstanden werden: »Situation kann daher nicht direkt an die Kognitionen der Akteure angekoppelt werden, sondern muß sich zunächst auf ihr Tun, dessen Grenzen und Möglichkeiten konzentrieren« (Löffler 1991: 158). Daher ließe sich eine Situation eher definieren als »ein relativ kurzfristiges und dynamisches Aktionsfeld [...], das durch die vorgängigen Relevanzen der Akteure vorstrukturiert ist, in einem selektiven und perspektivischen subjektiven Erfahrungsfeld partiell repräsentiert werden muß und in dem verschiedene Akteure sich bewegen können, wobei deren Deutungen kompatibilisiert werden müssen« (Löffler 1991: 168).

Damit wird zwar weiterhin auf die subjektive Dimension der Situationsdefinition abgestellt, aber in konstitutiver Weise ergänzt, dass die Deutungen mit denen anderer Akteure ›kompatibilisiert‹ werden müssen. Dieser – sicher der damaligen Zeit geschuldete – technische Begriff bringt den Anderen bzw. alle an der Situation Mitbeteiligten mit ins Spiel. Deutet man nun diese soziale Dimension nicht technisch, sondern konflikttheoretisch, dann gehören zu einer sozialen Situation auch immer der Interessenkampf, das Machtspiel oder der Streit um Deutungshoheit (vgl. Reichertz 2009). Andreas Ziemann[6] definiert deshalb konsequent eine Situation als »ein raum-zeitlich eingefasstes, soziales Aktionsfeld mit spezifischen Objektkonstellationen bzw. zuhandenen Dingen und mit zwei oder mehr sich wechselseitig reflexiv beobachtenden Akteuren und deren (widerstreitenden) Interessendynamiken, Machtmöglichkeiten und Kontrollmechanismen in Bezug auf ein Handlungsziel« (Ziemann in diesem Band, S. 119).

Damit wird erstens das Soziale in der Situationsbestimmung in den Vordergrund gerückt; und zweitens kann dann auch die Brüchigkeit, dass Nichtvorhersehbare, Kontingente und insofern Offene in den Fokus gelangen. Eine Situation wäre also eine weniger oder oft überhaupt nicht durch die bewusste und von anderen nachvollziehbare und insofern auch erwartbare Definition der Situation bestimmt. Vielmehr ist dieser – unbestreitbar in der Empirie oft vorkommende – Situationstyp eben nur ein Typus und nicht schon die Grundlage für eine Definition

---

6 Vgl. neben seinem Aufsatz in diesem Sammelband auch Ziemann (2011).

der Situation.[7] Deswegen müssten Situationen in einem Spektrum verortet werden: Den einen Pol würden dann Situationen darstellen, die durch Frames, Rahmen und Skripte gekennzeichnet sind und dadurch erwartbar und insofern recht institutionalisiert sind. Den anderen Pol würden dagegen Situationen bezeichnen, in denen die Ordnung bzw. die Situationslogik auf dem Spiel steht, bewusst oder nicht-intendiert angegriffen wird oder im Vorfeld überhaupt nur sehr wenig strukturiert ist. Der Fokus liegt im Folgenden auf diesem zweiten Pol, auf Situationen offener Ordnung, die die traditionelle Arbeitssituationstheorie nicht in den Blick nahm.

(3) Situationen offener Ordnung

Ziemann verortet in seiner Kritik an der egologischen Fundierung der soziologischen Situationstheorie, die er überzeugend bei Thomas/Znaniecki und Esser herausarbeitet[8] das Unerwartete und das Offene von Situationen, in der prinzipiellen Undurchschaubarkeit Alter Egos. Damit – so scheint mir – perspektiviert er die offene Ordnung von Situationen stark auf den bzw. die anderen (an der Situation beteiligten) Akteur/e. So wird in seinen Beispielen die Situationsdefinition der beteiligten Akteure zwar überraschend und unerwartet gestört, dies geschieht jedoch immer intentional von einem der anwesenden Akteure. Der Fokus liegt so auf dem Kampf um Deutungsmacht bei der Situationsdefinition. Den Eigenlogiken von Situationen wird damit aber nicht genügend Aufmerksamkeit geschenkt. Denn auch eine fehlende Strukturierung von Situationen (durch Normen, Regeln, Gewohnheiten, Erfahrungen), die Unwissenheit bzw. Inkompetenz der beteiligten Akteure, missbräuchliche und nicht-intendierte Gebrauchsweisen von Gegenständen oder auch zufällige Wahrnehmungsereignisse lassen Situationen nicht-intendiert in eine offene und das heißt vor allem: nicht vorhersehbare Ordnung kippen. Der folgend im Mittelpunkt stehende Situationstypus nimmt diese Eigenlogik der Situation in Arbeitskontexten in den Blick, fokussiert also weder auf Situationen, die genügend strukturiert und erwartbar sind (egologische Definition der Situation), noch auf jene, deren Erwartungen von anderen Akteuren konter-

---

7   Implizit wird damit ein Verfahren fruchtbar gemacht, dass wir schon von Niklas Luhmann kennen. Soziale Ordnung wird nicht als (wie auch immer historisch und sozial relationierter) Ausgangspunkt betrachtet. Die Analysen starten vielmehr mit der Prämisse von unwahrscheinlicher Ordnung und der Frage, wie es trotzdem zu Strukturbildungen kommen kann.
8   Auch wenn Ziemann hier eine andere (Theorie-)Tradition der Situation aufruft, so sollte aus den vorangegangenen Ausführungen verständlich sein, dass auch die Arbeitssituationsanalyse eine dezidiert egologische Variante einer Theorie der Situation darstellt.

kariert werden und dadurch von diesen abhängig sind (alterlogische Definition der Situation). Hilfreich ist dabei eine spezielle Bezugnahme auf Niklas Luhmann.

Niklas Luhmann, bekanntlich kein Theoretiker der Situation, kommt im Zusammenhang mit der Beschreibung von formalen Organisationen auf das Eigenrecht und damit auch auf die Eigenlogik der Situation zu sprechen (vgl. 1999: 295 ff.). Dabei argumentiert er zum einen gegen die Annahme, dass die formale Struktur der Organisation bis in jede einzelne Situation hinein wirksam sei; und zum anderen bezweifelt er, dass die Akteure sämtlich immer schon wüssten, um welche Situation es sich handele, und dementsprechend vernünftig agieren könnten. Zwar gebe es selbstverständlich Frames und Skripte für bestimmte Situationstypen – beispielsweise für Universitätsseminare oder Konferenzen –, aber jede konkrete Veranstaltung sei dann doch je individuell eigen und schränke jeweils die Verhaltensmöglichkeiten spezifisch und im Vorfeld vollkommen unkalkulierbar ein.[9] Deswegen kommt Luhmann zu dem Schluss, dass eine Situation immer »ein Drama unter Anwesenden« (1999: 300) sei. Diese Eigenlogik der Situation kontrastiert er mit der (formalen) Organisation. Denn der besonders für das Agieren in Situationen notwendige *expressive* Verhaltensstil der Beteiligten entziehe sich »der Steuerung durch Organisation« (Luhmann 1999: 303). Organisationen können Mitgliedschaften und die Differenzierung in Hierarchien sehr gut steuern, aber das Mikromanagement der Mitglieder in den verschiedenen Situationen eben nicht.[10]

Insofern wären sämtliche Situationen aus Sicht der Organisation immer schon *offene* Situationen, weil Organisationen nur sehr indirekt Einfluss auf eine Lösung in ihrem Sinne haben. Dies kann auch mit Jo Reichertz (2009: 239) beschrieben werden, der mit der Metapher des gemeinsamen Paartanzes behauptet, dass jede Situation immer schon das Neue enthalte, da Kommunikation prinzipiell undurchschaubar sei. Trotz vorhandener Skripte oder – um in seinem Bild zu blei-

---

9   Dies kann bei jeder Tagung erfahren werden, auch an der, die diesem Sammelband vorausging. Sicher waren die Grundordnung, die Interaktionsanordnung, Regeln und Normen bewusst und wechselseitig voraussetzbar, aber es gab nicht-intendierte Eigenlogiken, wie beispielsweise den argumentativen Einbezug des Plakats der Veranstaltung (siehe dazu den Beitrag von Jo Reichertz im vorliegenden Sammelband). Dies wäre sicher auch Bahrdt aufgefallen, nur hätte er seine Analyse trotz allem auf die notwendigen (!) Typisierungen und das Rollenhandeln konzentriert (vgl. 1984: 74 ff.).

10 Auch wenn nicht auf den Verhaltensstil eines jeden Mitarbeiters durchgegriffen werden kann, so wird durch die Prämierung bestimmter Verhaltensformen und auch durch die Mitarbeiterauswahl versucht, den kognitiven Stil der Mitarbeiter zu beeinflussen. So kann dann der Umgang mit Situationen als solchen der Neuheit und Offenheit (im Gegensatz zur routinemäßigen Abarbeitung) zum Beispiel mit Evaluationen, Zielvereinbarungen, Beteiligungsmethoden motiviert werden. Trotz dieser indirekten Kontextsteuerung gibt es keine Sanktionsmöglichkeiten hinsichtlich des ›Wie‹ der Zielerreichung.

ben – trotz wechselseitig bekannter Tanzschritte sei nicht vorab kalkulierbar, wie sich die Situation konkret entwickeln würde. Dieser Gedanke besitzt viel Plausibilität, jedoch nivelliert er vorschnell zwei Formen der offenen Situation: nämlich die Situation, die als prinzipiell offen konzeptualisiert wird und den Beteiligten gar nicht so offen erscheinen muss, mit jenen Situationen, die auch von den Beteiligten als offen, im Sinne von überraschend und mit gestörter Ordnung, wahrgenommen werden.

Grundsätzlich kann dem Vorstehenden dahingehend unbedingt zugestimmt werden, dass sämtliche konkreten Situationen in ihrem Verlauf nicht vorhersehbar sind, da die daran Beteiligten sich immer zu ihr verhalten müssen und dadurch einen Spielraum besitzen, der das Handeln des Einzelnen nicht zu determinieren vermag. Jedoch sollen als offene Situationen im Folgenden weder Situationen begriffen werden, die durch »Alter« bestimmt oder umdefiniert werden, noch solche Situationen, die immer schon als neu und unvorhersehbar konzeptualisiert sind. Situationen offener Ordnung meint hier einen Typus von Situationen, deren offene Ordnung – im Sinne einer Nicht-Kalkulierbarkeit – den an der Situation Beteiligten bewusst ist. Das meint, dass als Handlungsalternativen nicht nur der Vollzug der Frames und Skripte oder deren Ablehnung präsent sind, sondern dass zwischen verschiedenen Handlungen gewählt werden kann. Die Beteiligten definieren also selbst eine spezifische Situation als offen. Damit sind jedoch keine Situationen mit offenem Ausgang gemeint, die von Routinen und Verfahren strukturiert werden (Brainstorming, Innovationsprozesse etc.), sondern Situationen offener Ordnung, in denen auch die darauf reagierenden Verfahren und Handlungsweisen kontingent sind und ausschließlich durch das generelle Ziel bestimmt sind, dass zum Wohle des Unternehmens gehandelt wird.[11]

Um diese Art von Situationen soll es nun im empirischen Teil gehen. Die These lautet, dass in Unternehmen gegenwärtig starke Bestrebungen zu finden sind, eben solche Situationen offener Ordnung zu gestalten, deren Ausgang nicht vorhersehbar ist – mit der Intention, dass sich dadurch das Unternehmen sowohl besser an die Bedürfnisse der eigenen Mitarbeiter als auch an die der eigenen Kunden anpassen kann.

---

11 Dass diese allgemeine und unspezifische Zielbestimmung notwendigerweise zu Problemen führt, da verschiedene Teilzeile miteinander konfligieren, scheint evident: Gute Arbeitsatmosphäre muss mit einer Kostensenkung und höherer Kundenzufriedenheit sowie Profitabilität nicht in eins gehen.

III Empirie

Die Empirie bezieht dieser Text nicht aus Fragebögen, Interviews oder Gruppen-diskussionen, sondern aus Management-Ratgebern, dort ausgewiesenen Beispie-len und Ansätzen.[12] Die Kritik, dass diese Programmschriften möglicherweise nur sehr wenig mit der Realität in den Unternehmen und konkreten Arbeitssitua-tionen gemein hätten, kann letztlich nicht vollends entkräftet werden. Aber auch wenn nur die wenigsten Ratschläge wie intendiert umgesetzt werden, muss die in dieser Literatur enthaltene Problembeschreibung einen Rückhalt in der täg-lichen Arbeit in den Unternehmen haben. Um gekauft oder gar zum Bestseller zu werden, müssen die von den Managern und Unternehmern wahrgenomme-nen Herausforderungen antizipiert werden. Der Realitätsgehalt der im Folgen-den zusammengetragenen Aussagen liegt darum vor allem darin, dass aufgrund der hohen Auflagen unterstellt werden muss, dass der in der Literatur formulierte Problemhorizont mit dem der Käufer übereinstimmt. Gerade deswegen ist das Problem auch in der Realität wirkmächtig.

(1) Gegenwärtiger Problemhorizont des Managements

Die Hintergrundannahme für sämtliche Organisationsstruktur- und Manage-mentfragen der letzten 20 Jahre ist die Idee einer sich schneller wandelnden Um-welt, worauf Unternehmen mit Flexibilität, Anpassungsfähigkeit und Schnel-ligkeit reagieren müssten, um in der gegenwärtigen globalen Konkurrenz auch weiterhin bestehen zu können. Damit wird – teilweise durch belesene Unterneh-mensberater, teilweise auch vollkommen zufällig – an ein älteres systemtheoreti-sches Verständnis angeschlossen, welches Systeme vor allem unter dem Gesichts-punkt der Stabilität diskutiert hatte. Die Idee war dabei, dass Systemerhaltung »in einer komplexen und fluktuierenden Umwelt nur möglich [ist], wenn das System selbst dynamisch wird. Es muß eigene Prozesse ermöglichen, die je nach Umwelt-lage zu unterschiedlichen Ergebnissen führen, und es muß in gewissem Umfange auch die eigenen Strukturen ändern können, um sich den Umweltverhältnissen anpassen zu können« (Luhmann 1980: 235).

Während das prinzipielle Faktum der Umweltveränderung für das Selbstver-ständnis und das Funktionieren tayloristischer und bürokratischer Organisatio-nen nur von geringer Bedeutung war und die Idee vorherrschte, ein Produkt oder eine Dienstleistung zu entwickeln und diese(s) dann dauer- und massenhaft zu

---

12 Zudem wurden verschiedene wissenschaftliche Studien im Umkreis der Arbeits- und Orga-nisationssoziologie für die empirische Unterfütterung herangezogen.

verkaufen, wird gegenwärtig die Intensivierung von Beziehungen zwischen Organisation und Umwelt (in Form von Zulieferern und Kunden) als die zentrale Strategie gefeiert, um wettbewerbsfähig zu bleiben. Orientierung wird so von Selbst- auf Umweltbezug umgestellt (vgl. Kühl 1998: 48).

Deswegen setzen Unternehmen gegenwärtig auf lose Kopplungen, welches man laut Stefan Kühl (1998: 57) an drei Tendenzen erkennen könne: Auflösung funktionaler Differenzierungen, Enthierarchisierung und Dezentralisierung. Im Gegensatz zu klaren und strikten Vorgaben einer tayloristischen und bürokratischen Organisation »soll das Prinzip der losen Kopplung auf allen Ebenen herrschen« (Kühl 1998: 57), um eine höhere Anpassungsfähigkeit der Strukturen zu ermöglichen.[13] Imaginierter Fluchtpunkt – hier in den Worten vom ehemaligen General Electric-Chef Jack Welch – ist dabei »ein grenzenloses Unternehmen, […] in dem wir die Mauern niederreißen, die uns intern voneinander und extern von unseren wichtigsten Bezugsgruppen trennen« (zit. n. Hirschhorn/ Gilmore 1993: 29).

Zur besseren Veranschaulichung werden die drei angesprochenen Tendenzen vor allem am Beispiel eines Unternehmens dargestellt. Es handelt sich um *Morning Star,* dem laut eigener Aussage weltweit größten Tomatenverarbeiter mit einem jährlichen Umsatz von 700 Mio. US-$. In diesem Unternehmen gibt es keine Manager mehr, jeder Mitarbeiter sei vielmehr selbst der Manager seiner Aufgaben (Hamel 2012: 35).» Die Beschäftigten handeln ihre Zuständigkeiten mit ihren Kollegen aus, jeder kann Geld des Unternehmens ausgeben, und jeder ist selbst dafür verantwortlich, die für seine Arbeit notwendigen Werkzeuge zu beschaffen. Hier ist allein die Erfüllung der jeweiligen Aufgabe das Ziel – das gibt jedem Mitarbeiter weitreichende Einflussmöglichkeiten. Dadurch ist das Unternehmen extrem schnell und flexibel« (Hamel 2012: 25).

Entfunktionalisierung: Funktionale Differenzierung in Abteilungen, die dann in ein hierarchisches Gefüge der Gesamtorganisation eingebettet wurden, war das Kennzeichen einer modernen, formalen Organisation. Gegenwärtig werden jedoch die Grenzen dieser getrennten Abteilungen, von etwa Forschung, Produktion, Vertrieb und Marketing brüchig. »Die ehemals funktional zergliederten Arbeitsprozesse werden jetzt um Produkte oder besser Prozesse herum angesiedelt« (Kühl 1998: 58), um so genannte »Synergieeffekte« aufgrund des kommunikativen Austauschs zu ermöglichen. Jedes Produkt oder jeder Prozess ist dann ein eigenes Profitcenter, ein zumindest virtuelles Unternehmen im Unternehmen, wel-

---

13 In diesem Zusammenhang ist auch die Präsenz des Begriffs »Selbstorganisation« zu verorten. Nachdem im Zuge der Kybernetikforschungen emergente Prozesse mit dem Potenzial der Selbstorganisation beobachtet wurden, wird nun paradoxerweise versucht, solche Prozesse der Selbstorganisation zu organisieren.

ches eigene Zielsetzungen verfolgt und Ressourcen selbstverantwortlich nutzt. Damit soll der Wettbewerbsdruck innerhalb der Gesamtorganisation erhöht werden: Marktprinzipien werden innerhalb der Organisation eingeführt.

Bei Morning Star besitzt jede Abteilung eine eigene Gewinn-/Verlustrechnung und ist damit de facto ein Profitcenter. Dies führt zu mitunter harten Verhandlungen mit anderen Abteilungen desselben Unternehmens als ob es Geschäftspartner eines anderen Unternehmens wären. Entfunktionalisierung wird jedoch bis runter zum einzelnen Arbeitsplatz betrieben: Jeder Mitarbeiter muss sich Geräte und Werkzeuge, die er für seine Arbeit benötigt, selber beschaffen; auch notwendiges Personal kann selbsttätig eingestellt werden. Einzige Bedingung ist eine Wirtschaftlichkeitsanalyse mit Berechnung der erwarteten Rendite und die Absprache mit den Mitarbeitern, die davon betroffen sein werden (vgl. Hamel 2012: 28 f.).

Die dadurch erreichte Flexibilität bringt jedoch eine »ständige Neustrukturierung von Organisationsabläufen« mit sich, so dass »die Kommunikation über die Organisierung kollektiven Handelns immer mehr zur Hauptaufgabe der Mitarbeiter« (Kühl 1998: 62) wird. Immer seltener wird etwas prinzipiell festgelegt, sondern vielmehr auf die kurzfristigen und situativen Neuarrangements vertraut, die meist lose gekoppelt sind und dadurch schnell wieder anders geknüpft werden können.

Dieser permanente Wandel wird positiviert. So findet beispielsweise die Ikone aller modernen Managementratgeber: Tom Peters, keine Kompetenz »so wichtig wie die Fähigkeit, Veränderungen per se herbeizuführen. Die wichtigste Aufgabe der Firma ist daher, Innovationen von allen zu erbetteln, zu fordern. [...] Wer innovative Fertigkeiten entwickeln will, muß einen ständigen Fluß von neuen Projekten, Produkten und Dienstleistungen herbeiführen« (Peters 1988: 303). Man könnte auch schreiben: wer innovativ sein will, muss immer wieder Situationen offener Ordnung kreieren.

Enthierarchisierung: Mit der Auflösung funktional strikt getrennter Bereiche geht auch ein Abbau der Hierarchiestufen im Unternehmen einher. So hat beispielsweise *Otticon,* ein dänischer Hörgerätehersteller, »quasi über Nacht die hierarchischen Strukturen der 120 köpfigen Firmenzentrale in Kopenhagen aufgelöst und neu organisiert. Alle individuellen Arbeitsplätze, Arbeitsplatzeinrichtungen und Arbeitsmittel wurden abgeschafft« (Picot et al. 2001: 229). Neben der Etablierung flacher Hierarchien wurden auch gleich die sonstigen Statussymbole, wie Einzel- oder Eckbüro, Schreibtisch, Sekretärin im Vorzimmer etc., abgeschafft und das Aufgabengebiet des oberen Managements neu definiert. Dieses besteht nun weniger darin, »Anweisungen zu geben, sondern [...] den reibungslosen Ablauf von Prozessen zu ermöglichen« (Davidow/Malone 1993: 180). Eine entsprechende Prognose lautet dann auch, dass das »mittlere Management [...] im Laufe der Zeit fast verschwinden« (Davidow/Malone 1993: 180) werde. Die Vorstellungen, die dabei mit Hierarchie verbunden werden, sind zum einen, dass es zeitlich sehr lange dauert, bis eine Information an die Spitze der Organisation gelangt, und damit zu spät reagiert werden würde. Zum anderen werden allzu oft Willkür oder Inkompetenz bei der Entscheidungsfindung des Vorgesetzten unterstellt.[14] Nur aus dieser Perspektive scheint ein »Jenseits der Hierarchie« (Peters 1993) verlockend. Nichtsdestotrotz werden Hierarchiestufen reduziert und Verantwortlichkeiten an den Rand der Organisation an Personen oder Abteilungen mit Umweltkontakt (Kunden, Zulieferer, Presse) delegiert, um schneller und individueller auf deren Ansprüche reagieren zu können (vgl. u. a. Peters 1993: 628).

Bei Morning Star wurde das Management ganz abgeschafft. Jeder Mitarbeiter ist Manager seiner selbst und wird nicht durch eine hierarchische Ebene überwacht und kontrolliert; die Kontrollinstanz wird so vervielfacht. Positiv formuliert, gibt es nun statt eines abteilungsinternen Wettbewerbs um Posten, einen um Ansehen und Kompetenz; negativ betrachtet, wird der von der Hierarchie gewährte formale Schutz der eigenen Position aufgelöst zugunsten vieler informeller Hierarchien (vgl. Hamel 2012: 30, 35). Dieser totale Wettbewerb wird weiter forciert, da die Mitarbeiter angehalten werden, »sich gegenseitig zur Rechenschaft zu ziehen«, so dass beispielsweise »ein plötzlicher Anstieg bei den Ausgaben nicht unbemerkt« (Hamel 2012: 30) bleibt.

Dezentralisierung: Neben der funktionalen Entdifferenzierung und der Enthierarchisierung der Organisationen bildet die Dezentralisierung eine weitere wichtige Tendenz der gegenwärtigen Entstrukturierung von Arbeitssituationen. Dezentralisierung meint zumeist die Etablierung von Autonomie von einzelnen Teilen (Abteilungen, Personen), welche dann nicht mehr direkt gesteuert werden können und sollen. Die Auflösung fester, hierarchischer Kommunikationswege führt so zu einer Kommunikationszunahme (vgl. Kühl 1998: 61), da die autonomen Elemente sich nun auch anders als erwartet verhalten können.[15] Trotz dieser Schwächung des »Durchregierenkönnens« wird an der Dezentralisierung festge-

---

14 Dabei wird dann nicht beobachtet, dass eine zentrale Funktion der Hierarchie darin besteht, dass Entscheidungen auch jenseits der persönlichen Beziehung getroffen werden können. In entscheidenden Situationen ist der Vorgesetzte nicht auf das Verständnis des Untergebenen oder dessen Achtung angewiesen (vgl. Kühl 2011). Ex negativo ist dieser ungemeine Vorteil besonders bei Entscheidungsfindungen in Situationen ohne Hierarchie zu bemerken.

15 Dies kann mit einer Analogie aus dem Bereich der Stadtsoziologie untermauert werden. Eine der frühen Einsichten der Chicago School war es, dass die modernen Großstädte zu heterogenen Mosaiken werden. Dies führe automatisch zu mehr Mobilität und damit einhergehend zu vielfältigen Individualitäten, die nun jedoch nicht mehr integriert, kontrolliert und regiert werden können. Würde man nun »Stadt« mit »dezentraler Organisation« ersetzen, dann würde dies bedeuten, dass die Arbeitsteilung und die Forderung, sich immer wieder neuen Situationen zu stellen, zu mehr Mobilität, Flexibilität und daher zu mehr Individualität führen müsste. Bezahlt würde dieser Gewinn freilich mit einer schlechteren Regierbarkeit

halten, da die »Quelle der Wertschöpfung [...] von der eigentlichen Produktion zum Kunden verlagert« (Kühl 1998: 60) wird. Deswegen ist die Organisation bestrebt, »die Handlungsspielräume ›vor Ort‹ zunehmend [zu] erweitern und das Höchstmaß an Autorität und Macht nicht an der ›Spitze‹ oder im Unternehmenszentrum [zu] konzentrieren, sondern so weit wie irgend möglich aus[zu]dehnen« (Senge 1996: 349).

Bei Morning Star wird dies so umgesetzt, dass jeder Beschäftigte jährlich einen so genannten Colleague Letter of Understanding (CLOU) aushandelt, eine Art operativer Plan zur Erfüllung der eigenen Aufgaben im Unternehmen. Dies geschieht jedoch nicht mit einem Vorgesetzten, sondern mit den Kollegen, die am meisten mit dem eigenen Arbeitsbereich zu tun haben, mit der Folge, dass nun jeder »ein Vertragspartner in einem Netz aus multilateralen Verpflichtungen« (Hamel 2012: 27) ist. Die Mitarbeiter arbeiten dadurch »sowohl hochgradig dezentralisiert als auch präzise synchronisiert« (Hamel 2012: 25).

Die dadurch entstehende Autonomie eines jeden Mitarbeiters wird als Voraussetzung für permanentes Lernen aufgefasst, wobei darunter weniger eine langsame Akkumulation von Wissen verstanden wird, sondern vielmehr der kreative Akt einer permanenten Zerstörung (Schumpeter) aller Gewissheiten, um offen für Neues zu bleiben: »Nichts schwächt Offenheit mehr als Gewissheit. Wenn wir erst einmal denken, wir hätten ›die Antwort‹, verschwindet jegliche Motivation, unser Denken zu überprüfen« (Senge 1996: 342).

Sicher konnten mit diesen Beispielen die von Unternehmern und Managern wahrgenommenen Herausforderungen nur grob skizziert werden. Deutlich geworden sollte jedoch sein, dass die gegenwärtige Tendenz in der Organisationsgestaltung weniger darin besteht, Prozesse zu fixieren, Routinen zu vervielfältigen, Gewohnheiten zu etablieren und Erwartungssicherheit zu ermöglichen, sondern genau im Gegenteil darin: sich offen für Neues zu zeigen, Strukturen immer wieder in Frage zu stellen, Aufgaben je neu und damit auch anders zu bewältigen.[16] Dies kommt auch in der vom Geschäftsführer von Morning Star gewählten meteorologischen Analogie zum Ausdruck: »Wolken bilden sich und lösen sich auf, weil die Bedingungen in der Atmosphäre, Temperatur und Feuchtigkeit die Wassermoleküle dazu bringen, zu kondensieren oder zu verdampfen. Organisationen sollten auch nach diesem Schema funktionieren. Welche Strukturen sich bilden und verschwinden, muss von Kräften bestimmt sein, die auf die Organisation einwirken. Wenn die Leute frei entscheiden dürfen, können sie diese Kräfte erken-

---

der Mitarbeiter. Siehe weiterführend zur Chicago School den Beitrag von Anna Echterhölter im vorliegenden Sammelband.

16 Dies ist besonders deutlich bei den gegenwärtigen Trends wie »Open Space« oder »Open Innovation« (vgl. u. a. Chesbrough 2003).

nen und so handeln, dass es der Realität angepasst ist.« (Hamel 2012: 32) Auf das
hier diskutierte Thema der Arbeitssituation bezogen, sollen eben nicht typische
Arbeitssituationen hergestellt werden, sondern Situationen offener Ordnung etabliert und ausgehalten werden, weil nur diese – so der Tenor – das geforderte permanente ›Anschmiegen‹ an die Umwelt ermöglichen. In der Konsequenz wird das
Offene und Ungeregelte das neue Typische.

(2) Neuheit als kognitiver Erwartungsstil

Situationen offener Ordnung sind also immer auch mit der Möglichkeit von
neuen Reaktions- und Handlungsweisen verknüpft. Dieser jeweils neue und andere Umgang in und mit den verschiedenen Arbeitssituationen soll nicht durch
eingespielte Gewohnheiten oder erlernte Routinen verhindert werden. Doch ist
es wirklich so evident, dass immer wieder neue, abweichende Handlungen besser für die Organisation sein können? Wenn dies in Kategorien von effizienter
und produktiver gedacht wird, fällt das Urteil sicher negativ aus. Denn, wenn immer wieder alles neu durchdacht werden muss und keine Handlungen wiederholt
werden sollen, können diese auch nicht hinsichtlich Effizienz und Produktivität
optimiert werden.

Wenn Unternehmen versuchen, immer wieder neue Situationen herzustellen
und einen permanent neuen Umgang mit ähnlichen Situationen zu befördern, indem diese als Chance begriffen werden, es neu und anders und damit besser angepasst zu machen, dann werden Wiederholungen unwahrscheinlicher. Damit wird
jedoch auch das Handeln der anderen weniger erwart- und voraussehbar, was Ko-
ordinierungs- und Synchronisationsprozesse erschweren, ja geradezu unmöglich
machen müsste. Denn erst durch Wiederholung und entsprechendes Lernen werden Situationen erwart- und voraussehbar. Mit fehlender Erwartbarkeit geht eine
geringere Verlässlichkeit einher. Dies aber kann kaum im Interesse der Organisation sein.

Deswegen muss gefragt werden, wie diese nur gering strukturierten Situationen offener Ordnung doch strukturfähig sind. Denn ganz ohne Erwartungsstrukturen wäre anschlussfähiges Handelns nicht mehr möglich, und das System
könnte sich nicht reproduzieren (vgl. Luhmann 1984: 392): »Man kann mehr Unsicherheit im System nicht einfach durch mehr Unsicherheit des Erwartens beantworten« (Luhmann 1984: 436). Erwartungsstrukturen sind immer Einschränkungen des Möglichkeitsspielraums (vgl. Luhmann 1984: 397). Es müssen also trotz
aller geforderten Offenheit Einschränkungen vorgenommen werden, um An-
schlussfähigkeit herzustellen. Die These lautet, dass moderne Organisationsfor-
men dies ähnlich wie in den Massenmedien und in der Kunst modellieren und

Neuheit als kognitiver Erwartungsstil ausgebildet und präferiert wird. Man kann nicht erwarten, wie die Situation sich gestalten wird; aber man kann erwarten, dass es immer Aspekte geben wird, die überraschend, neu und eben nicht erwartbar sind. Im Gegensatz zu normativen Erwartungen wird deshalb auf *kognitive* Erwartungen umgestellt. Wären die Erwartungen normativ, würde auch im Enttäuschungsfall weiterhin an ihnen festgehalten. Ein Lernen fände nicht statt. Doch genau das versucht das Management, gegenwärtig durch Hierarchieabbau, Dezentralisierung und Entfunktionalisierung unter allen Umständen zu vermeiden. Deswegen werden die Erwartungen als kognitive Erwartungen konzipiert, die im Enttäuschungsfall geändert werden können und daher zum Lernen anregen (vgl. Luhmann 1984: 436 ff.). So soll die Organisation mit genügend Irritation und Unruhe versorgt werden, um auch weiterhin wettbewerbsfähig zu sein. Denn einem kognitiven Erwartungsstil entspricht die Differenz von Wissen und Nichtwissen (vgl. Luhmann 1984: 439). Imaginiert wird so, dass in jeder Situation Abweichungen von Bekanntem als etwas Neues, zu Lernendes markiert werden können. Jede Handlung des Anderen, jede Mitteilung kann als Information – im Sinne von Bateson als ein Unterschied, der einen Unterschied macht – fruchtbar gemacht werden. Am Topos der »lernenden Organisation« (Senge 1996) wird dies besonders deutlich. Es soll gerade nicht erwartet werden, dass eine Situation einen typischen Verlauf nimmt. Die Aufmerksamkeit soll sich vielmehr auf die überraschenden Neuigkeiten richten, die dann wieder als Anlass für temporäre Strukturbildung genommen werden.

Eine von der Gebrauchsanweisung abweichende Nutzung eines Produkts wird dann beispielsweise nicht zum Anlass genommen, die Beschreibung anzupassen, sondern ein »neues« Produkt auf den Markt zu bringen, welches eben die in der abweichenden Nutzung sichtbar gewordenen Bedürfnisse erfüllen kann. Das User-Feedback kann so produktiv gemacht werden. Störung, Irritation und Überraschung werden damit nicht als zu vermeidendes Übel konzipiert, sondern als erwartbare Anlässe für nicht planbare und im Voraus kalkulierbare Strukturbildungen. Wer deshalb langfristig und strategisch mit Abweichungen und Überraschungen rechnet und auf offene Arbeitssituationen umstellt, der scheint im (erwarteten) Vorteil inmitten konkurrierender Marktlagen (sowohl innerhalb als auch außerhalb der Organisation).

IV Die offene Ordnung gegenwärtiger (Arbeits-)Situationen

Wurde im ersten theoretisch gehaltenen Teil zum einen auf Arbeitssituationen und zum anderen auf Situationen offener Ordnung fokussiert, so konnte in der Empirie gesehen werden, dass diese Situationen offener Ordnung derzeit von Organisationsberatern und vom Management gezielt herzustellen versucht werden. Der hier vorgestellte Situationsbegriff, dessen theoretischer Zuschnitt und die empirischen Beispiele zielten sämtlich auf die Beobachtung von Situationen offener Ordnung. Damit wurde ein spezifischer Situationstypus in den Mittelpunkt gerückt. Behauptet werden sollte nicht, dass sämtliche Situationen solche einer offenen Ordnung sind. Auch in den hier im Fokus stehenden postbürokratischen und posttayloristischen Unternehmen sind viele Situationen durch Skripte und Frames derart strukturiert, dass sie quasi automatisch ablaufen und auch von einem Beobachter ohne Probleme erkannt und nachvollzogen werden können.

Behauptet werden sollte jedoch, dass eine Beschreibung, die die Situation weder von Ego noch von Alter her bestimmt, sondern bei der Eigenlogik der Situation ansetzt, gegenwärtigen Arbeitssituationen, die als solche offener Ordnung gestaltet sind, überhaupt erst gerecht wird und ihre Charakteristika in den Blick bekommt. Eine egologische Fundierung würde – wie bei Meyn (2010, 2012) – vor allem auf die Probleme der Arbeitnehmer fokussieren und dann Burnout, Überlastung, Hektik, Stress diagnostizieren können. Die alterlogische Fundierung – wie von Ziemann vorgeschlagen – würde dann vor allem die Manager und Unternehmensberater, die diese (Arbeits-)Situationen offener Ordnung gestalten wollen, in den Blick nehmen und die Deutungskämpfe hinsichtlich der Situationsdefinition thematisieren können. Die Folge wären Beschreibungen von spannungs- und konfliktreichen Situationen in Arbeitskontexten.

Eine Situationsanalyse, wie sie hier ansatzweise eingeführt wurde, sollte dagegen die Konsequenzen sowohl für Alter als auch für Ego in den Blick bekommen. Situationen sollen als offener definiert und als weniger strukturiert wahrgenommen werden, um Anpassungsleistungen und Lerneffekte zu ermöglichen. Deshalb – so wurde argumentiert – wird Neuheit als kognitives Erwartungsmuster in Unternehmen immer wichtiger. Normen, an denen auch im Enttäuschungsfall festgehalten wird, werden dagegen entwertet.

Neben diesen beiden Formen (normativ und kognitiv) des Umgangs mit Erwartungsenttäuschungen kann mit Luhmann (1984: 442) noch eine dritte ausgemacht werden. Er spricht davon, dass es »mehr und mehr zu Unfällen oder sonstigen akzidentellen Schädigungen« käme, die jedoch »als Zufall abgewickelt« würden, ohne Anlass zu »normativen Sanktionen noch zu lernender Anpassung des Erwartens« zu geben. Damit wird eine Situation als »Zusammentreffen verschiedener Umstände, mit dem niemand zu rechnen brauchte und auch weiterhin nicht zu rechnen braucht« und somit als »einmalig und unwiederholbar« beschrieben. Das wäre dann eine Definition als Situation offener Ordnung par excellence; jedoch sicher eine, die nicht intendiert, geschweige denn gestaltet werden sollte, da weder etwas gelernt werden kann noch Erwartungen trotz des Enttäuschungsfalls bestätigt und damit weiterhin zur Orientierung genutzt werden können. Es sind vielmehr Situationen, die keinen Unterschied ausmachen, da sie als singulärer »accident« verstanden werden.

Vielleicht sind es – entgegen der anfangs geäußerten Vermutung – diese Art von Situationen, auf die das geflügelte Wort vom »täglichen Grüßen des Murmeltiers« reagiert. Eben auf Situationen, die als »Un- und Zufälle« behandelt werden, aus denen weder etwas gelernt werden noch auf die normativ im Sinne von Verantwortlichkeit reagiert werden müsste – eben als: »seinesgleichen geschieht« (Musil). Dies kann dann entweder positiv als Entlastung des »unternehmerischen Selbst« (Bröckling) vom permanenten Entscheidungsdruck gesehen werden oder negativ als Möglichkeit aufgefasst werden, sich aus der Verantwortung zu stehlen. Die Entscheidung darüber obliegt dem Leser, die Sichtbarmachung jedoch einer adäquaten (Situations-)Theorie.

Literatur

Bahrdt, Hans Paul (1958): Industriebürokratie. Versuch einer Soziologie des industrialisierten Bürobetriebes und seiner Angestellten. Stuttgart: Enke.

Bahrdt, Hans Paul (1984): Schlüsselbegriffe der Soziologie. München: Beck.

Bahrdt, Hans-Paul (2012): Arbeitsplan zur Untersuchung in einem Hüttenwerk. In: Meyn, Christina/Peter, Gerd/Dechmann, Uwe et al. (Hg.): Arbeitssituationsanalyse. Wiesbaden: VS-Verlag für Sozialwissenschaften, S. 54–80.

Chesbrough, Henry William (2003): Open innovation. The new imperative for creating and profiting from technology. Boston: Harvard Business School Press.

Davidow, William H./Malone, Michael S. (1993): Das virtuelle Unternehmen. Der Kunde als Co-Produzent. Frankfurt a. M.; New York: Campus.

Fischer, Joachim (2006): Philosophische Anthropologie – Ein wirkungsvoller Denkansatz in der deutschen Soziologie nach 1945. In: Zeitschrift für Soziologie, Jg. 35/H 5, S. 322–347.

Hamel, Gary (2012): Schafft die Manager ab! In: Harvard Business Manager, Nr. 1, S. 22–36.

Hirschhorn, Larry/Gilmore, Thomas (1993): Die Grenzen der flexiblen Organisation. In: Harvard Business Manager, Nr. 1, S. 29–39.

Kühl, Stefan (1998): Wenn die Affen den Zoo regieren. Die Tücken der flachen Hierarchien. 5., erweiterte Ausgabe. Frankfurt a. M.; New York: Campus.

Kühl, Stefan (2011): Organisationen. Eine sehr kurze Einführung. Wiesbaden: VS-Verlag für Sozialwissenschaften.

Löffler, Reiner (1991): Die Definition von Arbeitssituationen. Plädoyer für eine neue Arbeitssoziologie. Göttingen; Augsburg: Cromm.

Luhmann, Niklas (1980): Temporalisierung der Komplexität: Zur Semantik neuzeitlicher Zeitbegriffe. In: Ders.: Gesellschaftsstruktur und Semantik. Studien zur Wissenssoziologie der modernen Gesellschaft. Band 1. Frankfurt a. M.: Suhrkamp, S. 235–300.

Luhmann, Niklas (1984): Soziale Systeme. Grundriß einer allgemeinen Theorie. Frankfurt a. M.: Suhrkamp.

Luhmann, Niklas (1999): Funktionen und Folgen formaler Organisation. Mit einem Epilog 1994. 5. Auflage. Berlin: Duncker & Humblot.

Meyn, Christina/Peter, Gerd (Hg.) (2010): Arbeitssituationsanalyse. Band 1: Zur phänomenologischen Grundlegung einer interdisziplinären Arbeitsforschung. Wiesbaden: VS-Verlag für Sozialwissenschaften.

Meyn, Christina et al. (Hg.) (2012): Arbeitssituationsanalyse. Band 2: Praxisbeispiele und Methoden. Wiesbaden: VS-Verlag für Sozialwissenschaften.

Moldaschl, Manfred/Voß, G. Günter (Hg.) (2003): Subjektivierung von Arbeit. München; Mering: Reiner Hampp Verlag.

Peters, Tom (1988): Kreatives Chaos. Die neue Management-Praxis. Hamburg: Hoffmann und Campe.

Peters, Tom (1993): Jenseits der Hierarchien. Liberation Management. Düsseldorf u. a.: Econ.

Picot, Arnold/Reichwald, Ralf/Wigand, Rolf T. (Hg.) (2001): Die grenzenlose Unternehmung. Information, Organisation und Management. Wiesbaden: Gabler.

Pöhler, Willi (1969): Information und Verwaltung. Versuch einer soziologischen Theorie der Unternehmensverwaltung. Stuttgart: Enke.

Pöhler, Willi (1992): Die Bedeutung situativer Analysen für die Arbeits- und Organisationsgestaltung. In: Arbeit. Zeitschrift für Arbeitsforschung, Arbeitsgestaltung und Arbeitspolitik, Jg. 1/H 1, S. 45–63.

Popitz, Heinrich et al. (1957a): Das Gesellschaftsbild des Arbeiters. Soziologische Untersuchungen in der Hüttenindustrie. Tübingen: Mohr.

Popitz, Heinrich et al. (1957b): Technik und Industriearbeit. Soziologische Untersuchungen in der Hüttenindustrie. Tübingen: Mohr.

Reichertz, Jo (2009): Kommunikationsmacht. Was ist Kommunikation und was vermag sie? Und weshalb vermag sie das? Wiesbaden: VS-Verlag für Sozialwissenschaften.

Schumann, Michael (2010): Industriesoziologische Arbeitsanalyse: Die tiefen Spuren von Popitz/Bahrdt. In: Meyn, Christina/Peter, Gerd (Hg.): Arbeitssituationsanalyse. Band 1: Zur phänomenologischen Grundlegung einer interdisziplinären Arbeitsforschung. Wiesbaden: VS-Verlag für Sozialwissenschaften, S. 348–354.

Senge, Peter M. (1996): Die fünfte Disziplin. Kunst und Praxis der lernenden Organisation. Stuttgart: Klett-Cotta.

Thomas, Konrad (1969): Analyse der Arbeit. Möglichkeiten einer interdisziplinären Erforschung industrialisierter Arbeitsvollzüge. Stuttgart: Enke.

von Ferber, Christian (2010): Subjektive und objektive Arbeitssituation – wo stehen wir in der phänomenologischen Analyse heute? In: Meyn, Christina/Peter, Gerd (Hg.): Arbeitssituationsanalyse. Band 1: Zur phänomenologischen Grundlegung einer interdisziplinären Arbeitsforschung. Wiesbaden: VS-Verlag für Sozialwissenschaften, S. 169–187.

Ziemann, Andreas (2011): Handlung und Kommunikation – eine situationstheoretische Reformulierung. In: Schröer, Norbert/Bidlo, Oliver (Hg.): Die Entdeckung des Neuen. Qualitative Sozialforschung als Hermeneutische Wissenssoziologie. Wiesbaden: VS-Verlag für Sozialwissenschaften, S. 117–132.

Das Komische der Situation – die Situation des Komischen

Christiane Voss

I Vorbemerkungen

Meine folgenden Überlegungen beschäftigen sich mit der Frage nach der Bestimmbarkeit des Situationsbegriffs, indem ich auf die wesentlich umfangsschwächere Frage fokussiere, was sich an Strukturmerkmalen speziell *komischer* Situationen ausweisen lässt. Während Situationen generell schwerlich unter *eine* informative Definition zu fassen sind,[1] finden sich in Bezug auf *komische* Situationen immerhin vereinzelte Theoriebestimmungen, unter denen ich vor allem auf Motive von Sigmund Freud (1905) – genauerhin auf sein Werk »Der Witz und seine Beziehung zum Unbewußten« – und ergänzend auf Motive von Henri Bergson (1948) im Rekurs auf seinen Essay von 1900 »Le rire« eingehen werde. Manch grundlegende Aspekte und phänomenale Charakteristika komischer Situationen lassen sich zudem aus der Abgrenzung von anderen Situationstypen wie der tragischen und der erhabenen Situation gewinnen. In einem letzten Teil des Beitrags werden die hier anzustellenden Überlegungen schließlich mit einer repräsentativen Filmsequenz von »Leoparden küßt man nicht«[2] zu konfrontieren sein.

II Zur subjektiven Perspektivierung der Situationskomik

Mit der Themenbeschränkung und Autorenwahl sind bereits methodisch durchaus nicht selbstverständliche Voreinstellungen im Zugriff auf das Situationsthema verbunden. Denn Freud und speziell Bergson betonen zwar in ihren Überlegun-

---

1 Siehe dazu auch den einleitenden Problemaufriss von Andreas Ziemann im vorliegenden Sammelband.
2 Engl. Titel: Bringing Up Baby, USA 1938; Regie: Howard Hawks.

gen zur Situationskomik den *Eigensinn der Objekte,* die *Dominanz des Physischen über das Psychische* sowie *die tückische Verselbstständigung von Handlungsbedingungen gegenüber den Handlungsträgern.* Doch führt dies *nicht* per se zu einem grundlegend objektivistischen Verständnis von Situationen im Sinne der Akteur-Netzwerk-Theorie Latours zum Beispiel, der zufolge die ins Recht zu setzende Handlungsmacht von Dingen und technischen Umwelten gegenüber der von Subjekten behauptet wird. Die Phänomene des Komischen sind für Freud und Bergson und so auch für meine Überlegungen im Kern deutlich *anthropozentrischer* und in weiten Zügen sogar *subjektzentrierter Natur.* Gleichwohl kann ich jenen Arbeitsdefinitionen zum Situationsbegriff folgen – gerade in der Einstellung auf das Komische –, die aufgrund der Personen- und Dingverflechtungen und ihren Wechselwirkungen die grundlegend *soziale* wie auch *dynamische* Struktur betonen und von dort aus nicht zuletzt das Offene, Unvorhergesehene oder Überwältigende fokussieren.

Im Register der *komischen Situation* werden konkrete Affekt- und Wertbindungen von Personenkonstellationen in raum-zeitlich begrenzten Szenarien auf *expressive* Weise durchgespielt. Eben diese Fixierung auf Konkretes und vermeintlich Akzidentelles bringt komischen Situationen seit jeher den Ruf ein, profan zu sein, und macht sie traditionell gut abgrenzbar von *tragischen* und *erhabenen* Situationen. Auch diesen Situationstypen, die ihre Genreentsprechungen in der Tragödie und dem Drama finden, eignen charakteristische Affekt- und Wertbindungen. Im Register *erhabener Situationen* kommt es zu *überwältigenden* Kontrasterfahrungen von Endlichkeit und Ewigkeit oder zur Überwältigung durch die Wahrnehmung unermesslicher Größendimensionen. Maßstäblich dafür sind durchgehend die menschlichen Wahrnehmungs- und Erkenntnisgrenzen. In *tragischen Situationen* kommt es zum Leiden und Scheitern an einem unverschuldeten Dilemma, das sich zwischen normativ gleichermaßen gültigen und doch inkompatiblen Handlungsordnungen für ein Subjekt einstellt. Gerade das tragische Register ist immer schon *Situationstragik* und nicht Ausdruck oder Effekt von idiosynkratischen Wunsch- oder Charakterbedingungen individueller Akteure. Denn tragische Akteure sind, wie Antigone und viele andere, stets heldenhaft darin, überindividuelle Repräsentanten objektiver Konflikte zu sein. Tragische Helden sind eher *Medien* als Eigentümer ihrer Handlungen.

Komische Protagonisten hingegen sind, wenn auch nicht per se im Gegensatz dazu, nur allzu oft ihren persönlichen Eigenschaften, fixen Ideen oder kontingenten Bedürfnissen ausgeliefert. In den so genannten *Charakterkomödien* steht entsprechend die Typisierung von Charakteren im Zentrum, wofür Molières »Der Geizige« oder Charlie Chaplins »The Tramp« repräsentativ sind. Handeln komische Akteure schließlich so, als ob sie von unsichtbaren Fäden undurchschaubarer Mächte geradezu marionettenhaft ferngesteuert werden, so haben wir es der traditionellen Unterscheidung zufolge mit *Situationskomik* im engeren Sinne zu tun. Die screwball-artigen Verstrickungen und Verwechslungen, welche die Akteure immer weiter in unfreiwillige Handlungsverkettungen stürzen, werden unter anderem in dem Film »Leoparden küßt man nicht« beispielhaft durchgespielt, auf den noch zu kommen sein wird.

Ein erstes wichtiges Merkmal des Komischen lässt sich unmittelbar dem Vergleich von *komischen* mit *tragischen* bzw. *erhabenen Situationen* entnehmen. Während sich erhabene oder tragische Situationen (und deren mediale Darstellungen) – bedingt durch die Würde ihrer Themen – *nach innen auf die Protagonisten der Situation hin abschließen*, adressieren komische Situationen in ihrer zentripetalen Expressivität stets einen Beobachterstandpunkt, der idealerweise von einem *lachenden*, zumindest aber *vergnügten* Beobachter eingenommen wird. Typischerweise fallen solche Beobachterstandpunkte nicht nur mit einer äußeren Betrachterposition zusammen, sondern werden zusätzlich auch handlungsimmanent berücksichtigt. So sind zum Beispiel die Off-Kommentare oder Monologe in Filmen sowie Lacher innerhalb komischer Situationen und generell der Ausstieg aus der Handlung eines Akteurs, der sich dem Publikum explizit zuwendet, bekannte Varianten einer derartigen Einbeziehung externer Standpunkte. Insofern komische Situationen in *ihre Anordnung* bereits Standpunkte höherer Ordnung mehr oder weniger explizit einbeziehen, sind sie – und das gilt speziell ihren künstlerischen Darstellungen – genuin *reflexiv*. Darüber hinaus sind komische Situationen auch theatralisch. Denn erst dort, wo eine komische Adressierung gelingt, kommt auch die Situation zu ihrer komikspezifischen Erfüllung und ist abgeschlossen. Lachend oder vergnügt werden Beobachter in eine komische Lage verstrickt und so gleichzeitig von ihr distanziert. Das Befreiende, auch Sympathetische des Lachens verschwistert sich immer schon mit seinen abgestoßenen und aggressiven Komponenten dessen, was man als *gemischte Lust am Komischen* überschreiben könnte.

Komische Situationen, das sei hier als zentrales Charakteristikum hervorzuheben, *verdoppeln sich gewissermaßen im Vollzug ihrer gelingenden Adressierung selbst*. Sie verdoppeln sich genauer gesagt durch die Verschiebung ihrer Dezentrierung an einen anderen Ort. Über Modi der Ansteckung und Affizierung eines imaginären oder faktischen Beobachters wandert nämlich die Dezentrierung komischer Situationen zu jenem über. Komische Situationen treiben somit von sich aus über ihre gerahmten Desorientierungen hinaus eine affektiv-kognitive Desorientierung eines lachenden Beobachters außerhalb ihrer Settings an. Diese Wirkungsmacht macht sie zu generischen Formen, die, mit Freud gesprochen, Besetzungsenergien verschieben. Oder anders formuliert: Was einer komischen Situation an verstelltem Sinn und Unsinn auf der *repräsentationalen* Ebene zu entnehmen ist, bildet sich beim (idealen) Beobachter in einer Art *Mimesis* der Irritation und Überforderung nochmals *zuständlich* ab.

Während tragische Situationen, wie bereits Aristoteles hervorhob, *auch* auf spezifische Rezeptionswirkungen zielen – indem sie etwa die bekannten kathartischen Gefühle des Mitgefühls und Erschauerns hervorrufen –, sind komische Situationen strikter als jene in ihrer Vollzugslogik auf ein Außen bezogen. Wenn das Lachen über sie oder das Vergnügen an ihnen die Distanz zwischen Situation und Beobachter bestätigt *und zugleich* unterläuft, sind komische Situationen erst als solche konstituiert. Das Gleiche gilt für den Witz. Erst in der lachenden Antwort auf einen erzählten Witz, so führt es Freud am Beispiel der Zote anschaulich aus, ist die erleichternde Legitimität der Normüberschreitung vollzogen, die jeder Witz – sei es gestisch oder verbal – in Szene setzt. Nur dann gelingt Freud zufolge die Energie-Ersparnis, wenn sich das Lachen über die Zote an die Stelle der Zensur setzt, ohne dass das zugrunde liegende Verbot sexueller Belästigung aufgehoben wäre. Wo das Lachen oder dessen Substitut ausbleibt, herrscht Normendissens, der die Situation dann ins offen Peinliche umschlagen lässt.[3] Deshalb *riskiert* jeder Witzeerzähler und Komiker etwas: nämlich die Sprengung einer Situation, die ohne Ab- und Anschluss ins amorph Offene ausfranst. Die antizipierte Übereinstimmung mit den komisch Adressierten und die genaue Kenntnis der für sie geltenden Normen sind daher die unhintergehbaren Prämissen für Witzerzählungen und komische Settings gleichermaßen. Verläuft eine komische Intervention erfolgreich, ist jedoch nicht nur ein Konsens hergestellt, sondern in eins damit auch ein *Ereignis,* das seine dynamische Eigenlogik zugleich an seiner Oberfläche freilegt. Denn komische Situationen operieren nicht mit dem Geheimnis, vielmehr stellen sie ihre Pointierungen überdeutlich aus.

Das dergestalt adressierte Außen wird dann insofern lachend in die Lage hineingezogen, als ihm die Aufgabe zukommt, diese performativ zu bestätigen und damit allererst zu einer komischen zu *weihen.* Erst dann fungiert auch umgekehrt die verlachte Binnenlage einer Situation als *Grund und Rechtfertigung* für das Lachen. Damit wird das Lachen oder Vergnügen eines adressierten Beobachters zu einem zweischneidig-entscheidenden Faktor. Freud führt zwar das Lachen und Vergnügen zunächst als die angemessene und erwartete *Reaktion* auf das Komische ein. Doch im weiteren Fortgang seiner Argumentation kehrt sich die Bedingungslogik um: Nicht das Komische einer Lage bringt das Lachen hervor, sondern erst das Lachen besiegelt den komischen Charakter einer Situation. Das ist die aus meiner Sicht für die Situationsfrage eigentlich interessante Pointe an Freuds triebökonomischem Ansatz. Erst mit dem Eintreten des Lachens oder zumindest des schmunzelnden Vergnügens ist der Beweis des Komischen einer Lage erbracht.

---

3   Anschlussfähig hieran auch die soziologische Diagnose Luhmanns: »Lachen ist ein soziales Geschehen; man lacht nicht, wenn man allein ist, und wenn man in Gesellschaft anderer allein lachen muß, ist das peinlich, man fällt aus der Rolle.« (1999: 342)

Warum? Weil sich darin Freud zufolge erst hinlänglich anzeigt, dass die im La-chen abgeführte Energie auch tatsächlich lustvoll genossen werden kann, anstatt in andere, ernsthaftere Tätigkeiten oder Vorstellungen investiert werden zu müs-sen. Die komische Lage ist demzufolge stets durch abweichende Lagedeutungen gefährdet und steht zu ihnen in Konkurrenz. Im schließlich einsetzenden Lachen oder Vergnügen triumphiert so gesehen immer auch die komische Deutung einer Lage über alternative Deutungen.

Diesen Aspekt gilt es in Beziehung auf die Rahmungsfrage durch komische Si-tuationen zu vertiefen. In besagter Schließung eines Kreislaufes zwischen dem In-nen und Außen einer komischen Lage versetzen komische Situationen ihre eigene Rahmungslogik in eine irritierende Schwebe und werden selbst zu *Kippphänome-nen*, wie Wolfgang Iser es bezeichnet (vgl. 1976). An diesem Punkt kann man sich an Lacans Möbius-Band erinnert fühlen, das er im Seminar X anführt und mit dessen Hilfe er eine Struktur immanenter Transzendenz in *topologischer* Weise zu veranschaulichen sucht (vgl. 2004). Ein Möbius-Band hat *zwei* Seiten, eine innere und eine äußere, aber nur *eine* Oberfläche. Bewegen wir uns an einer Seite des Bandes entlang, so gelangen wir irgendwann unbemerkt und ohne eine Grenze zu übertreten von der Außenseite auf die Innenseite des Bandes und umgekehrt (vgl. Zupančič 2008: 54). In dieser Kippform verschränken sich Außen- und Innenseite wie die komische Adressierung mit dem Adressierten *fließend*.

Komische Situationen – sowohl jene des Lebens wie auch die künstlerisch her-gestellten – sind aufgrund ihrer dynamischen Rahmung meines Erachtens nicht darauf zu reduzieren, dass sie Orientierungen vorgeben, die sie in ihrem Verlauf praktisch wie theoretisch durchkreuzen lassen. Medien der Rationalitätskritik sind komische Situationen insofern zwar immer *auch*. Und sämtliche auf Inkon-gruenz und Widersinnigkeit zielenden Definitionen des Komischen in der Phi-losophiegeschichte gehören damit hierher. Doch dieser rationalitätskritische Zu-gang zur Komik verkürzt diese zu einseitig auf ihr kognitives Potenzial. Durch Übertragung und Ansteckung *verändern* komische Situationen die Lage ihrer Be-obachter auch instantan und aktiv. Sie verunsichern dessen Positionierung, die einerseits referenziell mit eingebaut ist, dies aber derart, dass sie rahmenspren-gend und invertierend immer wieder zwischen außen und innen verrutscht und damit im wörtlichen Sinn *eu-topisch* werden muss.

Die hier in Stellung gebrachte Funktion der *Affizierung* durch komische Si-tuationen ist nicht *nur* physiologischer Natur und nie *nur* Begleitphänomen ko-mischer Darstellungen. Sie lässt sich vielmehr als Medium eines bewegten Sei-ten- und Perspektivwechsels zwischen dem Außen und Innen einer komischen Lage in den Blick nehmen. Dabei ist das Lachen über das Komische, die Affi-zierung durch komische Situationen stets auch *inhaltlich* zurückgebunden an die je situationsspezifische Artikulation inkohärenter oder *ver*-rückter Verhältnisse.

Wäre das nicht der Fall, so würde das auszeichnende Genremerkmal für solche Lagen entfallen. An diesem Punkt wird nochmals prägnant, inwiefern komische Situationen von *anthropozentrischem* Wert sind. Die durch die menschliche Endlichkeit und psycho-physische Beschränktheit *pragmatisch* notwendig werdende Einnahme selektiver Perspektiven findet sich *im Grunde immer* vor eine Überkomplexität von Situationen gestellt, an der sie abprallt. Nur die habituelle Ausschaltung dieses Tatbestands ermöglicht ein selbstbewusstes und orientiertes Handeln in Situationen. Die Realisierung des basalen Ungleichgewichts von menschlicher Begrenztheit und überkomplexer Weltlichkeit ins Spielerische zu transponieren, mag man durchaus als Grundfunktion aller Komik beschreiben.

III Freud

Nicht zuletzt vor diesem Hintergrund hält Freud (1905) die *quantitative* Dimension von Vergleichen zwischen allen mögliche Formaten des Großen und Kleinen, des Höherstehenden und Niederen, des Einzelnen und Allgemeinen, des Wenigen und Vielen für die eigentlich komische und ganz materialistische Grundoperation. Immer dann, so lautet Freuds These, wenn wir es mit einer triebökonomischen Unverhältnismäßigkeit zu tun haben, die sich aufspannt zwischen dem aufgebrachten Energie-Aufwand einer gedanklichen, körperlichen oder emotionalen Aktivität und demgegenüber zu groß oder zu klein geratenen Effekten oder Ausführungen dieser Aktivität, befinden wir uns potenziell in komischen Lagen.

Die Abhängigkeit komischer Situationen von anderen Situationen wird noch deutlicher, wenn Freud auf die günstigen und hinderlichen Bedingungen für Situationskomik zu sprechen kommt (vgl. 1905: 189 ff.). Zu den günstigen Bedingungen für die Bereitschaft zur komischen Deutung einer Lage zählt er: (a) eine bereits vorliegende heitere Stimmung, (b) die explizite Erwartung von Komischem, etwa beim Besuch einer Theaterkomödie, und (c) andere lustvolle Tätigkeiten, welche komische Lust bzw. Lust am Komischen quantitativ zu verstärken helfen. Zu den die Situationskomik *verhindernden* Faktoren zählt er erstens die Beschäftigung mit ernsten Vorstellungen und Gedanken und zweitens die aufmerksame Beschäftigung mit dem Vergleich, aus dem sich eigentlich erst etwas Komisches ergeben soll. Der komikkonstitutive Vergleich – so Freud – müsse *automatisch* und von der bewussten Aufmerksamkeit unbemerkt ablaufen. Die Kontrastwirkung von nicht zueinander passenden Größenverhältnissen oder Bedeutungsfeldern ist nur dann situativ komisch, wenn jeder einsichtige Maßstab des Vergleichs fehlt. Die Überrumpelung des Intellekts und der Wahrnehmung durch die Geschwindigkeit, mit der unpassende Dinge situativ ins Verhältnis zueinander gerückt werden, ist also ein weiterer entscheidender Faktor von Situationskomik.

Genossen wird an komischen Situationen also immer zweierlei: die Freisetzung von Lust an sich selbst und die Distanzierung von sonstigen Situationsanforderungen. Diesen Teil abschließend sei ein Freud-Zitat angeführt, in dem er die Faktoren der ursprünglichen Subjektbindung sowie die darauf aufruhende Subjektablösung komischer Situationen hervorhebt:

»Das Komische ergibt sich zunächst als ein unbeabsichtigter Fund aus den sozialen Beziehungen der Menschen. Es wird an Personen gefunden, und zwar an deren Bewegungen, Formen, Handlungen [...]. Durch eine sehr gebräuchliche Art von Personifizierung werden dann auch Tiere und unbelebte Objekte komisch. Das Komische ist indes der Ablösung von den Personen fähig, indem die Bedingung erkannt wird, unter welcher eine Person komisch erscheint. So entsteht das Komische der Situation, und mit solcher Erkenntnis ist die Möglichkeit vorhanden, eine Person [auch sich selbst] nach Belieben komisch zu machen, indem man sie in Situationen versetzt, in denen ihrem Tun diese Bedingungen des Komischen anhängen. [...] Die Mittel, die zum Komischmachen dienen, sind: die Versetzung in komische Situationen, die Nachahmung, Verkleidung, Entlarvung, Karikatur, Parodie und Travestie u.a. Wie selbstverständig können diese Techniken in den Dienst feindseliger und aggressiver Tendenzen treten.« (Freud 1905: 162)

In dieser Beschreibung scheint die bereits zuvor angesprochene ›Kipplogik‹ komischer Situationen auch etwas über Situationen generell auszusagen. Situationen eignet offenbar eine Latenz, wenn Freud Recht hat, denn sie können potenziell immer ins Komische kippen. Situationen wären von daher als latent *entropische Gefüge* zu verstehen. Einmal ins Komische gewendet, tritt die entropische Latenz von Situationen als deren Überbestimmtheit ans Licht. Geisterhaft wird eine solche Lage dann, wenn sie in ihrer Unkontrollierbarkeit selbst scheinbar zum Quasi-Subjekt wird. Und das ist nicht immer nur lustig, wie Freud meint, sondern auch unheimlich. Das Unheimliche ist genauer die Kraft, die von Situationen ausgeht und mit der wir überhaupt situiert werden, also in Lagen versetzt werden, die Verhalten motivieren, das dann aber keinem Ziel und keiner Intentionalität mehr folgt. Durch höchste Aktivierung wird eine Passivierung und Dezentrierung möglicher Entscheidungen hervorgebracht. Diese Anschubkraft für subjektloses Verhalten, die allen oder doch den meisten komischen Situationen eignet, versetzt raumzeitliche Entitäten in ein ›Hier und Jetzt‹-Verhältnis zueinander, das in komischen Lagen zumindest jeweils leitmotivisch aufgeladen sodann ein *polyphones Gespräch* der Komponenten in Gang treibt, welches die Lage selbst überschreitet.

IV Das Unheimliche des Komischen

An diesem Punkt der Überlegungen angelangt, hat der Titel meines Beitrags, der die Austauschbarkeit bzw. wechselseitige Bestimmungsmöglichkeit von ›komischer Situation‹ und ›Situationskomik‹ nahelegt, hoffentlich an Plausibilität gewonnen. Hierfür lässt sich auch die Doppeldeutigkeit des deutschen Wortes des *Komischen* in Anspruch nehmen, denn es bezeichnet nicht nur die im engeren Sinne genrespezifischen Qualitäten von Darstellungsformaten des Ironischen, Satirischen, Humoresken und Karnevalistischen. Dass jemand komisch schaut, eine Atmosphäre sich komisch anfühlt oder man bei der Anordnung von Dingen oder gar Theorien ein komisches Gefühl hat, sind Beispiele für die zweite Verwendungsform des Wortes. Als ›komisch‹ bezeichnen wir auch das für uns Merkwürdige, teils auch Unheimliche einer Lage oder Konstellation, wobei das merkwürdig Uneindeutige auch ins Lustige umschlagen kann – und andersherum. Die Register des Unheimlichen und Lustigen verhalten sich demnach zueinander wie zwei Pole auf einer gradierbaren Skala und bilden keine starren Gegensätze. Das Unheimliche komischer Lagen darf jedoch nicht den Ton angeben, da sonst die für komische Situationen im engeren Sinne reservierte *Konsequenzlosigkeit nicht gewährleistet ist.* Das Komische darf *nicht* allzu zerstörerisch wirken oder Leiden verursachen. Dieser Aspekt hat wiederum von Schiller über Freud bis zu Bergson dazu geführt, das Komische als Register der im Prinzip *anästhesierenden Kontemplation* konfliktuöser Lagen auszuzeichnen. Anästhesiert wird in komischen Situationen aber nicht *jegliche* affektive Zuständlichkeit, so wäre hier an die oben angeführte gemischte Lust an komischen Situationen zu erinnern. Komisch ausgespielt wird nur jegliche Standpunkt fixierende Form von Handlungslogik, wie sie vielleicht tatsächlich sogar den meisten Formen des Leidens an einer Diskrepanz zwischen Sollen und Sein zugrunde liegt.

V Bergsons Beitrag zur Situationskomödie

Für Bergson (1948) sind es explizit *immobilisierende Fixierungen jeglicher Art,* die er zum Lebendigen in Kontrast setzt und die er in seiner Abhandlung über das Lachen und das Komische als das Charakteristische an komischen Situationen ausweist: Immer dann, wenn sich etwas ›Mechanisches über Lebendiges stülpt‹, so lautet Bergsons Formel, haben wir es mit komischen Situationen zu tun. »Komisch ist jede Verkettung von Handlungen und Ereignissen, die uns die Illusion des Lebens und das deutliche Gefühl eines mechanischen Arrangements zugleich verschafft.« (Bergson 1948: 41) In jenem Kapitel, das er explizit der Situationskomik widmet, vertieft er diesen Aspekt, indem er auf die ersten frühkindlichen

Begegnungen mit mechanischem Kinderspielzeug eingeht, das in seiner Lustbereitung auch im Erwachsenenalter noch dem komödienhaften Theaterspiel zugrunde liegt.

Der Springteufel, der erneut zurückgedrängt in seine Box nur umso stärker wieder herausspringt, dient Bergson als leitende Metapher für die bekannten Wiederholungsoperationen komischer Situationen generell. Eine andere ist der Schneeball, der rollend immer größer wird, oder eine Kartenhäuschenansammlung, die durch Anstoßen der ersten Karte eine Serie der umfallenden weiteren Karten nach sich zieht. In all diesen Fällen haben wir vor Augen, wie sich Aktions- und Szenenwechsel selbstständig fortsetzen, indem ein Element das nächste mechanisch anstößt und bewegt, ohne darin einer rationalen Begründungslogik zu folgen. Dabei »suggerieren uns alle das gleiche abstrakte Bild einer Kraft, die sich wachsend fortpflanzt, so daß die anfänglich unbedeutende Ursache in notwendigem Fortgange ein ebenso bedeutsames als unerwartetes Resultat ergibt.« (Bergson 1948: 47)

Nicht selten geht es in komischen Situationen um einen konkreten Gegenstand, der ständig seinen Ort wechselt und dem die involvierten Personen nachjagen müssen. Der Standortwechsel des Gegenstandes hat dann *automatisch* zur Folge, dass sich die Situationen der involvierten Personen von Szene zu Szene in einem immer bedenklicherem Ausmaß verändern, ohne dass diese Effekte kontrolliert oder durch die Lage selbst eingeholt werden könnten. Dass hier womöglich die besagte Unheimlichkeit komischer Verhältnisse herein spielt, die dem Unerklärlichen solcher Lagen ebenso entspringt wie der Kraft der Verselbstständigung, vertieft Bergson nicht weiter. Die Techniken zur *Herstellung* von Situationskomik sind ihm zufolge im Wesentlichen drei: (1) *Repetition*, (2) *Inversion* und (3) *Interferenz von Serien oder Reihenfolgen*. Die Situation der Repetition ist eine der Verkettung von Umständen wie oben beschrieben. Die Inversion bestimmt eine komische Situation als Farce, in der die Vertauschung von Positionen, Bedeutungen und Rollen durchgespielt wird. Der bestohlene Dieb oder der betrogene Betrüger sind solche Figuren der Inversion, und mit »Amphytrion« haben wir zum Beispiel eine repräsentative Komödie des inversen Stils vor Augen. Die Komik durch Interferenz von Serien definiert Bergson folgendermaßen: »Eine Situation ist immer dann komisch, wenn sie gleichzeitig zwei völlig unabhängigen Reihen von Ereignissen angehört und so einen doppelten Sinn hat.« (1948: 55)

Diese zuletzt genannte Art der Komik trifft sich am ehesten mit der Überdetermination komischer Situationen, von der zuvor im Zusammenhang der Tendenz zur Entropie von Situationen die Rede war, wie sie nach meiner Deutung *speziell* in komischen Lagen wahrnehmbar wird. Wenn wir das Mechanische an komischen Situationen weniger hinsichtlich seiner negativ konnotierten Unflexibilität als vielmehr hinsichtlich seiner *zwingenden* Kraft betrachten, so ist

Bergsons Charakterisierung komischer Lagen näher an den uns hier interessierenden Wirkungen komischer Situationen, als es auf den ersten Blick scheinen mag. Da er das Lachen jedoch als Reaktion auf die Funktion einschränkt, lebensuntüchtige Normverfehlungen oder -übertretungen zu sanktionieren, kommen seine Ausführungen in dieser Hinsicht nicht an die zuvor zentral gestellte Funktion der komischen Affizierung eines externen Beobachterstandpunktes heran. Gegenüber Bergson wäre gegebenenfalls zu verteidigen, dass die wie auch immer alogische, bloße Kontiguität von Ereignisabfolgen ein eigenes Gewicht an faktischer Glaubwürdigkeit erhält.

Spätestens hier möchte ich auf die versprochene Sequenz aus dem Film »Leoparden küßt man nicht« überleiten.[4] Die geisterhafte Verkettung von Handlungen durch profane Dinge wie Oliven, Handtaschen und zerreißende Kleider, die im wahrsten Sinne des Wortes eine ins Rollen und Fallen und Wiederaufstehen gebrachte Aktionsdynamik verursachen, wird bei Howard Hawks geradezu schulbuchmäßig eingehalten. Moderierende Übergänge von einer Aktion zur nächsten entfallen zugunsten einer durchgehenden Lageveränderung von Körpern und Dingen. Gerade die *missing links* zwischen den sicht- und wahrnehmbaren Handlungs- und Ereignisabfolgen sind es, die hier das von Bergson aufgerufene screwball-Prinzip ausmachen und dem Lachenden gegenüber noch ihre eigene, raffiniert mechanisch wirkende Überzeugungskraft bewahren. Die folgende Szenenanalyse macht das deutlich.

VI Film als mediale Konfiguration einer komischen Situationsordnung

Mein Blick gilt dem dritten ›Kapitel‹ (»Das zerrissene Kleid«) aus »Leoparden küßt man nicht«, jenem 8minütigen Ausschnitt, der eine geschäftliche Abendessen-Verabredung als thematische wie soziale Rahmung setzt und sich im Restaurant bzw. in der Cocktail Lounge des Ritz Plaza abspielt. Ein *erzählerisches* Grundprinzip dramaturgisch motivierter Szenenabfolgen wird in dieser Szene von Vornehrein unterlaufen, indem sie die Logik einer Nummernrevue annimmt, die der Film auch insgesamt beibehält. Wir verfolgen hier nacheinander in raschem Tempo die exaltierten Auftritte der Protagonisten, die jede Stelle des Raumes, die sie betreten, prompt mit Unwahrscheinlichkeit und Konflikt aufladen. Anstatt aber in einer Katastrophe zu münden, ist das Happy End von Vorneherein der Lage eingezeichnet. Der Zuschauer kann hier auch sein Genrewissen ein-

---

4   Siehe zu einer anderweitigen Auslegung von Humor und Komik im (selbstreflexiven) Kinofilm: Voss (2010).

bringen, denn die Starbesetzung von Katharine Hepburn (als Susan Vance) und Cary Grant (als Dr. David Huxley) macht ihre Verbindung auf der Ebene des Plots mehr als wahrscheinlich. Während Hepburn eine wohlhabende und chaotische Frau spielt, die auf der Suche nach einem Mann ist, und bereits so markiert mit einem auffälligen Schleier bekleidet durch die Szenenwechsel geht, ist Grant wiederum mit auffällig karnevalesker Brille als Naturkundler klischiert, der in einem Museum arbeitet, für das er an diesem Tag eine Million Dollar von einem Spender besorgen muss. In dem Museum arbeitet seine bereits in der Einführungsszene des Films blaustrümpfig charakterisierte Verlobte, die sich dem eigenem Bekunden nach ausschließlich der gemeinsamen Arbeit und keineswegs der Romantik verschreibt und die er an diesem Tag, an dem er Hepburn alias Vance kennenlernt, heiraten will. Eine Art Countdown beschleunigt daher die Gesamtlage, in der sich die zwei Erzählstränge ständig zu überkreuzen drohen, da die verrinnenden Stunden bis zum Hochzeitstermin die Zeitrahmung für die Verstrickung von Huxley und Vance darstellen. Vordergründig ist die Aufgabe für ihn diejenige, mit einer Spende von einer Million zum Museum pünktlich zurückzukehren. Die Million fungiert nun insofern als ein invertierendes Verbindungselement dieser beiden Erzählreihen, da die Spenderin des Geldes ausgerechnet die Tante von Vance ist. Durch zum Teil deus ex machina-artige Einführungen weiterer Elemente in die Handlung, wie zum Beispiel eines echten Leoparden, vor dem Huxley dann Vance unfreiwillig schützen muss, werden die Möglichkeiten, an das Geld zu kommen und die Hochzeit feiern zu können, immer absurder. Am Ende gelangt jedoch alles an seinen erwartbaren Platz, und die prinzipielle Offenheit der Diegese ist in geschlossene Ordnung überführt: Die Arbeit im Museum geht weiter, das Geld ist da, die wirklich Liebenden finden zueinander, und die Verlobte trollt sich.

Einem Lob der Oberfläche kommt die insgesamt glamouröse Präsentation und Ausstattung des zunehmend bühnenartig abgezirkelten Raum gleich, den die beiden Protagonisten – angefangen von der ersten Einstellung im linken Bildraum bis zum explizit theatralen Abgang des Zurücklaufens aus der rechten Bildseite – abmessen. Widersinnig verhalten sich Text und Bild wiederholt zueinander, insofern beide Akteure abwechselnd ihren Wunsch der Flucht aus der Lage explizit ausdrücken, während sie gegenläufig dazu räumlich und physisch immer nur noch enger aneinandergeschweißt werden. Die Intentionalität der Akteure weicht der Intentionalität des Situationsskripts, die ihre Paarbildung dramaturgisch immer schon vorsieht. Die Kamera verfolgt dabei die Bewegungsabläufe der Protagonisten meist frontal beobachtend aus der Zuschauerperspektive heraus, die das eigentliche *hors-champ* der Szene darstellt, während die seitlichen Leinwandbeschränkungen optisch und symbolisch undurchdringlich bleiben und als fester Rahmen sämtlicher Nummern fungieren. Vorder- und Hintergrundgeschehen sind durchgehend deutlich voneinander unterschieden, was die demonstrative Präsentation der Verwicklungen vor der beobachtenden Kamera noch unterstreicht. Wenn Huxley im letzten Teil versucht, die verbotene Ansicht auf die entblößte Rückseite des Frauenkörpers mit dem dafür zu kleinen Zylinderhut abzudecken, so ist diese Geste nicht nur innerdiegetisch an die Umsitzenden des szenischen Raums adressiert. Er versucht, diesen Anblick mit derselben Geste auch vor uns, dem außerdiegetischem Publikum zu verbergen, das er durch einen direkten Blick in die Kamera in die Szene des Leinwandgeschehens hineinspielt. Einen ähnlich fließenden Wechsel zwischen innen und außen nimmt auch die Musik vor. Während musikalisch der physisch bereits absurde Olivensturz von Huxley[5] mit einem zirkusartigen Tusch nochmals explizit als Clowneinlage für uns markiert wird, ist sie an anderen Stellen wieder nur als untermalende, innerdiegetische Musik der Hotellounge zu hören. Dann wieder verstummt die Musik gänzlich, womit die Aufmerksamkeit auf die gesprochene Sprache und den Wortwitz gelenkt wird, was sich als eine eigene akustische Rahmung innerhalb der optisch bereits gerahmten Handlung beschreiben lässt. Ein inszenatorisch ausgestellter Medienwechsel vom Filmischen ins Varietéartige vollzieht sich in der Abschlusssequenz. Virtuos choreographiert treten die aneinandergeschweißten Körper nun tanzend ab, wobei im Durchtanzen des Saales alle Blicke der innerhalb der Szene Anwesenden magisch und demonstrativ auf das Paar gelenkt werden. Damit werden die zuvor als Hintergrundfiguren der Erzählung eingeführten Personen zum erweiterten Zuschauersaal, in dem sich nun unsere vermeintlich externe Beobach terposition spiegelt und zugleich verdoppelt. Auch hier werden Blicke direkt in die Kamera gerichtet und die vermeintliche Schwelle der Kinoleinwand überspielt.

Spätestens an diesem Punkt ist der zeitlich, wenn auch nicht logisch erwartbare Abschluss der Szene erreicht, der allerdings seine potenziell unendliche Fortsetzbarkeit durch ein augenzwinkerndes Detail schon paradox mit anzeigt. Denn der Abtritt folgt – wie schon der Auftritt – durch eine *Drehtür*. Die Zusammenstellung von Nicht-Zusammenpassendem, welche die Sequenz insgesamt in ihrer komischen Szenenverkettung hervor- und antreibt, folgt schlussendlich eher einer musikalischen Rhythmik als einer repräsentationalen oder narrativen Logik und affiziert nicht zuletzt darin jene Mimikry des Beobachters, der idealerweise die komische Lage in der ebenfalls rhythmischen Zwerchfelltätigkeit des Lachens *zuständlich* verdoppelt.

---

5   Mit Goffman (vgl. 1977: 42 f.) gesprochen, vollzieht sich hier ein »Schnitzer«: Ein Körper gerät unter die exklusive Herrschaft der Naturkräfte und lässt einen selbst (unerwartet) die Kontrolle entgleiten.

Literatur

Bergson, Henri (1948): Das Lachen. Meisenheim am Glan: Westkulturverlag Anton Hain.

Freud, Sigmund (1905): Der Witz und seine Beziehung zum Unbewußten. Leipzig, Wien: Franz Deuticke.

Goffman, Erving (1977): Rahmen-Analyse. Ein Versuch über die Organisation von Alltagserfahrungen. Frankfurt a. M.: Suhrkamp.

Iser, Wolfgang (1976): Das Komische: ein Kipp-Phänomen. In: Preisendanz, Wolfgang/ Warning, Rainer (Hg.): Das Komische. Poetik und Hermeneutik VII. München: Fink, S. 398–401.

Lacan, Jacques (2004): Le Séminaire, Livre X. L'angoisse (1962–1963). Paris: Seuil.

Luhmann, Niklas (1999): Funktionen und Folgen formaler Organisation. Fünfte Auflage. Berlin: Duncker & Humblot.

Voss, Christiane (2010): Der Film lacht. Eine zeittheoretische Betrachtung wilder Affektbilder in Il Divo. In: Hennig, Anke et al. (Hg.): Jetzt und Dann. Zeiterfahrung in Film, Literatur und Philosophie. München: Fink, S. 71–94.

Zupančič, Alenka (2008): The Odd One In. On Comedy. Cambridge, MA; London: The MIT Press.

Tat und Ort
Zur Situation der Dinge im bewegten Bild

Lorenz Engell

I Einleitung

In der Filmästhetik und der Filmtheorie ist der Begriff der Situation nicht besonders prominent. Auch wenn er in den Schriften des filmtheoretischen Kanons hier und da vorkommt, bei Siegfried Kracauer (1979) beispielsweise, aber auch bei Christian Metz (1998), geschieht dies doch mehr oder weniger akzidenziell. Die einzige mir bekannte Ausnahme ist die Filmphilosophie Gilles Deleuzes, die den Situationsbegriff an zwei absolut zentralen und theorietragenden Stellen führt (vgl. 1989: 193 ff., 217 ff. und 1991: 11 ff., 25 f.).[1] Im Folgenden möchte ich mich in sieben kurzen Schritten, einem Filmbeispiel (»Stromboli – Terra di Deo«) und einem Epilog an dieses Verständnis der kinematographischen Situation heranarbeiten und es einer kritischen Nachfrage unterziehen. Diese Nachfrage bezieht sich, der Titel sagt es, auf die Funktion der Dinge in kinematographischen Situationen. Zu beiden Zwecken werde ich Deleuzes Konzept der kinematographischen Situation einrahmen in Überlegungen eines anderen Filmphilosophen, nämlich Stanley Cavells. Wie durch das Ganze dann schließlich etwas gewonnen werden kann zum Verständnis der Situation, schon gar ihrer Offenheit, auch jenseits des Kinos, das wird und muss das Ende zeigen – mit einer Referenz auf Howard Hawks' »Leoparden küßt man nicht«.

---

1 Im »Bewegungs-Bild« (1989) geht es um den Begriff des »Aktionsbildes«, die Differenzierung der »Aktion« gegen die »Situation« und die Unterscheidung der »Großen Form« der Filmerzählung von der »Kleinen Form«. Im »Zeit-Bild« (1991) geht es um die »reine optische« und die »reine akustische« Situation, die für Deleuze den Umbruch des klassischen zum modernen Kino markieren und damit für die Genese des »Zeit-Bildes« von entscheidender Bedeutung sind.

II The Situation Viewed

Für den Beginn möchte ich davon ausgehen, dass die Welt, wie wir sie auf der Kinoleinwand erfahren können, eine immer schon beobachtete Welt sei, ja dass sie, wie Stanley Cavell formuliert, »The World Viewed« ist (vgl. 1979: 27, 73 ff.). Ich verzichte hier einmal auf die eigentlich notwendige Klärung der Unterscheidung zwischen dem Sehen, dem Betrachten und dem Beobachten. Sie wäre auch zwischen den verschiedenen Sprachen, dem Englischen, dem Deutschen und dem Französischen, eher diffizil. Ich gehe stattdessen für den Moment davon aus, dass die drei Operationen in einem geordneten Selektionsverhältnis zueinander stehen, dass also jedes Beobachten ein Betrachten und jedes Betrachten ein Sehen voraussetzt, aber das Umgekehrte jeweils nicht gilt. Die betrachtete Welt ist also stets Teil der gesehenen Welt Cavells. Jedenfalls schreibt Cavell, dass diese Welt immer schon durch die Kamera als Beobachtungsinstrument hindurch gegangen ist – und wir dies auch immer wissen. Dies ist die eine Seite der gesehenen Welt des Films. Ihre andere, komplementäre Seite ist, dass sie immer als auf die weiße Leinwand projizierte Welt für unseren Blick eigens freigegeben ist und außerhalb einer solchen Freigabe nicht existiert.

Das gilt natürlich dann auch für alle Situationen (und alle Aktionen)[2], die sich auf der Leinwand im Filmbild entfalten. Sie sind immer schon beobachtet. Das kennzeichnet den Film. Genauer, es macht uns auf den Umstand aufmerksam, dass möglicherweise alle Situationen, auch jenseits oder diesseits des Films, *beobachtete* Situationen sind. Eine komische Situation beispielsweise – nehmen wir den stolpernden Menschen aus Bergsons »Das Lachen« (vgl. 1988: 17) oder nehmen wir die Bananenschalensituation des klassischen Slapstick-Films – erfordert zwingend einen Beobachter. Sie ist komisch erst einmal für einen Beobachter, nicht für den, der stolpert, selber. Es sei denn, die stolpernde Person kann zugleich einen beobachtenden Außenblick oder einen Aufsichtsposten auf sich selbst einnehmen. Dann hat sie vermutlich Humor. In dem Beispiel, das der vorangehende Beitrag in diesem Band analysiert hat: Howard Hawks' »Leoparden küßt man nicht«, findet der Held die komischen Situationen, in die er gerät, keineswegs komisch; schon für die Heldin gilt vermutlich anderes.[3] Und je weiter sich die Kette der komischen Situationen in diesem Beispiel entwickelt, desto wichtiger und dominanter werden die in sie eingebauten Beobachterfiguren: die Gäste des Ritz Plaza-Hotels.

Ohne Beobachter jedenfalls, so lässt sich sagen, gibt es keine kinematographischen Situationen; und ob es ohne Beobachter überhaupt Situationen gibt, kann

---

2   Zu dieser Leitunterscheidung von Situation/Aktion werde ich weiter hinten zurückkehren.
3   Siehe dazu ausführlich den Beitrag von Christiane Voss in diesem Band.

bezweifelt werden. In der komischen Situation wird der Umstand des Beobachtetseins selbst Mitgegenstand der Beobachtung, aber der Sachverhalt selber trifft
vermutlich auch auf z. B. dramatische und melodramatische und tragische und
magische und absurde Situationen im Film wie auch jenseits des Films zu. Dabei können die Beobachter Teilnehmer der Situation sein, d. h. im Prinzip in die
Situation eingreifen können, wie bei Hawks die Gäste oder das Personal des Ritz
Plaza es könnten oder vermutlich auch Susan Vance, insofern sie eine Beobachterin ist; oder aber sie verbleiben außerhalb der Teilnahme und ohne Eingriffsmög-
lichkeit, wie z. B. wir als Zuschauer. In beiden Fällen ist die Beobachtung jedoch
konstitutiv für das Zustandekommen, das Fortbestehen und auch die Beendigung
der Situation.

III The Viewing Situation

Im Film kann der Umstand des Beobachtetseins der Situation und der – wie
auch immer gearteten – Mitwirkung der Beobachtung an der Herstellung, Fortführung, Aufrechterhaltung, Umformung und Beendigung der Situation wiederum Gegenstand der Beobachtung werden. Bei Hawks' »Leoparden küßt man
nicht« wird dies am Ende der Hotel-Sequenz vollkommen deutlich: Der Abgang
der Figuren wird innerhalb einer Beobachtungssituation inszeniert, und zwar
so, dass die Tatsache des Beobachtetwerdens der Helden durch die Barbesucher
zum Grund für das Verhalten der Figuren wird und umgekehrt das Verhalten
der Figuren auf die Beobachtungssituation reagiert, sich auf sie ausdrücklich bezieht – das Winken mit dem Zylinder beispielsweise – und sie reflektiert. Und
darin liegt für das Paar die Rettung, die Umformung der peinlichen Situation in
eine meinetwegen groteske Situation, die nämlich den Modus der Beobachtung
umstellt von einem unthematischen in einen thematischen Status. Die beobachtete Situation wird dadurch zur Beobachtungssituation, zur *Viewing Situation*.
Diesen Terminus gilt es im Gedächtnis zu behalten; ich werde später auf ihn zu-
rückkommen und ihn umkehren: Die Viewing Situation wird dann zu einer beobachtenden Situation werden, zur Situation nicht des Sehens, sondern der Situation, *die ihrerseits sieht.*

IV Die Mitwirkung der Dinge

Am Zustandekommen von Situationen sind aber nicht nur handelnde Personen und Beobachter beteiligt. Das Plakat zu unserer Tagung zeigt es in aller wünschenswerten Klarheit:[4] Die dortige Unfallsituation weist kaum erkennbare Personen auf (sie stehen sehr weit weg im Hintergrund), dafür aber offensichtlich allerlei Artefakte: drei Automobile, eine Straße, ein Geländer, Kreidelinien, dazu eine natürliche Situation mit Felsen, Steilhang und Seeufer. Auch im Filmbeispiel des vorangegangenen Beitrags von Voss wäre die Situation ohne die Mitwirkung und Widersetzlichkeit etlicher Dinge: Zylinder, Oliven, Handtaschen und Kleidungsstücke, eine völlig andere; nicht zu sprechen von den räumlichen Anordnungen, die die Bewegungen der Figuren lenken und leiten und für die Abfolge der Situationen in einer Verkettung sorgen.

Von einer *Sozialität* der Situation zu sprechen heißt also letztlich, wenn man vom Filmbild her argumentiert, diese Sozialität auf Nichtpersonen oder Nichtmenschen, auf Dinge also, und auf allerlei Zwischendinge wie Zeichen und Spuren und Symbole, möglicherweise auch Verweise, Bindungen, Affekte, Ängste und Sehnsüchte, auf Erwartungen und Erinnerungen, auf abwesende Gegenstände und Personen usw. auszudehnen. Auch darauf macht uns die kinematographische Situation in konstitutiver und kennzeichnender Weise aufmerksam. Denn der Kinematograph ist, folgt man den Annahmen der Filmtheorie von den ganz frühen Überlegungen bis in die jüngste Zeit, ein ausgezeichneter Ort, der diese Mitwirkung der Dinge an den Situationen wie an den Aktionen (zu dieser Unterscheidung, wie gesagt, später mehr) sichtbar machen kann. Denn die Dinge stellen sich unabhängig von den Personen und ihren Absichten im Film selbst vor, rücken sich ins Bild und die Situation ein und damit gleichberechtigt neben die Personen. Stanley Cavell formuliert diesbezüglich (1979: xvi): »that objects participate in the photographic presence of themselves; they participate in the re-creation of themselves on film; they are essential in the making of their appearances. Objects projected on a screen are inherently reflexive, they occur as self-referential, reflecting upon their physical origins. Their presence refers to their absence, their location in another place. Then if in relation to objects capable of such self-manifestation human beings are reduced in significance, or crushed by the fact of beauty left vacant, perhaps this is because in trying to take dominion over the world, or in aestheticizing it […], they are refusing their participation with it.«

Cavell meint also, die Dinge situierten sich selbst im Film und gehörten zudem zwei Situationen zugleich an: der vorfindlichen und wohl meist künstlich

---

4   Siehe ausführlich zur entsprechenden Auslegung den Beitrag von Jo Reichertz im vorliegenden Sammelband.

heraufgeführten »wirklichen« Situation vor der Kamera und der wirksamen im Bild sichtbaren etwa fiktiven, narrativen oder diegetischen Situation. In ihrem Versuch, diese Situationen zu kontrollieren, stellten sich dagegen menschliche Personen gerade außerhalb der Situation, an der sie, so Cavell, nicht wirklich partizipierten. Es gibt demnach ein Eigenleben und eine Eigensituation der Dinge im Film, und genau dies kann ja die Quelle allerhand komischer Verwicklungen zwischen Menschen und Dingen sein.

Tatsächlich wird die – offene oder geschlossene – Situation im Film als räumlich-zeitliches und sachliches wie soziales Kontinuum auflösbar und damit in allen drei Dimensionen dramatisch erweitert. Klassisch kann dazu das Beispiel der Großaufnahme angeführt werden, die das normale Wahrnehmungskontinuum zerlegt, das isolierte Einzelding aus seiner bloßen Zuhandenheit, also seiner passiven und allein bestimmenden Beziehung zur handelnden menschlichen Person und der Unterordnung unter ihre Zwecksetzungen, herausnimmt und uns veranlasst, dem gezeigten Ding allerlei Wirk- und Handlungsmacht zuzuschreiben – wie im klassischen Fall dem Messer des Metzgers in Georg Wilhelm Pabsts Film »Lulu« (1928), das im Mörder den Mordgedanken erst freisetzt (vgl. dazu Balázs 2001: 59–64).

Auch andere Größenverzerrungen – das viel zu große und von innen leuchtende Glas Milch in Hitchcocks »Suspicion« (1941) beispielsweise – leisten diese Aufladung der Dinge. Weiterhin können durch den Ton Außen- und Parallelsituationen in eine Situation eingespiegelt werden und sich an ihr beteiligen. In den Montagen etwa Eisensteins oder Godards oder Antonionis oder Kluges können auch die abwesenden oder immateriellen Beteiligten der Situation, die, so bei Kluge, eine Liebessituation etwa geradezu umzingeln, sichtbar gemacht werden. Die Vorliebe des Films für wirkmächtige und magische Objekte und Zaubersachen, ihr Verschwinden und Erscheinen seit den Urgründen des Kinos bei Georges Méliès wäre hier auch zu nennen, ebenso die enorm wichtige atmosphärische Wirkung ganzer Ausstattungs- und Dekorensembles im Film, die an der Prägung der Situationen entscheidend Anteil haben.[5]

V Aus der Sicht der Dinge

Zu den Dingen, die an der Konstitution der Situation mitwirken, gehört auch, wie wir oben gesehen haben, die Kamera selbst. Die Kamera ist ein Ding, das der Beobachtung fähig ist; genauer: dem diese Fähigkeit zugeschrieben werden

---

5 Ich denke hierbei an den Kostümfilm, an den grandiosen Visconti oder auch an Sofia Coppolas »Marie Antoinette« (2006). Siehe zu letztem: Engell (2013).

kann und wird. In der Filmtheorie ist diese Zuschreibung oft vorgenommen worden; ich erinnere hier nur an Dziga Vertovs These vom *Kino-Auge* (vgl. etwa 1979:
39 ff.). Die kinematographische Situation wäre demnach nicht nur definiert durch
die Tatsache, dass sie im oben genannten Sinne eine immer schon betrachtete ist,
und auch nicht nur dadurch, dass sie speziell durch eine besondere Berücksichtigung der Mitarbeit der Dinge an der Konstitution der Situation ausgezeichnet
ist, sondern in einem engen und spezifischen Sinn dadurch, dass ihr zugeschrieben wird, mit dem Auge eines nicht-menschlichen Beobachters, aus der Perspektive, aus der Sicht eines Dings oder zumindest durch dieses Ding hindurch erst zu
Stande zu kommen.

Um zu untersuchen, wie diese Zuschreibung funktionieren kann, müssen wir
uns klar machen, dass die Kamera selbst niemals unmittelbar sichtbarer Akteur
innerhalb der Situation, die sie konstituiert, sein kann. Als Zuschauer haben wir
es immer mit dem bewegten Bild zu tun, nicht aber mit der Kamera, die es erzeugt
hat. Wenn wir, was vorkommt, eine Kamera im Bild sehen, ist es nicht die Kamera, die das Bild zu sehen gibt. Die Kamera zieht sich auf eine Position der optischen Beteiligungslosigkeit zurück. Erneut hat Stanley Cavell diese Nicht-Implikation der Kamera in das Bild grundlegend beschrieben (vgl. 1979: 126 ff.). Für die
Filmkonstruktion des klassischen Hollywood, das Cavell in allererster Linie interessiert, ist diese Nicht-Implikation zweifellos ein wichtiges Leitkonzept. Trotzdem, auch wenn sie stets unsichtbar bleibt, kann sich die Kamera aber in das Bild
eintragen. Die grundlegende Nicht-Implikation der Kamera betrifft das Bild in
seiner Sichtbarkeit. Das Filmbild fungiert aber schon sensoriell in mehreren Dimensionen und insgesamt auch jenseits bloßer Visualität (vgl. dazu Elsaesser/
Hagener 2007: 137–162). Es wäre hier etwa die grundlegende Direktionalität, die
Gerichtetheit sowohl der Bewegung als auch der Blicke zu nennen, und zwar sowohl diejenige der sichtbaren Figuren als auch diejenige der unsichtbaren Kamera.[6] Sie interagieren und korrelieren. Das klassische Beispiel für eine Spürbarkeit
der Kamera ist, wie Marc Vernet gezeigt hat (vgl. 1988: 11–29), der Blick in die
Kamera. Auch kinästhetische Wahrnehmungsbereiche spielen beim Filmbild eine
entscheidende Rolle, und ebenso kann man an die Prozesse der Protention und
der Retention in der Zeit denken (vgl. Husserl 1985: 81 f., 163), durch die gerade
das, was – aktuell – nicht mehr oder noch nicht tatsächlich sichtbar ist, dennoch
in das Sichtbare, Gegenwärtige hineinragt und es in seinem fließenden Bildzu-
sammenhang, in der Bewegung, die ja das bewegte Bild nachdrücklich auszeichnet, erst ermöglicht.

Diese Vermögen des Filmbilds jenseits bloßer Visualität können im Wege der
vermittelten, indirekten oder auch nur konstruierten Implikation, wenn schon

---

6   Siehe dazu am Beispiel von Federico Fellinis »8 ½«: Engell (2011).

nicht zu einer Sichtbarkeit, so doch zu einer Spürbarkeit oder Wirksamkeit der Kamera als eines raumgreifenden Objekts im Bild oder im Raum des Bildes führen. Das einfachste, robusteste und bei weitem gängigste Beispiel dafür ist das Verfahren des Gegenschnitts: Die Kamera nimmt im Nacheinander der Blickpunkte die Perspektive eines menschlichen Akteurs und Teilnehmers der Situation an und taucht so in die Situation ein. In ihrer Beobachtungsfunktion kleidet sie sich in den Beobachterblick eines Beteiligten oder mehrerer und in deren Subjektivität; und sie zieht sich daraus auch wieder zurück. Jacques Aumont (2007) hat diese filmspezifische Aufspaltung des Kamera- und damit des Betrachterstandpunkts in einen im Cavell'schen Sinne nicht-implizierten »Point of view« und einen in das Bild und den Bildraum flexibel hinein verlegten »Point of view« ausführlich beschrieben. Mindestens in dieser Spaltung oder Spannung artikuliert sich die Kamera im zeitlichen Prozess der Bilderfolge als ein – offenbar – bewegliches Objekt, als der Körper, der aus der Beteiligungslosigkeit in die Situation selbst hineinragt und die Betrachter dabei mindestens imaginär mitzuziehen vermag. Sie kann dazu aber auch nicht-menschliche Beteiligte an Situationen einsetzen. Der Spiegel im Filmbild wäre ein Beispiel für einen solchen Eintrag. Von Willem Jan Otten stammt die bündige Feststellung, dass ein Spiegel im Filmbild stets das zeigt, was wir sehen würden, würde die Kamera sich dort befinden, wo sich der Spiegel befindet (vgl. 1999: 73). Die die Situation konstituierende Beobachtungssituation wird dann in das Bild hinein gespiegelt und von der Kamera an den Spiegel, von einem Ding an das andere, delegiert.

VI Die reine optische Situation

In einem weiter gehenden und nun entscheidenden Schritt kann eine solche Delegation der die kinematographische Situation konstituierenden Beobachtungssituation durch einen nicht-menschlichen Agenten, die Kamera, auf ein sichtbares Ding im Bild – wie den Spiegel – aber auch unterbleiben (vgl. dazu Latour 2000: 229–232). Die Übertragung der Beobachtungsfunktion kann statt auf ein Ding im Bild auf das Ding direkt vor unseren Augen geschehen, das Leinwandbild, das wir sehen, das bewegte Bild selbst. Es wird dann als bewegtes Bild, und zwar in unserer Zuschreibung und durch sie, zum nicht-menschlichen Beobachter der Situation, mit der wir es zu tun haben, und damit zum konstitutiven Faktor.

Und genau dies ist für Gilles Deleuze ein entscheidender Schritt in der Evolution des Films. Er spricht instruktiv – wenngleich zweifellos optozentrisch, in einer, wie wir noch sehen werden, einseitigen Verkürzung des Films auf das Visuelle – von den »reinen optisch-akustischen Situationen« (Deleuze 1991: 12 f.). Sie entstehen dann, wenn wir dem Bild selbst zuschreiben, eine immer schon gese-

hene Situation zu zeigen, ohne aber dass es im Bild oder qua Umschnitt im nächsten Bild eine Person gäbe (oder ein Objekt), der (oder dem) dieses Sehen zugeschrieben werden könnte. Nur das bewegte Bild selbst kommt dann noch als
Beobachtungsinstanz in Frage. Das Bild, das die Situation hervorruft, und die Situation im Bild verschmelzen zur »reinen optischen Situation«. Damit wird, wie
oben schon einmal angedeutet, die immer schon gesehene Situation zur *sehenden* Situation. Für Deleuze ist die Herausbildung der »reinen optischen Situation«
im Film deshalb so zentral, weil das Filmbild sich mit der Beobachtungsfunktion
etwas zuschreibt, das wir normalerweise nur menschlichen Personen zuschreiben können.

In der Folge akquiriert das nunmehr wahrnehmende Filmbild dann weitere
solcher Funktionen, wird zum Erinnerungsbild, zum Traumbild, zum mentalen
Bild, zum Bewusstseinsbild, Denkbild und ganz besonders zu einem Zeit gene-
rierenden und Zeit gründenden Zeit-Bild (vgl. Deleuze 1991: 32). Die »reine optische Situation« wäre also die kinematographische Schlüsselsituation überhaupt.
Sie entsteht, so Deleuze (vgl. 1991: 11 ff.), von Vorläufern abgesehen, im italieni-
schen Neorealismus um 1950 und wird dann in der weiteren Entfaltung des europäischen Autorenfilms systematisch ausgebaut.

Ein kurzes Filmbeispiel kann vielleicht erläutern helfen, wie eine solche
»reine optische Situation« funktioniert; und vor allem, wie es dem Bild gelingen kann, uns zu veranlassen, ihm die die beobachtete Situation konstituierende
Beobachtungsfunktion zuzuschreiben und sich so zur »reinen optischen Situation« oder, wie ich hier vorziehen würde zu sagen, zur »reinen kinematographischen Situation« zu wandeln. Das Beispiel ist hoch kanonisch und entstammt
Roberto Rossellinis Film »Stromboli« (Uraufführung 1950 auf dem Filmfestival
in Venedig).

Die Heldin Karin, gespielt von Ingrid Bergman, besucht ihren Mann Antonio,
einen Fischer, im Fischgrund und beobachtet dabei von einem Steg aus die entscheidende Schlussphase des Thunfischfangs. Die Kamera, offenbar auf einem
Boot montiert, schwankt wie die Boote im Bild selbst; sie ist so in die Situation
integriert. Das archaische Ritual, die Naturgewalt der großen Tiere und die rück-
sichtslos geübte Gewalt, die ihnen angetan wird, schlagen Karin völlig in den
Bann, faszinieren und erschrecken sie. Das Bild löst sich dabei allmählich, über
mehrere Umschnitte verteilt, aus der Gegenschnittlogik heraus, die zunächst die
beobachtete Handlung als Handlung in einer Beobachtungssituation ausweist und
Karin in die Funktion der Beobachterin einrückt, die an der Situation selbst nicht
teilnimmt, in sie nicht eingreifen kann und zunächst noch nicht einmal reagiert.

Mehr und mehr aber verlässt das Bild Karin und ihren Blickwinkel und
taucht immer weiter als beobachtende und mithin situationskonstitutive Instanz
in das Geschehen im Bild ein. Es behält aber die entrückenden und vazierenden

Abbildung 1–4   Filmstills aus Rossellinis »Stromboli – Terra di Dio«

Produktion: Berit Film, Italien/USA (1949); aus: DVD »Roberto Rossellini. 4 Filme«; Koch Media GmbH (2006).

Schwenk- und Schwankbewegungen bei. Hier kommt das vorhin angeführte kinästhetische Moment des Bewegungsbildes zur Entfaltung; die »reine kinematographische Situation« lässt sich nicht, wie in Deleuzes Terminologie gefasst, auf
das Optische oder das Akustische allein und ihre Wechselwirkung beschränken.
Da Karin auf festem Grund sitzt, kann das Schwanken nicht ihrem Beobachter-
status entsprechen. Wir schreiben es vielmehr ihrem durch das Beobachtete an-
geschlagenen mentalen Zustand zu, den wir als an das Bild delegiert auffassen.
Die Bildobjekte nehmen die Subjektabhängigkeit ihrer Erscheinung an, ohne dass
es aber ein Subjekt im Bild gäbe, dem dies zuschreibbar wäre. Als Quasi-Subjekt
setzen wir dafür vielmehr das Bild ein, das damit eben zur beobachtenden, rein
optischen oder eben reinen kinematographischen Situation wird. Am Ende der
Sequenz zieht sich die Kamera dann aus dieser Implikation wenn nicht mit der
beobachteten Handlung, so doch mit der Beobachtungssituation wieder zurück.

VII Situation, Handlung und die Dinge

Die situationskonstituierende Funktion des Beobachtens wird also hier, nach
Deleuze, von der nicht an der (Fischfang-)Situation teilnehmenden Person in ihrer Subjektivität direkt und ohne Umweg auf das Bild übergeleitet. Das unterscheidet nach Deleuze das Kino der »reinen optischen Situation« und ihrer Fol-
geentwicklungen fundamental vom Kino vor der »reinen optischen Situation«.
Dieses davor liegende Kino ist nicht von der Polarität von Situation und Beobachtung geprägt, sondern von derjenigen von Situation und Handlung. Im klassischen, von Deleuze so bezeichneten »Aktionsbild« geht es stets um die wechselseitige Hervorbringung und Veränderung von Situationen und Handlungen. Der
große Western zum Beispiel führt uns in eine bestehende Situation ein. Aus dieser
Situation – Deleuze spricht dann auch vom »Milieu« – löst sich ein Handlungsträger, eine Figur, ein Held ab; oder aber diese Figur betritt die Situation als Fremder, als ihr ursprünglich nicht zugehörige Person (vgl. Deleuze 1989: 193 f.). Der
Held bearbeitet und verändert dann über die Erstreckung des Films hinweg und
oft durch zahlreiche Zwischensituationen hindurch die ursprüngliche Situation
und überführt sie in eine alterierte Situation am Schluss des Films. Mit Tzvetan
Todorov führt Deleuze diese Variante als die »Große Form« des Handlungskinos
an (vgl. 1989: 194).
      In der klassischen Komödie dagegen beginnt alles in vollem Lauf mit einer
Handlung, die wir verfolgen. Sie trifft dann auf eine Situation oder eine Kette von
Situationen, die sie dazu zwingt, einen anderen als den ursprünglich eingeschla-
genen Verlauf zu nehmen. Sowohl die Wendigkeit des Helden im Anpassen seines Vorhabens an immer neue Situationen als auch seine Halsstarrigkeit und Wi-

dersetzlichkeit gegenüber den Situationen können Quelle des Komischen sein. Das wäre dann die »Kleine Form« der Filmerzählung (vgl. Deleuze 1989: 217 ff.). Ihr gehört auch der Kriminalfilm an, in dem charakteristischerweise der Zug der Handlung in Situationen führt, die für den Helden wie für uns zunächst unleserlich sind und erst nach und nach entziffert werden müssen und für die das angemessene Handeln deshalb erst in der bestehenden Situation erprobt werden kann.

Entscheidend für Deleuze ist nun beim Übergang von den handlungsbezogenen Situationen zur reinen kinematographischen Situation der Ausfall der Handlung und der Übergang zur reinen Beobachtung. An die Stelle eines – meist physischen, immer aber sichtbaren – Reagierens auf die Situation tritt ein bloßes Registrieren der Situation und mit ihm die Sichtbarkeit der Situation (vgl. Deleuze 1991: 13). Wir haben gesehen, wie sich Deleuze diesen Übergang gleichzeitig als direkte Delegation der situationskonstituierenden Beobachtungsfunktion von der menschlichen Person (Karin) auf das Bild ohne jeden Umweg über die an der Situation beteiligten sichtbaren Dinge im Bild vorstellt. Die Delegation erfolgt an das Ding, das das Bild selbst ist, das dann in der Folge auch mentale oder bewusstseinsäquivalente Funktionen annehmen kann. Die sichtbaren und wirksamen Dinge im bewegten Bild dagegen scheinen in ihrer physisch-körperlichen Präsenz an diesem Übergang nicht beteiligt zu sein. Während im Fall des Handlungsbildes die Figuren und Personen sogar, der Beobachtung Cavells vom Beginn folgend, von der Situation der Dinge mehr oder weniger ausgeschlossen, an ihr nicht partizipierend sind, scheinen es nunmehr die physischen Dinge zu sein, die aus der »reinen optischen Situation« herausfallen, genauer: die in ihr vorkommen, ohne aber an ihr Anteil zu haben. Was dabei entsteht, wäre folglich ein weitgehend dingloses oder dingarmes Kino, ein Kino der Immaterialität oder der tendenziell immateriell vorzustellenden Mentalität. Es wäre jedenfalls von der Schwerkraft und der Eigenwilligkeit und Widersetzlichkeit der Dinge im Bild befreit; von ihrer Räumlichkeit und Situativität ebenfalls. Die »reine optische Situation« wäre demnach eigentlich, da körperlos, keine Situation mehr. Sie wäre im Übrigen damit z. B. auch von einer wichtigen Quelle des Komischen abgeschnitten. Tatsächlich kann man feststellen, dass der europäische Autorenfilm über erhebliche Strecken eine durchaus komikferne – wenngleich nicht immer humorlose – Veranstaltung ist.

VIII Die Wiederkehr der Dinge

Betrachten wir jedoch unsere Beispielsequenz noch einmal, so kommen zumindest in diesem Fall Zweifel daran auf, ob die Herausbildung der »reinen kinematographischen Situation« tatsächlich ohne Mediation über die Dinge im Film verläuft, ob eine auch nur weitgehende Ablösung des Mentalen aus dem Physischen in diesem Film oder gar im Film überhaupt möglich ist; und ob nicht im Gegenteil der Clou des Films gerade darin besteht, die doppelte Konstitution der Situation durch Wahrnehmung der Situation einerseits und Handlung in der Situation andererseits eben über die Dinge zu leisten, die an beiden Operationen Anteil haben und die damit an der Überschreitung des rein Optischen der reinen optischen Situation in Richtung auf eine komplexe kinematographische Situation arbeiten.

Auf dem Höhepunkt der Desorientierung in der Beispielsequenz, in der die Verwirrung der Heldin in die Wirrnis des Bildes übergeht, sind es nicht nur schwankende Kadrierungen und sprunghafte Einstellungswechsel, die den deplatzierenden Effekt erzielen und die Zuschreibung der Beobachtungsfunktion auf das Bild selbst nach sich ziehen. Vielmehr ist mindestens für den aufsteigenden Verlauf prägend, dass und wie sich die vollkommen ruhige Wasseroberfläche erst leicht, dann rasch immer stärker kräuselt, wie sie von der intransparenten, aber spiegelnden Fläche zu einer irreflexiven, raumgreifenden Materie aufgewühlt wird und schließlich in Schaum und Gischt jede kompakte Kontur verliert. Die unsichtbare Luft und das glatte Wasser gehen eine bewegte Vermischung ein und werden dadurch als weiße Masse sichtbar. In ihr erscheinen die erneut glänzenden Häute der Fische, deren physische Kraft sich an den Anstrengungen der Männer bricht, wie sie an den angespannten Beinen und gekrümmten Körpern, an den Verzögerungen beim Ausholen und Anspannen sichtbar wird. Die Werkzeuge reißen die Fischhäute auf, die blutenden Fische gleiten in die Boote, wo sie sich zuckend und glänzend stapeln. Die durchweicht glänzende Kleidung der Männer, noch dazu voller klaffender Risse, verdoppelt diese Textur. Opazität und Transparenz, hell und dunkel, Flüssiges und Festes, Glanz und Stumpfheit, Reflexion und Irreflexivität, Oberfläche und Körper schlagen je eins ins andere um oder vermengen und trennen sich schließlich wieder.

Die sichtbaren Dinge sind in einer Art Auflösung begriffen, die es uns zugleich unmöglich macht, sicher zu unterscheiden, welche optischen Qualitäten hier Eigenschaften des Sichtbaren und welche Effekte des Mediums sind (zum Beispiel des Zelluloids in seiner Körnung und seiner Kontrastfähigkeit) oder durch die Refraktierungseffekte erst in der Kamera entstehen. Kurz, die Eigenschaften des filmischen Bildes als Ding und diejenigen der Dinge im Film werden ununterscheidbar. Diese materiellen Entgrenzungen sowohl der Dinge im Film und in der kinematographischen Situation, als auch zwischen ihnen und dem Ding, das das Filmbild selbst ist und das die Situation optisch erst konstituiert, tragen zur Delegation der Beobachtungsfunktion von der Figur auf das Bild mindestens so viel bei wie Blickachsen, Kadrierungen und Kamerabewegungen. Anders als diese mehr oder weniger geometrischen und daher idealen, abstrakten Momente bleiben sie aber auf die physischen Dinge im Film verwiesen. Genau genommen kann

selbst das Schwanken keineswegs eindeutig zugeordnet werden – und zwar von
Beginn der Sequenz an. Es gehört sowohl dem Bild an, also der Situation selbst, an
die es dann von der in die Situation implizierten Kamera delegiert worden wäre,
als auch den vom Wasser bewegten oder aus eigener Kraftvollkommenheit mobi-
len Dingen im Bild. Wenn es in diesem Beispiel also eine Zuschreibung mentaler
Funktionen auf das Bild gibt, dann läuft auch sie nicht ohne Physis ab. Ein »reines
mentales Bild« gibt es hier jedenfalls nicht. Und das wiederum verweist vielleicht
auf ein Grundcharakteristikum von Situationen überhaupt, dass sie nämlich situierend und situiert sind, dass sie nicht in abstrakte Räume, sondern (genau wie auf
unserem Tagungsplakat) an den je schon konkret besetzten Ort und die materiell
erfüllte Stelle einziehen bzw. Ort und Stelle als erfüllte überhaupt erst definieren.

IX Epilog

Mit der Wiederkehr der Dinge in die »reine kinematographische Situation«
würde auch die scharfe Abgrenzung zwischen dem klassischen Handlungsbild
und der handlungsbezogenen Situation im Film einerseits, dem mentalen oder,
wie Deleuze auch formuliert, rein relationalen Bild andererseits schwierig werden.
Möglicherweise gibt es im Film das eine nicht ohne das andere. Jeder mentale Prozess des Films müsste dann, wie die Beobachtung, die die Situation konstituiert, in
eine oder gar diese Situation immer schon eingelassen sein und mit den materiellen Dingen in ihr zu Recht kommen.

Auf ihre Weise hat dies die klassische Situation im Film schon immer gewusst
und mit der Implikation, der Einfaltung des situationsstiftenden beobachtenden
Bildes in die beobachtete Situation selbst schon immer gespielt. Nehmen wir nur
das wohl seltsamste und augenfälligste Objekt aus der Beispielsequenz des vorigen
Beitrags. Es ist Katherine Hepburns unglaubliches Abendkleid. Es glänzt silbrig
und hell, es verleiht Hepburn ihre wunderbare typische Androgynität; und es wird
gekrönt von einem ganz seltsamen Accessoire, einem Tuchstück, das weder als
Schal noch als Kragen, noch als Kopftuch zu bestimmen ist. Es besteht aus einem
nahezu transparenten Gazenetz, das irgendwie frei und schwerelos um Hepburns
Hinterkopf, Nacken und Schultern zu schweben scheint und am unteren Rand mit
einer breiten, glänzenden Borte abschließt. Wo und wie das Ganze befestigt ist,
bleibt durchaus unsichtbar.

Von den in der Szene anwesenden Figuren scheint sich keine über dieses
Kleid und diesen seltsamen Kragen oder Schleier zu wundern. Wir aber wundern uns;, und es bleibt uns gar nichts anderes, als in diesem stark reflektieren-
den Kleid und dem zugleich transparenten wie glänzenden Zubehör mit seinem
rätselhaften Verhältnis zur Schwerkraft eine Thematisierung von Licht und Sicht,

von Transparenz, Beweglichkeit und Reflexivität zu sehen. Das Kleid kann man also als eine Verkörperung essenzieller Mechanismen und Medien und Potenziale des Films betrachten, eine Verdinglichung des Filmbilds im Filmbild selber. Was in der Hochdramatik und Gewaltsamkeit der Rossellini'schen Fischfangsituation photogenisch bemüht wird und bestürzt, das kommt auch hier in der komischen kinematographischen Situation vor, diesmal aber weniger bestürzend als vielmehr leicht verwirrend. Und dass ausgerechnet dieses herrliche Kleid reißt und damit der Glanz des Films den Blick auf das Weiß darunter – der Leinwand, der Unterwäsche des Kinos – freigibt, das schafft immer neuen Komödien immer neue Situationen.

Literatur

Aumont, Jacques (2007): Der Point of View. In: Montage AV, Bd. 16/H 1, S. 13–44.

Balázs, Bela (2001): Der sichtbare Mensch oder die Kultur des Films. Frankfurt a. M.: Suhrkamp.

Bergson, Henri (1988): Das Lachen. Ein Essay über die Bedeutung des Komischen. Darmstadt: Luchterhand.

Cavell, Stanley (1979): The World Viewed. Reflections on the Ontology of Film. Enlarged Edition. Cambridge, Mass.; London: Harvard University Press.

Deleuze, Gilles (1989): Das Bewegungs-Bild. Kino 1. Frankfurt a. M.: Suhrkamp.

Deleuze, Gilles (1991): Das Zeit-Bild. Kino 2. Frankfurt a. M.: Suhrkamp.

Elsaesser, Thomas/Hagener, Malte (2007): Filmtheorie zur Einführung. Hamburg: Junius.

Engell, Lorenz (2011): Macht der die Dinge? Regie und Requisite in Federico Fellinis 8 ½. In: Balke, Friedrich et al. (Hg.): Die Wiederkehr der Dinge. Berlin: Kadmos, S. 298–311.

Engell, Lorenz (2013): Was wollen die Dinge? In: Wende, Johannes (Hg.): Sofia Coppola. Marburg: Schüren, S. 43–58.

Husserl, Edmund (1985): Texte zur Phänomenologie des inneren Zeitbewußtseins. Hamburg: Meiner.

Kracauer, Siegfried (1979): Theorie des Films. Frankfurt a. M.: Suhrkamp.

Latour, Bruno (2000): Die Hoffnung der Pandora. Untersuchungen zur Wirklichkeit der Wissenschaft. Frankfurt a. M.: Suhrkamp.

Metz, Christian (1998): Die unpersönliche Enunziation oder der Ort des Films. Münster: Nodus.

Otten, Willem Jan (1999): Das Museum des Lichts. Salzburg et al.: Residenz.

Vernet, Marc (1988): Figures de l'absence. De l'invisible au cinéma. Paris: L'Etoile, Cahiers du cinéma.

Vertov, Dziga (1979): Kinoglaz. In: Albersmeier, Franz Josef (Hg.): Texte zur Theorie des Films. Stuttgart: Reclam, S. 39–41.

Situation – Information – kommunikative Handlung[1]

Hans-Georg Soeffner

I

Das vorliegende Thema bedarf wegen seiner Allgemeinheit und der Breite *möglicher Gegenstandsbereiche der Begriffe* zunächst einmal einer präzisierenden Eingrenzung:

a) zum ersten im Hinblick auf das die Fragestellung leitende Interesse und den damit verbundenen Forschungsbereich;
b) zum zweiten im Hinblick auf das Forschungsparadigma, innerhalb dessen sich die Fragestellung bewegt, und damit auch auf die Funktion und den Status der im Thema angegebenen Begriffe.

Der Zusammenhang, in dem das vorliegende Thema formuliert wurde, führt es als »kommunikationswissenschaftliches« Thema ein. Hieraus ergibt sich die Frage nach dem systematischen Ort einer solchen als »kommunikationswissenschaftlich« postulierten Fragestellung. Ich schließe mich dem Vorschlag von Apel und Habermas[2] an, Kommunikationsforschung und Kommunikationswissenschaft

---

1 Der vorliegende Aufsatz wurde 1975 als Tagungsbeitrag geschrieben und erschien erstmalig 1982 in »Forschungs- und Arbeitsberichte des Arbeitsbereiches Soziologie der Sprache und Kommunikation« der Fernuniversität Hagen GHS, herausgegeben von Hans-Georg Soeffner. Im Jahr 1999 wurde eine von Konstanze Senge neu durchgesehene und korrigierte Version des Artikels in der Zeitschrift »auslegen – essener schriften zur sozial- und kommunikationswissenschaft«, herausgegeben von Jo Reichertz, S. 43–68, in sehr kleiner Auflage vorgelegt. Zur Publikation in diesem Sammelband wurde der Text von Hans-Georg Soeffner erneut durchgesehen und an einigen Stellen geändert. Somit wird der Aufsatz hier erstmals einer größeren Öffentlichkeit vorgestellt.
2 Vgl. dazu Apel (1976), worin er eine genaue Darstellung der spezifischen Funktion und Leistung einer »Denkfigur«, wie jener der »kritisch-rekonstruktiven Sozialwissenschaft« gibt.

zum Bereich der »kritisch-rekonstruktiven Sozialwissenschaften« zu zählen, als deren Erkenntnisinteresse die analytische Rekonstruktion sozialen Handelns und sozialer Verständigungsprozesse bestimmt ist,[3] wobei soziales Handeln und soziale Verständigungsprozesse wie in der Soziologie Max Webers als Basis gesellschaftlicher Konventionen, Organisation und Entwicklung gesehen werden (vgl. 1972: 13 f.).

Kritisch-rekonstruktive Sozialwissenschaften im Sinne von Apel und Habermas sind darüber hinaus gekennzeichnet durch eine spezifische Aufgabenstellung, die im Anschluss an den Pragmatismus und den symbolischen Interaktionismus entwickelt wurde. Die für diese Aufgabenstellung von Habermas und Apel vorgeschlagenen Begriffe »Universalpragmatik« bzw. »Transzendentalpragmatik« beanspruchen nicht, eine Forschungsrichtung durch einen in sich geschlossenen Theorieentwurf zu repräsentieren. Sie benennen vielmehr ein Forschungsprogramm, dessen Aufgabe darin besteht, »universale Bedingungen möglicher Verständigung zu identifizieren und nachzuzeichnen«, und das darauf gerichtet ist, die universale Geltungsbasis von Verständigungsprozessen zu rekonstruieren (Habermas 1976: 174).

Eine an der Universal- oder Transzendentalpragmatik[4] ausgerichtete kommunikationswissenschaftliche Aufgabenstellung besteht im Anschluss an das bisher Gesagte »in einer vorläufigen Formulierung« darin, eine Methode zu entwickeln, die es ermöglicht, in wissenschaftlich objektiver Weise den subjektiven Sinn sozialen Handelns und sozialer Verständigungsprozesse zu erfassen (vgl. Schütz 1971: 49): Diese Aufgabenstellung impliziert die Auffassung Meads, Gesellschaft als Kommunikationsgemeinschaft, d. h. als Verbund handelnder Individuen anzusehen, die ihrem eigenen und dem Handeln anderer prinzipiell einen verstehbaren und vermittelbaren Sinn zuschreiben und hierdurch als Bedingung der Möglichkeit von Gesellschaft permanent im Handeln den kommunikativen Konsens der Verstehbarkeit sozialen Handelns aktualisieren.

Glücklicherweise braucht eine derartig bestimmte kommunikationswissenschaftliche Aufgabenstellung nicht ab ovo anzufangen. Sie kann vielmehr sowohl im Bereich *(abstrakt) theoretisch-rekonstruktiver Sozialwissenschaft* als auch im Bereich *empirisch-rekonstruktiver Sozialwissenschaft* zunächst auf die Methoden zurückgreifen, aus denen das Forschungsprogramm der Universal- oder Transzendentalpragmatik entwickelt wurde. Ich werde deshalb im Folgenden zunächst

---

3   Vgl. dazu auch den kritischen Beitrag von Jürgen Habermas »Was heißt Universalpragmatik« (1976: 174–277).

4   Auf die Diskussion zwischen Habermas und Apel über die Zweckmäßigkeit der beiden Begriffe soll hier nicht näher eingegangen werden, wenn mir auch Apels Vorschlag (»Transzendentalpragmatik«) die Richtung und das Interesse der Fragestellung besser zu kennzeichnen scheint.

die mir für die vorliegende Fragestellung wesentlich erscheinenden Ansätze theoretisch-rekonstruktiver Sozialwissenschaften behandeln, um dann auf die entsprechenden empirisch-rekonstruktiven Ansätze einzugehen. Im Zusammenhang
damit erfolgt auch eine dezidierte Auseinandersetzung mit dem Situationsbegriff
respektive mit seiner Kontextierung.

II

Im Bereich theoretisch-rekonstruktiver Analysen kann man als entscheidende
Anstöße ansehen:

1) die von Alfred Schütz entwickelte Phänomenologie des Alltagswissens, All-
   tagsverstehens und Alltagshandelns;
2) die von George Herbert Mead entwickelten kommunikationstheoretischen
   Überlegungen – hier kurz als »symbolischer Interaktionismus« etikettiert –
   und
3) die von Charles Sanders Peirce vorgenommene Fundierung des Pragmatismus
   und Pragmatizismus in einer pragmatisch orientierten Semiotik.

Diese drei wissenschaftstheoretisch eng miteinander verbundenen Theorieentwürfe entwickeln drei einander ergänzende Zugriffsweisen und Erklärungsmo-
delle für die oben genannte Fragestellung. Ich gebe hier nur eine sehr knappe und
schwerpunktartige Charakteristik.

1) Schütz geht von der phänomenologischen Methode Husserls aus und wendet
   diese an zur Analyse konstitutiver Verfahren und Regeln der Verständigung,
   der Organisation und Strukturierung von Alltagswissen und Alltagshandeln
   sowie, darauf aufbauend, der Konstituierung von Wissens- und Relevanzsystemen »alltäglich« Handelnder. Basis ist dabei für ihn die Reziprozität der Selbst-
   und Fremderfahrung sozial Handelnder.
2) Mead analysiert die Bedingungen gegenseitiger Verhaltensorientierung und
   Verhaltenssteuerung sozialer Individuen auf der Basis der Reziprozität gegenseitiger Verhaltenserwartungen oder – allgemeiner ausgedrückt – auf der Basis
   der Reziprozität der Perspektiven. Menschliches Verhalten, als immer schon
   sozial vermitteltes Verhalten, aktualisiert sich für ihn als konventionalisiertes,
   symbolisiertes und durch zeichenhafte Repräsentation mitteilbares und verstehbares Verhalten.
3) Peirce analysiert die zeichenhafte Repräsentation und Organisation prinzipiell als sozial charakterisierte Wahrnehmungs- und Erfahrungsdaten. Seine

Semiotik erscheint unter diesem Gesichtspunkt als die Explikation eines In-
terpretationsverfahrens, das in der Lage ist, die spezifischen Relationen sozialer Wahrnehmung, Erfahrung, Bedeutungszuschreibung und -übermittlung
in ihrer zeichenhaften Repräsentation zu erfassen und auf ihre Funktion und
ihren Verwendungszusammenhang hin zu analysieren. Soziale Gemeinschaften sind nach Peirce als Zeichenverwendungsgemeinschaften zu begreifen. Gesellschaft ist deshalb prinzipiell Kommunikationsgemeinschaft.

Die pragmatisch orientierte Kommunikationsforschung rekonstruiert im Anschluss an diese Theorieentwürfe die Bedingungen sozialen Handelns und sozialer Verständigung – und dies auf dreifache Weise:

1) durch die Analyse konstitutiver Regeln des Alltagshandelns und der Anwen-
    dung und Funktion von Alltagswissen als dem sozial primären Kommunika-
    tionsbereich. Hierbei wird das »alltägliche Leben« sowohl in den »Theorien«
    der Handelnden als auch in denen der »Sozialwissenschaftler« als Sinnzusam-
    menhang verstanden, der dem menschlichen Handeln entspringt und im so-
    zialen Handeln ständig (re-)generiert wird;
2) durch die Analyse der Bedingungen und Formen sozialen Handelns als gegen-
    seitiger Verhaltensorientierung und symbolischer Interaktion;
3) durch die Analyse der Regeln und Funktionen von Zeichensystemen, in denen
    soziales Handeln repräsentiert ist, mit deren Hilfe es sich aktualisiert und
    durch die es Zeichenverwendungsgemeinschaften konstituiert.

III

Die hier charakterisierten Verfahren theoretisch-rekonstruktiver Sozialwissenschaften werden ergänzt durch entsprechende, an eben diesen Theorieentwürfen orientierte, empirisch-rekonstruktive Verfahren, wie sie in den verschiedenen Forschungsrichtungen der Ethnomethodologie zum Ausdruck kommen. Hier
wurden vor allem von Cicourel und Garfinkel sowie deren »Schulen« im Anschluss an Schütz empirische Verfahren zur Analyse konstitutiver Regeln – »Basisregeln« – des Alltagshandelns und -wissens entwickelt. Diese stichwortartige
Andeutung möge hier genügen.
    Entscheidend ist in unserem Zusammenhang die für die Ethnomethodologie
wie auch für eine pragmatisch orientierte Kommunikationswissenschaft spezifische Fragestellung. Wenn es darum geht, wie oben im Anschluss an Schütz formuliert wurde, eine Methode zu entwickeln, mit deren Hilfe in objektiver Weise
der subjektive Sinn beim sozialen Handeln und sozialer Verständigungsprozesse

rekonstruiert werden kann, so kann die Konstituierung von »Sinn« nicht durch eine Analyse dessen erfasst werden, was an Alltagswissen objektiv sei, sondern nur in der Rekonstruktion, »wie« und »warum« es eingesetzt und von den Handelnden als adäquat postuliert wird. Schütz hat in diesem Zusammenhang auf Whiteheads These hingewiesen, dass weder das Alltagsverständnis noch die Wissenschaft sich entfalten können, »sofern sie nicht die strenge Einschränkung der Betrachtung auf das in der Erfahrung tatsächlich Gegebene aufgeben«; vielmehr komme es darauf an, »unsere Sinnesvorstellung als tatsächliche Realisierung des hypothetischen gedanklichen Gegenstandes von Wahrnehmungen zu konstruieren« (Schütz 1971: 3 f.; vgl. auch Whitehead 1974: 110–135).

Diese wissenschaftstheoretischen Vorbemerkungen erheben nicht den Anspruch, eine vollständige Charakterisierung der in ihnen behandelten Theorieentwürfe zu liefern. Sie reichen jedoch aus, den theoretischen Hintergrund zu kennzeichnen, vor dem das Thema abgehandelt wird. Die folgenden Überlegungen verstehen sich als Vorschlag zu einer heuristischen Systematisierung des Begriffszusammenhangs der Begriffe »Situation«, »Information«, »kommunikatives Handeln«. Sie verstehen sich darüber hinaus, entsprechend der oben skizzierten Fragestellung pragmatisch orientierter Kommunikationswissenschaft, als begriffliche, d. h. objektive Rekonstruktion des »Funktionierens« und des subjektiven Sinnes von Verständigungsprozessen und sozialem Handeln.

Ich habe an anderer Stelle versucht, den systematischen Ort des Ausdrucks »Situation« und dessen jeweiligen Stellenwert in verschiedenen, gesellschaftsanalytischen Theorieentwürfen zu entwickeln (vgl. Soeffner 1999). Im Zusammenhang mit dem hier vorliegenden Thema werde ich auf diese Untersuchung nur insofern eingehen, als sich in einigen, nicht ausdrücklich pragmatisch orientierten Theorieentwürfen wichtige Hinweise für eine mögliche Präzisierung des Ausdrucks »Situation« finden. Dennoch wird dieser Teil ausführlicher behandelt, weil ich versuchen werde, einen ersten Ansatz zur Typologisierung und Systematisierung des Begriffs »Situation« im Rahmen einer pragmatisch orientierten Kommunikationswissenschaft zu geben.

Eines der auffälligsten Ergebnisse meiner oben erwähnten Untersuchung war, dass nur in seltenen Fällen der Ausdruck »Situation« definiert wurde. Die meisten Autoren benutzen ihn umgangssprachlich und geben ihm mehr oder weniger nachlässig einen sehr weiten Bedeutungsspielraum. Er ist einer der am häufigsten im Zusammenhang mit handlungstheoretischen und kommunikationswissenschaftlichen Problemstellungen genannten Ausdrücke und gleichzeitig einer der unschärfsten. Er umschreibt von der »allgemein menschlichen Situation« über die »historische Situation« und den »situativen Kontext« oder »menschliche Lebensbereiche« bis hin zur Situation als »kleinster Beobachtungseinheit« ungefähr all das an Handlungsbedingungen, was man genau zu analysieren offenbar nicht imstande ist. Der Ausdruck »Situation« wird in der Regel dann genannt, wenn man von der Analyse relativ exakt zu bestimmender Faktoren zur mehr oder weniger pauschalen Beobachtung von Randbedingungen für Verhalten übergeht.

Diese Unschärfe hat – wie ich meine – ihren guten Grund: Sie resultiert daraus, dass der einzelne Handelnde für sich im konkreten Handlungszusammenhang jeweils das weiß und »definiert«, was für ihn die »Situation« ist, dass aber der »Außenbeobachter« als »Situationstheoretiker« sich wenig um diese »Definition« kümmert, sondern vielmehr allgemeine, vom Handlungszusammenhang abstrahierte Bestimmungsmerkmale für den Begriff »Situation« festzusetzen versucht.

Eine weitere Schwierigkeit im Umgang mit dem Ausdruck »Situation« resultiert aus der »Multivalenz kommunikativer Situationen« (Graumann 1972: 1178). Gemeinsam an einer Interaktion beteiligte Handelnde verschmelzen nie »restlos« zu einer gemeinsamen Identität; sie sind und bleiben Individuen mit verschiedenen ökonomischen, sozialen, psychischen und kognitiven Dispositionen und Erfahrungshintergründen. Ebenso deckt sich die Intention der Handelnden nicht bruchlos mit dem »semantischen Gehalt« der von ihnen in der Interaktion ausgetauschten »Nachrichten«. Die einzelnen Interaktionspartner interpretieren darüber hinaus, indem sie auch »unwillkürliche Zeichen« ihrer Gegenüber interpretieren, immer anders und/oder mehr als ihnen in einer explizit formulierten »Nachricht« übermittelt wurde. Zudem kann dieselbe Formulierung in verschiedenen »Situationen« (Handlungszusammenhängen) einen sehr unterschiedlichen Nachrichtenwert haben und damit auch jeweils anders verstanden werden usw.

Die erste Beobachtung im Umgang mit dem Ausdruck »Situation« macht deutlich, dass »Situation« nicht einfach mit einem so genannten »äußeren Handlungsrahmen« gleichgesetzt werden kann; die zweite zeigt, dass es so etwas wie eine für alle an einem Handlungsablauf Beteiligten de facto gemeinsame Situation nicht gibt, sondern nur die Unterstellung des Konsenses durch die Interaktionspartner, man befinde sich in einer »gemeinsamen« Situation.

Wenn einerseits die Gleichsetzung von quasi zuständlich vorhandenem »äußeren Handlungsrahmen« und »Situation« sich verbietet, so ist andererseits gleichfalls deutlich, dass »Situation« nicht einfach mit einem Handlungsablauf gleichgesetzt werden kann. Hegel charakterisiert diese Problematik in seiner Bestimmung der »Situation überhaupt« folgendermaßen (1965: 199): »Die Situation überhaupt ist die Mittelstufe zwischen dem allgemeinen, in sich unbewegten Weltzustande und der in sich zur Aktion und Reaktion aufgeschlossenen konkreten Handlung, weshalb sie auch den Charakter sowohl des einen als des anderen Extrems in sich darzustellen und uns von dem einen her zu dem anderen hinüberzuleiten hat.« Aus dieser Bestimmung geht hervor, dass die Bedeutung der Situation für konkretes Handeln präziser gefasst werden muss und kann als in der Formulierung von Habermas, der »Situation« vage als Kontext von Handlungen bezeichnet (vgl.

1976: 206). Dabei wäre es gerade für Habermas im Rahmen seiner Überlegungen zur Sprechakttheorie nicht unwichtig, die Analogie zwischen dem Ausdruck »Situation« in sozialwissenschaftlicher Sicht und dem linguistischen Term »Kontext« genauer zu analysieren. Denn darauf, dass hier keine einfache Entsprechung der Ausdrücke gegeben ist, hat Wunderlich aufmerksam gemacht (vgl. 1976: 465), der ausdrücklich bei der Analyse von Sprechhandlungen deren »Situationskontext« – eine weitere Bedeutungsvermischung – ausklammert.

Hegels Bestimmung der »Situation überhaupt« weist darauf hin, dass es sich bei der Analyse konkret ablaufender Handlungen empfiehlt, einen weiteren Situationsbegriff: den der »aktuellen Situation«, einzuführen und zwischen ihm und einem allgemeineren Begriff der Situation zu unterscheiden. So hat auch Schütz (vgl. 1971: 366 f.) analog zu seiner Unterscheidung von »Weltzeit« als sozial gemeinsamer Zeit und »privater Zeit«, die durch ein soziales Individuum bei der Wahrnehmung eines Ereignisses koordiniert werden, eine Unterscheidung zwischen der Alltagssituation als einer allgemeinen sozialen oder kulturellen Situation, der biographischen Situation eines Individuums und der aktuellen Situation – dem Bereich aktuellen Handelns – vorgenommen. Dabei ging es ihm vor allem darum, die Verflechtung der jeweiligen Bereiche in ihrem Funktions- und Sinnzusammenhang darzustellen. Ich gebe eine kurze Darstellung und Interpretation dieser Überlegungen, soweit sie für meinen Zusammenhang wichtig sind.

Für Schütz vollzieht sich menschliches Handeln in unterschiedlichen »Wirkungsbereichen«, die den Charakter in sich »geschlossener Sinnbereiche« für Handelnde aufweisen (vgl. 1971: 392 ff.). Der Alltagswelt oder Alltagssituation ordnet er dabei den Charakter einer »ausgezeichneten Wirklichkeit« zu, da nur in ihr sich allgemeine soziale Kommunikation aktualisiere (vgl. Schütz 1971: 394 ff.). Der Wirklichkeits- oder Sinnbereich der Alltagswelt ist in sich strukturiert durch weitere geschlossene Sinnbereiche mit eigenem Wirklichkeitsakzent. Sie sind unterschieden durch den Erkenntnisstil – das Erkenntnisinteresse und die Zugriffsweise der Wahrnehmung –, der jeweils in ihnen eingesetzt wird. Wirklichkeitsbereiche bzw. Sinnbereiche entwickeln jedoch nicht durch ihre objektive Beschaffenheit einen jeweils eigenen Erkenntnisstil, sie müssen vielmehr zunächst von dem/den im Alltag Handelnden als spezifische Sinnbereiche identifiziert und reproduziert werden. Diese typisierende Identifikation wird von den Individuen bedingt durch deren biographische Situation – womit außer der individuellen Lebensgeschichte auch ökonomische, soziale, psychische, kognitive Dispositionen etc. gemeint sind – vorgenommen. Aus ihrer jeweiligen biographischen Situation leiten die Individuen ihre eigenen Relevanzsysteme für konkrete Handlungen, Handlungspläne und Handlungsziele ab. Die Funktion dieser immer schon gegebenen Verflechtung von Alltagssituation und biographischer Situation hat Apel in Bezug auf die Sinnkonstitution sozialen Handelns als *nichthintergehbares Situa-*

tions-Apriori bezeichnet, als eine Bedingung der Möglichkeit sozialen Handelns überhaupt (vgl. 1976: 134). Dabei entspringen interne erkenntnis- und handlungsleitende Interessen, die von ihm als »*normative Bedingungen der Möglichkeit der Sinnkonstitution menschlicher Erfahrung*« verstanden werden, demselben nichthintergehbaren Situations-Apriori (Apel 1976: 134). Die biographische Situation als ganze ist dokumentiert in permanenten, ein Individuum leitenden Relevanzsystemen. Diesen wiederum können in konkreten aktuellen Situationen ad hoc weitere Relevanzsysteme zu- oder untergeordnet werden. Für Schütz ergibt sich analog zur Hierarchie der Situationstypen, wie sie gerade skizziert wurde, und durch diese jeweils konkret hervorgebracht eine hierarchische Ordnung der Absichten und Ziele sowie der Relevanzsysteme. Dabei ist nicht an eine statische Struktur, sondern vielmehr an ein dynamisches Netz von Hierarchien gedacht, sodass je nach Aktualisierung konkreter, lang- oder kurzfristiger Handlungsziele ein Wechsel der Hierarchien eintritt.

Aus dem hier skizzierten Funktionszusammenhang der Alltagswelt geht hervor, dass für Schütz und im Anschluss an ihn auch für Garfinkel Alltagshandeln »rational« geschieht; diese Rationalität des Alltagshandelns ist bezogen auf die aktuelle Situation, in der es stattfindet, also auch auf die ihm zugeordnete Hierarchie der Relevanzsysteme und der in diesen repräsentierten Absichten und Ziele. Eben dieser Funktionszusammenhang weist die Rationalität des Alltagshandelns als pragmatische Rationalität gegenüber einer allgemeinen, situationsunabhängigen Rationalität aus.

Die von Schütz theoretisch-rekonstruktiv erarbeitete Phänomenologie des Alltagshandelns und die dem Alltagshandeln zugeordneten Situationstypen sollen nun im Folgenden durch Ergebnisse empirisch-analytischer Analysen bestätigend ergänzt werden. Dabei ist die Auswertung und Interpretation dieser Ergebnisse orientiert an einer Fragestellung, die sich aus den bisherigen Überlegungen ergibt.

An die Stelle der Frage, *was* eine Situation sei, tritt nun die Frage: *Wie* konstituiert sich der Prozess der Schaffung und Deutung von »Situation« im Wahrnehmungs- und Handlungszusammenhang aus der Perspektive des Handelnden? Dabei ist es selbstverständlich, dass sich die Fragestellung im Bereich empirisch-analytischer Forschung auf die aktuelle Situation als beobachtbare Situation bezieht.

Als Ausgangspunkt dienen mir zunächst einige Überlegungen zu Lewins Begriff des »Feldes« in der empirischen Sozialpsychologie (vgl. 1951), da sich einige Bestimmungen dieses Begriffs in Richtung auf eine pragmatische Rekonstruktion des Alltagsverständnisses von »Situation« hin (um-)interpretieren lassen. Dies vor allem deswegen, weil der Begriff des »psychologischen Feldes«, auf dem das empirische Verfahren der Feldstudien basiert, Merkmale enthält, die zwar generell noch auf die Position des Außenbeobachters bei der Auswertung bezogen werden, jedoch der Tatsache Rechnung tragen, dass »Außenbedingungen« für die Versuchsperson nur insoweit verhaltenssteuernd wirken, wie sie von ihr überhaupt wahrgenommen werden. Das psychologische Feld – nach Lewin die Totalität gleichzeitig existierender interdependenter Tatsachen – wird gleichzeitig als »Lebensraum« *(life space)* von Individuen angesehen. »Situation« wird dabei von Lewin synonym benutzt mit den Begriffen »Feld« und »Lebensraum«, allerdings mit der Einschränkung, dass es sich hier um einen zeitlich feststellbaren Ausschnitt des Feldes handelt. Die Konsequenz dieser Betrachtungsweise ist, dass Verhalten (B) als Funktion (f) des Zustandes einer Person (P) und ihrer Umgebung (E) gesehen wird: B = f (P,E). Bezieht man die Definition von »Feld« (Lebensraum) auf die Definition von »Verhalten«, so wird deutlich, dass erst P und E zusammen den Lebensraum konstituieren und E als Funktion von P angesehen werden muss: E = f (P). Allerdings gilt auch, dass durch die Veränderung der Umgebung die Person jeweils anders erscheint: P = f (E).

Entsprechend der Einsicht in die prinzipielle Interdependenz der Faktoren eines Feldes sehen die in der Tradition der Feldtheorie stehenden Autoren in der Situation zunehmend ein Produkt von Interaktionsprozessen. So resultiert aus der These Festingers (vgl. 1957 und 1969), dass Kommunikation durch bestimmte soziale Motive evoziert werde (»Druck zur Kommunikation«), nicht nur, dass in aktuellen Kommunikationsprozessen auf bestimmte »faktisch vorfindbare« Gegebenheiten »reagiert« wird,[5] sondern dass die Interaktionspartner über Erwartungen und Erwartungsmuster verfügen, nach denen sie ihre Gegenüber beurteilen, d. h., dass sie letztlich Situationen selbst schaffen müssen, wenn sie bestimmte Intentionen gegenüber ihren Partnern durchsetzen wollen. Sobald in Interaktionsprozessen Intentionen der Beteiligten sichtbar und interpretierbar werden, wird es zudem möglich, von einer erkennbaren Intention auf die Antizipation der Wirkung zu schließen, die der Kommunikator bei seinem Gegenüber erwartet (vgl. Fearing 1967).

Situationen werden demnach nicht einfach vorgefunden, sondern den vorangegangenen Erfahrungen, Handlungszielen und Intentionen entsprechend erst geschaffen. Eine aktuelle Situation schaffen meint dabei, das vorgefundene Milieu entsprechend einem Handlungszusammenhang auf der Grundlage der Selbstdeutung und der Erwartung gegenüber anderen Interaktionspartnern und Handlungsabläufen mit Hilfe der Perzeption und nach Maßgabe der eigenen Bedürfnisse selektiv auszuwerten, zu strukturieren und dem Handlungsziel korrespondierend umzuformen und einzusetzen. Darüber hinaus werden auf der Grundlage der Antizipation der Wirkung zukünftige Situationen geplant, und das

---

5 Vgl. hierzu auch Sartres Unterscheidung von »Umwelt« [Milieu] und »Situation« (1966: 720).

heißt auch: selektiv auf bevorzugte Handlungsalternativen zugeschnitten. Situation, als Handlungsraum verstanden, meint somit in der Terminologie der Ethnomethodologie einen »bewirkten Bestand« von Merkmalen der Situation (Zimmermann/Pollner 1976: 80 ff.).

Aus der Sicht eines »hypothetisch Handelnden« lassen sich die oben skizzierten Hypothesen und Resultate zusammenfassend folgendermaßen darstellen (vgl. Krallmann/Soeffner 1973: 25 ff.): Was »seine« Situation sei, bestimmt ein handelndes Subjekt in einem Perzeptions- und Handlungszusammenhang, indem es

1) einen Sinnbezug seines aktuellen Handelns als »Thema« einer konkreten Situation setzt;

2) »äußere Gegebenheiten« auf sich als handelndes Subjekt bezieht, sich an ihnen orientiert, sie als Möglichkeiten eigener Handlung interpretiert und diese »äußeren Gegebenheiten« nur im Sinn- und Zielbezug des eigenen Handelns in den Blick bringt;

3) die so entwickelten Handlungsalternativen als »Horizont« der aktuellen Situation setzt; der »Horizont« – traditionell als messbare Relation zwischen »empirisch feststellbaren Gegenständen« und dem Subjekt gesehen (Thomas 1969: 69) – wird nun verstanden als Praxisbezug handelnder Subjekte;

4) durch die Setzung des »Horizontes« den Handlungsspielraum einer aktuellen Situation abgrenzt von Gegebenheiten, die durch aktuelles Handeln nicht, nicht mehr oder noch nicht beeinflussbar sind. Die Gegebenheiten – durch Perzeption und Koorientierung auf den Praxisbezug hin orientiert, geprüft und bewertet – werden erst durch die Zuschreibung des Prädikates »nicht- oder noch-nicht-veränderbar« zu »äußeren« Gegebenheiten;

5) ein bestimmtes Thema, einen bestimmten Sinnbezug, Zielbezug, Horizont von anderen Themen, Zielbezügen und Horizonten abgrenzt, d. h. eine Situation von einer anderen durch Festsetzung eines spezifischen Interpretationsrahmens unterscheidet und unterschiedlich typisiert.

Das Problem der Feststellung, was eine »defekte Situation« sei, wird nun ebenfalls aus einer anderen Perspektive gesehen. Wurde eine »defekte Situation« traditionell verstanden als eine unüberbrückbare Differenz zwischen der Einschätzung einer Situation durch ein Individuum und den durch einen Beobachter empirisch feststellbaren Gegebenheiten dieser Situation (vgl. Thomas 1969: 73 ff.), so entscheidet aus der Sicht handelnder Subjekte über die »Defektheit« einer Situation – hier: Inadäquatheit der Situationsbestimmung – die Erfahrung des handelnden Subjektes. Hierbei gilt als Maßstab die Frage, ob individuelle Perzeption und soziale Koorientierung so stimmig miteinander verbunden sind, dass eine Kooperation mit anderen Individuen möglich wird – auf der Basis der Unterstellung aller Beteiligten, in einem gemeinsamen Sinnbezug zu handeln. Kurz: Die Handlungspraxis und die kooperative Bewertung von Situationen entscheiden über die Adäquatheit der Situationsdefinition.

Wenn bisher von der »*Definition* der Situation« *durch die Handelnden selbst* die Rede war, so war dieser Begriff umgangssprachlich eingesetzt und noch nicht geklärt. Diese Klärung wird nun nachgeholt im Rückgriff auf Thomas/Znaniecki (vgl. 1927: 68 ff.), von denen dieser Begriff stammt, der später von einer ganzen Reihe von Autoren übernommen wurde (vgl. Parsons 1949; Garfinkel 1973; Cicourel 1974 und 1975).

Das folgende, ausführliche Zitat veranschaulicht deutlich, wie sehr neuere handlungstheoretische Überlegungen dieser Situationsbestimmung verpflichtet sind: »Die Situation ist der Bestand von Werten und Einstellungen, mit denen sich der einzelne oder die Gruppe in einem Handlungsvorgang beschäftigen muß und die den Bezug für die Planung dieser Handlung und die Bewertung ihrer Ergebnisse darstellt. Jede konkrete Handlung ist die Lösung einer Situation. Die Situation beinhaltet drei Arten von Daten: 1. Die objektiven Bedingungen, unter denen ein einzelner oder eine Gesellschaft zu handeln hat, d. h. die Gesamtheit der Werte – wirtschaftlich, sozial, religiös, intellektuell usw. –, die im gegebenen Augenblick direkt oder indirekt den bewußten Status des einzelnen oder der Gruppe beeinflussen. 2. Die bereits bestehenden Einstellungen des einzelnen oder der Gruppe, die im gegebenen Augenblick sein Verhalten tatsächlich beeinflussen. 3. Die ›Definition der Situation‹, d. h. die mehr oder weniger klare Vorstellung von den Bedingungen und das Bewußtsein der Einstellungen. Die Situationsdefinition ist eine notwendige Voraussetzung für jeden Willensakt, denn unter gegebenen Bedingungen und mit einer gegebenen Kombination von Einstellungen wird eine unbegrenzte Vielzahl von Handlungen möglich, und eine bestimmte Handlung kann nur dann auftreten, wenn diese Bedingungen in einer bestimmten Weise ausgewählt, interpretiert und kombiniert werden und wenn eine gewisse Systematisierung dieser Einstellungen erreicht wird, so daß eine von ihnen zur vorherrschenden wird und die anderen überragt« (aus: Volkart 1965: 84 f.; vgl. Thomas/Znaniecki 1927: 68 ff.).

Ein Unterschied zwischen dieser Definition und der von mir vertretenen Auffassung besteht darin, dass die konkrete »Definition der Situation« für Thomas und Znaniecki aus einem bereits bestehenden, vorgegebenen Satz von Werten oder Einstellungen des Handelnden abgeleitet wird, während mir die oben skizzierte Analyse von Schütz sehr viel präziser zu sein scheint, wonach derartige Werte und Haltungen erst aus dem Funktionszusammenhang sozialen Handelns und den hierin aktualisierten Sinnbereichen und Relevanzsystemen entspringen und je nach Funktionszusammenhang variieren. Für Schütz »heißt« demnach das so genannte Thomas-Axiom in erster Linie, dass bei gelungener Situationsdefinition eine sozial gebilligte Typisierung einer konkreten Situation stattgefunden hat. Und zwar so, dass das Alltagshandeln reibungslos funktioniert, weil die der Situation zugeordneten »Gegenstände, Gegebenheiten oder Geschehnisse in ihrer typischen Beschaffenheit fraglos als Bestandteile der selbstverständlich hingenommenen Welt angesehen« werden (Schütz 1971: 402).

Hierbei fungieren die Alltagswahrnehmung und ihre Selektionsmechanismen als Typisierungsinstanz: Erfahrungen werden typisiert mit dem Ziel, sie durch die Zuschreibung einer festen Struktur und einer »typischen« Eigenheit wieder abrufbar und »wiedererkennbar« zu machen. Die Typisierung schafft Deutungsschemata, durch deren Abstraktion bei gleichzeitiger Symbolisierung Erfahrungen für andere mitteilbar werden können. Grundlegende Voraussetzung dafür ist, dass in Interaktionsabläufen alle Partner wechselseitig auf der Basis der Typisierung ihre Deutungsschemata entwickeln und auch auf die typisierten Personen der jeweiligen Partner beziehen. Diese erscheinen so einander wechselseitig als »personale Idealtypen«, sodass jede Sozialbeziehung die Reflexion auf das den beiden Partnern gemeinsame Schema der Typisierung zur Grundlage hat (vgl. Schütz 1974: 282 ff.). Eine in solcher Weise definierte, d. h. typisierte, konkrete Situation kann somit als Beispielfall eines funktionalen Sinntyps einer für die Erfahrung standardisierten und damit wiederholbaren Situation verstanden werden (vgl. Wieder/Zimmermann 1976: 116 ff.).

Trotz der erheblichen Differenzen zwischen dem hier vorgelegten Ansatz und der Situationsbestimmung von Thomas/Znaniecki besteht jedoch auch eine wesentliche Gemeinsamkeit zwischen beiden Ansätzen. Beide gehen davon aus, dass die eigentliche Bedeutung der »Definition von Situation« durch den in dieser Situation Handelnden in der Funktion für das Handeln liegt: Die Situation wird durch ihre Funktion definiert, d. h. wenn handelnde Subjekte Situationen als für sie reale definieren, so sind diese Situationen (auch beobachtbar) in ihren Folgen real (vgl. Thomas/Thomas 1928: 572; Volkart 1951: 81).

An dieser, aus der theoretischen Rekonstruktion des Funktionierens von Alltagswissen hervorgegangenen Definition dessen, was die Realität einer Situation sei, wird eine Eigenart des theoretischen Verfahrens der Rekonstruktion sichtbar, auf die Habermas hingewiesen hat. Ein solcher Rekonstruktionsvorschlag kann nämlich das so genannte Alltagswissen »mehr oder weniger explizit und angemessen darstellen, *aber niemals falsifizieren*. [Kursivdruck von mir, H.-G. S.] Als falsch kann sich allenfalls die Wiedergabe« der Intuition eines Handelnden erweisen, »aber nicht diese Intuition selbst« (Habermas 1976: 193).

Die Definition einer Situation als Basis spezifischer Handlungen schreibt also der Situation durch den Handlungsbezug Realitätscharakter zu. Hierdurch ist jedoch die Interpretation (Typisierung) der Situation und des in ihr stattfindenden Handlungsablaufs nicht ein für allemal festgelegt, da (s. o.) die Handlungspraxis erst den Nachweis der Adäquatheit einer Situationsdefinition erbringt. Neue Sinnbezüge für Handeln können so ex post zu Re-Definitionen von früheren Situationen führen und frühere Handlungsbezüge auf die Adäquatheit ihrer Orientierung überprüfen und uminterpretieren: Erfahrungsgeschichte und Geschichte generell konstituieren sich in der Handlungsorientierung sozialer Subjekte durch permanente Re-Interpretation von Handlungssituationen vor dem Horizont aktueller und antizipierter Sinn- und Handlungsbezüge.

Gegenseitige Verhaltensorientierung zusammen mit jener Form sozialer Wahrnehmung, die Garfinkel als »rückschauend-vorausschauende Sinnorientierung« bezeichnet hat (1973: 207), weisen dabei dem Moment der Antizipation bei der Situationsdefinition zwei Funktionen zu: einmal die Sicherung der »Identität« einer aktuellen Situation durch »klassifizierende« Perzeption (Typisierung); zum anderen wird in der Antizipation von Situationen der Realitätscharakter zukünftiger Handlungen postuliert und damit der Erfahrungsgeschichte und der Geschichte generell die Funktion von Handlungs- und Zielorientierung zugewiesen. Darüber hinaus enthalten Situationsdefinitionen als antizipatorische soziale Koorientierung Instruktionen zur Kategorisierung erwartbaren Verhaltens (vgl. Smith 1976: 397). Das Moment der Antizipation von Situationen fungiert weiterhin als Prospektion von Geschichte und Erfahrungsgeschichte sozial handelnder Subjekte – d. h. zukünftige »Realität« erscheint unter dem Blickwinkel von Alternativentwürfen auf der Basis der Interpretation und Re-Interpretation von Geschichte als Erfahrungsgeschichte.

IV

Nach der hier vorgeschlagenen Typologie der Situationsbegriffe und einer Begriffsbestimmung der Situationstypen durch deren Funktion für soziales Handeln kommt es nun darauf an, das, was oben »pragmatische Rationalität« des Handelns genannt wurde, genauer zu fassen, d. h. sein Zustandekommen und die Bedingungen seiner Funktionsweise zu rekonstruieren.

Meine These ist nun, dass pragmatische Rationalität durch die Eigenart der Daten charakterisiert werden kann, auf denen diese Rationalität fußt und durch deren Einsatz die Sinnkonstitution sozialen Handelns gewährleistet wird. Ich nenne diese Basisdaten sozialen Handelns »pragmatische Informationen« und bestimme im Anschluss an den oben erarbeiteten Begriff sozialer Koorientierung in einer vorläufigen Formulierung die Funktionsweise pragmatischer Information folgendermaßen:

Ein sozial Handelnder orientiert sich über einen Sachverhalt oder ein Ereignis, indem er sich an den Orientierungen anderer gegenüber diesem Sachverhalt oder Er-

eignis orientiert. Basis der Überprüfung – Absicherung und Mittelbarkeit – der Ko-
orientierung ist die »Symbolisation« sozialer Handlungen, sozial vermittelter Ereig-
nisse und Sachverhalte: Durch »Symbolisation« erhalten Wahrnehmungsdaten den
Status von »Informationen«.

Die Funktion von Information besteht in der Analyse von Handlungsbedingungen und der Organisation von Erfahrungsdaten im Hinblick auf die Bereitstel-
lung von Handlungsalternativen und Möglichkeiten der Zielorientierung. Die Rekonstruktion der Funktionsweise eines so bestimmten Informationsbegriffes und
des Funktionszusammenhanges der Begriffe »Situation« und »Information« hat
drei Probleme zu klären: (1) das Spezifische eines als »pragmatisch« postulierten
Informationsbegriffes; (2) die Bedingungen der Intersubjektivität und des Verstehens von Informationen; (3) die konkreten Funktionen von Information für soziales Handeln.

Die unter den Begriff »Koorientierung« gefasste Form sozialen Verhaltens
lässt sich in Bezug auf das, was »Verstehen« im Bereich alltäglichen sozialen Handelns meint, funktional so erklären, dass »Verstehen den Sinn des Erwartens des
wahrscheinlichen Handelns und Reagierens« meiner Interaktionspartner hat
(Gurwitsch 1971: XXXII). Dabei nehme ich gegenüber meinen Partnern und ihren
von mir erwarteten Relevanzsystemen eine Sinnzuschreibung vor. »Sinn« fungiert dabei so, dass er den Zusammenhang des Erwartens stiftet und den Übergang einer Erwartung zur anderen reguliert. Die sinnhafte Identifikation der Intention meiner Partner fungiert dabei als Erzeugungsregel für Einzelerwartungen
(vgl. Luhmann 1977: 85 ff.).

Habermas hat auf die Unterscheidung derartig organisierter kommunikativer
Erfahrung oder kommunikativen Verstehens einerseits und sensorischer Erfahrung andererseits hingewiesen: Während sich die Beobachtung auf wahrnehmbare Dinge und Ereignisse bzw. Zustände richtet, bezieht sich das Verstehen
auf den Sinn von *Äußerungen über* wahrnehmbare Dinge (vgl. Habermas 1976:
183 ff.).[6] Für ein auf Handlungsplanung bezogenes Verständnis von Information
bedeutet dies zunächst, dass Information beide Ebenen repräsentieren muss, wobei die kommunikative Ebene als dominierende das Interpretationsschema für die
quasi objektive oder propositionale Ebene bei der Interpretation einer Äußerung
bereitstellt.

Indem sich kommunikative Erfahrung auf die Intention anderer sozial Handelnder bezieht, unterstellt sie im Sinne der Reziprozität der Perspektiven den

---

6   Vgl. dazu auch Habermas' Unterscheidung von »kognitivem« und »interaktivem« Sprach-
    gebrauch: »im *kognitiven Sprachgebrauch* thematisieren wir mit Hilfe konstativer Sprech-
    handlungen den propositionalen Gehalt einer Äußerung, im *interaktiven Sprachgebrauch* mit
    Hilfe regulativer Sprechakte die Art der hergestellten interpersonalen Beziehung« (1976: 241).

Partnern – in der Terminologie von Schütz – »Um-zu-« und »Weil-Motive« des Verhaltens, wobei diese Unterstellung selbst eine Aktualisierung der intersubjektiv anerkannten Regeln reziproken Verhaltens darstellt (vgl. 1971: 25).[7]

Die Frage ist nun aber: In welcher Form aktualisiert sich Verhalten typisierbar so, dass ich daraus bestimmte Intentionen identifizieren zu können glaube, und wie sind die in den intentionalen Verhaltensäußerungen enthaltenen propositionalen Inhalte ihrerseits repräsentiert? Im Anschluss an die vorangegangenen Überlegungen liegt die Antwort in der prinzipiell zeichenhaften Repräsentation sozialen Handelns überhaupt und dem Charakter der Information im Besonderen. Dabei gebe ich dem Begriff »Zeichen« im Anschluss an Schütz (vgl. 1971: 368 f.) und Resnikow (vgl. 1968) bewusst einen weiten Bedeutungsspielraum. Ich verstehe unter »Zeichen« jene Gegenstände, Gegebenheiten oder Geschehnisse in der durch ein soziales Subjekt wahrgenommenen Außenwelt, die einem Interpreten bei ihrer Erfassung die »cogitationes« eines Menschen zuordnen.[8]

Diese Kennzeichnung impliziert die Auffassung von Peirce – und im Anschluss an ihn jene Apels –, dass als Bedingung der Möglichkeit von Sozialität überhaupt eine »semiotisch-kommunikative Kompetenz des Menschen zur Zeichensetzung – und somit zur Sprach*begründung* [Kursivdruck von mir, H.-G. S.] – im Zusammenhang der symbolisch zu vermittelnden Interaktion« vorausgesetzt werden muss, vor deren Hintergrund sozial vermittelte Zeicheninterpretation erst stattfinden kann (Apel 1976: 93). Die Leistung semiotisch-kommunikativer Kompetenz bezieht sich – wie die Analogie dieser Begriffsbildung zum Begriff der Sprachkompetenz bei Chomsky deutlich macht – nicht auf das Verstehen einzelner Zeichen, sondern auf die Erzeugungs- und Verwendungsregeln von Zeichen innerhalb von Zeichensystemen und d. h. auch auf die Deutungsschemata von Zeichen (vgl. Schütz 1971: 165). Indem Apel mit Peirce die semiotisch-kommunikative Kompetenz auch als Bedingung der Möglichkeit von Sprache und Sprachbegründung sieht, wird eine Differenz zwischen Sprachkompetenz und kommunikativer Kompetenz sichtbar. Hieraus ergeben sich für eine kommunikationswissenschaftliche Betrachtung von Sprachverhalten sehr konkrete Konsequenzen, unter anderem die Notwendigkeit der Einführung eines kommunikationswissenschaftlich, d. h. hier auf die semiotisch-kommunikative Kompetenz hin, orientierten Begriffs der Information.

In kommunikationswissenschaftlicher Sicht stellen Sprachinteraktionen keinen Sonderfall innerhalb der Semiotik dar. In ihnen ist eines von vielen möglichen Zeichensystemen der Kommunikation repräsentiert. Ihren besonderen Sta-

---

7 Vgl. dazu auch die von Schütz rekonstruierte »Idealisierung der Reziprozität der Motive« (1971: 26).
8 Vgl. hierzu den Begriff der »Appräsentation« bei Schütz (1971: 226, 362 f. und 379 ff.).

tus erhalten Sprachinteraktionen lediglich durch das Vorhandensein eines explizit ausgeprägten und auch wissenschaftlich relativ weit erschlossenen, ausschließlich auf diesen Interaktionstypus bezogenen Zeichen- und Regelsystems. Dieses Zeichensystem hat zwar eine eigene Grammatik, kommt jedoch ohne verhaltensorientierte, pragmasemiotische Interpretationsregeln nicht aus. Sprachhandlungen als soziale Handlungen sind im Hinblick auf ihren sozialen Sinn und ihre Funktion sogar in erster Linie auf derartige pragmasemiotische Interpretationsregeln angewiesen (wovon das Sprachsystem als grammatisches System als solches allerdings nicht betroffen sein muss).

Information, ausgerichtet an den jeweiligen Situationsdefinitionen sozial Handelnder in Handlungsprozessen und bezogen auf Interpretationsregeln und Deutungsschemata pragmasemiotischer Kompetenz, kann somit zwar aus der Sprachinteraktion erschlossen werden, ist aber nicht mit der immanenten Interpretation sprachlicher Zeichensysteme gleichzusetzen. Information basiert vielmehr auf der Übersummation der in der sprachlichen Kommunikation verwendeten Zeichen: Sie ist gleichzeitig »mehr« und etwas anderes als die pure Kumulation der Interpretation von Einzelzeichen oder Zeichenketten. Die auf Übersummation beruhende Information erhält ihren Sinn durch die Zusammenfassung der Einzelinterpretationen im Hinblick auf Relevanzsysteme, Situationsbezüge, Verhaltensorientierungen, Handlungs- sowie Zielbezüge und bewusste Verhaltenspläne im Sinne von »habit plans« bei Mead (1973). Erst aus dem Funktionszusammenhang dieser Bestimmungsstücke ergibt sich der informative Gesamtsinn sozial wahrgenommener, zeichenhaft repräsentierter Daten. Der aus der Übersummation mit Hilfe pragmasemiotischer Interpretationsregeln erschlossene Sinn solcher Daten ist Information in Bezug auf Handlungsalternativen innerhalb eines sozialen Handlungssystems (vgl. Krallmann/Soeffner 1973: 55).

Kommunikative Erfahrung – bezogen auf den Einsatz von Informationen – konstituiert sich demnach im Sinne von Peirce, »sobald Sinnesdaten nicht mehr als ›indices‹ [...] einer mit ihnen kausal- oder statistisch-gesetzmäßig zusammenhängenden Realität, sondern [...] im Sinne einer sie konstituierenden *Sinn-Intention* von zu unterstellenden *Subjekt-Objekten* aufgefaßt werden« (Apel 1976: 172, Anmerkung III/91). Der Unterschied zwischen Zeichen und Information kann in diesem Zusammenhang nun verallgemeinernd und im Hinblick auf die verschiedenen Funktionen von Zeichen und Information bestimmt werden: Durch Zeichen und Zeichensysteme werden Wahrnehmung und Erkenntnis, durch Informationen dagegen Handlungsziele und -strategien vorstrukturiert (vgl. Krallmann/Soeffner 1973: 50).

V

Im Verlauf der bisherigen Diskussion wurden dem Begriff »soziales Handeln« verschiedene Bestimmungsstücke zugeordnet wie pragmatische Rationalität, soziale Koorientierung und Intentionalität. Im Zusammenhang mit der bisher erarbeiteten Begrifflichkeit kommt es nun darauf an, Aufbau und Funktion kommunikativen Handelns als eine Erscheinungsweise sozialen Handelns zu rekonstruieren und dem bisher erarbeiteten Begriffszusammenhang systematisch zuzuordnen.

Zunächst eine terminologische Präzisierung: Im Anschluss an Schütz soll der Begriff »Handeln« hier »einen ablaufenden Prozeß menschlichen Verhaltens bezeichnen, der vom Handelnden vorgezeichnet wurde […], [d. h.] der auf einem vorgefaßten Entwurf beruht.« (1971: 77) Unter dem Begriff »Handlung« dagegen wird das Resultat »dieses ablaufenden Prozesses, also das vollzogene Handeln« verstanden (Schütz 1971: 77). Nicht jedes aktualisierte Verhalten ist demnach auch beabsichtigtes Verhalten und damit Handeln, und ebenso wenig sind Vorüberlegungen zu einem Ziel oder Entwürfe einer Absicht ausreichend zur Bestimmung von Handeln. Vielmehr muss, um »eine Vorüberlegung in ein Ziel und einen Entwurf in eine Absicht zu verwandeln, […] der Wille hinzutreten, den Entwurf zu verwirklichen und den entworfenen Zustand herbeizuführen.« (Schütz 1971: 77)

Mit diesen Bestimmungen sind zugleich die Merkmale angegeben, aufgrund derer der Handelnde – und zunächst nur er – weiß, wann sein Handeln beginnt, wo es endet und warum es zu einem bestimmten Zeitpunkt ausgeführt sein wird. Dem subjektiven Wissen um die internen Sinnbestimmungen des Handelns entspricht intersubjektiv die soziale Funktion kommunikativen Handelns. Weingarten und Sack postulieren dementsprechend aus ethnomethodologischer Sicht, dass Alltagshandeln als kommunikatives Handeln immer auch den Zweck hat, »die Geordnetheit, Rationalität und Darstellbarkeit (accountability) des Alltagslebens herzustellen bzw. erkennbar zu machen« (1976: 13). Kommunikatives Handeln reproduziert und produziert pragmatische Rationalität und kann darüber hinaus durch die Aktualisierung von Informationen die Wahl und/oder den Entwurf von Alternativen so bewusst gestalten, dass sie im Nachhinein diskursiv begründbar sind.

Das heißt, die auf der Basis von »Information« gewonnene Handlungsorientierung für Gemeinschaftshandlungen unter Einschluss alternativer Handlungsmöglichkeiten konstituiert Kommunikation so, dass diese eine Sozialisierung von Überraschungen und damit auch eine Hilfe beim Ertragen und Abarbeiten von Überraschungen leistet (vgl. Luhmann 1972: 43). Die Verfügbarkeit von Informationen macht »Probehandlungen« – das gedankliche Durchsprechen von Handlungsalternativen – möglich, wobei eine Distanzierung, vorübergehende Handlungsentlastung und dadurch vorläufige Risikominderung eintritt (vgl.

Soeffner 1974: 231 ff.). In Probehandlungen werden dabei »Informationen« gebündelt und strukturiert zum *habit plan*: zur Handlungsvorgabe.

Vor diesem Hintergrund versteht sich der kommunikativ Handelnde als kompetent Handelnder, d. h. als jemand, der Regeln sozialen Handelns generiert und sozial adäquat einzusetzen versteht. Die Rekonstruktion des Einsatzes solcher Regeln sozialen Handelns hat u. a. Cicourel dazu geführt, aufgrund des generativen Charakters von Handeln als solchem für soziales Handeln in analoger Weise wie für die Sprache eine Grammatik anzunehmen, durch die es als geordnetes, verstehbares und kommunikationsfähiges Handeln funktional beschrieben und auch generiert werden kann (vgl. 1975: 49 ff.; ergänzend auch Weingarten/Sack 1976: 15).

Im Rahmen einer – im erweiterten Sinne des Begriffes – »Grammatik« kommunikativen Handelns kann »Information« somit verstanden werden als die in kommunikativer Kooperation auf der Basis signifikanter Symbole (im Sinne von Mead) zu leistende normativ richtige, begriffliche Interpretation von Handlungsalternativen innerhalb eines sozialen Bezugssystems, d. h. als sich selbst analysierende Verhaltensgewohnheit (vgl. Krallmann/Soeffner 1973: 52). Information ist somit die Bedingung der Möglichkeit von Kommunikation als reflektierter, adäquater Koordination von individuellem Verhalten und Gemeinschaftshandlungen. Die durch die Information pragmatisch geordneten Daten erfüllen demnach bereits auf der Ebene kommunikativen Alltagshandelns eine Forderung, die Peirce für Begriffe aufgestellt hat: »Der Pragmatizismus besteht in der Ansicht, daß der Bedeutungsgehalt jeden Begriffes sein denkbarer Bezug auf unser Verhalten ist«, wobei Peirce den pragmatischen Bezug der Begriffe auf die Zukunft herausstellt, insofern nämlich das »einzig kontrollierbare Verhalten« das zukünftige Verhalten sei (1976: 476 f.). Theoretisch-rekonstruktive und empirisch-rekonstruktive Sozialwissenschaft explizieren und reproduzieren so gemäß ihres Selbstverständnisses Funktionsweisen kommunikativen Alltagshandelns. Kommunikation generell kann in diesem Sinne verstanden werden als kooperative, sinnhafte Reflexion und Strukturierung von Handlungsentwürfen und Handlungsalternativen. Sie konstituiert damit soziale Realität als sozial Produziertes und Machbares.

Kommunikative Deutung und Explikation werden dadurch zum Bewertungsmaßstab sozialen Handelns. In ihnen wird sozialem Handeln der Charakter situationsgerechten, relevanten Handelns – kurz: der Charakter der Adäquatheit – zugemessen oder abgesprochen. Damit ist es unumgänglich, Bestimmungen dafür zu nennen, was unter »Adäquatheit« von Handlungen zu verstehen sei. Aus dem bisher Erarbeiteten lassen sich vier Kriterien für »Adäquatheit« nennen, die gleichzeitig Funktionen adäquaten Handelns abbilden. Der sozial Handelnde misst seinen Handlungen umso eher den Charakter der Adäquatheit zu, je mehr sie die folgenden Leistungen erfüllen:

1) das generelle Postulat der eigenen Handlungsfähigkeit durch ein soziales Subjekt bei gleichzeitiger Erkenntnis prinzipiellen Handlungszwanges – der Erkenntnis also, dass der Handlungszwang nur durch Anpassung an diesen Zwang gelöst werden kann; damit resultiert aus der Erkenntnis der Notwendigkeit von Handeln die Planung des Handelns, subjektiv interpretiert als Handlungsfähigkeit;

2) die Abstimmung (Harmonisierung) aktuellen Handelns mit positiv bewerteten, vorangegangenen und geplanten Orientierungs- und Sinnbezügen, d. h. die Abstimmung der Handlungs*taktik* (Konventionen, Regeln usw.) mit der *Strategie* eines bewusst konstruierten Handlungs- und Verhaltensplanes – und damit die Konstituierung und Sicherung der »Realitätskonstruktion« des individuell Handelnden;

3) die Abstimmung (Typisierung) individueller Orientierungswerte mit kooperativen Zielsetzungen in der Interaktion – und damit die Konstituierung und Sicherung sozialer »Realitätskonstruktionen«;

4) die Abstimmung (Koorientierung) kooperativen Handelns auf soziale Komplexität, auf Dynamik und Entwicklung von Handlungsabläufen, d. h. Koorientierung und Handeln auf der Basis der Erarbeitung und Selektion von Alternativentwürfen mit dem Ziel der Sicherung sozialer Realitätsentwürfe durch Flexibilität – und damit die Konstituierung der Kontinuität wechselseitig aufeinander bezogener Deutung von Handlungsplanung und Handlungsgeschichte durch Interpretation, Prospektion und Re-Interpretation.

Darüber hinaus basiert das Postulat der Adäquatheit sozialen Handelns und der Koorientierung auf dem Konsens, Sozialität dadurch zu gewährleisten, dass verallgemeinerungsfähige von partikularen Interessen zu scheiden und dass kommunikativ geteilte Bedürfnisse — als verallgemeinerungsfähige – primär Gegenstand sozialer Handlungsplanung seien (vgl. Habermas 1973: 148 f.). Zielbestimmung kooperativer Prüfung der Adäquatheit sozialer Handlungen ist es demnach, die *Verallgemeinerungsfähigkeit* der jeweils postulierten Sinnbezüge und Orientierungswerte anhand sozialer Handlungspraxis nachzuweisen. Die Verallgemeinerungsfähigkeit von Interessen wird somit Kriterium und Richtwert der Adäquatheit sozialen Handelns.

Auch das nicht bewusst gestaltete alltägliche Verhalten – selbst immer schon präfiguriert durch Sozialität und weitgehend »unwissend« Sozialität produzierend – ist funktional darauf angelegt, bei zunehmender Reflexivität und damit Bewusstheit von »in der Gesellschaft« Handelnden kommunikatives Handeln zu ermöglichen. Kommunikatives Handeln stellt dabei die Produktion und Aktualisierung sozialer Handlungssituationen und Handlungsregeln im Rahmen eines Handlungsplanes dar: Es ist die jeweils aktuelle Realisierung von Sozialität in konkreten Sinnbezügen von und für Handlung. Kommunikation basiert demnach auf den Unterstellungen der einander als prinzipiell »vernünftige« soziale Partner postulierenden Handelnden: (a) es gäbe so etwas wie die Verallgemeinerungsfähigkeit von Interessen, und (b) die hieraus resultierenden gemeinsamen Interessen ließen sich realisieren. Kommunikation erhebt damit »sozial vernünftiges« Verhalten zur Norm und realisiert selbst – als bereits vorausgesetztes, gültiges, verallgemeinertes Verfahren zur Erreichung gemeinsamer Interessen – permanent diese Norm im konkreten kommunikativen Handeln – allerdings mit dem Risiko (oft nicht erkannter) gemeinsamer Fehleinschätzungen. Dementsprechend verläuft soziales Handeln nur solange ungestört, wie alle Beteiligten unterstellen, dass sie die reziprok erhobenen Geltungsansprüche zu Recht erheben.

Im kommunikativen Handeln werden Sinnbezüge für Handeln gesetzt, typisiert und als Normen interpretiert, diskutiert und re-interpretiert. Als Konstituens für die Unterstellung des prinzipiellen Funktionierens von kommunikativem Konsens fungiert dabei die Fiktion einer idealen Kommunikationsgemeinschaft als »Regulativ« für kommunikatives Handeln (vgl. Apel 1976: 144). Die Möglichkeit und permanente Wirksamkeit kommunikativen Verhaltens als Konstituens von Sozialität sowie als prinzipiell vernünftiges Verhalten ist somit immer schon vorausgesetzt: Als Bedingung der Möglichkeit des Postulats von Sinnverstehen ist es selbst – unabhängig von seiner Täuschungsauffälligkeit – letztlich nicht mehr in Frage zu stellen.

Literatur

Apel, Karl Otto (1976): Sprechakttheorie und transzendentale Sprachpragmatik zur Frage ethischer Normen. In: ders.: Sprachpragmatik und Philosophie. Frankfurt a. M.: Suhrkamp, S. 10–173.

Cicourel, Aaron Victor (1974): Methode und Messung in der Soziologie. Frankfurt a. M.: Suhrkamp.

Cicourel, Aaron Victor (1975): Sprache in der sozialen Interaktion. München: List.

Fearing, Franklin (1967): Toward a Psychological Theory of Human Communication. In: Matson, Floyd W./Montagu, Ashley (Ed.): The Human Dialogue. Perspectives on Communication. New York: The Free Press, S. 179–194.

Festinger, Leon (1957): A Theory of Cognitive Dissonance. Stanford, Calif.: Stanford University Press.

Festinger, Leon (1969): Kognitive Folgen erzwungener Zustimmung. In: Irle, Martin (Hg.): Texte aus der experimentellen Sozialpsychologie. Neuwied: Luchterhand, S. 325–342.

Garfinkel, Harold. (1973): Das Alltagswissen über soziale und innerhalb sozialer Strukturen. In: Arbeitsgruppe Bielefelder Soziologen (Hg.): Alltagswissen, Interaktion und gesellschaftliche Wirklichkeit. Band 1. Reinbek: Rowohlt, S. 189–261.

Graumann, Carl Friedrich (1972.): Interaktion und Kommunikation. In: ders. (Hg.): Handbuch der Psychologie in 12 Bänden. Band 7/2. Sozialpsychologie. Göttingen: Hogrefe, S. 1109–1262.

Gurwitsch, Aron (1971): Einführung. In: Schütz, Alfred: Gesammelte Aufsätze. Band I. Das Problem der sozialen Wirklichkeit. Den Haag: Nijhoff, S. XV–XXXVIII.

Habermas, Jürgen (1973): Legitimationsprobleme im Spätkapitalismus. Frankfurt a. M.: Suhrkamp.

Habermas, Jürgen (1976): Was heißt Universalpragmatik. In: Apel, Karl Otto (Hg.): Sprachpragmatik und Philosophie. Frankfurt a. M.: Suhrkamp, S. 174–272.

Hegel, Georg Wilhelm Friedrich (1965): Vorlesungen über die Ästhetik. Band 1. Frankfurt a. M.: Suhrkamp.

Irle, Martin. (Hg.) (1969): Texte aus der experimentellen Sozialpsychologie. Neuwied: Luchterhand.

Krallmann, Dieter/Soeffner, Hans-Georg (1973): Gesellschaft und Information. Untersuchung zu zeichengebundenen Interaktionsprozessen und Kommunikationsstrukturen in sozialen Systemen. Stuttgart u. a.: Kohlhammer.

Lewin, Kurt (1951): Field Theory in Social Science. Selected Theoretical Papers. New York: Harper and Bros.

Luhmann, Niklas (1972): Rechtssoziologie 1 und 2. Reinbek: Rowohlt.

Mead, George Herbert (1973): Geist, Identität und Gesellschaft aus der Sicht des Sozialbehaviorismus. Frankfurt a. M.: Suhrkamp.

Parsons, Talcott (1949): The Structure of Social Action. A Study in Social Theory with Special Reference to a Group of Recent European Writers. Glencoe, Ill.: The Free Press.

Peirce, Charles Sanders (1976): Schriften zum Pragmatismus und Pragmatizismus. Frankfurt a. M.: Suhrkamp.

Resnikow, Lasar Ossipowitsch (1968): Erkenntnistheoretische Fragen der Semiotik. Berlin: Verlag der Wissenschaften.

Sartre, Jean Paul (1966): Das Sein und das Nichts. Versuch einer phänomenologischen Ontologie. Reinbek: Rowohlt.

Schütz, Alfred (1971): Gesammelte Aufsätze. Band I. Das Problem der sozialen Wirklichkeit. Den Haag: Nijhoff.

Schütz, Alfred (1974): Der sinnhafte Aufbau der sozialen Welt. Eine Einleitung in die verstehende Soziologie. Frankfurt a. M.: Suhrkamp.

Smith, Dorothy E. (1976): K. ist geisteskrank. Die Anatomie eines Tatsachenberichtes. In: Weingarten, Elmar/Sack, Fritz/Schenkein, Jim (Hg.): Ethnomethodologie. Beitrage zu einer Soziologie des Alltagshandelns. Frankfurt a. M.: Suhrkamp, S. 368–417.

Soeffner, Hans-Georg (1974): Der geplante Mythos. Untersuchungen zur Struktur und Wirkungsbedingung der Utopie. Hamburg: Buske.

Soeffner, Hans-Georg (1999): Rezeption – Situation – kommunikative Handlung. Vorschlag zu einem Begriffsrahmen für eine Theorie rezeptiven Verhaltens. In: Essener Schriften zur Sozial- und Kommunikationsforschung. Fachbereich 3. Kommunikationswissenschaft. H 3, S. 7–17.

Thomas, Konrad (1969): Analyse und Arbeit. Möglichkeiten einer interdisziplinären Erforschung industrialisierter Arbeitsvollzüge. Stuttgart: Enke.

Thomas, William I./Thomas, Dorothy Swaine (1928): The Child in America. Behavior Problems and Programs. New York: Knopf.

Thomas, William I./Znaniecki, Florian (1927): The Polish Peasant in Europe and America. Classic Work in Immigration History. 2 Vol. New York: Knopf.

Volkart, Edmund H. (Ed.) (1951): Social Behavior and Personality. Contributions of W. I. Thomas to Theory and Social Research. New York: Social Science Research Council.

Volkart, Edmund H. (Hg.) (1965): William I. Thomas. Person und Sozialverhalten. Neuwied: Luchterhand.

Weber, Max (1972): Wirtschaft und Gesellschaft. Grundriß der verstehenden Soziologie. Tübingen: Mohr.

Whitehead, Alfred North (1974): The Organisation of Thought, Educational and Scientific. Westport, Conn.: Greenwood Press.

Weingarten, Elmar/Sack, Fritz (1976): Ethnomethodologie. Die methodische Konstruktion der Realität. In: Weingarten, Elmar/Sack, Fritz/Schenkein, Jim (Hg.): Ethnomethodologie. Beitrage zu einer Soziologie des Alltagshandelns. Frankfurt a. M.: Suhrkamp, S. 7–16.

Wieder, Lawrence/Zimmermann, Don (1976): Regeln im Erklärungsprozeß. Wissenschaftliche und ethnowissenschaftliche Soziologie. In: Weingarten, Elmar/Sack, Fritz/Schenkein, Jim (Hg.): Ethnomethodologie. Beiträge zu einer Soziologie des Alltagshandelns. Frankfurt a. M.: Suhrkamp, S. 105–129.

Wunderlich, Dieter (1976): Sprechakttheorie und Diskursanalyse. In: Apel, Karl Otto (Hg.): Sprachpragmatik und Philosophie. Frankfurt a. M.: Suhrkamp, S. 463–488.

Zimmermann, Don/Pollner, Melvin (1976): Die Alltagswelt als Phänomen. In: Weingarten, Elmar/Sack, Fritz/Schenkein, Jim (Hg.): Ethnomethodologie. Beiträge zu einer Soziologie des Alltagshandelns. Frankfurt a. M.: Suhrkamp, S. 64–104.

Autorinnen und Autoren

Bongaerts, Gregor (geb. 1972); Prof. Dr. phil., Professur für Allgemeine Soziologie und soziologische Theorie an der Universität Duisburg-Essen. Forschungsschwerpunkte: Gesellschaftstheorie, Handlungstheorie, Theorie der Praxis. Neuere Veröffentlichungen: Vom Sichtbaren und Unsichtbaren sozialer Akteure. In: Lüdtke, Nico/Matsuzaki, Hironori (Hg.): Akteur – Individuum – Subjekt. Fragen zu ›Personalität‹ und ›Sozialität‹. Wiesbaden 2011, S. 149–169. Sinn. Bielefeld 2012. Inkarnierter Sinn und implizites Wissen. In: Loenhoff, Jens (Hg.): Implizites Wissen. Epistemologische und handlungstheoretische Perspektiven. Weilerswist 2012, S. 129–149. Email: gregor.bongaerts@uni-due.de

Bonnemann, Jens (geb. 1970); Dr. phil., Wissenschaftlicher Mitarbeiter am Institut für Philosophie der Friedrich-Schiller-Universität Jena. Forschungsschwerpunkte: Wahrnehmungsphilosophie, Bildphilosophie und Ästhetik, Sozialphilosophie, Phänomenologie. Neuere Veröffentlichungen: Der Spielraum des Imaginären. Jean-Paul Sartres Imaginationstheorie und ihre Bedeutung für seine phänomenologische Ontologie, Ästhetik und Intersubjektivitätstheorie. Hamburg 2007. Die wirkungsästhetische Interaktion zwischen Text und Leser. Wolfgang Isers impliziter Leser im *Herzmaere* Konrads von Würzburg. Frankfurt/M. u.a. 2008. (Gemeinsam herausgegeben mit Nikolaj Plotnikov und Meike Siegfried) Zwischen den Lebenswelten. Interkulturelle Profile der Phänomenologie. Münster 2012. Email: jensbonnemann@gmx.de

Echterhölter, Anna (geb. 1973); Dr. phil., Wissenschaftliche Mitarbeiterin am Institut für Kulturwissenschaft, Humboldt-Universität zu Berlin. Forschungsschwerpunkte: Geschichte der Hilfswissenschaften, Wissenschaftsgeschichte, theoretische Gattungen, Theorie des sozialen Raumes. Neuere Veröffentlichungen: Die Listen des Collège de Sociologie. In: ilinx. Jg. 1 (2010), S. 229–243. Mitgründung einer Zeitschrift für Kulturwissenschaften. Auftakt. Ökonomische Praktiken. In: ilinx – Berliner Beiträge zur Kulturwissenschaft. Jg. 3 (2012), S. VII–XXXI. Schattengefechte. Genealogische Techniken und epistemische Werte in Nachrufen auf Naturwissenschaftler 1710–1860. Göttingen 2012. Tabellarische Zeit. Formen und Effekte der Zeitrechnung in Johann David Köhlers ›Chronologia‹ (1736). In: Kassung, Christian/Macho, Thomas (Hg.): Kulturtechniken der Synchronisation. München 2013, S. 25–57. Email: echterha@culture.hu-berlin.de

Engell, Lorenz (geb. 1959); Prof. Dr. phil. habil., Professur für Medienphilosophie an der Bauhaus-Universität Weimar und (zusammen mit Bernhard Siegert) Direktor des Internationalen Kollegs für Kulturtechnikforschung und Medienphilosophie (IKKM). Forschungsschwerpunkte: Film und Fernsehen als philosophische Apparaturen und Agenturen, als mediale Historiographien, als Zeichensysteme. Neuere Veröffentlichungen: Playtime. Münchener Film-Vorlesungen. Konstanz 2010.»Flow«. Fernsehen jenseits von Takt und Frequenz. In: Archiv für Mediengeschichte, 11 (2011), S. 129–142. Fernsehtheorie zur Einführung. Hamburg 2012. Email: lorenz.engell@uni-weimar.de

Fischer, Joachim (geb. 1951); Prof. Dr. rer. soc. habil., Honorarprofessur für Soziologie an der Technischen Universität Dresden. Präsident der Helmuth Plessner Gesellschaft. Forschungsschwerpunkte: Allgemeine Soziologie, Soziologische Theorie, Theorienvergleich, Sozialtheorie, Gesellschaftstheorie, Kultursoziologie, Architektur-, Raum- und Stadtsoziologie. Neuere Veröffentlichungen: Durkheims Soziologie als Sozioprudenz. In: Bogusz, Tanja/Delitz, Heike (Hg.): Émile Durkheim. Soziologie – Ethnologie – Philosophie. Frankfurt/M. 2013, S. 95–118. Turn to the Third. A Systematic Consideration of an Innovation in Social Theory. In: Malkmus, Bernhard/Cooper, Ian (Eds.): Dialectic and Paradox: Configurations of the Third in Modernity. Oxford 2013, S. 81–102. Philosophische Anthropologie. Eine Denkrichtung des 20. Jahrhunderts. Um ein Nachwort erweiterte Neuausgabe. Freiburg; München 2013. Email: joachim.fischer@tu-dresden.de

Martens, Wil (geb. 1948); Dr. rer. pol., Dozent und Senior Researcher an der Fakultät Management Sciences, Radboud Universiteit, Nijmegen, Nederland. Forschungsschwerpunkte: Organisation und Gesellschaft, Systemtheorie, soziologische Theoriebildung und Philosophie des Sozialen. Neuere Veröffentlichungen: The Distinctions within Organizations: Luhmann from a Cultural Perspective. In: Organization, Vol. 13/1 (2006), S. 83–109. Handlung und Kommunikation als Grundbegriffe der Soziologie. In: Albert, Gert et al. (Hg.): Dimensionen und Konzeptionen von Sozialität. Wiesbaden 2010, S. 173–206. Der Akteur: Habitus, Intention und Reflexion. In: Lüdtke, Nico/Matsuzaki, Hironori (Hg.): Akteur –

Individuum – Subjekt. Fragen zu ›Personalität‹ und ›Sozialität‹. Wiesbaden 2011, S. 171–198. Email: w.martens@fm.ru.nl

Meißner, Stefan (geb. 1980); M. A., Wissenschaftlicher Mitarbeiter an der Professur für Mediensoziologie an der Bauhaus-Universität Weimar. Forschungsschwerpunkte: Soziologische Theorie, Mediensoziologie, Architektursoziologie. Neuere Veröffentlichungen: Kann Architektur leben? Die Architektur der Gesellschaft aus Sicht der Diskursanalyse Michel Foucaults. In: Fischer, Joachim/Delitz, Heike (Hg.): Die Architektur der Gesellschaft. Theorien für die Architektursoziologie. Bielefeld 2009, S. 223–252. Stil oder Leben? In: Ausdruck und Gebrauch, H 10, 2011, S. 23–45. Arbeit und Spiel. Von der Opposition zur Verschränkung in der gegenwärtigen Kontrollgesellschaft. In: trajectoires, Nr. 6, 2012 (siehe: trajectoires. revues.org). Email: stefan.meissner@uni-weimar.de

Mertens, Karl (geb. 1958); Prof. Dr. phil., Lehrstuhl für Philosophie II an der Julius-Maximilians-Universität Würzburg. Forschungsschwerpunkte: Handlungstheorie, Sozialphilosophie, Ethik, Erkenntnistheorie, Philosophie des Geistes. Neuere Veröffentlichungen: Grund/Begründung. In: Neues Handbuch philosophischer Grundbegriffe (neu hg. v. Armin G. Wildfeuer und Petra Kolmer), Band 2. Freiburg; München 2011, S. 1115–1132. Soziale und individuelle Aspekte produktiven und kreativen Handelns. In: Breeur, Roland/Melle, Ullrich (Hg.): Life, Subjectivity & Art. Essays in Honor of Rudolf Bernet (Phaenomenologica 201). Dordrecht et al. 2012, S. 255–276. The Subject and the Self. In: Luft, Sebastian/Overgaard, Søren (Hg.): The Routledge Companion to Phenomenology. London; New York 2012, S. 168–179. Email: karl.mertens@uni-wuerzburg.de

Reichertz, Jo (geb. 1949); Prof. Dr. phil. habil., Professor für Kommunikationswissenschaft an der Universität Duisburg-Essen, Campus Essen – zuständig für die Bereiche »Strategische Kommunikation«, »Qualitative Methoden«, »Kommunikation in Institutionen« und »Neue Medien«. Gastprofessuren führten ihn nach Wien und St. Gallen, verschiedene Lehraufträge an die Universitäten Hagen, Witten/Herdecke, Bochum, St. Gallen und Wien. Forschungsschwerpunkte: Text- und Bildhermeneutik, Kultursoziologie, qualitative Sozialforschung, Medienanalyse, Mediennutzung und Werbe- und Unternehmenskommunikation. Neuere Veröffentlichungen: Die Macht der Worte und der Medien. Wiesbaden 2010³. Kommunikationsmacht. Was ist Kommunikation und was vermag sie? Wiesbaden 2009. (Gemeinsam mit Carina Englert) Einführung in die qualitative Videoanalyse. Wiesbaden 2010. (Gemeinsam herausgegeben mit Reiner Keller und Hubert Knoblauch) Kommunikativer Konstruktivismus. Wiesbaden 2012. Email: jo.reichertz@uni-due.de

Soeffner, Hans-Georg (geb. 1939); Prof. em. für Allgemeine Soziologie (zuletzt Universität Konstanz) ist Senior Fellow und Vorstandsmitglied am Kulturwissenschaftlichen Institut in Essen und war u.a. von 2007 bis 2011 Vorsitzender der Deutschen Gesellschaft für Soziologie. Forschungsschwerpunkte: Soziologische Theorie, Wissens-, Kultur-, Medien- und Religionssoziologie, Theorie und Methodologie wissenssoziologischer Hermeneutik. Neuere Veröffentlichungen: Symbolische Formung. Eine Soziologie des Symbols und des Rituals. Weilerswist 2010. (Gemeinsam mit Michael R. Müller) Der Narziss. In: Moebius, Stephan/Schroer, Markus (Hg.): Diven, Hacker, Spekulanten. Sozialfiguren der Gegenwart. Berlin 2010, S. 303–316. Zwischen Krieg und Frieden – Oder: Der Mensch bemüht sich. Weiß die »Struktur« es besser? In: Schröer, Norbert/Bidlo, Oliver (Hg.): Die Entdeckung des Neuen. Qualitative Sozialforschung als Hermeneutische Wissenssoziologie. Wiesbaden 2011, S. 133–149. Email: hans-georg.soeffner@kwi-nrw.de

Voss, Christiane (geb. 1964); Prof. Dr. phil. habil., Professur für Philosophie audiovisueller Medien an der Bauhaus-Universität Weimar. Forschungsschwerpunkte: Ästhetik der Illusion, Filmphilosophie, Mediale Anthropologie, Emotions- und Affekttheorien, Zeittheorie. Neuere Veröffentlichungen: Auf dem Weg zu einer Medienphilosophie anthropomedialer Relationen. In: ZMK – Zeitschrift für Medien- und Kulturforschung (2010), Jg. 2/H 2, S. 170–184. Der Film lacht. Eine zeittheoretische Betrachtung wilder Affektbilder in *Il Divo*. In: Hennig, Anke et al. (Hg.): Jetzt und dann. Zeiterfahrung in Film, Literatur und Philosophie. München 2010, S. 71–94. Der Leihkörper. Erkenntnis und Ästhetik der Illusion. München 2013 (im Erscheinen). Email: christiane.voss@uni-weimar.de

Ziemann, Andreas (geb. 1968); Prof. Dr. phil. habil., Professur für Mediensoziologie an der Bauhaus-Universität Weimar. Forschungsschwerpunkte: Theorie der Gesellschaft, Kultursoziologie, Soziologie der Medien. Neuere Veröffentlichungen: Medienkultur und Gesellschaftsstruktur. Soziologische Analysen. Wiesbaden 2011. Die Zahl als soziologische Kategorie und die Quantität sozialer Verhältnisse. In: Tyrell, Hartmann/Rammstedt, Otthein/Meyer, Ingo (Hg.): Georg Simmels große »Soziologie«. Eine kritische Sichtung nach hundert Jahren. Bielefeld 2011, S. 207–226. Soziologie der Medien. 2., überarbeitete und erweiterte Auflage. Bielefeld 2012. Email: andreas.ziemann@uni-weimar.de

The manufacturer's authorised representative in the EU is Springer
Nature Customer Service Centre GmbH, Europaplatz 3, 69115 Heidelberg,
Germany. If you have any concerns regarding our products, please
contact ProductSafety@springernature.com

Printed and bound by CPI Group (UK) Ltd, Croydon, CR0 4YY
27/04/2026
02097640-0001